中国科学院研究生教育基金会资助出版

国科大文丛

丛书主编/任定成

经济学问题的哲学探析

于光远 著

科学出版社
北京

图书在版编目(CIP)数据

经济学问题的哲学探析/于光远著.—北京：科学出版社，2013.4

（国科大文丛）

ISBN 978-7-03-037037-2

Ⅰ.①经… Ⅱ.①于… Ⅲ.①经济哲学-研究 Ⅳ.①F0

中国版本图书馆 CIP 数据核字（2013）第 046116 号

丛书策划：胡升华 侯俊琳

责任编辑：石 卉 闵敬淞/ 责任校对：郑金红

责任印制：李 彤 / 封面设计：黄华斌

编辑部电话：010-64035853

E-mail：houjunlin@mail. sciencep. com

科学出版社 出版

北京东黄城根北街 16 号

邮政编码：100717

http://www.sciencep.com

北京凌奇印刷有限责任公司 印刷

科学出版社发行 各地新华书店经销

*

2013 年 4 月第 一 版 开本：B5（720×1000）

2022 年 3 月第八次印刷 印张：26 3/4

字数：513 000

定价：99.00 元

（如有印装质量问题，我社负责调换）

国科大文丛

丛书弁言

“国科大文丛”是在中国科学院大学和中国科学院研究生教育基金会的支持下，由中国科学院大学人文学院策划和编辑的一套关于科学、人文与社会的丛书。

半个多世纪以来，中国科学院大学人文学院及其前身的学者和他们在院内外指导的学生完成了大量研究工作，出版了数百种学术著作和译著，完成了数百篇研究报告，发表了数以千计的学术论文和译文。

首辑“国科大文丛”所包含的十余种文集，是从上述文章中选取的，以个人专辑和研究领域专辑两种形式分册出版。收入文集的文章，有原始研究论文，有社会思潮评论和学术趋势分析，也有专业性的实务思考和体会。这些文章，有的对国家发展战略和社会生活产生过重要影响，有的对学术发展和知识传承起过积极作用，有的只是对某个学术问题或社会问题的一孔之见。文章的作者，有已蜚声学界的前辈学者，有正在前沿探索的学术中坚，也有崭露头角的后起新锐。文章或成文于半个世纪之前，或刚刚面世不久。首辑“国科大文丛”从一个侧面反映了中国科学院大学人文学院的历史和现状。

中国科学院大学人文学院的历史可以追溯至1956年于光远先生倡导成立的中国科学院哲学研究所自然辩证法研究组。1962年，研究组联合北京大学哲学系开始招收和培养研究生。1977年，于光远先生领衔在中国科学技术大学研究生院（北京）建立了自然辩证法教研室，次年开始招收和培养研究生。

1984年，自然辩证法教研室更名为自然辩证法教学部。1991年，自然辩证法教学部更名为人文与社会科学教学部。2001年，中国科学技术大学研究生院（北京）更名为中国科学院研究生院，教学部随之更名为社会科学系，并与外语系和自然辩证法通讯杂志社一起，组成人文与社会科学学院。

2002年，人文与社会科学学院更名为人文学院，之后逐步形成了包括科学哲学与科学社会学系、科技史与科技考古系、新闻与科学传播系、法律与知识产权系、公共管理与科技政策系、体育教研室和自然辩证法通讯杂志社在内的五系一室一刊的建制。

2012年6月，中国科学院研究生院更名为中国科学院大学。现在，中国科学院大学已经建立了哲学和科学技术史两个学科的博士后流动站，拥有科学技术哲学和科学技术史两个学科专业的博士学位授予权，以及哲学、科学技术史、新闻传播学、法学、公共管理五个学科的硕士学位授予权。

从自然辩证法研究组到人文学院的历史变迁，大致能够在首辑“国科大文丛”的主题分布上得到体现。

首辑“国科大文丛”涉及最多的主题是自然科学哲学问题、马克思主义科技观、科技发展战略与政策、科学思想史。这四个主题是中国学术界最初在“自然辩证法”的名称下开展研究的领域，也是自然辩证法研究组成立至今，我院师生持续关注、学术积累最多的领域。我院学术前辈在这些领域曾经执全国学界之牛耳。

科学哲学、科学社会学、科学技术与社会、经济学是改革开放之初开始在我国复兴并引起广泛关注的领域，首辑“国科大文丛”中涉及的这四个主题反映了自然辩证法教研室自成立以来所投入的精力。我院前辈学者和现在仍活跃在前沿的学术带头人，曾经与兄弟院校的同道一起，为推进这四个领域在我国的发展做出了积极的努力。

人文学院成立以来，郑必坚院长在国家发展战略方面提出了“中国和平崛起”的命题，我院学者倡导开辟工程哲学和跨学科工程研究领域并构造了对象框架，我院师生在科技考古和传统科技文化研究中解决了一些学术难题。这四个主题的研究也反映在首辑“国科大文丛”之中。

近些年来，我们在“科学技术与社会”领域的工作基础上，组建团队逐步在科技新闻传播、科技法学、公共管理与科技政策三个领域开展工作，有关研究结果在首辑“国科大文丛”中均有反映。学校体育研究方面，我们也有一些工作发表在国内学术刊物和国际学术会议上，我们期待着这方面的工作成果能够反映在后续“国科大文丛”之中。

从首辑“国科大文丛”选题可以看出，目前中国科学院大学人文学院实际上是一个发展中的人文与社会科学学院。我们的科学哲学、科学技术史、科技新闻、科技考古，是与传统文史哲领域相关的人文学。我们的科技传播、科技法学、公共管理与科技政策，是属于传播学、法学和管理学范畴的社会科学。我们的人文社会科学在若干个亚学科和交叉学科领域已经形成了自己的优势。

健全的大学应当有功底厚实、队伍精干的文学、史学、哲学等基础人文学科，以及社会学、政治学、经济学和法学等基础社会科学。适度的基础人文社会科学群的存在，不仅可以使已有人文社会科学亚学科和交叉学科的优势更加持久，而且可以把人文社会科学素养教育自然而然地融入理工科大学的人文氛围建设之中。从学理上持续探索人类价值、不懈追求社会公平，并在这样的探索和追求中传承学术、培养人才、传播理念、引领社会，是大学为当下社会和人类未来所要担当的责任。

首辑“国科大文丛”的出版，是人文学院成立10周年、自然辩证法教研室建立35周年、自然辩证法组成立56周年的一次学术总结，是人文学院在这个特殊的时刻奉献给学术界、教育界和读书界的心智，也是我院师生沿着学术研究之路继续前行的起点。

随着学术新人的成长和学科构架的完善，“国科大文丛”还将收入我院师生的个人专著和译著，选题范围还将涉及更多领域，尤其是基础人文学和社会科学领域。我们也将以开放的态度，欢迎我院更多师生和校友提供书稿，欢迎国内外同行的批评和建议，欢迎相关基金对这套丛书的后续支持。

我们也借首辑“国科大文丛”出版的机会，向中国科学院大学领导、中国科学院研究生教育基金会、我院前辈学者、“国科大文丛”编者和作者、科学出版社的编辑，表示衷心的感谢。

任定成

2012年12月30日

学术自传

一、童年时代和学生时代之回顾

我 1915 年出生在上海，本姓郁，名锺正，“于光远”是我参加革命后改的名字。我从小生活在一个经济不宽裕却充满爱和平等气氛的家庭环境中。我的父亲早年毕业于上海兵工专业学校，学的是兵器制造，并接受了西方民主思想，拥护共和制。我的母亲贤惠勤劳，虽然没有上过学，却也能读书、写信，并且思想开通。

少年时，读书是我的最大乐趣。我从 7 岁时起，就开始把父亲的藏书翻出来读。我父亲的藏书数量虽然并不算多，但相当多样化，包括中国古典小说（如《三国演义》、《水浒传》），近代西方学者著述（如赫胥黎的《天演论》），戊戌人物的政论（如《梁启超文集》），代数、几何、物理、化学、枪炮制造原理等。到11岁时，家中的藏书已全部被我浏览过了。12岁那年，我随父母搬到北京，偶然发现西单南路有一个“头发胡同图书馆”，里面有许多书，我兴奋异常，于是成为那里的常客。我认为图书馆给予我的知识不亚于学校。

除了学校和图书馆之外，我还从其他生活经历中学到了知识。由于父亲失业，家境困难，我从16岁开始半工半读，曾在一家化学工业社当技师，从化学工业社的实验室中，我获得了实用化学知识。看别人下棋打牌，则为我后来研究竞赛论铺垫了初步知识。几年前我写《漫谈竞赛论》时，所用的部分知识就是在那时获得的。

我在青年时代一度想成为一个物理学家。1932年考入上海大同大学，1934年，通过了清华大学吴有训教授的考试，从上海大同大学转到清华大学，成为清华大学物理系三年级破例招收的插班生。在此之前，清华物理系从未招收过三年级的插班生。吴有训、周培源等前辈学者都对我寄予厚望。当时的清华大学物理系是一个培养物理学家的基地，这里有优秀的教师和富有才华的同窗，我的同班同学，如钱三强、王大珩、何泽惠等，后来都成为著名的物理学家。

但我的物理学家之梦却没有成为现实。当时日本帝国主义的侵略日益逼近华北，局势一天天紧张，学生们已不能安心读书了。1935年年底我投身到“一二·九”学生运动中，于1937年3月加入了中国共产党。经历了学生运动的洗礼，在学校共产党组织和革命青年的影响下，我决心义无反顾地投身到拯救中华民族的事业中。

我的毕业论文是有关广义相对论的，导师是周培源。1937年，周先生从普林斯顿大学进修回到清华大学后告诉我，他将我的毕业论文给爱因斯坦看过，爱因斯坦提出了一些修改意见。周先生希望我能尽快进行修改，然后以我们两个人的名义在《物理学报》上发表。那时我已经加入了中国共产党，我把这件事汇报给党组织后，组织支持我做这件事。正在我打算向周老师请教，继续修改论文时，“卢沟桥事变”爆发，党组织委派我去保定建立“民先”（“抗日民族解放先锋队”的简称）临时总队部，修改论文的事便不了了之。作为一名共产党员，投身于挽救民族危亡的抗日战争成为我唯一的选择。也就是从那时起，我彻底放弃了成为一个物理学家的梦想。

这一年年初，居里夫人的丈夫约里奥·居里要在中国招收一名研究生。我和钱三强都报了名。其实我当时已经是一个职业革命者了，没有固定的收入。可是在此之前我在广州岭南大学做过一段时间助教，每月给家里寄钱。回到北京后，一下子没有了收入，无法养家了，总要有一个借口，于是我就跟父母说，我回北京就是要报考研究生。其实我根本就没有打算出国做研究生，于是就顺理成章地把这个名额让给了钱三强。钱三强出国前夕，我在他的纪念册上写下了这样一段话：我现在参加反对帝国主义和封建势力的斗争，目的是建立一个民主的、劳动人民当家做主的国家。革命成功之后要进行建设，你出国深造，回来之后就可以为这样的国家服务，到那时我们还会合作。后来果然如此，日本投降后，钱三强学成归国，为我们国家的科学事业和国防事业作出了重大贡献。钱三强告诉我，那本纪念册他一直珍藏着，可惜在“文化大革命”中丢失了。

二、从事学术研究的历程与成果

（一）早期从事学术研究的历程

1. 如何走上社会科学研究之路

其实我从来没有做一名社会科学家的意识。因为革命需要马克思主义的指导，需要社会科学的知识，于是我在参加革命的过程中，逐渐对社会科学产生了兴趣，通过对马克思主义著作的学习和对社会科学理论的钻研，自然而然地成为一名社会科学工作者。我最早阅读马克思主义著作是在清华大学学习期间。我对哲学的喜爱，从初中时就开始了。在上海上高中和大学时，我就看了一些有关自然哲学的书。到清华大学以后，1936 年上半年，我选修了张申府教授开的“形而上学”课程，在张教授给学生开出的十几本参考书中，有恩格斯的《反杜林论》和列宁的《唯物主义和经验批判主义》。我从图书馆里借来这两本书的英译本，从头到尾啃了下来。这两本书带给我的震撼是前所未有的，使我对马克思主义产生了浓厚的兴趣，可以说从此我开始走上了成为一个马克思主义者的道路。至今我仍然对自己的选择毫不动摇。

我曾经说过：我是一个死不悔改的马克思主义者。

1936 年夏天我回上海时参加了艾思奇、章汉夫等组织的自然哲学研究会，从此开始了我的哲学社会科学的学习和研究生涯。

2. 逐渐成为社会科学家的 19 年（1936～1955）

自 1936 年从物理系毕业到 1955 年我被选聘为中国科学院哲学社会科学学部委员，是我逐渐成为社会科学家的 19 年。要对这个过程进行叙述，说来话长。概而言之，我并没有想当社会科学家的意识，我只是为革命学习、研究社会科学，在革命工作中学习研究社会科学——当然是马克思主义的社会科学。因为革命需要社会科学，社会科学能对革命起指导作用，我对社会科学才产生了强烈的兴趣。我也相信，在革命中学习社会科学，才能学到对革命有重大意义的社会科学真理。我就是这样自然而然地成了一个社会科学家的。

青年时代所受过的严格科学训练和打下的自然科学的基础，为我后来进行社会科学的学习和研究无疑提供了有利的条件。

我在大学图书馆里借到了《反杜林论》和《唯物主义和经验批判主义》这两本书的英译本，在阅读中我感受到从未有过的震撼。接着，我又开始研读英译本的《资本论》。1936 年夏天回到上海时，我参加了艾思奇、章汉夫等组织的自然哲学研究会。从此，我开始了哲学、社会科学研究生涯。

大学毕业后，我到广州岭南大学任物理学助教，并以此为掩护从事革命工作。当我着手建立的地下革命组织被破坏之后，我被党组织调回北平，参加“民先”全国总队部的工作。1937 年 3 月，我加入了中国共产党。

从 1937 年年初到 1939 年 5 月，我先后在北平、广州、太原、武汉、粤北等国民党统治区从事党的青年工作，1939 年被调往延安，在中共中央青年工作委员会（简称中央青委）工作。1940～1942 年，兼任延安中山图书馆主馆长，并在毛泽东青年干部学校讲授社会发展史等课程。1942～1943 年，任共中央西北调查局研究员。在此期间，我开始研究土地问题和陕甘宁边区的减租问题、农业累进税问题、农村互助合作问题等，在农村作了许多调查研究。我与柴树藩、彭平合写的《绥德、米脂土地问题初步研究》当年在延安印刷，1979 年由人民出版社正式出版，后被译成多国文字。1943～1945 年我在延安大学财经系任教，并负责学校教务工作。在延安期间，由于有较好的学习和研究条件，我得以阅读了大量马克思主义的著作，包括中译本《资本论》，并着手翻译恩格斯的《自然辩证法》。同时，我参加了延安的几个读书会。在1940年延安新哲学学会的年会上，我的关于事物发展中过渡阶段的产生原因的发言，引起了毛主席的重视。我还积极参加了延安自然科学研究会的筹建工作，成为这个研究会的驻会干事之一。

日本投降后，1946年我被中共中央派往北平创办《解放（三日刊）》，任编委。国共谈判破裂之后，我回到延安，担任《解放日报》言论部副主编。1947年3月，我参加了中央土改工作团，在晋绥、河北、山东等革命根据地参加土改，同时进行调查研究。1948年，我被调往中共中央宣传部工作，同时开始编写普及性的社会科学知识教材，如专门讲授如何进行调查研究工作的《调查研究》（该书1949年出版，1981年经改写后以“怎样进行调查研究”为名由中国青年出版社出版）。

从1948年到“文化大革命”爆发前，我担任过中共中央宣传部理论教育处副处长、科学处处长、国家科学技术委员会副主任、《学习》杂志主编。20世纪50年代初，我写了大量的理论著述，编写了多部教材，如与王惠德合著了《中国革命读本》（人民出版社，1951年）；与胡绳、王惠德合著了《社会科学基础知识讲座》（1～4册）（人民出版社，1951～1952年）；与王惠德合著了《政治经济学讲座》（三联书店，1951年）；与胡绳、廖沫沙、季云合著了《政治常识读本》（上、下）（学习杂志社，1951年）等。这些读物在当时对普及马克思主义理论曾起过重要作用。

（二）我的主要学术成果

我是一个兼有着深切的社会关怀和学术关怀的经济学家，在学术活动中，我总是试图寻找二者间的支点，来确定自己的学术研究方向。广泛的学术兴趣和丰富的人生经历，使得我的学术思想内容十分丰富。因此，要了解我的经济学思想和所提出的理论，有必要同时了解产生这些思想和理论的社会经济、政治、意识形态背景乃至个人的经历。

我是一个兴趣广泛的人，因此碰到什么问题都要研究一番。久而久之，就成了一个杂家，什么都知道一点，什么都不大精通。我的研究成果可以分为以下10个方面。

1. 在自然辩证法学科方面的研究

自然辩证法始终是我研究的领域。1936年我在清华大学物理系的最后一个学期的学习中，对自然辩证法产生了浓厚的兴趣，在周培源教授的指导下，我的毕业论文题目是“坐标系在动力场中的运动”。1940年2月，陕甘宁边区自然科学研究会在延安成立，该学会组织了一个自然辩证法研究小组，在会长徐特立的指导下，由我主持。当时我还兼任延安中山图书馆馆长，在图书馆多次举办了学习研究“自然辩证法”的座谈会。为学习研究需要，我在延安时就开始翻译德文版的恩格斯的《自然辩证法》，并陆续在延安报刊上发表。这本译著后来经曹葆华、谢宁等同志整理校译后，于1955年由人民出版社正式出版。20世纪80年代初，这本书又在我的主持下，经查汝强等同志重新校译，由人民出版社再版。1944年，我在延安大学讲授自然发展史。1955年，我与周培源、王竹溪、黄昆、徐光宪、沈同等科学家一起在北京大学哲学系开设了“自然和自然发展史”课程。1956年在制订12年科学发展规划时，在我的倡议下，由我负责专门制订了一个全国范围的自然辩证法学科发展规划，并且在中国科学院哲学研究所成立了自然辩证法研究组，创办了《自然辩证法研究通讯》杂志，我兼任研究组组长和杂志主编。我的倡议得到了潘梓年先生的支持。1956年，北京大学哲学系招收自然辩证法专业研究生，由我与冯定、汪子嵩一起任哲学导师，周培源、王竹溪、徐光宪、沈同任自然科学导师。1956年，我参与并主持了著名的青岛遗传学座谈会。在会上，我就如何在自然科学领域里贯彻“双百方针”作了发言。1958年我提出研究“历史唯物主义论科学”，也就是提倡研究自然科学在社会发展中的作用和自然科学在社会发展中的规律。1960年8月，我与李昌、潘梓年倡导召开并主持了全国自然辩证法座谈会，会议的一个重要成果是开辟了关于生产实践和技术发展的辩证法研究新领域，推动了技术哲学的研究工作。1964年8月24日，毛泽东同志邀周培源与我谈话，从日本物理学家坂田昌一的文章《关于新基本粒子观的对话》谈起，谈了很长时间的自然辩证法研究问题。1965年5月，《红旗》杂志再次发表坂田昌一的文章，并根据毛泽东谈话的精神写了编者按语。我利用科技界和哲学界座谈坂田昌一的文章的时机，进一步推动了自然辩证法的学习和研究工作。1965 年下半年，我倡议并组织编写《自然界的辩证发展》多卷本巨著，其中包括天体史、地球史、生物史、人类史、工业史、农业史、医药卫生史等。我先后在大连、沈阳、上海、杭州等地召开编书研讨会，并开始组织编译国外的有关研究资料。这一基础性研究工作，由于“文化大革命”的爆发而不幸夭折。针对“文化大革命”中对自然科学基础理论研究的破坏，1977 年我就在考虑如何恢复自然辩证法的研究工作。我曾建议哲学研究所研究两个问题，一是科学是生产力，二是用哲学指导自然科学的研究，但不是用哲学代替自然科学研究。1977 年 3 月，由我倡议，中国科学院理论组、中国科学技术协会理论组和哲学研究所自然辩证法研究室在北京联合召开了自然辩证法座谈会，在理论上进行拨乱反正，并就如何恢复和开展自然辩证法研究工作交流意见。1977 年 12 月至 1978 年，在全国科学技术规划会议期间，我倡议并组织召开了全国自然辩证法规划会议，作为全国科学技术规划会议的一个组成部分。会上制订了《1978～1985 年自然辩证法发展规划纲要（草案）》。会议期间，我倡议创办了《自然辩证法通信》小报，以推动全国自然辩证法工作的开展并加强学术信息交流。会议后，我在中国科学院创办了《自然辩证法通讯》杂志并担任主编。1978 年夏季，由我倡议，由中国自然辩证法研究会筹备委员会主办，在北京召开了自然辩证法讲习会，来自全国各地的 1500 余人参加了会议，会议期间还召开了关于“实践是检验真理的唯一标准”问题的座谈会。1981 年 10 月，在邓小平同志的支持下，中国自然辩证法研究会成立，我是这个研究会的第一届和第二届理事长。我们这个研究会始终在积极地推动我国自然辩证法学科的建设和人才培养。20 世纪 60 年代和“文化大革命”后，我先后招收了四届共 27 名自然辩证法研究生，如今他们和他们的学生已成为我国自然辩证法研究和教学领域中的骨干力量。1983～1993 年，我倡议并主持编写了《自然辩证法百科全书》，其中有些条目是我根据自己的研究成果撰写的。我主张从马克思主义的角度研究自然科学哲学。我提倡自然辩证法不但要研究天然的自然，还要研究人工的即社会的自然。1994 年《自然辩证法百科全书》由中国大百科全书出版社出版。1996 年 12 月，江西科技出版社出版了我的长达 48 万字的著作——《一个哲学学派正在中国兴起》。我们这个学派是属于马克思主义哲学学派的，是马克思主义哲学学派中重视自然辩证法的一个学派，在自然辩证法学派中，又是特别重视“人工的自然”或“社会的自然”的一个学派。

2. “政治经济学社会主义部分”和“作为社会主义建设的科学的马克思主义”

我从 20 世纪 50 年代开始，将研究重点放在“政治经济学社会主义部分”上。当时对这一领域的研究通常承袭苏联学者编写的《政治经济学教科书》中的说法，叫做“社会主义政治经济学”，而我则提出了另外一个用语，即“政治经济学社会主义部分”。这一用语是由我发明和最早使用的，后来被不少经济学家所接受。对于为什么不沿用原来的说法，我提出的一个理由是，有一些对资本主义经济的政治经济学研究，如马克思的政治经济学，由于其着眼点和结论是社会主义的，因此也可以说是“社会主义政治经济学”。但这种研究和以社会主义经济关系为对象的研究是不同的，将两者按照同样的名称称呼容易发生混淆。

然而，这个根据只是我采用新用语的一个考虑。我采用“政治经济学社会主义部分”这个用语，事实上也显示出我当时所主张的一种研究取向，即试图把对社会主义经济的政治经济学研究和对资本主义经济的政治经济学研究建立在统一的科学理论基础上。在我看来，以原苏联经济学者写的教科书和相关论著为代表的对社会主义经济关系的研究，远未达到像马克思那样对一种经济形态加以科学“解剖”的程度。

不过，我并不主张将政治经济学社会主义部分的研究局限在马克思的《资本论》的架构和范畴内。我认为，学科的发展和时代的特点、时代的任务、时代的精神是联系在一起的。我在 1983 年的一篇论文中，以“发展作为社会主义建设的科学的马克思主义”为基本命题展开了论述。在那里，我把马克思主义理论分成上、下两篇，即作为社会主义革命的科学和作为社会主义建设的科学。《资本论》属于上篇的范围，其任务是批判资本主义制度，说明社会主义产生的根据。而当前的时代要求发展作为社会主义建设的科学的马克思主义，以解决大量的建设问题，政治经济学社会主义部分是其中重要的基础理论。它要分析一系列与经济建设有关的政治经济学问题，如制度与个人积极性和创造性的发挥、制度与合作和竞争、制度与计划性等。我认为许多政治经济学社会主义部分的著作事实上没有揭示出多少对于建设有意义的道理。1958 年，我将在政治经济学社会主义部分的研究论文结集出版，定名为“政治经济学社会主义部分探索”（由人民出版社出版）。

20 世纪 60 年代初，中央曾委托我主持编写政治经济学教科书，资本主义部分的编写工作以马克思的《资本论》为基础，我很快便完成了，它成为当时高等院校的教材。但社会主义部分的编写则困难得多。这一背景曾促使我尝试完成比较系统的政治经济学社会主义部分的著作。当时我组织了一批经济学家从 1961 年到 1966 年工作了 5 年，完成了几十万字的《社会主义经济问题》初稿。但在准备修改的时候，“文化大革命”爆发，工作因此而中断。“文化大革命”开始后，我受到批斗，被剥夺了正常工作的权利，但我的思考并没有停止。我在对“文化大革命”的观察中，更深刻地考虑了社会主义国家面临的一些根本性问题。1975 年我恢复工作，成为邓小平同志直接领导下的国务院政治研究室的负责人之一。我积极投入到和“四人帮”的斗争中，并开始继续我的政治经济学社会主义部分研究。

“四人帮”倒台之后，我组织学术界针对“四人帮”宣传的“按劳分配产生资产阶级”、“全面专政”、“批判‘唯生产力论’”等进行了一系列理论讨论。这些讨论打破了长期形成的思想禁锢，推动了思想解放，同时也深化了政治经济学理论的研究，对于按劳分配概念、劳动报酬形式、按劳分配与平等的关系等问题作出了较以往更为深入的阐述。然而，越是深入的研究，越使我放弃了体系化的打算，宁可围绕问题展开探索。

从 20 世纪 50 年代起，我在政治经济学领域中已经耕耘了 40 余年，我的学术积累虽然日渐丰富，但我却已经放弃了完成政治经济学社会主义部分教科书的想法。40 多年的探索，使我深感探索的必要。我仍以“政治经济学社会主义部分探索”为名出版我在这个领域中的研究成果，至今已由人民出版社出版了 7 卷，大约 280 万字，它们记录了我和我的经济学界同仁们不懈探索的历程。

3. 所有制实现论和所有制选择的生产力标准

所有制理论是我的政治经济学研究的一个主要领域。从 20 世纪 50 年代开始，来自苏联的政治经济学研究的传统架构是将经济关系分为三个方面，即生产资料所有制、生产过程中人和人的关系、消费资料的分配。这三个方面中，生产资料所有制决定着其他两个方面，因而是最重要的。在这个分析框架中，生产资料所有制被处理为外生的，并不受经济活动过程的直接影响。我不满于这样的处理。在系统研究了马克思有关所有制的论述后，我根据马克思关于“所有制是生产关系的总和”的思想，发展出“所有制实现论”。根据这一理论，所有制要在生产组织、交换、分配等经济过程的各个环节中实现，才是有经济意义的，否则只是法律的想象。这样，所有制不是被理解为由国家强制力一次性安排下来的，而是伴随着各种经济活动的一种过程，它在这一过程中被塑造、硬化或改变。20 世纪 70 年代后期，我运用这样的观点，对“四人帮”将按劳分配和公有制割裂开的做法进行了批判。“所有制实现论”为中国的一批经济学家所接受。

以“所有制实现论”作为理论基础，我对一些不同形式的所有制进行了分析。一个有代表性的论点是我对国家所有制的区分，即把国家所有制区分为直接的国家所有制和间接的国家所有制。所谓直接的国家所有制是指由国家支配资源的使用、确定和委派经营者的制度；间接的国家所有制则是和国家力量向其他所有制形式的渗透联系在一起的，只要国家享有某种收益权，便意味着这种所有制的存在。依此逻辑，在存在国家税收的地方，也意味着国家对计税资产拥有某种所有权。我的这种思想来源于恩格斯关于国家税收造成对私有权的约束的论点。许多经济学家大概不会同意我的这一看法，但是，除了需要做进一步澄清概念等技术性的工作之外，我的论点中涉及了一个重要的视角，即产权与国家权力间的关系、产权界定机制和国家权力结构的关系。

从 1978 年起，我把研究重点放到社会主义经济体制改革的问题上。我是最早主张我国经济体制改革的核心是所有制改革的经济学家之一。我提出，在决心改革之后，首先必须明确的是，应该确立怎样的所有制形式和结构。我批评了当时不少干部头脑中存在的以“大”和“公”为标准判别所有制优劣的看法，批评了当时流行的所有制优劣的序列表：国有制无条件地比集体所有制优越；集体所有制无条件地比私有制优越；在集体所有制范围内，公社所有无条件地比大队所有优越，大队所有无条件地比小队所有优越；在小队所有的范围内，不联系产量的工分制无条件比联系产量的责任制优越等。我认为，这样一张所有制优越性的序列表不破除，改革是很难展开的。我在 20 世纪 70 年代末写的文章中明确主张以生产力为标准来判别所有制的优劣，我主张的态度是：凡是最能促进生产力发展的所有制，就赞成和支持；凡是虽能促进，但促进作用不大的，就不能那么赞成，不能那么去支持；凡是不能促进生产力发展的，就坚决反对。为表明态度的坚决，我在一些场合表示，我可以承认自己是"唯生产力论者"。

4. 向市场经济的转变和企业组织

在对改革的研究中，我反复考虑的一个问题是商品经济或市场经济问题。我在 20 世纪 70 年代末提出，过去我们根据列宁的公式将社会主义基本制度理解为"生产资料公有制加按劳分配"是存在问题的，我认为商品生产和交换的存在是一个必须补充的基本点。我一再强调，市场经济制度和按劳分配制度一样，是促进生产力发展所不可缺少的制度。

我认为，经济活动可以以不同的方式来组织，改革之前的中国经济可以概括地说是一种"调拨产品经济加自然经济"，而改革则是从这种经济向商品经济或市场经济转化。在这一转化过程中，存在着两个重要的机制，我称之为"商品承认"和"商品化"。所谓"商品承认"，指的是对于过去没有进入交换过程的劳动产品，现在承认它们是商品，使它们进入流通；所谓"商品化"，指的是对于一些本身并未消耗劳动的东西，使它们进入交换，具有价格。哪些物品被"商品承认"和"商品化"，在怎样的规模上被"商品承认"和"商品化"，人们是可以作出安排的。然而，不同的安排状态和经济效益之间却存在着规律性的联系：在某种安排下，经济可以得到较好的发展，人们可以取得更大的效益；而在另外的安排下，经济则不能得到较好的发展，人们只能得到较小的效益。这里存在着比较，取得较大效益的动机，会促使人们作出新的安排。从调拨产品经济向市场经济的转变，在一定意义上，也可以视为对"商品承认"和"商品化"边界的重新安排。

那么，具体而言，究竟是怎样的因素促使政府作出这种重新安排的？我的论述涉及两个方面。一是经营者和劳动者的积极性的发挥，我认为这个因素和实行按劳分配的原因类似；二是经济活动的规模和复杂性，当经济活动的规模大到一定程度，复杂到一定程度时，再将它们纳入调拨产品经济框架，便会越来越困难，越来越不经济。

企业是市场经济的基本要素。我认为，只有具有独立的商品—货币资金运动，进行独立经济核算的经济组织才是企业。根据这样的理解，我把现实中被人们称为“企业”的经济组织分为三类，即完全企业、不完全企业、虚假企业。完全企业是有完全独立的资金运动，即完全自主经营、自负盈亏的经济组织；虚假企业在表面上有资金运动，也计算“成本”、“利润”，但本身没有经营权，也不在经济利益上承担经营后果，这种经济组织只有企业的外表；不完全企业则处在完全企业和虚假企业之间，这类企业有或多或少的部分经营权，并部分承担着经营的后果。这个分类为比较企业组织研究和从调拨产品经济向市场经济转变的研究，提供了一个基础框架。

近20年来，我围绕有关企业和市场经济问题发表了许多见解。在1992年因患癌症住院治疗期间，写了一系列有关市场经济的文章，汇成以“社会主义市场经济主体论”为题的文集，于当年8月由中国财政经济出版社出版。

5. 按劳分配研究

我从着手政治经济学社会主义部分的研究开始，便十分重视生产者激励问题。承袭着当时的研究框架，我对这方面问题的研究首先集中在按劳分配范畴上。把我20世纪50年代的有关论文和苏联经济学家编写的教科书作一个比较，便不难发现，我的研究不论是在概念的界定（如对劳动概念的分析），还是在命题的逻辑表述上，都更加精密。

促使我进一步深入对按劳分配加以研究的社会事件，是“四人帮”在“文化大革命”中对按劳分配的批判，以及与之相联系的对各种贯彻按劳分配原则的劳动报酬形式（如计件工资、奖金等）的取消。1977～1978年，我组织学术界针对“四人帮”宣传的“按劳分配产生资产阶级”、“全面专政”、“批判‘唯生产力论’”等召开了一系列理论讨论会。这些讨论打破了长期形成的思想禁锢，推动了思想解放，同时也深化了政治经济学理论的研究。

对按劳分配这种分配方式，我详细讨论了对“劳”的几种不同理解。它们包括：①按自然劳动时间来确定劳动量的大小；②按劳动支出或劳动力的消耗来确定劳动量大小，这里考虑到劳动的复杂程度和熟练程度；③不仅考虑劳动的支出，而且将相同劳动条件下劳动的有效性这一因素包括在内；④“劳”就是指劳动成果。我主张第三种理解，而第四种理解因为加入了生产工具和自然条件的差别因素，所以已经超出了按劳分配的范围。

就中国的现实而言，我认为至少存在着这样一些分配方式：按劳分配、按劳动能力分配、按岗位分配、按劳动成果分配、平均主义分配等。我对不同分配方式的存在条件、实施后果，以及可能的演变趋势进行了分析。

我从对按劳分配的研究引申到对平等（公平）问题的研究。我强调，平等的观念是相对的，它意味着使用同一尺度。这就是说，对某一尺度来说是平等的，对另一尺度来说就是不平等的。按劳分配以劳动作为尺度，这是一种平等，如果用需要作尺度来衡量，就是不平等；反过来，实行按需分配以需要作尺度来看是平等，但是用别的尺度（如劳动）来衡量，就是不平等。我曾谈到，对近年有一些关于公平和效率的谈论存有怀疑，我认为，问题不在于一般地谈论公平和效率是什么关系，而是在于不同的尺度和效率是什么关系。

6. 经济效果学和以个人使用价值为基础的社会经济效果观

经济效果学是我从20世纪50年代起着手和倡导研究的学科。当时，针对以政治为引导的大范围的浪费行为，我开始对经济效果问题进行研究，并在研究中力求将数学方法引入。我将经济效果学定义为，是对各项社会实践活动进行经济效果计算、分析、评价的理论和方法，以及如何应用它们的科学。

我的经济效果（经济效益）理论的一个特点，是强调个人使用价值（或个人需要的满足）是社会经济效果的基础。我的这一认识在20世纪五六十年代的研究中已经基本清晰化和系统化。这种社会经济效果观和当时盛行的将政府目标等同于全社会目标的观念有着不同的理论基础。可以这样说，我后来的经济改革思想和我的这种理念有密切的关系。事实上，这种社会经济效果观（或社会经济效益观）和用政府目标，特别是政府的政治目标取代社会经济效益目标的政策间的矛盾，是引出20世纪70年代末80年代初由我首先提出讨论的我国经济建设中的生产目的问题的一个较深层的根源。在一篇研究当事者的经济效益和全社会的经济效益的论文中，我明确地将政府部门的经济效益和全社会的经济效益区分开来。

我考虑在经济学中运用数学方法时提出的一个思想是，不仅经济学需要利用数学，而且数学很可能会因为经济学而得到发展。我和华罗庚教授曾共同倡导经济学家和数学家合作，并商量好两人合作带研究生，但是因为“文化大革命”的开始，未能实现这个计划。

我在20世纪五六十年代写的关于经济效果的论文，汇集于《论社会主义生产中的经济效果》一书中，该书由人民出版社于1978年出版，1984年出版了增订本。

7. 生产力和生产关系之间的关系

生产力决定生产关系，生产关系适应生产力，这是马克思主义政治经济学理论中被人们所熟知的命题。但是，对于生产力和生产关系之间相互作用的机制，却很少有人研究。由于这方面研究的缺乏，因此难以说明一些重要的历史现象，如人们何以会建构起阻碍生产力发展的制度，也难以对生产力变化后将会对生产关系产生怎样的影响作出较为具体的理论预测。

我认为，社会生产力和生产关系之间存在着有很大伸缩性但又有规律性的对应关系。我将对应关系分成两类，即一一对应、一多或多一对应。我认为，不论是回顾历史还是观察现实，都可以看到，生产力和生产关系之间存在的不是“一一对应”关系，而是“一多对应”和“多一对应”的关系。之所以会出现复杂的对应关系，是因为生产关系的形成和维持，除了受生产力制约外，还受到其他许多因素的影响。不过，强调对应关系的复杂性和弹性，并非认为生产力的任一状态可以和生产关系的任一状态相对应，也就是说，对应是有边界的。

复杂的对应关系会产生生产关系和生产力之间复杂的相互作用。我认为，有必要研究生产关系作用于生产力的机制问题。对此，我提出了一个双渠道结构的理论框架。在我看来，生产关系促进或阻碍生产力是通过生产者个人的积极性和生产组织（分工、协作等）这样两个渠道实现的。我对这样两个渠道的基本作用机制作了进一步研究。比如，我指出在生产者积极性和生产力之间存在这样的链条：生产者积极性—原有生产力（生产力存量）的发挥—物质和精神产品的数量与质量—生产力的发展。生产组织和生产力之间也存在类似的链条，同时还涉及集合的生产力。双渠道划分隐含的一个命题是，特定的生产关系通过不同渠道影响生产力时，其作用方向（促进或抑制）及作用大小可能是有差别的。

在两个渠道中，我更重视研究的似乎是个人的生产积极性。从 20 世纪 50 年代起，我就十分重视激发生产者积极性的按劳分配问题的研究。在生产受到严重冲击的“文化大革命”中，我又进一步思考了个人的生产积极性问题，这种研究为 70 年代末至 80 年代初由我领导或倡导、支持并积极投入的有关按劳分配、所有制形式结构改革、商品经济等颇有影响的讨论奠定了基础。个人的创造、经营、生产积极性是我评价经济制度优劣的最主要标准，我的以所有制形式结构改革为核心的经济体制改革主张，主要就是以此为基础的。我对发展市场经济的积极主张也与我对生产者、经营者积极性激发的重视有密切联系。

8. 社会主义初级阶段的经济

对社会历史的演进进行理论思考以及对社会发展的阶段进行研究，一直是我的学术兴趣所在。在思考我国改革前的重大政策失误时，我意识到，现实地认识我国社会所处阶段是十分重要的，因此，我开始研究中国当前社会经济的发展阶段问题。我认为，必须清醒地认识到我国社会与马克思主义经典作家所说的生产力高度发展、消灭了商品生产的社会之间的差异。同时我也不赞成认为我国处在向社会主义过渡的阶段的看法，这是因为这一“过渡时期”已经有了明确的界定，按列宁的说法就是“衰亡着的资本主义与生长着的共产主义彼此斗争的时期”，是强调无产阶级专政的时期。我思考的结果是，我国正处在社会主义初级阶段。但是确认“我国正处在社会主义初级阶段”，并不意味着承认原来所追求的那种没有市场经济、没有多种经济成分的社会主义是更高级的阶段。我认为，20 世纪 50 年代的那种看法，并不是在对社会生产力和其他影响社会发展进程的主要因素进行了科学分析的基础上得出的。今后将进入怎样的阶段，必须以现实为基础，进行科学分析后才能知道。

1979 年 5 月苏绍智、冯蓝瑞同志的《无产阶级取得政权后的社会发展阶段问题》一文发表后，引起学术界的极大反响。赞成者有之，反对者有之，甚至某些权威人士公开指责他们“否定社会主义”。我认为文章提出了一个很重要的、值得我们研究思考的问题，不应受到蛮不讲理的打击。也就是在他们这篇文章的启发之下，我提出了我国目前还处在社会主义的初级阶段的看法。这种观点很快得到了当时担任国家领导人的胡耀邦和赵紫阳同志的认同，逐步成为我们制定各项重大政策的理论依据。从1981年起，我利用参与起草和讨论中央文件的机会，多次主张将社会主义初级阶段的概念和其基本特征的论述写入中央文件。我的意见发挥了一定的作用。1987年，我在多年研究的基础上，写出了专著《中国社会主义初级阶段的经济》（中国财政经济出版社，1988年）。在该书中，我从经济学的角度探讨了以往对社会主义认识的失误；探讨了中国社会主义初级阶段的社会生产力特征；探讨了现存生产关系对生产力的抑制或促进，以及可能的演变趋势。我在学术上努力将由社会生产力所制约的大的历史演进阶段和在特殊的选择、特殊事件影响下形成的小的阶段有机地联系起来。这本书后来被评为对中国改革开放具有重大影响的十本著作之一。

9. 重视消费经济学的研究

从20世纪80年代初，我就提倡开展消费经济学的研究。对当时有人提出我国“消费早熟”、要“抑需求”的说法，我就表示过不同的意见，认为我国不是“消费早熟”，而是“不熟”，即消费不足，应千方百计扩大内需、鼓励消费。为此我撰写了许多有关消费经济理论的论文，并提出了一些独到的见解。1999年，在我84岁高龄时，我学会了用电脑打字，由此引发了我对消费品理论的新的思考，并在2003年出版了《我的“四种消费品理论”》一书。恩格斯把生活资料概括为三类：生存资料、享受资料、发展与表现自己的资料。我在恩格斯这一论点的基础上，根据现代生产力和社会发展的状况，对消费品进行了分类：第一种是生存资料。所谓生存资料，就是人为了自己的生存必须消费的物质资料和劳务。缺少这种物质资料和劳务，人的生存就会受到威胁。例如，食物、衣着、住房、交通工具、燃料、药物及医疗服务等。第二种是享受资料。作为经济概念的享受资料，就是超过生存需要所消费的生活资料。例如，美食、高级服饰、豪华住房、高级轿车等。还包括精神上的享受，如休闲、旅游、欣赏音乐会、看电影和电视等。第三种是近代交通工具和近代通信工具。近代交通工具主要是火车、汽车、飞机。第四种是近代发展资料。例如，教育、科学研究、现代化的先进的认识工具。电脑是当代最具有代表性的发展资料。这四种消费品对社会生产力发展所起的作用是不一样的。第一种和第二种消费品，生产和消费得越多，社会生产力不但可以维持，而且还可以有所发展。第三种消费品生产和消费得越多，表明生产力发展得越快，同时这种消费品的消费可以为这种消费品起到腾出市场和刺激生产的积极作用。这种消费品具有与前两种消费品很不一样的特点，那就是生产和消费它们要花很多时间，但是在消费它们的同时大大提高了效率，也就是说，同时生产出许许多多可以利用的时间，从而提高了社会生产力。第四种消费品的特点是，它们是很有效地能够直接提高人自身能力的产品。因此这种消费品生产和消费得越多，社会生产力发展得就越快，或者可以说这种消费品的特点是消费这种产品本身就是提高社会生产力的活动。近代，特别是当代，第三种和第四种消费品的生产和消费已提高到了很显赫的位置。随着科学技术日新月异的发展和社会生产力不断提高，这两种消费品地位的提高速度有增无减。而且我认为，这种趋势改变了世界社会生产力发展的规律，即它使世界社会生产力的发展有了新的规律。当社会生产力以前所未有的高速度向前发展时，我们将不得不面对社会发展中的许多新问题和社会发展理论的创新。该书出版后，召开了几次研讨会，许多经济学家对我书中提出的独到见解表示了极大的兴趣，并给予高度的关注和评价。

10. 从中国的现实出发开拓新研究领域

我认为，经济学可以研究的领域是十分广泛的，而我们又面临建设现代化社会的任务，非常需要有着多维度内容的经济科学体系的支持。从这样的考虑出发，我热心倡导和支持开拓新的研究领域，在逐渐积累研究成果的基础上形成新的学科。

例如，我在 20 世纪 80 年代初提出，以国土为对象的经济学研究事实上已经在进行，因而可以建立一门国土经济学。这门学科是从经济学的角度对保护、开发和利用国土资源加以研究。我不仅撰写了一些论文，而且亲自带领中国国土经济学研究会考察了甘肃、青海、贵州、江西等省和珠江、乌江流域等地区。我的有关国土经济学研究的一些意见不仅为经济学界所重视，而且也被政府所采纳。

又如，80年代初我提出应该开展经济社会发展战略问题的研究。在这个研究领域，我强调产值目标的局限性，强调对生活质量、环境质量的重视。我在经济发展战略的一般问题研究的基础上，又提出了地区经济发展战略的研究问题。我提出的地区经济发展战略中的两个维度，即全国战略中的地区战略和地区战略中的地区战略，产生了比较重要的影响。我在经济社会发展战略研究方面的著作有《经济社会发展战略》、《战略学与地区战略》等。

我在经济学方面倡导发展的学科还有：生产力经济学、技术经济学、教育经济学、灾害经济学、环境（或生态）经济学、旅游经济学等。为促进这些学科的发展，我写了不少文章，也做了许多组织工作。

在整个学术生涯中，我开拓了许多新的学科领域，尤其在促进中国的自然科学与社会科学联盟方面、在自然辩证法哲学学派的创立与发展方面、在反伪科学方面等。

三、治学的个人经验及心得体会

（一）我的治学求真态度与座右铭

关于治学态度问题，我写了很多条。例如，“求真——治学之根本”。我这里讲的求真，就是追求真理。我们搞社会科学研究的人，就是要经过不懈的探索和追求，去得到真理、拥有真理。“求真，就要坚持严格的科学态度”，“真理属于对具体事物作了具体分析的人”。我有一个座右铭，那就是“独立思考，只服从真理”，它集中体现了我的治学态度。“独立思考”就是不盲从、不附和，不要只是为他人的言论作注解而不去想想自己应该持什么观点和态度。思考的本性就是独立的，不独立就谈不到思考。“只服从真理”讲的是服从什么的问题。能服从一己的利害得失吗？能服从真理以外的某种权威吗？“独立思考，只服从真理”这九个字是就认识而言的，至于行动则还要作其他的考虑。其实思考的本性就是独立的，不独立就谈不上什么思考。之所以加上“独立”二字，就是强调反对盲从。我们常常会受到认识以外的各种其他因素的干扰，因而妨碍了我们对真理的认识和追求。强调只服从真理，就是不要去服从什么权威、去跟风，因而讲违心的话、做违心的事，这是搞科学研究的大忌。

因为自己的独立思考，我常常提出一些具有前瞻性的和独到的见解，却因为不被人理解和接受而受到非议或批评，但我从不后悔，也未动摇过自己的信念。我坚信自己根据实际和科学推断出的结论是正确的，始终坚持自己的主张，不唯书，不唯上，不跟风，不畏人言。

我还写了一条“为了求真莫文过饰非”。由于事物是不断变化和发展的，我们的认识常常跟不上，难免会犯错误。犯了错误不要紧，认识了、改正了就好，最不应该的就是文过饰非，因为这就意味着你失去了坚持真理的勇气，一个真正的学者是不会这么做的。我一生也有过丢脸的事。比如，1958年夏天，有一天下午，当时担任中央科学小组组长的聂荣臻同志带着科学小组的两个成员张劲夫和我，到中南海向毛主席汇报工作。聂荣臻和张劲夫同志谈完后，由我汇报各地在“大跃进”中科技方面的情况。我把各地报送的材料简要作了介绍，其中有一条消息是当天早上收到的山东省委的喜报，我来不及斟酌，也汇报给主席。那份喜报的内容是：某县某公社有一个农民在“大跃进”中破除迷信、解放思想，把一个正在生长的苹果摘下来，对这个苹果的把儿作了特殊的处理，然后插在正在生长的一个南瓜里。经过精心栽培，不仅这个南瓜长得特别大，插在里面的那个苹果也长得特别大。汇报结束后，我越想越觉得这个材料存在明显的弄虚作假，可是自己却不假思索地汇报给了党的最高领导人。自己在大学里是学自然科学的，又长期在党内负责科学管理工作，却犯下了这么幼稚的错误。虽然毛主席和聂荣臻同志都没有批评我，可我后来每每想起这件事，都会脸红。这件丢脸的事，我记了一辈子，时常讲起，讲给别人听，更是讲给我自己听，时常警示自己。发生这件事情后，我有了一个明确的指导思想，那就是我们不仅要重视发展科学事业，而且要重视捍卫科学精神。我认为，把丢脸的事讲出来就如同洗脸一样，讲一次就洗一次，越洗越干净。

（二）我是怎么安排时间进行著作的

我的确是一个闲不住的人，关心的事情很多，热心的事不少，这些确实占了我大量的时间。我只能抓紧一切可以利用的时间写作。我有一个“无时不思、无日不写”的习惯。我可以在任何地方、任何场合很快进入写作状态，不受外界干扰。比如，我可以在飞机上，甚至在汽车上写作。我还可以边主持会议边写作，一心二用。在我的治学方法里就有一条“惜时、创时”：一个人的生命很有限，能够有效地工作、学习的时间更短。作为一个学者，希望能够有比较充裕的时间研究学问。因此，惜时的反义词就是浪费时间。治学的人非常懂得这一点。我在时间问题上是特别抠门的，从不浪费自己的时间。新中国成立后，政治运动很多，特别是“文化大革命”，浪费了我们大量的有效生命，这是没有办法的。“文化大革命”后，我们就只好抓紧时间去弥补损失的时间。除了“惜时”，还要想办法“创时”。

我有一个特殊的收藏爱好，那就是收藏铅笔头。这些铅笔头摊在桌子上，有一大片，花花绿绿很好看。这些铅笔头都是我自己用过的，铅笔头大小差不多，每个都在两厘米左右，大约有 2000 个。这些铅笔头只是我从 1978 年到 20 世纪 90 年代中期的十几年里使用过的。2001 年我过 85 岁生日时，我的孩子们给我买了一台电脑，我就彻底换笔了。85 岁开始学习电脑，这对我来说，无疑是一个新的、艰巨的挑战。我怀着极大的兴趣开始了新的学习。使用汉语拼音输入法，这对于我这样一个老上海人来说，其实是有一定难度的。因为发音不准，常常找不到字，于是我就向自己的女儿和周围的人请教，弄明白后，就死记硬背下来，时间一久，找不到的字越来越少了。我在学习电脑这件事上，真有不畏难的劲头。我的右手食指在战争年代动过手术，无法弯曲，所以只有靠左手帮忙，才能操作鼠标。尽管困难重重，尽管开始时输入字的速度比手写慢得多，我还是坚持下来了。改用电脑写文章好处是很大的：便于写作，便于修改，提高了工作效率；解放了秘书和打字员，她们再也不用费力地去辨认我的“天书”了。这件事还产生了一个很大的副产品，那就是使用电脑启发了我的思考，我写出了《我的“四种消费品理论”》一书。使用电脑唯一的损失是，我的手稿从此绝迹了。

我认为，一个人要取得成功，天赋和机遇固然重要，但勤奋对于每一个成功者来说，是必不可少的。我这个人优点不多，但我承认自己是一个很勤快的人。有人批评我这一点、那一点，但是没有人批评我懒惰。如果说这么多年来我在学术方面有一点点成就的话，我想可能这也是一个重要原因吧。

如今我已经是90多岁的高龄了，然而我始终有一颗年轻的、不服老的心。在我80岁生日时，我给自己写了一张条幅："好好学习，天天向上"，用以自勉。人老了，身体免不了走下坡路，但在精神上、知识上还是应该走上坡路。在我满90周岁时，我向前来祝贺的朋友们讲了一番推心置腹的话："我认为对于90岁的人，保持一种积极的精神状态尤其重要，那就是'身老心不老'。""现在你们恐怕看不见我在为年龄而发愁，因为我一直努力保持一个年轻人的精神状态，而年轻人是不会为他的年龄发愁的。""我当然是一个唯物主义者，但我主张可以幻想。俄国民主主义的先驱者皮萨列夫在谈到幻想和现实之间不一致的问题时写道：'有各种各样的不一致，我的幻想可能赶过事变的自然进程，也可能完全跑到任何事变的自然进程始终达不到的地方。在前一种情形下，幻想是丝毫没有害处的，它甚至能支持和加强劳动者的毅力……'在心不老方面，幻想也是一条，我要的就是这样能支持和加强自己毅力的幻想。""我追求！我坚持！我执著！我成功！"

于光远

2011年10月

目录

第二部

1950～1966年部分哲学论文、演讲和笔记

第一部
经济学若干基本概念的哲学探析

对经济学体系与体制改革的一些意见*

今天这个会，不能叫报告会，因为是没有题目的，所以就叫回答会吧，回答你们提出的问题。这样的好处是，能够沟通我们之间的思想，使我也能够了解你们的问题。

> 第一个题目是，社会主义政治经济学体系怎样构造？有人认为，社会主义建设历史不长，构造经济学体系的时机还不成熟，您如何看待？有人提出我国经济学有三大学派，一是应用西方经济学为主的学派，二是应用东欧经济学为主的学派，三是应用《资本论》为主的学派，对这个提法怎样估价？您曾提出过《资本论》不能解决社会主义建设中的所有问题，请您在此深入谈一下。

第一，我不赞成用“社会主义政治经济学”这个名词，你们的问题的提法，我就不同意。我只主张讲政治经济学社会主义部分，不同意讲社会主义政治经济学，我不是说“社会主义政治经济学”这个名词根本不能用，而是认为社会主义政治经济学应该包括对资本主义的研究。这是列宁的看法，我也赞成这一看法。政治经济学资本主义部分以资本主义作为研究对象，政治

* 本文原载《财经科学》，1987年第1期，第1～7页。

经济学社会主义部分以社会主义作为研究对象。“政治经济学社会主义部分”这个名词是我提出来的，现在许多国家也接受了。但是，我们对这个问题在思想上还并不那么统一。我认为，“社会主义政治经济学”这个名词，是不那么科学的。

第二，社会主义政治经济学体系怎样构造的问题。什么叫体系，这本身就需要研究，有没有只许这样讲、不许那样讲的唯一的科学体系？我看，未见得。因为每个人研究的基础不同，其看法就有所不同，我们能不能把现在研究的成果形成一个比较完备的系统，也是相对的。我从 1956 年接受党中央交给我写政治经济学社会主义部分的书的任务以来，写过一些书稿，但是，至今我也拿不出一个写书的提纲来。因为，有许多问题我还不清楚，我还没有研究，所以，我还没有去讨论体系的问题。我认为，对这个问题无所谓成熟不成熟，不成熟也可以有个系统，这要看个人自己考虑能不能讲一个系统。现在很成熟的社会主义政治经济学还不成体系，我看短期内要形成体系，也不行。就政治经济学资本主义部分来说，马克思并没有写完，三卷《资本论》，加上《剩余价值学说》，也还是一部未完成的著作，这可以从马克思的写作计划里看出，比方说国家、财政、世界市场这些东西，写作计划里都有，但是，都没有写出来。经济学的范围的确很大，把所有问题用一部著作写下来，实在不容易，马克思用他毕生精力中的大部分时间来研究，也没能完成。对我来说，要写只有第一章、第二章那样的书，同我研究的成果实在不太相适应，因为有许多问题我正在思考中，有些问题我还没研究，同时，其他人的著作、外国人的著作也没有很好地研究。研究工作的不足是我写书的困难。但是，不断地探索总会有所进步的。

我有一个基本的认识：我们不要去做自己写出来的书的奴隶。我看到一种情况，一个人花了些精力，形成了点儿观点，写出书之后，就成了它的奴隶，不能摆脱它，不能批判它，不能分析它，因而思想就停止了。我有一条格言是，凡是我写出来的东西，都是我批判的对象，对许多问题的认识，就是在批判中不断升华的。比方说，关于社会主义制度下的计划规律问题，我的认识经历了四个阶段。第一阶段是斯大林的《苏联社会主义经济问题》刚出来时，由于我思想没解放，也没有批判的能力，就接受了有计划（按比例）发展规律的提法。到了 1956 年，我觉得有计划（按比例）发展的规律这个表述是错误的，有计划怎么能够等同于按比例呢，国民经济按比例发展的规律是自然的经济规律，国民经济不能不按比例发展，因为各个部门总有比例关系，只是资本主义社会按照经典的说法，是通过危机，通过无政府的竞争来达到这个比例的；社会主义通过事先制订计划来规定它的比例，使得国民经济能够有计划、按比例地发展。所以，在第二阶段，我就改成有计划地按比例的发展规律，这是“文化大革命”前。“文化大革命”后，我发现这种提法还有问题，就是把计划规律的范围大大缩小了，而有许多东西不属于按比例，不在这个范围内。比方说城市经济，中国这张地图上，哪些地方应该建立城市，每个城市的建设方针如何，这是生产布局的问题、城市布局的问题，并不是按比例的问题，不是比例关系。由于我们对计划发展的规律有狭隘的理解，我们的计划工作把平衡问题、比例问题当做了唯一的内容，因此，中国至今也没有一个城市发展计划，这倒是让墨西哥走在前面了。再比方说，我们现在进行有计划的改革，这按什么比例呢，改革和发展生产，不是比例关系。考虑到这些情况，我把我的第三阶段的认识，叫做有计划的发展规律，有计划的发展规律里包括有计划地按比例发展的规律，有计划地按比例发展的规律仍然是一个重要的问题，但不是唯一的问题。第三阶段以后呢，想想还不对，因为这个规律的理论基础是，只有社会主义制度下，才能有计划地发展。拿我们的行为来说，有意识的行为不等于有目的的行为，有目的的行为不等于有计划的行为；偶然有计划的行为，局部的某个事情上是有计划的行为，不等于日常社会经济生活中的有计划行为。社会生活当中的有计划行为，又要分古代意义下的计划和现代意义下的计划，现代意义下的计划又可以分为资本主义制度下的计划性和社会主义制度下的计划性。所以对这个规律现在达到的认识是，社会主义制度下的计划规律应该是社会主义计划性的规律。社会主义计划性到底包含些什么内容，我也作了些考虑，但还得深化，还得发展。

对我来说，目前最重要的还不是搞一个体系，而是研究政治经济学的各种问题。所以，这些年我搞的东西很杂，于是就采取了一个自己为难自己的办法，每两个月在北京讲一次政治经济学社会主义部分，这个讲座开始叫做政治经济学社会主义部分讲座。后来，我看这不行，我不能做这样的讲座，就改成政治经济学社会主义部分问题讲座，已经讲了九次，每次讲座我都讲新的认识，提出新的问题。我把这九次的讲稿带来了，作为给你们财经大学的礼物，将来可以收在我的集子里。我正在把各种经济学的内容及相互关系研究形成一个系统，争取在有生之年写出一本像样的书来。

对于中国的经济学到底有几个学派，提问中的那种分法，肯定是不符合我们的情况的。我也不知道我属于哪个学派，我总算是一个学派，可是我不知道属于哪个学派，学派里没有我的位子。由于大家需要，特别是年轻的同志，特别是教学，需要有第一章、第二章那样的书，他们不喜欢读论文，我是主张写论文的，论文是写书的基础，论文是发表新观点的一种形式，因此，我正在做写书的工作。由我主编的两部政治经济学社会主义部分书籍，采取一种特殊的设计，我找一批青年同志来写一本，请一批中年教师写一本，两本书同时进行，这两本书由写书人自己负责，我对他们的观点进行辅导。青年人的书稿写好后交给中年人看，要求中年人写个批评，中年人的书稿写出来后交给青年人看，也要求他们写个批评。批评不超过原书的八分之一，假定这本书是 24 万字，那么批评不超过三万字，我再写一篇更短的，不超过批评的八分之一的评论，连同书的内容及他们的批评一起出版。一本书三种观点，作者的观点、另外一本书的作者的观点和我的观点，两本书争取同时出版。这叫什么呢，这叫“挑动群众斗群众”，他们都要在那儿“斗”了，我等他们斗了之后，再写我的意见，这也是“投机取巧”的办法。我写书，人家要斗我了，当然，咱也不怕，总是免不了人家斗我的。像这样融合三种观点的，应该持怎样的看法呢？如果认为这有三个学派，就不能成立。因此，依我看，应用西方经济学为主的学派，构成不了一本像马克思主义政治经济学那样的书，西方有很多东西揉在一块儿，很难形成一本观点一致的书，东欧经济学是这样，《资本论》也是这样。这是我的看法，这三个学派不能形成。我们现在需要各个方面的知识，我的一个薄弱环节是，对西方经济学没有很好地研究，我不是科班出身的经济学者，可能比不上你们，你们读了不少书，我没有太多时间看书，所以，我不敢对我不熟悉的东西妄加评论。我对《资本论》熟悉一点，对东欧国家、西方国家就不熟悉了，现在很多情况就是抓住机会跟东欧国家、西方国家辩论辩论，这叫投石问路，叫做火力侦察，看你到底有多少货色，我就喜欢跟别人辩论。经济学的特点就是，有多少经济学家就有多少主张、多少看法。

至于《资本论》不能解决所有问题，我觉得这个提法是对的。《资本论》是古典著作之一，全部古典著作放在一块儿，也不能解决当前的所有问题，只要有一个问题不能解决，这在逻辑上就成立了。所以，《人民日报》发表的评论员文章说得对，古典著作不能解决所有问题。今天的问题，我们今天解决，要《资本论》怎么来解决，我们现在写书也绝不是要解决 100 年以后的什么问题。但是我们可以学习《资本论》中的许多理论，这是我们研究问题的基础。政治经济学的资本主义部分，我们今天要学，研究中国社会主义建设要学，因为：第一，我们处在这个世界上，中国不是孤立的，世界上有这么多资本主义国家，我们都要和它们打交道，我们不懂政治经济学资本主义部分行不行，当然是不行的。第二，中国也有资本主义成分，这是从旧社会来的，我们不懂资本主义怎么行呢，我们也不能说现在没有资本主义经济成分。《资本论》那样一部精深的、严密的、科学的著作，怎么会没有用处呢。现在有个问题是，只要我们说古典著作不能解决所有问题，就好像我们贬低了马克思著作一样，好像我们离开了马克思主义原则一样，这是根本错误的。我们要以马克思著作为基础来研究现实问题，使马克思主义政治经济学达到这样一个水平，能够解决今天的许多问题，否则，我们的马克思主义就会过时。所以，中央关于精神文明建设的决议里讲，离开了实践的观点，离开了发展的观点，离开了创造的观点，就说不上坚持马克思主义。我认为，马克思主义是在实践中发展的，是在实践中创造的，要靠我们自己来发展马克思主义，把马克思主义理论问题加以升华，使马克思主义穿上时代的新装。这几年，我们不怎么讲政治经济学了，虽然还有些权威的书出版，但是没有发展，特别是关于商品经济，也就是市场经济的问题。商品经济和市场经济这两个名词，区分它们是没有意义的，商品是为市场生产的产品。我们现在肯定社会主义经济仍然是商品经济，这是社会主义经济理论中的一个发展，而这种发展怎么理解，还有问题。我们现在达到的高度是外国的经济学家，包括西方经济学家和东欧经济学家还没有达到的高度，他们只是说计划经济和市场经济可以结合，而没有像我们这样提出社会主义经济就是商品经济，我们不再是结合的问题了。我们只是有所发展，但发展得不够，如对计划与市场的关系研究得就不够。

第二个题目是，关于经济体制改革的思路，一种主张从搞活宏观着手，您的看法如何？学术界有一种观点，认为经济体制改革的关键是所有制改革，您的意见如何？我国所有制改革的趋势怎样估价？

第一，要分析经济体制改革的概念。我想到我主编的《社会主义经济建设常识读本》一书，他们不赞成用这个书名，说这个书名被人家看不起。我也知道，如果叫做经济建设大纲，就让人家看得起了，可是，我坚持用这个书名，因为书中的内容应该成为常识。其实，这本书里讲了我的许多新观点。比如经济体制改革这个概念，区分了经济体制、经济制度和基本经济制度三个不同的概念。体制也好，基本经济制度也好，它们都属于制度这个范畴。基本经济制度在所有的社会主义国家，或者在一个社会主义国家的不同历史时期是一样的。体制在不同的社会主义国家，或者在一个社会主义国家的不同历史时期是不一样的。基本制度是一般，体制是特殊，或者个别。因此，我们首先要在概念上搞清楚。

第二，经济体制都包含些什么内容。我看应包括两方面的内容，一是社会主义所有制形式结构，二是社会主义国家对国民经济的管理体制。这在我们的文件上或文章里，往往分得不清楚，经济体制也叫做管理体制，常常是这样，这是不确切的。什么叫做社会主义所有制形式结构呢？社会主义所有制有形式上的差别，从而有社会主义所有制形式结构。所有制形式结构包含四方面的内容：①我们的体制中，存在一些怎样的社会主义所有制形式。比方说，现在有国家所有制、集体所有制、各种不同的合作所有制等。②具体的每一种所有制形式的内容，其规定性究竟如何，同样是国家所有制，也可以有不同的规定性，只要范围不超过国家所有制。③各种所有制形式在整个社会主义经济体制中占怎样的比重，形式没有变，比重变了，结构也就变了。④各种所有制形式怎样结合起来，相互间以怎样的关系联结在一起，所有社会主义形式怎样结合成一个有机的整体。社会主义国家对整个国民经济的管理体制，包括计划管理、财务管理、工资管理、外贸管理等，管理的对象不超出社会主义范围，因此，整个体制改革就是讲社会主义经济体制改革。从所提的问题看，提问题的同志好像对于社会主义体制改革还缺少全面的、综合的了解。

我认为，搞活本身有两个意义，一是不属于改革的，如工厂里面管理好了，企业搞活了，这不属于体制改革，而是提高水平，提高了管理水平。二是属于改革的，改革有它特定的含义。由于我不负责任何工作，讲话比较自由，如关于去年的工资改革，我在国务院召开的一次会议上讲，搞到现在，什么叫改革，我就不懂，依我看，工资改革只能是改革时期的一次改动。为什么工人就没有工龄津贴，机关干部就有，这叫什么改革？改革总得沿着一定的方向，在一定的理论指导下进行。上下级关系改变了，这是体制问题。就改革来说，是要搞活嘛，现在的问题不就是这个问题吗？我们的“七五”计划里也提到企业活力、市场机制、宏观管理这些问题，它们是局部范围内的问题，我觉得我们整个经济的问题是个发展问题。控制是我们有计划发展的一个前提，如果控制不住，还讲什么计划？计划不等于控制，计划可以引导经济的发展。我们讲经济，首先要强调发展的观点，不是控制的观点。控制，不会出速度；控制，不能发展。这两年，我们经济学界的一大问题是，控制谈得太多了，发展谈得太少了，这是我个人的看法。改革需要一个宽裕的环境，这话也对，也不对，对那些花钱的改革来说，是对的，但有些改革是不花钱的。有些同志讲，过去没有这个认识，有花钱的改革，有不花钱的改革，现在取得这个认识是好的。到底宽裕在先，还是改革在先，究竟是鸡生蛋呢，还是蛋生鸡，这是个辩证过程。我们有许多改革是不花钱的改革，同时又能发展经济，这在今天我们经济还比较困难的情况下，应该受到重视。我认为，所有制方面的改革，基本上是不花钱的改革，搞股份制、搞租赁制、搞拍卖，不需要花很多钱，这是所有制改革受重视的原因之一。这是属于微观经济范围内的改革，而微观经济范围内的改革好搞。宏观的问题比较复杂，比方说，物价的改革就比较复杂，物价改革应该建立在怎样的科学基础上呢？建立在物价变动的基础上，也叫做价格反映的基础上。我们了解改革的结果，有相当的困难，因为我们的智力机构相当薄弱残缺，权力机构臃肿庞大。中国这么大，宏观方面的东西一定要加强，而对宏观问题作出正确判断是相当不容易的，要对宏观问题实施正确的措施也是相当不容易的。我们很需要改变我们的机构，智力机构要发展，权力机构要精简，我们现在的情况实在不行。1979 年我在匈牙利了解到，匈牙利有 1069 万人口，而在国家统计局，他们叫中央统计局，工作的人员有 1000 多人，就是一万个人中有一个劳动力在中央统计局工作，而且主要是知识分子。按照这个比例，我们国家的统计局就应该有 10 万人，可是，那时我们只有几百人在国家统计局工作。原苏联也一样，加拿大就更多了，2600 多万人口中有 4000 多人在中央统计局工作。我们现在达不到这个程度。我们没有多少钱，搞花钱的改革很困难，因此，现在沈阳市及许多地方把注意力转到所有制方面的改革去了。我赞成在所有制方面好好改革，经济体制改革不是从宏观着手解决的问题，应是从所有制着手解决的问题。

我读了《经济研究》（1985 年第 12 期）上刊发的“巴山轮”会议纪要，我一直认为那个纪要是写得不错的，又具体，又有观点，又有分析。但是，会议没讲两个重要观念：第一，整个“巴山轮”会议没有一处讲到我们的社会主义经济要改善人民生活、社会主义生产目的的观念。第二，没有讲把提高劳动人民积极性作为改革的基础的观念。他们讲的都是控制，都是管理，而我们的改革基础没有讲，也难怪他们，都是些外国人嘛。他们对我们的改革作了分析，在我们国内产生了一些影响。比方说，这次工资改革，就受了“巴山轮”的影响，“巴山轮”会议讲工资不要和利税挂钩，在企业里边，工资不要和经济效益挂钩，就把 1984 年拉大的差距又缩小了。这些外国人讲的话，我觉得应该加以分析，按照中国的国情来分析。由此可见，从外国的一些言论出发来研究中国的问题是不行的，从马克思主义出发来研究问题也不行，要从中国的国情、从实际出发来研究问题。这是我的看法，好多人可能不赞成我的看法。

> 第三个题目是，政治体制改革的含义和内容包括哪些？东欧和外国学术界有人提出改革的一项重要任务是反封建，您认为如何？怎样估价封建主义对改革的阻碍，以及封建主义的影响和危害？有人认为人大代表的选举方法不能很好地体现人民当家做主的精神，应当改革，您是否同意？

现在，我们正在研究政治体制改革，我也正在思考。政治体制改革思考的问题之一，就是政治体制改革的含义和意义，这个问题大家来考虑。我有这么一个想法，政治体制改革应该考虑这个改革怎样有利于我们国家的长治久安，怎样有利于我们的社会主义现代化向前发展。我的基本看法是，我们现在需要一些全局性的纲领性的决定。1984 年关于经济体制改革的决定，是经济领域带有全局性的决定，今年通过的六中全会决定，是精神文明领域里带有全局性的决定。我们希望有一个全局性的政治体制改革决定，有了这么几个全局性的决定，我们基本上就有了总的纲领性的决定，从而指导我们今后的改革。

当前要解决的最重要的问题是什么，也希望大家来研究。我感觉，在政治体制改革前一段时间的学术讨论会上，有一些讲得太抽象、太空洞，和我们当前要解决的问题似乎还有些距离，而且有些问题不是太重要。到底主要解决些什么呢？现在这个问题我还没有研究，我还不能系统地来讲这个问题。到底应怎样来看，我现在想的还是某些方面和某些观点。比方说，民主当然是很重要的，我们怎么在民主方面前进一步？什么叫民主？民主就是社会主义积极性较好地发扬。比方说，我们现在在政治方面有什么事情阻碍民主的发扬，这就是要研究的一个问题。比方说，什么东西阻碍企业的积极性的发扬，什么东西阻碍职工的积极性的发扬，什么东西阻碍学术界中的我们的个人积极性的发扬就是一个很大的问题。现在我们在领导制度方面有许多问题要研究，许多概念也有待于研究。比方说，我们党是领导我们建设的党，是解决领导的问题，至于党和政府、党和企业却有一个领导的观念问题。什么叫领导，领导不是包办代替，所以我在上海开企业家座谈会，他们给了我一个厂长考试标准答案，答案里有这么一句话，“从党委领导下的厂长负责制改为厂长负责制之后，党委对行政的领导作用就转变为保证监督作用”，按照这个标准答案，厂长就算及格了，同这个答案不相同的，就算错了。我就说了，这个答案我不同意，这个答案要我评就是不及格。这个答案的问题是什么呢？就是党的领导作用被转换了，没有了，转换为保证监督作用，依我看，保证监督作用就是领导作用的一个内容，并没有被转换。厂长负责制的含义不是党委领导下的厂长负责制，它的含义是什么呢？不是党委领导加厂长负责，如果是党委领导加厂长负责就错了。党委领导下的厂长负责制在我们国家是一个特定的含义，是历史形成的特定含义，它的意思就是党委书记对厂长职权的包办制，是党委书记对厂长职权的干扰制，是党委书记不做领导的制度。那么，我们要改变的就是这个。所以，我觉得应该坚持厂长领导、厂长负责，坚持党委领导，坚决不要那个党委领导下的厂长负责制。问题就是，这个领导的含义是什么，原来实行党委领导下的厂长负责制的时候，对党委领导的含义就是包办，现在那个观点还是没有变。所以，结论虽然是不同了，但是理论是相同的，党委领导还等于党委包办，所以我认为那个答案是不能及格的。那么人家问是哪个上级机关定的，我说我也不了解，反正我认为不管是什么机关定的，反正都是错误的，也可能是我的答案错了，讨论嘛，反正是学术问题。现在，像这样的问题就是很重要的问题，共产党领导到底是什么含义？党委领导是什么含义？党对政府的领导又是什么含义？像这样的基本问题，我觉得要讨论清楚。

机构的臃肿庞大问题，为什么一次一次改，一次一次小不了，这个同民主问题就有关系。一些事本来下面是可以做主的，你非管不可，还有，本来能够做主的，下面也不做主，他要请示，下面有一种请示病，上面有一种瞎管病，有这样一种状况。什么事都请示，就是一种精神状态，这种精神状态就是一种不敢负责的精神状态。这些问题，也许不算是什么根本的问题了。具体制度怎样定，人民代表大会当然也会研究。许多问题比较复杂，所以对于政治体制改革，我觉得要讨论这个问题，要作出决定，要把我们的工作推向前进。因此，不是一般地谈政治问题，政治的许多问题可以在长期的研究当中来解决，现在我们的体制改革是实实在在的，要作出决定。要解决的问题到底是什么？有许多问题可以考虑，下放权力问题是大家最关心的一个问题，企业没有权力，地方权力很小。中国是一个实行民主集中制的政体的国家，我们不是联邦制，更不是邦联制，是中央集权的民主集中制，是民主的集中制，不是既民主又集中，既民主又集中就错了。既民主又集中，民主就不包含集中，民主能不能不包含集中呢？民主是少数服从多数，这个原则总是要的，少数服从多数这是集中，所以没有离开集中的民主。没有集中，就不是民主，就是无政府。那么，集中制能不能离开民主呢？可以，比如官僚主义集中制、专制主义的集中制、家长制的集中制。既民主又集中呢，集中里就不包含民主，这个集中就变成家长制的、专制式的、官僚主义式的。列宁讲的，民主集中制，是民主的集中制，是个集中制。我们的党是民主集中制的。党是高度集中制的了，那我们的国家呢？政体是集中制的了，有些方面不宜集中制。所以对于我们科学技术协会（简称科协）的章程，当初科协

“二大”有很多同志主张写民主集中制，我说科协不能实行民主集中制，只能实行民主制，科协要那么集中干什么，他们说工会、妇联都是民主集中制，我说他们是他们的，我认为他们这个章程也不对，可是我们科协不要。这次科协“三大”我说我不在，可能恢复民主集中制，我一看，章程里还没有恢复。民主集中制不能滥用，家庭里能不能实行民主集中制？家庭里不应该实行民主集中制，大人小孩由我这个家长拍板，那是家长制，家庭里应该实行民主。那么，我们国家不是联邦制，不是邦联制，我们的政体是民主集中制，在民主集中制的前提下，怎么能够使下面的权力多一点？中国太大，你们四川就相当于一亿人口的“大国家”，欧洲还没有像四川这么多人口的国家，权力限制得这么小，怎么行呢？这些问题是非常大的，所以我的看法是，这个体制改革要有一些长治久安的，关于民主的、法制的基本观点的内容，我希望不要光去讨论那些空洞的问题，注意力恐怕要放在与当前经济发展有关系的，与文教发展有关系的，那种实在的又是从实际出发的一些原则问题上。对于这些问题，我就讲述这些观点。由于各种原因，我没能参加政治体制改革的一些会议，可能对许多意见不太了解，但是我觉得我们这个问题还是一个调查研究，解决问题的出发点，而且这种问题不是一次就可以解决的。政治体制能够有一个好的、全局性的观点，然后在落实这些决定的前提下，再来发展，再来做总结，再来提高，恐怕应该这样来搞。

社会主义初级阶段的经济*

社会主义初级阶段的经济是一个很大的题目，要全面地论述这个题目，就要讨论以下问题。

1）整体来说，社会主义究竟是一个怎样的历史阶段？它是否可以和应该分做若干历史阶段？如果回答是肯定的，那么应该根据怎样的原则来划分？在这个问题上世界各国会有怎样的共同性和差异性？

2）中国提出社会主义初级阶段的历史背景是什么？社会主义在中国要经过这样一个阶段有无必然性？在明确中国处于社会主义初级阶段的过程中都有哪些理论问题被提出？他们解决得怎么样？今天人们对这些问题的注意和研究状况如何？在这方面我国学者提出了一些怎样的问题，有些怎样的重要见解？

3）中国社会主义初级阶段的经济是怎样的？其中包括：①决定这一阶段成为阶段的社会生产力；②这一阶段社会经济结构，其中又包括：社会主义经济体制、多种经济成分并存、对外经济关系；③总体来说，中国社会主义初级阶段的生产、交换和分配的特点是什么。

4）中国社会主义初级阶段的经济发展的任务、方针、政策、重大措施应该是怎样的？其中包括：①“四个现代化”的历史任务与两步走的战略目

---

* 本文原载《中国社会科学》，1987年第3期，第73～88页。

标的提出；②发展中国社会生产力的任务、方针和政策；③社会主义经济体制改革；④对非社会主义经济成分的政策；⑤对外经济政策。

此外，对社会主义初级阶段的经济进行的研究，不能与对社会主义初级阶段的政治、文化的研究分离开来，不能把对生产力、生产关系的考察与对上层建筑的考察分离开来。

在这篇文章中，不可能对这个题目作全面的论述，只讲有关的几个重要问题。

一、社会主义初级阶段这个概念的提出

社会主义初级阶段这个概念，是在党的第十一届六中全会总结新中国成立以来党的历史经验时第一次被提出来的，它被写进 1981 年 6 月 27 日全会通过的《中国共产党中央委员会关于建国以来党的若干历史问题的决议》的第 33 节里。这一节的文字是这样的："只有社会主义才能救中国。这是中国各族人民从 100 多年来的切身体验中得出的不可动摇的结论，也是新中国成立 32 年来最基本的历史经验。尽管我们的社会主义制度还是处于初级的阶段，但是毫无疑问，我国已经建立了社会主义制度，进入了社会主义社会，任何否认这个基本事实的观点都是错误的。我们在社会主义条件下取得了旧中国根本不可能达到的成就，初步地但又有力地显示了社会主义制度的优越性。我们能够依靠自己的力量战胜各种困难，同样也是社会主义制度具有强大生命力的表现。当然，我们的社会主义制度由比较不完善到比较完善，必然要经历一个长久的过程。这就要求我们在坚持社会主义基本制度的前提下，努力改革那些不适应生产力发展需要和人民利益的具体制度，并且坚决地同一切破坏社会主义的活动做斗争。随着我们事业的发展，社会主义的巨大优越性必将越来越充分地显示出来。"

这个决议虽然没有着重阐明处在社会主义初级阶段的意义，但是有以下这样几点意思是很清楚的。

第一，它肯定了我国当前的社会主义究竟处在怎样的阶段。大家知道，社会主义是共产主义的初级阶段，因此社会主义的初级阶段就是共产主义初级阶段的初级阶段。社会主义是区别于共产主义高级阶段而言的共产主义，

而社会主义初级阶段则是区别于社会主义的中级和高级阶段的社会主义。它是社会主义的一个特定的阶段。

第二，它肯定了社会主义初级阶段是比较不完善的社会主义，而且肯定："社会主义制度由比较不完善到比较完善，必然要经历一个长久的过程。"这就是说，社会主义初级阶段不是短暂的历史时期。

在以往党的文件中从来没有讲过，在社会主义改造基本完成后，我国社会主义处在什么阶段，只是一般地说中国已经进入了社会主义阶段。这就是说，在以往党的文件中，对我国处于怎样的历史阶段的提法是比较一般的。十一届六中全会作出的这个论断比起以往来就具体多了。

现在越来越看得清楚，社会主义是一个很长很长的历史阶段。笼统地说一个国家进入了社会主义阶段，对于一个社会主义国家中的党正确地认清本国的国情和现阶段的历史任务，制定适合于本国历史发展阶段的经济政治文化社会的基本方针来说，是很不够的。因此，几乎所有社会主义国家都关心如何评估本国究竟发展到社会主义的一个怎样的阶段的问题。对中国来说，也应该是这样。十一届六中全会决议虽然没有着重阐述这个问题，但是作出了明确回答，这是具有非常重要的意义的。

在党作出这个决议的一年又两个月之后，党的"十二大"报告中再一次写进了我国还处在社会主义初级阶段这个提法。有关这个提法的文字是这样的："社会的改造，社会制度的进步，最终都将表现为物质文明和精神文明的发展。我国的社会主义社会现在还处在初级发展阶段，物质文明还不发达。但是，如同有了一定程度发展的现代经济，有了当代最先进的阶级——工人阶级及其先锋队共产党，社会主义革命就有可能成功一样，在建立起了社会主义制度以后，我们就能够在建设物质文明的同时，建立起高度的社会主义精神文明。"这是党对这个提法的再一次明确。由于这个报告是在党的代表大会上作的，这个提法的权威性就更加提高了。

不过在"十二大"报告中，我国还处在社会主义初级阶段的这个论断，是在讲精神文明将与物质文明并行发展时讲的，所以未作生产关系方面的描绘。

1986 年 9 月党的十二届六中全会通过的《关于社会主义精神文明建设指导方针的决议》（简称《决议》），把我国还处于社会主义初级阶段这个论断，放到比前两个中央文件中所说的更为重要的地位上。《决议》中有关的文字是这样的："我国还处在社会主义的初级阶段，不但必须实行按劳分配，发展社会主义的商品经济和竞争，而且在相当长的历史时期内，还要在公有制为主体的前提下发展多种经济成分，在共同富裕的目标下鼓励一部分人先富裕起来。"这一论述与前两个文件中有关的论述相比，又前进了一步。第一，它对这个论断作了正面的论述；第二，它明确指出这个阶段是一个"相当长的历史时期"。"相当长的历史时期"这样的语言，在我们党的文献中曾多次使用。它虽然没有指明多少年，但大家知道这个时间绝不是 10 年、20 年这样短暂的时间，而是要比这长得多；第三，它明确指出中国社会主义初级阶段某些生产关系方面的特征。从《决议》的文字表达来看，在上引这段话的"不但"和"而且"两词中间讲的那两条——"实行按劳分配"和"发展社会主义的商品经济和竞争"是整个社会主义阶段（即共产主义初级阶段，区别于共产主义高级阶段）的特征。在"而且"两个字后面的那两条，即"在公有制为主体的前提下发展多种经济成分"和"在共同富裕的目标下鼓励一部分人先富裕起来"，则是社会主义初级阶段区别于社会主义比较高级的阶段的特征。这两种情况在现实生活中早已存在，现在在党中央的《决议》中对此作出了明确地肯定是具有重大意义的，应该受到理论界和各界的高度重视。

二、社会主义的初级阶段与多种经济成分并存

《中共中央关于社会主义精神文明建设指导方针的决议》把"在公有制为主体的前提下发展多种经济成分"作为社会主义初级阶段在中国与它以后的发展阶段相区别的一个特征。

1. 多种经济成分是一个怎样的概念

《决议》是这样说的："在公有制为主体的前提下发展多种经济成分。"这包括两个意思：第一，在这个社会主义初级阶段，在整个社会所有制结构中，公有制的经济成分居于主体的地位；第二，在社会主义的初级阶段的社会所有制结构中，同时存在非公有制的经济成分，而且这种非公有制的经济

成分还不止一种。非公有制的经济成分有哪些？对这个问题我国理论工作者有各种说法。有一条总是可以肯定的，那就是，就这些经济内部的关系来说，它们既然都不是建立在公有制的基础之上的，因此它们要么不是社会主义性质的经济，要么至少不完全是社会主义性质的经济。因此公有制经济与非公有制经济多种经济成分的并存，它的含义也就是社会主义性质的经济成分与非社会主义性质的或不完全是社会主义性质的多种经济成分的并存。

在 1982 年“十二大”的报告中“关于坚持国营经济的主导地位和发展多种经济形式的问题”这一节，有关的文字是这样的：“社会主义国营经济在整个国民经济中居于主导地位。巩固和发展国营经济，是保障劳动群众集体所有制经济沿着社会主义方向前进，并且保障个体经济为社会主义服务的决定性条件。由于我国生产力发展水平总的说来还比较低，又很不平衡，在很长时期内需要多种经济形式的同时并存。在农村，劳动人民集体所有制的合作经济是主要经济形式。城镇手工业、工业、建筑业、运输业、商业和服务业，现在都不应当也不可能由国营经济包办，有相当部分应当由集体举办。城镇青年和其他居民集资经营的合作经济，近几年在许多地方发展了起来，起了很好的作用。党和政府应当给以支持和指导，绝不允许任何方面对它们排挤和打击。在农村和城市，都要鼓励劳动者个体经济在国家规定的范围内和工商行政管理下适当发展，作为公有制经济的必要的、有益的补充。只有多种经济形式的合理配置和发展，才能繁荣城乡经济，方便人民生活。”这段话所讲的多种经济形式里包括非公有制的经济成分，也包括劳动人民集体所有制的合作经济。这段话是从各行各业都不能由国营经济包办着眼，而不是从我国现阶段的经济不能是单一的公有制经济着眼。在那个报告中未提多种经济成分而说多种经济形式，可以看出是经过一番斟酌的。

在 1984 年十二届三中全会通过的《关于经济体制改革的决定》中使用的仍然是“多种经济形式”，并且加了一个“多种经营方式”。文件中有关这个意思的原文：“我们要迅速发展各项生产建设事业，较快实现国家繁荣富强和人民富裕幸福，必须调动一切积极因素，在国家政策和计划的指导下，实行国家、集体、个人一起上的方针，坚持发展多种经济形式和多种经营方式。”从“国家、集体、个人一起上”这点来看，讲的还是十二大报告中所讲的多种经济形式的意思，在多种经济形式后加上“多种经营方式”的意思是：即便是同一种经济形式，在“经营方式”上还可以多种多样；经营方式变化可以不涉及经济形式的变化。

可以看出，“十二大”报告和十二届三中全会决定中讲的多种经济形式，与多种经济成分相比含义是比较宽泛的，从上引“十二大”报告的那段话和从三中全会决定中接着“国家、集体、个人一起上”来讲多种经济形式的这些文字来看，在“多种经济形式”这个概念中虽然包括了多种经济成分的含义，但是没有使用“多种经济成分”这个提法。

在“七五”计划的文件中开始使用“多种所有制形式”这个提法。赵紫阳同志在《关于第七个五年计划的报告》中有这么一段话：“企业自我改造、自我发展的能力逐渐增强，社会主义市场不断增大，多种所有制形式和经营方式显著发展，各种形式的横向经济联系日益加强，整个国民经济的运行机制发生了有利于搞活经济的许多变化，有效地调动了广大职工群众的积极性和创造精神。经过‘七五’期间的实践，特别是经过中共中央作出《关于经济体制改革的决定》以后这一年多来的实践，建立有中国特色的社会主义经济体制的轮廓越来越明晰了，路子越来越清楚了。”这段话中第一次用“多种所有制形式”代替了以前说的“多种经济形式”，但仍旧未使用“多种经济成分”的提法。①

第一次使用“多种经济成分”这个提法的党中央重要文件，是十二届六中全会的决议。当然“多种经济成分”是在 20 世纪 50 年代早就使用过的，但那是对从中华人民共和国成立到生产资料所有制的社会主义改造基本完成前这段时间社会所有制结构的一个科学的描绘。而 1956 年对生产资料的社会主义改造基本完成后，就不再使用“多种经济成分”这个提法了。这是很自然的，因为在 1957 年后到十一届三中全会这 20 多年中，我们的确实现了单一的社会主义经济，资本主义经济被消灭了，个体经济被改造了，剩下的一些也被看做资本主义尾巴割去。在那些年中，的确不存在多种经济成分并存的情况。但是实践证明，这种单一的社会主义经济成分的状况，并不适合中国现阶段的国情。20 年来我国经济停滞不前当然有多种原因，这种单一的

① 1981 年 7 月《国务院关于城镇非农业个体经济若干政策性规定》（见经济科学出版社出版的《个体工商户应用法律知识读本》第 155 页）中就已经使用“多种经济成分”了。

公有制经济不适合我国当前社会生产力发展的要求，就是一个很重要的原因。于是在十一届三中全会实行拨乱反正，恢复实践是检验真理的唯一标准这个马克思主义的思想路线之后，就改而实行对外开放、对内放宽的政策，允许个体经济和其他对发展我国社会生产力能起积极作用的非公有制经济成分的存在和一定范围内的发展，允许外国资本家到中国来与我国合资甚至独资办企业。于是，多种不是建立在公有制基础上的经济成分，便重新登上中国的历史舞台，而对多种经济成分并存的研究也重新成为我国理论工作的课题。

2. 在社会主义初级阶段究竟存在哪些不是公有制经济的成分

我认为这个问题比较容易回答，主要是个体经济、本国人经营的资本主义经济、外国人在中国经营的资本主义经济，可能还有一些比较复杂的非公有制经济形式。

个体经济，今天不论在城市或乡村都有。城市中的小个体手工业者、个体小商贩、个体运输业者、个体服务业者、个体小商店等一切靠个人或者他们的家庭成员运用自己所有的生产资料、流通资料来从事生产和经营以取得收入的，都属于个体经济。农村中的情况有点复杂。实行包干到户之后的农户究竟属于个体经营还是属于个体经济，这个问题在理论界并没有完全解决。几年来我一直说包干到户后农户经营的经济不是个体经济，理由是：①土地在这里不是农户所有而是集体包给他们种的，集体有权改变包干者使用土地的状况。②他们对集体承担承包的义务——最低限度完成多少农产品的生产，向集体交纳的承包费也是由集体决定的。③农户接受集体办的企业的服务，有些地方农户事实上不能离开集体办的这些企业的服务。④农户在相当大的程度上依靠集体办的工业企业。总的来说，在这样的条件下的农户经济是建立在集体所有制基础上的，因此不属于个体经济。但这么说也有些问题，因为农户与集体的联系有时可以很紧密，有时也可以很松散，在各个地区有不同的情况，在联系非常松散的情况下，个体经济与集体经济的界限如何划分，在理论上还没有说清楚。

关于本国人经营的资本主义经济，我认为在今天的中国，典型的形式是私人雇佣大量的工人进行经营。这种中国人经营的资本主义性质的经济，近年来有所发展，至于在整个国民经济中占有多大的比重，我没有了解到这方面的全面的资料，我估计目前占的比重很小。不论占有一个怎样的比重，还是应该肯定在多种经济成分中有这样一种。

还有外国人在中国经营的资本主义经济。我们欢迎外国资本家到中国来投资。外国资本家到中国来投资，在我们马克思主义政治经济学的语言中叫做“资本输出”，外国资本家也不忌讳这个词语。大家知道，资本是生产剩余价值的价值。外国资本家把钱投到中国来生产剩余价值，这很明显的是在中国经营资本主义经济。

除了上述三种可以说是基本的形式以外，还有各种中间状态的和复杂的形式。

我国在政策和法律上允许这些非公有制经济的存在和一定范围内的发展，这是因为这么做对我们的社会主义建设能起积极作用。

3. 如何分析各种非公有制经济成分的性质

上面讲过实行包干到户以后农户经营的性质是一个没有解决的问题。雇工经济成分性质的讨论，更是这几年的一个“热门”。弄清楚这些非公有制经济的性质，对于理论研究和实际工作都有很大的影响。对在以社会主义公有制经济为主体的情况下非公有制经济成分的性质如何确定的问题，在马克思主义者中间很早就有过讨论。研究这样的问题，涉及如何确定一种经济成分性质的政治经济学的理论和方法的问题。早在俄国十月革命胜利后不久，列宁就提出过在社会主义国家中的“国家资本主义”问题。这种“国家资本主义”有一个特殊的含义，就是它是在社会主义制度下，在一定范围内允许其存在并接受社会主义国家监督而有利于社会主义的那种资本主义。有这样的一个问题：外部的条件——社会主义国家同这种资本主义经济成分的联系，是否会改变或者影响这种经济的资本主义性质？我记得，社会主义制度在波兰建立后，波兰最早的一位党的领导人哥穆尔卡，用魏斯拉夫的笔名在20世纪40年代末写过一篇文章，认为在社会主义国家中的个体经济，因为在流通过程中与社会主义国营经济相联系，所以就带有社会主义性质。这篇文章发表后不久我就看到了。记得当时研究这篇文章时，我认为确定一种经济成分的性质，应由这种经济成分内部的经济关系即这种经济成分内部的所有制和经济利益关系来决定，不能因为个体经济在流通过程中与社会主义国营经济有联系就说它有社会主义性质。这样的问题在研究今天我国的非公有制经济成分的事情上又被提出来了。

我认为应该承认这个问题的复杂性。现在我的想法与那时一样，我仍然主张一种经济成分与外部的关系不是决定它的性质的根据。这就是说，个体经济就是个体经济，外国在中国经营的资本主义经济就是外国在中国经营的资本主义经济，本国人经营的资本主义经济就是本国人经营的资本主义经济。至于这些经济成分的地位和作用，则同它们的外部条件密切相关，外部条件在这里可以起决定性的作用。同时，这些经济成分的活动也会受到外部条件的制约。

我们要把所有制作为生产关系的基本点。但是，马克思的确强调，“财产”如果不能给它的主体带来经济利益，就根本没有意义。因为“财产”（或“所有制”，它同“财产”在德文中是一个字）是一个复杂的问题，尤其是在社会主义制度下，非公有制经济成分（比如资本主义经济成分）与社会主义经济成分（比如社会主义国营经济），它们都是社会主义所有制的一种形式，它们之间发生各式各样的利益关系。但是如果说这种利益关系，如向国家交纳税金，或者向银行支付利息，都会改变非社会主义经济成分的性质，那么在社会主义制度下，“多种经济成分”这个概念就没有意义了。当然有某些带合作性质的经济，比如资本主义经济（不论是外国人经营的或是本国人经营的）与社会主义的公有制经济之间常有各种各样的合作，就不能简单地说这样的经济属于上面说的那几种社会主义的经济成分或非社会主义的经济成分。这样的经济成分的性质可以说是具有复合性的，而这种复合性质（即在它的本身中就有两种或两种以上经济成分的性质）仍是由它们的内部的经济关系决定的，而且只能从它们的内部关系来判断这种合作经济是以公有制经济为主体，还是以资本主义经济和个体经济为主体。当然，还有一些合作经济很难说是以何种经济为主体。

4. 非公有制经济在社会主义初级阶段的地位和作用

前面说过，社会主义初级阶段的个体经济和资本主义经济成分，与过渡时期的个体经济和资本主义经济成分，它们的地位、作用和意义有很大不同。认识这种区别，是一个很重要的理论问题和实际问题。

首先是两者的历史背景不一样。在过渡时期，有句流行的话：社会主义与资本主义之间谁战胜谁的问题还没有最后解决，或者用列宁在《无产阶级专政时代的经济和政治》中的话说："在资本主义和共产主义[①]中间隔着一个过渡时期……这个过渡时期不能不兼有这两种社会经济结构的特点或特征。这个过渡时期不能不是衰亡着的资本主义与生长着的共产主义彼此斗争的时期，换句话说，就是已被打败但还未被消灭的资本主义和已经诞生但还非常脆弱的共产主义彼此斗争的时期。"[②] 处于这样的历史阶段的多种经济成分之间的关系，当然同处于社会主义初级阶段的多种经济成分之间的关系很不相同。在我国社会主义初级阶段，"共产主义"（列宁所说的"共产主义"）不是非常脆弱的，旧时的资本主义已经被消灭，而现在的资本主义则是我们有意识地发展起来的，斗争虽然存在，但是斗争的态势发生了变化。这就是说，社会主义初级阶段尽管是很低的发展阶段，但毕竟不再是已经成为过去的过渡时期。

这里我介绍一些数字。在我国过渡时期开始的 1952 年，全民所有制工业和集体所有制工业产值在全部工业总产值中所占比例分别为 41.5%和 3.3%，两者合计为 44.8%。在过渡时期结束时的 1957 年，分别为 53.8%和 19%，两者合计为 72.8%。而在第六个五年计划结束时，两者所占比重分别为 70.4%和 27.7%，合计为 98.1%。可见过渡时期社会主义公有制的力量远远不能和现在相比。虽然在两个时期多种经济成分中公有制都是主体，但作为主体的状况还是有质和量的差别的。

这两个历史时期的情况如此不同，非公有制经济的地位、作用和意义当然也就很不相同。衡量非公有制经济的地位、作用、意义的标准，首先要看它们对社会主义经济的巩固和发展是起消极作用还是起积极作用。在过渡时期，基本上认为它们是起消极作用的（这个看法今天看来不完全正确），认

---

① 这里和下面几行中所用的"共产主义"一词，指的是共产主义初级阶段与共产主义高级阶段共同的那个共产主义。因此，发展到了共产主义初级阶段，也就发展到了这样含义的"共产主义"。在"大跃进"和"文化大革命"的年代里曾把列宁在这里说的共产主义理解为共产主义高级阶段，那是不正确的。

② 参见《列宁选集》第 4 卷，第 84 页。

为资本主义经济甚至个体经济如果不减少，社会主义经济就上不去。两者是“消”与“长”的关系（可是列宁却又说过：如果国家资本主义在俄国能够在半年内发展起来，社会主义就可以在一年内得到巩固）。[①] 所以资本主义经济和个体经济在过渡时期是改造、消灭的对象。我们当时曾经说过“利用、限制、改造”，但只“利用”了很短一段时间，而整体来说，则是改造和消灭。这是我国过渡时期的现实状况。社会主义初级阶段发展到今天，公有制经济已经强大到这样的程度，我们就可以很有把握地把个体经济和资本主义经济在社会主义公有制经济占主导地位下的存在和适当发展，看做有利于社会主义公有制进一步巩固和发展的东西。这些非公有制经济并不是现在就要去改造和消灭的对象。

如果现在就要去改造和消灭它，也就不会在本来已经不存在的情况下让它们又登上历史舞台。在讲到非公有制经济的发展时，我们总是没有忘记加以“适当的”、“一定范围内的”等字样，这表示我们是十分注意坚持整个国民经济沿着社会主义方向前进的。有了这一条，我们就可以使社会主义初级阶段中的资本主义成分，起有利于社会主义经济发展的作用，而这一历史阶段也就不再是列宁说过的那种“衰亡着的资本主义与生长着的共产主义彼此斗争的时期”。也就是说，我们今天的资本主义经济和社会主义经济之间的关系不应是“消”与“长”的关系，而是非公有制经济补充公有制经济的关系。这种关系不是短时期的，而是整个社会主义初级阶段这个历史时期的事。我认为，只要指明存在这种关系，就可以说明，我们不能再用那时看待个体经济和资本主义经济的眼光来看待它们。我们应该从社会主义的根本任务是发展社会生产力这个马克思主义原理出发，肯定允许个体经济和资本主义经济在我国社会主义初级阶段长期存在。

多种经济成分并存这种现象不只在人民革命胜利后的过渡时期中存在，而且也在社会主义初级阶段长期存在，现在不妨对二者有何异同多说几句。对于这个问题，我是这样来看的。

---

① “国家资本主义较之我们苏维埃共和国目前的情况，是一个进步。如果国家资本主义在半年左右能在我国建立起来，那就是一个很大的胜利，那就真正能够保证社会主义一年以后在我国最终地巩固起来，立于不败之地。”参见《列宁选集》第 3 卷，第 540 页。

1）关于社会主义改造时期的情况，党的十一届六中全会通过的《关于建国以来党的若干历史问题的决议》（简称《决议》）中是这么写的："在过渡时期中，我们党创造性地开辟了一条适合中国特点的社会主义改造的道路；""在改造过程中，国家资本主义经济和合作经济表现了明显的优越性。到1956年，全国绝大部分地区基本上完成了对生产资料私有制的社会主义改造。这项工作中也有缺点和偏差。在1955年夏季以后，农业合作化以及对手工业和个体商业的改造要求过急，工作过粗，改变过快，形式也过于简单划一，以致在长期间遗留了一些问题。1956年资本主义工商业改造基本完成以后，对于一部分原工商业者的使用和处理也不很适当。但整个来说，在一个几亿人口的大国中比较顺利地实现了如此复杂、困难和深刻的社会变革，促进了工农业和整个国民经济的发展，这的确是伟大的历史性胜利。"《决议》是从总结经验的角度来写的。人们在回顾历史时当然可以问：在实现了如此复杂的社会变革，而又发生了上述缺点和偏差的情况下，1956年宣布"社会主义改造已经基本完成"是否符合历史事实？我认为应该说基本符合历史事实。但是我们这里说的"基本"不同于当时及后来常说的那个"基本"。那时所说的"基本"，意思是在实现单一的社会主义经济方面还不彻底，还不充分，而不是指十一届六中全会《决议》中说的存在那些缺点和偏差。这些缺点和偏差，在1957年后的20年中不但没有纠正，而且更加发展了。而十一届三中全会后的工作，在一定意义下就可以看做对这些错误和偏差的纠正。实行放宽政策等，可以说成是为了解决这些错误和偏差所采取的正确措施。

2）但是，如果把十一届三中全会后的放宽政策、发展多种经济成分，只看成上面所说的解决社会主义改造的遗留问题，就把这件事情的意义估计低了。

我认为在社会主义初级阶段的多种经济成分并存与社会主义改造时期的多种经济成分并存是很不相同的。那时，社会上存在的多种经济成分，有的是旧中国原有的所有制形式，他们被带到社会主义革命胜利后的新社会来。这就是资本主义经济和个体经济。有的是新产生的从旧社会遗留下来的所有制形式向社会主义的所有制形式过渡的形式。这就是国家资本主义经济和带过渡性质的合作社经济，如互助组、初级社等。当然还有社会主义的国营经济，它已经强大到在整个社会经济体系中居于主体地位的程度。但同今天相比，其地位又大大不如今天。那时我们的政策服从于一个总的改造计划，这就是社会主义改造时期或过渡时期多种经济成分并存的状况。

当我国进入社会主义建设时期时，历史的任务是发展社会主义经济。这时，在社会主义建设中不但需要用最大的力量发展占主导地位的公有制经济，而且还需要非公有制经济的存在和一定范围内的发展，作为公有制经济发展的补充。这些非公有制经济可以帮助解决许多仅仅靠公有制经济所不能较快解决的经济问题和社会问题，因而它们对于公有制的巩固和发展可以起到积极的作用。1957～1978 年的历史经验已经向我们表明了这一点，1979 年以来的经验又进一步表明了这一点，城市居民的充分就业问题就是一个实例。现在在公有制经济中，每解决一个劳动力的工作岗位问题，国家平均要投入一万元以上的资金，而发展个体经济，国家就可以不投资。采取这种办法解决就业问题，国家就可以腾出更多的财力用于重点建设，使得社会主义公有制经济得到更好的发展。

社会主义建设对非公有制经济的需要，可以看得很清楚，不会是短期的。因此如果用前两个时期中的老眼光来看待今天新的历史条件下的多种经济成分并存，仍把非社会主义经济成分看做现在就要对之进行改造或消灭的旧社会遗留下来的东西，是不正确的，它有了新的含义。它是社会主义建设时期的多种经济成分并存，它是社会主义初级阶段条件下的多种经济成分并存。

当然这些非社会主义经济成分到遥远的将来就不会再存在了，它们只是中国社会主义初级阶段中的东西，非社会主义经济绝不会“万岁”。在社会主义初级阶段中多种经济成分并存的格局是渐渐会发生变化的。那些非社会主义经济会自然地转化为社会主义经济。多种经济成分并存也会自然转化为单一的社会主义经济。非社会主义经济成分的消失将在社会主义经济的发展中自然而然地实现，与过渡时期的情况是不一样的。

三、社会主义初级阶段与鼓励一部分人先富起来

《关于社会主义精神文明建设指导方针的决议》指出的社会主义初级阶段在中国的另一特征，是在共同富裕的目标下一部分人先富裕起来。应该看

到，这里说的先富裕起来，在相当大的程度上指的不是按劳分配而带来的富裕，如果指的只是由于实行按劳分配而带来的一部分人先富裕起来，就用不着作为社会主义初级阶段的特征紧接着发展多种经济成分来说了。

当然，如果真正贯彻按劳分配的原则，现在存在于不同的劳动者之间的收入上的差别就会有所扩大。现在高水平的科学家、有成就的艺术家、善于经营的企业家等，都没有能够切实依照按劳分配的原则，取得与他们劳动相适应的比较高的收入。如果真正贯彻执行按劳分配原则，这些人是可以先富裕起来的。但在社会上这样的人毕竟只是很少数，对于大多数劳动者来说，实行按劳分配，一般只能拉开一些收入的差距，很难做到一部分人先富裕起来。

应该承认，在社会主义初级阶段，消费品的分配并不都是按照劳动来进行的。这种情况早就存在，全国各地农民的收入差别就是一例。依我看，我国工农差别的程度比不上农农差别。在沿海富裕地区从事同样的劳动的农民所得的收入，比在边远贫困地区的农民高得多。这种区别的产生或者因为土地肥沃程度（这是级差地租ⅠA)、交通条件（这是级差地租ⅠB)，或者因为经济力量上的差异，贫困地区的农民没有钱买机器、买化肥等，他们也没有力量去比较好地发展副业。在这里也存在级差地租Ⅱ的问题（当然这里说的级差地租都是社会主义制度下的级差地租)。在级差地租中很大一部分归农民所得（国家也通过农业税和征购等手段取得一部分）的情况下，高产地区与贫困地区的农民收入差别，就不是实行按劳分配造成的。进一步说，即使在同一个地区，而且同是在农村，并且不论是在实行经济改革前或者在实行经济改革后，农村中实际上也不完全是按劳分配。比如这个村和另一个村、户与户之间的贫富差别，在很大程度上就取决于所占有的生产资料的差别。这就是说“按生产资料占有状况来分配”的原则一直在起作用。

所以，超出实行按劳分配原则的一部分人先富裕起来，是新中国成立以来一直存在的现实。但是过去一直不敢正视这个现实、承认这个现实。过去对按劳分配原则尚且不能够贯彻执行，尚且用平均主义的思想来歪曲按劳分配甚至反对按劳分配，经常用平均主义来裁判生活，当然更谈不上在原则上承认超出按劳分配原则的分配。在这种思想的压力下，怕冒尖不敢致富的思想长期支配着广大劳动者。邓小平同志提出的“一部分人先富起来”这个指导思想，使原先在客观上存在的东西得到了承认，改变了一些认识上存在的糊涂观念，这对解放生产力起了很大的作用。

当然，作为社会主义初级阶段特征之一的“一部分人先富起来”，不只是对已经存在着的事实的确认，而且有重要的新的历史内容，它同十二届三中全会上确认的社会主义经济仍然是一种商品经济这个指导思想有着密切的联系。

在商品经济的条件下，不仅劳动是一种致富的手段，而且经营也是致富的手段。善于商品经营，可以收到致富的效果。谁能及时掌握准确、大量、重要的市场信息，并且善于利用这种信息，谁能正确掌握好社会主义的关系学，与有关方面建立对发展自己所从事的社会主义事业有作用的各种经济联系，谁能搞好生产和流通，谁就能取得好的经济效益。经营当然是一种劳动，进行经营活动当然要付出辛勤的劳动。一个人善于经营，那是努力学习的结果，也要付出劳动。经营者在同样的时间内投入的劳动量，也可以看做是有差别的。这里也有一个社会承认某个人的劳动数量的问题，即实行按劳分配原则就要给经营者以符合其劳动量的报酬。但是经营的效果好坏，并不完全取决于经营中付出的劳动量。主观上的决策的正确以及某种有利的条件和机会带来的收入，就有按劳分配以外的分配原则在起作用。此外，圣西门的“按能力分配”的原则，在社会主义初级阶段（恐怕不仅在初级阶段）也是起作用的。当然，能力的取得是要耗费劳动的，能力强的人由于劳动的复杂程度高，同样长的劳动时间，付出的劳动量就大。但按能力分配与按劳动分配，终究是两个不完全相同的概念，有能力并不等于好好劳动。

进一步说，一部分人先富起来又同发展多种经济成分发生密切的关系。只允许发展多种经济成分，而不允许一部分人可以先富起来，就会发生这样的问题：一部分人去发展非公有制经济的目的是想富起来，如果不让他们富，他们就没有了或者失去了致富的动力，也就没有发展多种经济成分的积极性。反过来，如果只允许一部分人先富起来，同时却不允许发展多种经济成分，在致富的手段中就少了很重要的一个方面。

总之，如果只有按劳分配，一部分人先富起来就不成其为一个有独立意义的方针，就不成其为社会主义初级阶段的一个特征。

当然，社会主义初级阶段是属于社会主义的一个阶段，按劳分配仍是这个阶段中基本的分配原则。不仅多种经济成分是在公有制占主导地位的前提下的多种经济成分，而且一部分人先富起来也是共同富裕目标下的一部分人先富起来。共同富裕是我们的目标，共同富裕的前提是以按劳分配作为基本的分配原则。一部分人先富起来可以使全体劳动者有致富的积极性、创造性，可以使全体劳动者学到更多致富的经验。共同致富并不意味着绝对同步。一部分人先富起来可以起到把全体劳动者带动起来共同致富的作用。一部分人先富起来不但与共同富裕不矛盾，而且是达到共同富裕的一个重要手段。由于我们坚持走社会主义的道路，由于我们在实行一部分人先富起来这个方针的时候，已经意识到要正确处理好它同全社会共同富裕的关系，纠正有些地方和部门追求本地区有多少个富裕户的数字和把贷款集中贷放给极少数几个富裕户等倾向，因此，一部分人先富起来的方针是不会导致发生私有制社会下的那种贫富两极分化的。

四、有关社会主义初级阶段的几个理论问题

第一个问题：在社会主义初级阶段既然还存在非公有制经济成分与公有制经济成分并存的局面，既然一部分人和另一部分人在富裕程度上有相当大的差别，那么社会主义初级阶段同过渡阶段究竟有什么区别？为什么不干脆说我国还处在走向社会主义的过渡时期？

我认为，从总结历史经验的角度来说，1956 年宣布过渡时期结束进入社会主义社会，也许早了一些。上面我们引用《关于建国以来党的若干历史问题的决议》中的那一段话，就有这样的意思。“事后诸葛亮”，如果我们把“从新民主主义到社会主义的过渡时期”多延长一些年，对于我国长期的发展，也许会好一些。今天有这样看法的同志很多，但是我国的历史已经是这样走过来了。我认为，说我国还处在过渡时期，与历史事实不相符合，因而应该采用“社会主义初级阶段”这个提法。在今天使用社会主义初级阶段这个概念更为适合中国的国情，对于我国的建设来说也有更大的好处。

为什么呢？

我的一个理由在上面讲多种经济成分时已经说到了，那就是，过渡时期多种经济成分并存的局面的形成，是由于一方面无产阶级领导下的人民革命

的胜利产生了新的社会主义经济，另一方面旧社会里的个体经济和资本主义经济也遗留给了新社会。于是经过一个比较短的恢复期后，全面改造旧经济的任务就提出来了。由于对旧经济成分进行改造需要一个过程，于是在历史的发展中就出现了一个社会主义改造时期。社会主义改造时期当然是带过渡性质的，因此把这叫做过渡时期也是完全正确的。对我国历史上必经的这个过渡时期，当时理论界没有很好地研究，许多同志只知道马克思、列宁关于从资本主义社会到社会主义社会过渡时期的理论，但没能很好地结合当时中国的实际来进一步研究这个理论，解决我们自己的过渡时期的理论问题。

今天重新研究这个问题，我们可以这样说：马克思当年指出在无产阶级夺取政权后社会主义取代资本主义在经济上要有一个转变时期，指出与这个转变时期相应，在政治上要有一个无产阶级专政时期，这对于当时处在无产阶级革命过程中的资本主义国家来说的确是非常精辟的论述。这说的是从资本主义到社会主义不是推翻资产阶级政权就可以一下子达到的。在夺取政权之后，还有一个激烈的相互较量的时期，一个已经上升到统治地位的无产阶级与已被推翻但未消灭的资产阶级进行斗争的时期，一个新诞生的社会主义经济与从旧社会那里带来的资本主义经济进行斗争的时期，这是完全合乎历史规律的。列宁在十月革命前后，考虑到俄国当时阶级斗争的形势，强调在革命胜利后要有这样一个时期，说了前面引述过的关于过渡时期的那样的话。我认为列宁的这个论断对当时的俄国来说是完全正确的。

那么对于我国来说，马克思和列宁的这些说法是否合适呢？如果今天要我们来回答，对这个问题我想可以这么说：这要从两方面看。一方面要看到在我国人民革命刚刚取得全国性胜利以后的那些年，帝国主义、官僚资本主义、封建势力在我国还有相当强的力量，国内外敌人正在对新诞生的中华人民共和国进行破坏活动，无产阶级和民族资产阶级间的矛盾也有一定的尖锐程度。从政治上说，在那些年阶级斗争的确是很尖锐的；从经济上说，那时刚建立起来的社会主义经济成分的主导地位也亟须加强。因此在那个时期强调阶级斗争和社会主义改造应该说是必要的。中国历史进入的那个阶段，同马克思、列宁所说的过渡时期有相似之处，这是一方面；另一方面，中国毕竟有自己的历史特点。中国的资本主义很不发达，中国民族资本主义与帝国主义、官僚资本主义之间的矛盾又相当尖锐，这种尖锐的矛盾使得中国民族资产阶级可以成为我们团结改造的对象。新中国成立前夕第一次全国政治协商会议通过的共同纲领，集中说明了中国的这个特点。因此，在中国这样的条件下，马克思、列宁提出的过渡时期的理论既有适用的成分，又有不完全适用的成分。在新中国成立初期，我们没有马上提出进入过渡时期。在中国，过渡时期的概念是 1953 年才提出来的。在 1953 年 12 月制定的《中共中央宣传部关于党在过渡时期总路线的学习和宣传提纲》（这个提纲的题目是“为动员一切力量把我国建设成为一个伟大的社会主义国家而斗争”）中，引用了马克思、列宁的关于从资本主义到社会主义的过渡时期的论述，而且指出我国目前的现实也证明了马克思和列宁的这些论断的正确性。不过 1953 年党提出的还是“从新民主主义到社会主义的过渡时期”，可是 1955 年 9 月毛泽东的《中国农村的社会主义高潮的序言》中变为“从资本主义到社会主义的过渡”。当时对马克思、列宁的过渡时期只是简单地引用，而没有去分析中国的过渡时期有哪些地方有自己的特点，这能否看做在理论上的一个重要缺点？以后中国历史发展中出现的理论上的问题同这个时期我们没有把马克思、列宁关于过渡时期的理论同中国的实际很好地结合起来，或者说把这个理论直接地搬了过来，是否有关系？那时我们在掌握中国社会发展历史阶段的问题上是否存在着问题？我国历史学家应该对这些问题进行仔细的研究，得出科学的结论。

也许“无产阶级专政下继续革命”的“理论”的形成，应该追溯到 20 世纪 50 年代上半期。当然马克思、列宁关于过渡时期的理论和“无产阶级专政下继续革命”的“理论”根本不是一回事，但是回想在宣传“无产阶级专政下继续革命”的那些年，要大家反复学习的马克思、列宁的语录主要就是那些条，因此不能不去研究二者有没有关系。因为有这样的想法，所以在 1979 年我觉得马克思、列宁关于过渡时期的那些论述同我国的实际不完全对得上号。经过反复思考，我认为“社会主义初级阶段”这个提法比较好。它同马克思、列宁对过渡时期所下的定义、所指出的质的规定性等不发生直接关系，因而可以根据马克思主义的理论和方法，完全从中国的具体实际出发来研究有关的理论和实际问题。

至于今天中国出现的非公有制经济成分，是在消灭了旧有的资本主义经济和改造了个体经济以后，为了社会主义事业的需要而主动地让它们发展起来的。这个考虑问题的角度，与 20 世纪 50 年代初考虑问题的角度是不一样的。在过渡时期把改造和消灭旧的经济成分放在首位是很自然的事，如果在今天再使用“过渡时期”的提法，就会使人们误会我们要继续按照那个时候的思路来处理问题，还要把改造和消灭非社会主义经济成分作为直接的历史任务。当然，经过很长的社会主义初级阶段，多种经济成分并存的局面总有一天会不存在，但只要我国还处在社会主义初级阶段，就会有多种经济成分并存。到将来社会主义初级阶段快要结束，那些非社会主义经济成分成为没用的东西的时候，它们就会自然而然地退出历史舞台（当然也要做点催化的工作)，这就使得类似过渡时期的改造任务的提出成为不必要的事情。

以上是我不主张说今天我们仍处于过渡时期的第一个理由。还有一个理由，那就是过渡时期给人的印象总是比较短暂的。过渡时期把对非公有制的改造作为自己的历史任务，总是越快完成越好，社会主义初级阶段这方面的情况就很不相同。社会主义初级阶段的历史任务是实现四个现代化，把我国建设成为社会主义强国。过渡时期总的目标是在革命和改造方面，而社会主义初级阶段总的目标是在建设方面。在社会主义初级阶段，多种经济成分的并存是服从于建设的，是服从于发展社会主义生产的，不像过渡时期，对非公有制经济成分的改造本身就是任务。在社会主义初级阶段，只要对发展社会主义生产有利，非公有制经济成分存在的时间长一些就不会被视做不好的事情。从这方面来考虑，“社会主义初级阶段”的提法也比“过渡时期”的提法要好。

由于我们在 1956 年已经宣布社会主义改造基本完成，宣布中国已经进入社会主义，如果说今天仍处在过渡时期，会在社会上引起波动。这一点虽然不属于原则问题，但也是应该考虑的。使用社会主义初级阶段的提法，当然就不会发生这个问题。

第二个问题：是不是一切国家在社会主义革命胜利后都一定要经历社会主义初级阶段这样一个历史时期?

对这个问题，我的回答是否定的。如果在比较发达的国家中社会主义取得胜利，这些国家有可能都要经过一个马克思所说的从资本主义到社会主义的过渡时期，但是它们却不会经过我们说的社会主义初级阶段。因为我们的社会主义初级阶段的基本特征是社会生产力水平很低，这同发达国家的状况很不相同。当然，如果在比较发达的国家中社会主义取得了胜利，社会主义的发展也是会分阶段的，也会由比较低级的阶段向比较高级的阶段前进。但是这里说的比较低级的阶段，同落后国家取得社会主义胜利后的情况会大不一样。由于今天世界上还没出现这样的社会主义国家，而且由于当前我们还看不到在发达国家中社会主义即将取得胜利的形势，因而也就难以对在这样的国家的社会主义发展阶段作出科学的推断。

但是我也不认为社会主义初级阶段只是中国一个国家才有。在第二次世界大战后建成的社会主义国家中，有的国家同中国一样，原先也是经济、文化很落后的，很可能他们也要经过一个社会主义初级阶段。但是社会主义初级阶段在别的国家中的特征和面临的问题，不会与我国完全相同。我国理论工作的任务是集中力量研究社会主义初级阶段在中国的特征，研究中国当前面临的问题。

第三个问题：社会主义初级阶段这个概念在马克思主义经典著作中有什么根据?

社会主义初级阶段作为社会主义国家发展的一个特定的阶段，这样一个概念在马克思主义著作中没有提出过。但是大家知道，社会主义是一个很长的历史阶段，一个很长的历史阶段必然会再分做若干个阶段。不过，历史未发展到某个时期，某个阶段的历史的规定性是显示不出来的，人们只能对它作一些抽象的讨论，而不可能作出具体的辨析。原苏联声明过渡时期结束以后，原苏联学者和政治家们也常常讨论原苏联社会主义社会发展到了什么阶段，如以前曾肯定原苏联处于“发达的社会主义”阶段，最近又改为处于“发展中的社会主义”阶段。1959~1960 年年初毛泽东在我国南方谈论关于苏联政治经济学教科书的意见时，也讲过社会主义发展要分阶段。但是社会主义初级阶段这一概念是中国共产党在 1981 年开始使用的一个崭新的概念。我们可以而且应该对它进行研究，并作出马克思主义的新的解释。这种解释是属于创造性地发展马克思主义的范畴之内的。

列宁在俄共（布）第十一次代表大会上就国家资本主义问题讲了这样的话，他说“我们的报刊和我们的党都犯了一个错误，就是染上了知识分子的习气，堕入了自由主义，自作聪明地来理解资本主义，往往去看旧书本。可是旧书里写的完全是另一回事，写的是资本主义制度下的国家资本主义，没有一本书提到过共产主义制度下的国家资本主义。连马克思对这一点也只字未提，没有留下一段可以引证的确切的文字和无可反驳的指示就去世了。因此现在我们必须自己来找出路"①。在马克思、列宁的著作中，只有从资本主义社会到社会主义社会过渡时期的论述，只有共产主义初级阶段的一般论述，他们只字未提社会主义的初级阶段，也没有留下一段可以引证的确切的文字和无可反驳的指示就去世了，因此我们也必须自己来找出路。在马克思主义的经典著作里找不到“根据”，我们党却提出了这个概念。我们在理论上再予以发挥，就是马克思主义结合中国实际的一个发展。这个理论就是邓小平同志提出的建设有中国特色的社会主义这个总的理论问题中的一个主要问题。

---

① 参见《列宁全集》第33卷，第244页。

社会主义计划经济与计划规律论纲*

引 言

1）十一届三中全会以来，随着实践的发展和人们认识的提高，上面这个看来是没有多少东西可以发挥的老题目，越来越有作进一步探讨的必要。特别是在十二届三中全会之后，这种探讨更带有迫切性。

2）这种探讨应该带有某种从头开始的性质，即要从基本的概念和比较远的历史说起。

一、计划与计划经济的起源和发展

3）先要从哲学上讲清楚什么叫做计划，什么叫做有计划的行为。要讲清楚有计划的行为与有意识、有目的的行为之间的联系与区别。这个问题似乎还没有人作过专门的研究。但是这种研究对研究我们的问题是必要的。回答也不会是困难的：有计划的行为不同于一般有意识的行为，甚至不同于一般有目的的行为，它要求有某种预见性，要求有一种谋划，因此有计划的行

---

* 本文原载《学术研究》，1987 年第 5 期，第 11～20 页；1987 年第 6 期，第 18～23 页。

为的出现迟于一般的有意识、有目的的行为。

4）要考察在人类历史上什么时候开始有了有计划的行为，因为出现有计划的行为应该是很古老的事，既然它不同于有意识、有目的的行为（两者之间也不相同），它的出现就迟于一般有意识的行为，也迟于有目的的行为，但它的出现在历史上总有一个大致的时间。考虑这个问题有利于进一步明确3）中讲过的道理。

5）举例说明古代有计划的行为可以达到何种程度。不应轻视古代人的智慧，许多古代人的智慧仍是值得今人去学习的。古代有计划的行为应该是发展的，从这种发展中最好能概括出一点道理来。但是古代人有计划的行为是受到极大限制的。

6）因此就要去探讨古代意义下有计划的行为和近代意义下有计划的行为之间的区别，通过与古代意义下有计划的行为的比较，明确近代意义下有计划的行为的特点。社会主义制度的有计划的行为，当然属于近代意义下有计划的行为。

7）有计划的行为扩大到日常的经济生活中，是人类历史发展中一件重大的事情。这样的事情是社会发展到了资本主义阶段的事情。在这之前有计划的行为更多地表现在军事和政治上，而在经济上是带有偶然性的，在日常经济生活中还不能说有什么计划。恩格斯在《反杜林论》中指出：社会发展到资本主义阶段，“在这个个体生产者即商品生产者的社会中，渗入了一种新的生产方式。在支配全社会的自发的无计划的分工中间，它确立了在个别工厂里组织起来的有计划的分工”，“有计划地组织要比自发的分工有力……”①

8）在资本主义制度下经济生活中的有计划行为继续向前发展。1891 年法国社会民主党的纲领（即爱尔福特纲领）草案中有这样一句话：“根源于资本主义私人生产的本质的无计划性。”恩格斯在《1891 年社会民主党纲领草案批判》中认为，这一句需要大加修改。他说“资本主义私人生产……已经越来越成为一种例外了。由股份公司经营的资本主义生产，已不再是私人生产，而是为许多结合在一起的人谋利的生产。如果我们从股份公司进而来看那支配着和垄断着整个工业部门的托拉斯，那么，那里不仅私人生产停止

① 参见《马克思恩格斯全集》第 20 卷，第 294 页。

了，而且无计划性也没有了"[①]。我们要研究恩格斯讲过这样的话后将近100年的资本主义发展的历史。资本主义发展到了垄断阶段，又从一般垄断资本主义发展到国家垄断资本主义。在资本主义制度下国家经济工作的加强。在经济管理工作中大量使用电子计算机等新技术，也对资本主义制度下的计划起到不小的作用。要具体地研究在资本主义制度下的经济生活中有计划的行为继续发展的事实材料，从中概括出合乎客观事实的结论。

9）因此，认为资本主义经济生活中根本没有计划、没有有计划的行为是一种错误的看法。但是，一定要看到资本主义制度下的有计划的行为具有很大的局限性。即使在国家垄断主义发达和国家竭力去控制整个社会经济的国家里，资本主义制度下有计划的行为仍然因生产资料私人占有的存在，在范围上受限制。国家的“计划”与整个国民经济发展中的同各私有者（各垄断资本、各股份公司）因利益冲突而产生的无计划性之间仍然存在不可调和的矛盾。到了社会主义制度在某些国家建立起来之后，在经济生活中的有计划行为才获得了崭新的发展。

二、社会主义制度下的计划性

10）主要的问题是要去区别资本主义制度下的计划性和社会主义制度下的计划性。要在这里引进计划性这样一个概念，计划性应该从有计划行为作用的范围、有计划行为对经济生活进程所产生的影响、经济发展合乎计划目的的程度、计划与经济生活客观进展相符合的程度等方面来衡量。

11）资本主义制度下的计划性和社会主义制度下的计划性有本质的区别。就计划性的社会经济的基础来说，资本主义制度下的计划性，是建立在社会化生产和生产的有组织性的基础上的计划性，而社会主义制度下的计划性，不仅建立在社会化生产和生产的有组织性的基础上，还建立在生产资料归社会所有的基础上，即建立在资本主义制度所固有的、其自身所不能克服的社会化生产和资本主义私人占有之间的矛盾得到了解决的基础之上。就所依靠的科学知识来说，资本主义制度下的计划性依靠的是与有计划的行为有

① 参见《马克思恩格斯全集》第22卷，第270页。

关的一般的科学和技术，而社会主义制度下的计划性则不仅依靠与有计划的行为有关的一般科学与技术，而且依靠马克思主义的科学，而在资本主义制度下人们是不愿也不能运用马克思主义科学来从事有计划的行为。

12）社会主义制度下的计划性也以社会化生产和生产的有组织性为基础，它也要运用与从事有计划的行为有关的一般科学与技术。但是社会主义制度下的计划性不止于此，它同时又以生产资料归社会所有为基础并有马克思主义的指导，这说明社会主义制度下的计划性是可以吸取资本主义制度下的一切长处而又高于资本主义制度下的计划性。

13）如恩格斯在《反杜林论》中所写，一旦社会占有了生产资料，“社会生产内部的无政府状态将为有计划的自觉的组织所代替，生存斗争停止了。于是，人才在一定意义上最终地脱离了动物界，从动物的生存条件进入真正人的生存条件。人们周围的、至今统治着人们的生活条件，现在却受到人们的支配和控制，人们第一次成为自然界的自觉的和真正的主人……只是从这时起，人们才完全自觉地自己创造自己的历史，只是从这时起，由人们使之起作用的社会原因才在主要的方面和日益增长的程度上达到他们所预期的结果。这是人类从必然王国进入自由王国的飞跃”[①]。这样的论述，以及列宁关于俄国十月革命使人类历史进入新纪元的论述，是对人类历史发展的最精辟的论述，无论在什么情况下都不能改变这样的结论。

14）对于像中国这样一个处于社会主义初级阶段的国家来说（世界上至今还没有一个处于社会主义高级阶段的国家），生产社会化的程度，比发达资本主义国家差很多，生产的有组织的程度，则有高于发达资本主义国家的地方，也有低于发达资本主义国家的地方，总的说来不比发达的资本主义国家高。至于与计划工作有关的一般科学与技术也与发达资本主义国家差很远。所以如果只是从有计划地发展经济必须以社会化生产、生产组织性为基础，必须依靠有关的各种一般科学与技术来看，像中国这样的社会主义国家，在这方面的计划性不比发达的资本主义国家高。承认社会主义制度下有可能在这方面不如发达的资本主义国家可能带来一个好处，那就是使我们懂得在这方面也有必要向发达国家学习可以学习的东西。

① 参见《马克思恩格斯全集》第 20 卷，第 307 页。

15）但是资本主义国家不可能有以生产资料归社会所有与运用马克思主义科学所带来的社会主义制度下的计划性。要具体地研究这种社会主义制度下特有的计划性表现在什么地方。

16）以生产资料社会所有制为基础的计划性的一个基本特征就是，有可能由于全体劳动人民根本利益的一致性，有一个统一的社会意志，为一个统一的社会目的，运用社会主义制度所拥有的最严密的组织，使全社会按照一个统一的计划进行生产。这样的社会主义经济就被称做社会主义计划经济。社会主义的计划经济就是建立在生产资料为社会所有的基础上的计划经济。

17）社会主义制度下除有可能具有资本主义制度下的计划性之外还有自身所特有的计划性。这是社会主义制度下的计划性优于资本主义制度下的计划性的地方。在社会主义制度下要特别注意发挥这种优越性。

三、社会主义制度存在自己特有的计划规律

18）社会主义制度存在自己特有的计划规律。社会主义制度下的计划规律是关于社会主义制度下的计划性的形成和发展的规律。它是关于社会主义制度下有计划的经济生活的主体和客体、计划的内容、计划作用的范围、计划作用的程度、计划与经济生活客观的发展的相互关系等与社会主义制度下的计划性有关的诸现象的内在的、本质的、必然的关系。社会主义的计划规律是社会主义计划经济中关于计划性的不以人们意志为转移的东西。计划性也有以人们的意志为转移的东西，对它的研究不属于计划规律的范围。

19）斯大林在《论苏联社会主义经济问题》中提出社会主义国民经济有计划、按比例发展的规律，在原苏联教科书中有时也把这个规律叫做有计划、发展的规律，而其内容仍是有计划、按比例发展规律的内容。因此这两个规律的提法是当做同义的规律使用的，而使用的比较多的是“有计划、按比例发展的规律”。有计划地按比例发展，是社会主义经济发展的一个重要的特征。但是社会主义国民经济有计划发展的范围不限于国民经济各部门，社会再生产各个环节也要按比例地发展。社会主义国民经济有计划地发展还要包括有计划地改革社会主义经济体制以促进社会主义生产的发展，以及生产力在一个国家的各个地区进行有计划地合理分布等内容。因此，用社会主义

国民经济有计划、按比例地发展的规律取代社会主义国民经济有计划地发展的规律或者把社会主义国民经济有计划地发展的规律说成与国民经济有计划、按比例发展的规律是一个东西，就把社会主义制度下的计划性说得太狭窄了。

20）社会主义国民经济有计划地发展规律，如果只从“社会主义国民经济是有计划地发展的、资本主义制度的国民经济根本是无计划的”来把握也还是不够的。如上所述，事情并非原先讲的那么简单，因此社会主义国民经济有计划地发展规律本身的内容也需要进一步的充实并要对这一规律有更加深刻、更加准确的认识，至少要按照 18)、19）讲到的那些方面展开对社会主义国民经济有计划的发展规律的研究。

21）似乎可以把社会主义计划规律表述为社会主义国民经济统一、协调、有计划发展的规律。突出有计划发展的统一性符合社会主义的本质。在社会主义制度下各经济单位、各部门、各地区也有各自的计划，但所有这些计划都要与统一的计划相一致，成为全社会统一计划的组成部分。当然这种统一是有多样性的统一，是能够发扬各方面积极性的统一，是与灵活性结合在一起的统一。社会主义计划的统一性靠协调各方面的发展来取得。社会主义经济发展是统一、协调的发展。

四、实行社会主义国民经济的计划化

22）社会主义国民经济有计划发展的规律性只是指出社会主义国民经济有计划发展的必然性，这种必然性并非指在社会主义制度下不管人们怎样做，国民经济必然是有计划地发展的，而是指在社会主义制度下可能做到这样的有计划的发展，要求做到这样的有计划的发展。如果不这样有计划地发展，就会损害到社会主义制度本身。因此，对社会主义制度下实行国民经济的计划化是社会主义国民经济有计划地发展客观规律对社会主义建设者提出的主观上的要求。实行国民经济计划化，使社会主义国民经济做到有计划地发展，在社会主义制度下可以达到的计划性和事实上已经达到的计划性不是同一个概念，从前者到后者，在实行国民经济计划化这种事情上，社会主义建设者要付出极大的努力。

23）进行国民经济计划化的工作有两个层次的问题，一是要正确地去做计划工作，二是要有高水平的计划工作。这里所说的计划工作包括制订计划和组织对计划的执行。在概念上可以分做这两个层次，但是在实践中这两个层次却分不那么清楚。

24）正确地去实行国民经济计划化，不仅要求对社会主义国民经济有计划发展的规律有正确的认识和要正确地了解实际情况，还要求掌握实行社会主义国民经济计划化的方法。

25）应该对一切能够计划化的东西实行计划化。过去由于把社会主义国民经济有计划发展的规律只认为是国民经济有计划、按比例发展的规律，我们实行国民经济计划化的范围受到很大的限制。至今30多年来没有一个关于在全国建立城市和发展城市的计划，就是一个例子。更全面地考虑必须进行计划的各个方面是国民经济计划化中要解决的一个指导思想的问题。同时在社会主义制度下也只能够计划能够计划的东西，只应该计划应该计划的东西，不应该任意扩大计划的范围。这都是计划性高的表现。

26）由于有计划发展的主体性质不同，有一些经济领域只能制订与执行适应性计划。例如，发展对外经济关系，许多事情都不是我们可以做得了主的。能够按照整个国民经济的统一发展的总的要求，很好地去适应情况的变化，做到对社会主义建设起最佳作用，是计划性高的表现。

27）计划性不等于僵死性。正确的国民经济计划化，应该是统一性和灵活性的统一，包括灵活性的计划化，这是较高水平的计划化，因为这样做是高水平的计划化工作，它更好地符合事物的客观进程，具有更高的预见性。过去受到计划性等于僵死性的影响，在实行国民经济计划化时没有有意识地在计划化中引入灵活性的要求，在计划中没有伸缩性的要求，在计划工作中没有考虑如何根据情况及时修改的问题。实事求是的唯物主义态度要求计划工作适应情况的变化。要在计划执行的过程中掌握信息，否则即使在制订计划时是从实际出发的，过了一段时间，它就不再是从实际出发的了。重视信息，及时对计划进行修改，从马克思主义的观点来看就是把实事求是的唯物主义态度贯彻到底。

28）战略方针的制定也属于计划化的范围，它是制订具体计划的根据，也是修改计划的根据，它体现了统一性与灵活性的结合，应该具有行政上的权威。但是制定战略、规划及中期（五年）和短期的具体计划属于“规划性的未来研究”。实行国民经济计划化，不能只去做这种“规划性的未来研究”。规划性的未来研究应该以“非规划性的未来研究”作补充。“非规划性的未来研究”包括“机会性的未来研究”，密切注意可能更快发展社会主义经济的机会，寻找这种机会。在机会成熟后，把成熟的机会作为可靠的因素，纳入规划性的未来研究之中。在“非规划性的未来研究”中还包括“灾害性的未来研究”，增强对灾害发生的预见性，在计划工作中考虑预防灾害、救灾和增强应变能力。

五、确认社会主义经济仍是一种商品经济，使国民经济计划化工作起巨大的变化

29)《十二届三中全会关于经济体制改革的决定》(简称《决定》)指出“要突破把计划经济同商品经济对立起来的传统观念，明确认识社会主义计划经济必须自觉依据和运用价值规律，是在公有制基础上的有计划的商品经济”。在确认社会主义经济仍旧是一种商品经济这样的事实之后，社会主义国民经济计划化的工作将要发生重大的变化。

30）实行国民经济计划化时，首先要解决的问题是明确我们要使怎样的经济过程获得计划性，使怎样的经济成为有计划发展的主体，即我们说的计划的发展是怎样的经济的有计划的发展。社会主义经济既然是一种商品经济(十二届三中全会决定中有两个互相补充的提法：“公有制基础上的有计划的商品经济”和“社会主义的商品经济”)，那么，实行国民经济的计划化就是实行社会主义商品经济的计划化，这就要求根据社会主义商品经济的客观规律来实行计划化。这种计划化同因为不顾社会主义经济仍是一种商品经济而实行的国民经济的计划化当然会有很大的区别。

31）对社会主义商品经济实行计划化的一个关键性问题，就是要极大地重视市场机制。仅仅从产品生产的品种档次和数量来说，不论产品是在什么所有制形式的生产单位生产出来的或者对它的计划管理采取何种形式，凡是在商品经济中生产出来的东西都要拿到市场上去卖，卖不出去，商品的价值就不能实现，再生产就要受到阻碍。因此，在承认了社会主义经济仍然是一种商品经济之后，就必须把对市场的未来研究作为制订计划的一个重要前

提。只有考虑市场上需求和供给的平衡，考虑在市场进行商品交换中各当事者的利益，接受市场反馈，使商品经济统一、协调的发展的计划才是社会主义商品经济发展的计划。

32）社会主义商品发展的计划是考虑市场需求平衡的计划，这就要求做好市场预测。计算和计划好社会消费的水平和结构以及提供能够满足社会需要的各种产品的可能性，这是计划的最为重要的依据。在资本主义制度下基本是各经营单位自己来做的事情，在社会主义制度下除了各经营单位自己要做之外，各级各类计划机构都要重视这个工作，都要做好这个工作。过去对社会主义经济仍是一种商品经济缺乏认识，在实行对社会主义国民经济计划化时，优先考虑的是各生产部门物资上的平衡而把市场上的需求和供给的平衡放在一种次要的地位。这种做法在有了这种认识之后必须改变，要优先考虑需求与供给的平衡问题。在解决供给与需求平衡的前提下解决物资之间的平衡问题，或者把解决物资之间的平衡也当做解决供给与需求平衡这整个问题的一部分。

33）在共产主义的初级阶段，即在通常所说的社会主义阶段，不仅存在按劳分配，而且还存在社会主义的商品生产。这是人类历史发展的一条客观规律。在人类发展的这个历史阶段，可以做到生产资料归社会公共所有，但不能消除个人之间生活水平上的差别，因而社会成员还存在对个人物质利益的关心，因而在个人与社会的关系上，也就会去计较多劳能否多得的问题，因而不能不存在按劳分配。同时在人类发展的这个阶段，在整个社会主义社会的各个社会组织之间，也不能消除劳动者社会主义积极性发挥条件的优劣、职工生活水平的高低的差别，因而在这些社会组织之间也会计较等量劳动是否能够换回等量劳动的问题，因而不能不存在社会主义商品生产，而且社会商品也会占据统治地位从而使社会主义经济仍然是一种商品经济。因此在对社会主义商品经济进行计划时，不能不考虑在市场上进行商品交换时各当事人的利益。由于各种价值货币范畴，如价格、税种税率、利息和利息率、工资、各种费用、外汇等都会对商品生产者、商品经营者与商品消费者的利益产生影响，在对社会主义商品经济进行计划时，不能不去计算种种价值货币范畴的自发状况，以及我们把它作为经济杠杆来使用时，对社会主义制度下各当事人利益所产生的影响。而当事人利益所受到的影响，又会在自己的行为中反映出来，使社会物质产品和劳务的需求和生产受影响。在这里，存在着复杂的有机联系。对社会主义商品经济的发展实行计划化，就要去研究并掌握这种复杂的市场机制。

34）市场机制离不开价值规律的作用。对社会主义制度下的市场机制进行研究，在理论上就离不开对社会主义价值规律作用的认识，这就要求正确地掌握作为商品经济基本规律的价值规律本身，又要掌握社会主义制度下价值规律起作用的基本条件，掌握有关的社会主义经济规律。对社会主义制度下价值规律作用的研究应该是具体的，不能停留在论证价值规律是否起作用这一点上，而要探讨如何起作用。为此，就要就社会主义市场机制中遇到的许多经济关系，如上面说到的价格、税收、信贷、工资等进行研究，研究与价值规律有关——甚至可以说建立在价值规律基础上的许多经济规律，研究社会主义的价格理论、社会主义商品流通理论、社会主义的投资理论、社会主义再生产理论，等等。要在理论上总结从斯大林的《论苏联社会主义经济问题》一书出版以来有关社会主义价值规律作用问题的研究和讨论，澄清讨论中存在着的不准确甚至不正确的种种说法。

35）有一个在与各当事人无关或不存在当事人利益关系情况下是否可以认为仍有某种商品货币关系、仍有价值范畴存在的问题。这个问题受到研究社会主义经济理论问题的许多经济学家的重视，并在经济学家之间引起过争论。这时候的商品货币关系就不再是实质上的商品货币关系，而价值也不再是商品的价值。在未明确社会主义经济仍是一种实质上的商品经济时，这个问题的讨论是有实际意义的。但是，当我们明确社会主义经济仍是一种实质上的商品经济时，这个问题就不再有实际意义。但是在理论上探讨货币关系和价值的存在是否还有与人们之间的利益无关的纯粹为实际计划管理需要的原因时，这个问题仍然是一个值得研究的问题。

36）在社会主义经济实行计划化中运用市场机制就要对有关问题作定量的计算。在这里会遇到需要运用高等数学作为计算工具的问题。不应轻视数学在社会主义经济管理中的重要意义。

六、我国当前计划体制改革

37）十二届三中全会，提出了社会主义计划体制改革的任务。计划体制改革的中心问题是适应社会主义商品经济的发展。《十二届三中全会关于计划体制改革的决定》指出“社会主义的计划体制，应该是统一性同灵活性相结合的体制。……考虑到我国目前商品经济还很不发达，必须大力发展商品生产和商品交换的实际情况，建立这样的计划体制的需要就更加迫切”。

38）十二届三中全会规定的我国计划体制有这样一个基本点，那就是“就总体说，我国实行的是计划经济，即有计划的商品经济，而不是那种完全由市场调节的市场经济”，而“完全由市场调节的生产和交换，主要是部分农副产品、日用小商品和服务修理行业的劳务活动，它们在国民经济中起辅助的但不可缺少的作用”。这就是社会主义经济活动有国家计划机关做计划与国家计划机关有计划地不做计划两种情况。国家计划机关做计划的经济活动是占据绝对统治地位的，国家计划机关不做计划的只占很小的比重。但是只要所计划的是社会主义商品经济的发展，任何经济活动都有两个方面的问题：①都是有计划的，就是国家计划机关有计划地不去做计划的那些经济活动，社会主义企业仍是要根据社会主义的原则、遵守社会主义国家的规律、接受社会主义国家的管理而实行本企业的计划的。②都不能不考虑市场的需要，不能不接受市场反馈。就是那些由国家计划机构做计划的经济活动，也要去考虑市场需要、接受市场反馈。只是在这种情况下考虑市场需要、接受市场反馈与国家计划机关不做计划的经济活动不一样，后者是社会主义企业去考虑市场需要和接受市场反馈，而前者则是由制订计划的国家计划机关去考虑市场需要和接受市场反馈。认为国家做计划的那些经济活动可以不考虑市场需要和不接受市场反馈的思想是错误的。

39）凡是国家计划机关制订计划的，国家计划机关都要制订出作为奋斗目标的计划指标。作为目标的统计指标在实行国民经济计划中具有重要作用。如何正确地确定最好使用哪些作为奋斗目标的指标，并确定它们的大小（硬性的或者有伸缩性的），是制订计划的艺术。

40）凡是国家计划机关制订的计划必须具体化为企业的计划。社会计划要和企业计划相衔接。

41）国家做的计划分做指令性的与指导性的两种。

42）实行指令性计划，就是把争取达到国家计划机关制定的作为奋斗目标的指标，在各个企业间进行分配，作为国家下达给各企业的任务，要求各个企业必须完成，实行指令性计划。各个企业没有确定自己奋斗目标的权力，这个权力是归国家的。企业只有去制订如何完成国家计划的计划的权力。

43）实行指导性计划，国家计划机关仍要制定出作为奋斗目标的指标，但不把在各个企业间进行分配作为国家任务下达给各个企业，要求各企业必须完成。但是国家计划机关制定的奋斗目标，事实上总是要分配到各企业去的，总要由各企业去完成。不过在实行指导性计划的情况下，这种分配采取另外一种方式：允许各企业有自己确定本企业奋斗目标的权力，同时计划机构则根据自己制定的计划目标，制定出一套关于物价、税收、银行利息、信贷管理、外汇管理等方面的调节制度。按照计划目标，对希望在计划期间（通常是一年）发展得快些的，在调节制度下给以优惠，以示鼓励；对希望在计划期间不要发展甚至希望收缩的，则在调节制度中对它苛刻些，以示限制。实行指令性计划要求做到调节制度落实到各企业，各企业根据自己的条件和调节制度上所规定的条件制订自己的计划后，各企业所计划的奋斗目标加在一起，在数值上基本符合国家计划机关原先所规定的奋斗目标。指导性计划可以看做是利用市场机制来对社会主义经济实行计划化的一种形式，可以看做同社会主义经济仍是一种商品经济这样一种客观事实比较符合的一种计划形式。但是实行指导性计划不是一件容易的事，上面所写的是一种带有理想性质的指导性计划。现在有一些社会主义国家已经全部实行指导性计划，因此可以研究那些社会主义国家的经验，看看实行这种指导性计划的结果究竟如何。我认为在开始实行指导性计划时，很难做到把各个企业自行制订的计划加在一起基本上与国家计划机关所规定的奋斗目标一致，所以还要或多或少地运用行政力量。

44）十二届三中全会决定在计划体制中指令性计划与指导性计划要同时并存，但是强调指导性计划是将要发展的、扩大的，指令性计划则是要缩小的。《决定》规定要“有步骤地适当缩小指令性计划的范围，适当扩大指导性计划的范围”，着重指出“实行计划经济不等于指令性计划为主”。这样决定是因为实行指令性计划同商品经济之间存在比较大的矛盾。

45）在我国今天的实际生活中对有些产品下达指令性的指标，但允许超产。这种产品的超计划生产的部分，国家就不作为指令性计划的产品来处理，它们可以不按指令性计划规定的价格由国家订购，而可以在市场上以比较自由的价格出售。这是指令性计划适当缩小的表现。这种情况还不能看做与此同时指导性计划得到了扩大，而只是增加了国家计划机关不做计划的部分。

46）我国现在的情况是指令性计划的范围已经开始缩小，而在实际生活中指导性计划尚在建立中。现在指导性计划尚未完整地建立起来，这主要表现在这些产品的计划指标与调节制度的确定都很不健全，而国家不做计划的部分，在实行指令性计划生产的产品中超产部分的形式有所扩大。

47）在计划工作中运用经济杠杆的一个作用就是建立指导性计划。在实行指导性计划中一定要运用经济杠杆，但是并非运用经济杠杆于计划工作就是实行了指导性计划。在实行指令性计划中，也要运用经济杠杆，如规定指令性经营中的工资总额、奖金、税收等。指导性计划的实行是经济杠杆的一种特殊应用，即运用事先规定好的调节制度来影响企业的计划，做到企业的计划总和大体上与原定的计划相符合。因为这不是容易的事，所以在我国，严格意义下的指导性计划尚待建立。

48）对不做计划的产品和部门，也要运用法律的、行政的手段进行管理，使其在社会主义国民经济发展中，能够起到对计划机构制订计划的那些经济活动的辅助作用。在这里，各种经济杠杆的使用，对于管理这方面的活动起重要的作用。

49）处在社会主义初级阶段的我国，允许非社会主义经济成分，包括资本主义经济成分，在一定程度内存在，对于社会主义事业的发展是有益的，但不能使它们损害社会主义经济的有计划的发展。为此要既运用行政的、法律的手段，也要运用经济杠杆，还要运用社会主义经济本身所拥有的经济力量，来对付非社会主义经济成分，使之不损害社会主义经济有计划的发展。

50）通常把运用经济杠杆看做行政手段、法律手段之外的经济手段。第一，运用经济杠杆是法律手段的运用，因为制定价格税收机关的全国必须遵守的权力是法律赋予的，并且国家制定了惩罚性条款来保证这些权力的实施；第二，运用经济杠杆是行政手段的运用，它的作用的发挥是依靠行政机构、行政力量来保证的；第三，运用经济杠杆才是一种能使人们获得较多或较少的经济利益，以及不能获得利益乃至在经济上蒙受损失的手段。经济杠杆在计划中的作用就是通过这样一种综合性的手段来实现的。

七、计划、控制、引导

51）计划意味着在有计划的行为能够和应该起作用的范围内，通过社会主义国民经济实行计划化，对社会经济生活进行一定程度的控制。失去控制也就无所谓计划性。

52）控制和控制的方式不是一个概念，控制和控制的程度也不是一个概念，控制和控制的目的同样不是一个概念。在控制方式上，不要错误地认为只要说控制就一定是直接控制，比方说实行指令性计划采取的是直接控制的方式，但是我们还可以实行指导性计划，这时候采取的便是间接控制的方式了。在控制的程度上，可以实行严格的控制，也可以实行不那么严格的控制，如放宽和灵活控制。在控制的目的上可以以消极的限制为目的，也可以以通过控制某些方面的发展来积极促进另外一些发展为目的。

53）计划包括控制，但不等于控制。控制只是计划化中一个要做到的最低限度的事情。计划主要是对社会的经济发展实行引导。发展是计划的目的，引导是计划应起的主要作用。通过计划来引导社会主义国民经济尽可能快地向前发展，来引导社会主义社会成员物质文化生活尽可能快地提高。计划不是自顾自地，计划应该有为人民谋幸福的目的性。

54）控制和引导都要靠权力，都要靠智力。权力是必要的，但一定要用好权力，不能滥用权力。不仅不能失去控制，更要善于控制。不善于控制的控制必然给社会主义经济的发展带来不好的结果。引导要靠科学，要有科学的权威，这种科学权威是建立在我们掌握了科学的真理之上的，即建立在正确性、深刻性之上。

八、计划机构

55）在讲我国当前计划体制改革时，我们多次讲到国家计划机关。国家计划机关包括政府各部门中的计划机关，也包括地区政府中的计划机关。而且因某个政府部门内部又有下级部门，而地区政府下更有各级地方政府，所以国家机关是分类分级的。其中最高级的是中央政府的计划机关，它拥有制订国家统一的、综合的计划方案的权力，这种权力是国家给予的，它制订的统一的计划一经全国人民代表大会批准就成为国家的计划。各部门、各地区的计划机关各有各的作用，中央政府的计划机关起着最重要的作用，它是国家计划机关的总代表，如果不特别指明，人们讲的国家计划机关就是指这个中央政府的计划机关。

56）但是所有国家计划机关加在一起仍然不等于社会主义社会计划机构的整体。各个基层经济组织内部也有计划机构，它对基层经济组织的经济活动进行着计划，并且为制订全国计划提供关于基层经济组织的最为基础的资料。在一个现代社会——特别是在社会主义社会中，全社会计划机构的数目是非常庞大的，所拥有的人员也是很大的一个数目。不能设想可以没有这样大量的计划机构而社会主义经济活动能够进行。

57）对社会主义国民经济实行计划化中各类各级计划机构都发挥着不同的但却必不可少的作用。

58）在各类各级计划机构之间存在信息传递和处理方面的关系，也存在计划权力在它们之间的分配，而这两者又是相互关联的。

59）计划的制订是庞大的调查研究工作，也就是庞大的信息传递和处理工作。在实行国民经济计划化中的信息工作包括：①各类各级计划机构了解为制订计划所需要的各种信息；②各类各级计划机构对所搜集到的信息加以处理，筛选出可向有关机构传递的信息，或者据此提出要求、意见、方案、设想等；③把各种为制订国家计划的信息传递到中央计划机关；④国家机关对收集到的信息加以处理，制订出国家计划；⑤中央计划机关把国家计划作为信息传达到各类各级计划机构和各类各级执行机构；⑥各级各类计划机构间还发生横向和纵向的交流信息的工作，计划机构间互相提供信息服务等。

60）各类计划机构之间的信息交流有平等的关系也有不平等的关系。在制订和执行计划过程中，在信息的传递和处理问题上，这种关系与制订和执行计划权力是互相关联的。在计划权力的分配上可以有不同的指导思想，强调指令性计划与强调指导性计划就是两种不同的指导思想。在这两种不同性质的计划中就有不同的信息传递和处理方式。

九、作为计划化工具的计划体系

61）实行社会主义国民经济计划化，当然要有成文的计划。成文计划是完成社会主义国民经济计划化的必要工具。它对于某一个特定时期的一段时间内社会主义国民经济有计划地发展，从目标和达到这个目标的基本途径，作了预先的测算与规定，它是社会主义组织安排自己活动的依据。

62）作为计划化工具的计划不是简单的计划大纲，虽然一个简单的计划大纲在工作过程中也是必要的。作为计划化工具的计划也不是一套控制数字，虽然一套控制数字是计划的基础，它是有用的、必要的但不是完备的。完备的计划应该是一个相当详细的成文计划，而且不只是一种计划，而是一个计划的体系。在这个计划体系中包括由中央计划机关制订的全国性的国家计划和其他要与它衔接的各式各样的计划。作用就是通过这样一种综合性的手段来实现的。

63）国家计划机关制订的计划是全国统一的、综合性的计划。国家计划要落实到企业计划中去。在国家计划和企业计划之间还有分地区、分部门、分专题的计划。这些计划的制订为的是发挥各地区、各部门以及其他各方面的力量，积极参加我国计划工作，来帮助国家计划机关减少计划工作的困难，提高整个计划工作的水平。它也是有利于计划执行的一种必须采取的办法。

64）不论是国家的五年计划、年度计划，还是各地区、各部门和各种专题的计划，或者是各类企业的计划，在性质上都属于具体计划。具体计划是同战略、规划这类非具体计划相对而言的。战略、规划等非具体计划，按照它们起作用的性质无需赋予行政的或者法律上的权威地位，它们是依靠自己的科学水平来对拥有行政和法律上的权威的具体计划产生影响。它们的作用同一部权威性的科学著作是相仿的。如果战略和规划是在地区和部门的首脑主持下，在政府主管部门的积极参与下制订的，看起来它们也有官方文件的地位，但是实际上只在具体计划的制订者接受其中论述的东西并以其作为其指导思想后，战略和规划的科学上的权威才在具体计划中转化为行政和法律上的权威。

65）战略和规划也属于计划的范畴。经济社会发展战略、各种具体计划形成一个社会主义计划体系。要根据凡是可以计划和应该计划的就应该计划这个原则，按照各地区、各部门、各专题分工研究并制订社会主义计划，形成一个完整的社会主义计划体系。应该有一个建立社会主义计划体系的计划大纲。

十、制订计划的方法

66）要有一套好的制订社会主义计划的方法。研究计划经济的学者们曾经提出过这方面的问题，举出如同部门法、资源法等方法，并且争论过它们的优劣。我这里说的方法不是一般的方法，前面讲的许多理论问题对制订社会主义计划都具有一般的方法论的意义。在这里我指的是具体计划中作为奋斗目标的国民经济各部门发展的指标数字如何确定的方法，而且侧重在从什么出发、根据什么来制订计划。我提出了这样几种方法：最终产品法、资源法、部门法、地区法、最佳方案法以及其他方法。我不赞成去争论各种可以考虑的方法的优劣，而主张多种方法的统一、结合。

67）我说的最终产品不是与在制品或零配件相对而言的，而是指离开生产领域的产品。最终产品包括各种消费资料，以及作为出口的生产资料产品。最终产品法就是在计划时先根据社会有购买力的需要，把可以和应该生产的消费资料与出口产品先初步确定下来，然后据此对各部门产品的生产进行平衡，最后把计划数字制订出来。这种方法的根据是“社会主义生产的目的是满足社会日益增长的物质和文化需要”的原理，采用这种计划方法就要有特别关心人民生活的思想，摒弃为生产而生产的思想，对人民生活作认真的、细致的、经常的、系统的分析和预测。最终产品法是从初步的最终需求来制订计划的方法，这种方法是带有根本意义的。在社会主义经济仍是一种商品经济的情况下，最终产品法也是从市场对最终产品的需求出发制订计划的方法，运用最终产品法不是考虑市场对生产资料的需求，而是要从最低需求中推出对生产资料的要求，并把这种产品也作为计划的依据。

68）制订计划不能只考虑需求，还要考虑能够满足这种需求而把物质产品生产出来的可能性，考虑把这些物质生产出来的条件。这样就必须从本国的资源出发来研究并制订计划。在本国的资源不能生产出所需要的产品时，还可以考虑用已有的资源生产出可以到国外去交换所需产品的产品。因此在制订计划时采取资源法是必要的。资源法就是从本国的资源——天然的资源、物质产品的资源、人力资源及从发展对外经济关系中可以获得的资源等来制订计划。在资源这个概念中既包括构成生产力要素的生产力和生产工具，也包括作为劳动对象和自然条件的天然资源。如果说最终产品法的着眼点是需要，资源法则着眼于可能。

69）部门法和地区法则是以过去分部门、分地区的社会主义国民经济发展的情况作基础，再考虑各部门、各地区的地位和今后对它们侧重到什么程度，并据此来做分部门、分地区发展计划的研究，最后把它们进行综合和平衡。这是过去用得比较多的计划方法。这种计划是以已经达到的水平为基础制订计划的方法，当然也有可取的地方，但只在有了明确的目标和对资源有了正确的理解后才能收到好的效果。

70）以取得最大的经济效益（可能做到的最大的经济效益不是理论上的最大的经济效益）为出发点，对各种可供选择的方案进行比较，把最佳的方案吸收到计划中去，这叫做最佳方案法。

71）还可以有其他合乎科学要求的方法，如过去提出过的以农轻重为序，近年来提出的经济、技术、社会相统一的方法等。很明显，任何方法都只是从一个方面来看问题，只有把它们结合起来才能制订出一个好的计划。这种结合、综合、统一也要依据科学方法，要研究出一整套既能很好地分别运用各种方法又能很好地把它们结合起来的完整的制订计划的方法。首先要有这样的认识和愿望，然后在实践中把这一套方法科学地建立起来。

72）现行的方法是一种怎样的方法？对这个问题要作科学的研究。这是研究应该采用怎样的方法的出发点，也是改革计划方法的基础。尽管现在在制订计划的方法方面缺少科学的指导，基本上是靠经验的，但是其中总有许多合理的因素。总结 30 多年的经验对于建立整套的计划方法是最为重要的。

十一、提高有计划程度的途径

73）在社会主义制度下也不能不存在一定程度的盲目性，而且有计划与盲目性将长期同时存在。经济生活中的盲目性产生的根源也不是很简单的，有生产关系方面的原因，也有思想认识方面的原因。十二届三中全会的《决定》中说，“即使是社会主义的商品经济，它的广泛发展也会产生某种盲目性”。这是完全正确的。同时我们也可以看到即使是非商品经济中，也可以存在盲目性，而且是很严重的盲目性。1958 年“大跃进”中的盲目性，达到了很高的程度，而这与商品经济是无关的。分散有分散时的盲目性，集中有集中时的盲目性。计划工作的一个基本任务就是减少盲目性，提高有计划发展的程度。

74）要减少盲目性就要明确什么是盲目性，什么是有计划地发展。如果我们承认计划不可能也不应该是无所不包的，那么包进去的那个领域是否就等于盲目性的范围？在对待盲目性的问题上不应陷入盲目。对于什么是有计划地发展，在这个提纲的第一部分的 1）～9）条有过一些说明。

75）提高有计划程度的途径有以下几点。

第一，提高各社会主义经济组织和整个社会的组织性和纪律性。

第二，提高计划机构的工作水平，包括：①对客观情况能够很好地掌握；②对计划规律有很好地理解；③善于运用做计划的各种方法；④善于分析实现所制订的计划的有利与不利条件，估量实现计划的可能性的大小；⑤善于运用包括经济杠杆在内的各种保证计划实现的手段，防止对经济杠杆的滥用；⑥善于及时对计划作必要的修改以适应情况的变化等。

第三，帮助广大干部做好自己所在单位的计划工作，包括充分并及时向下级基层提供为制订自身计划所必须掌握的各种情况，即提供我称之为计划资料的东西。改变现在下级计划机关得不到资料的状况。提高社会主义经济有计划的程度不只是计划机关的事情，还要靠社会上所有的计划机构。这就要使广大的与制订计划有关的机构和干部都能掌握必要的资料和善于运用这些资料在自己的工作范围内做出正确的计划。

76）明确检查有计划程度的原则和标准。要在一定的时间把计划执行后国民经济发展的实际情况和原先的计划进行对照并且作出科学的分析，写出成文的东西，在一定的范围内颁布。要使这样一项工作成为计划机关的一个必须进行的工作，成为制度。这样做将有利于计划程度的不断提高。

77）不但在计划执行前要有计划，计划执行本身也要有计划。在计划执行中一方面要与破坏和损害有计划发展的行为作斗争，另一方面又要以对社会主义建设事业高度负责的态度研究实际情况，在实际情况与原先制订计划的估计不一样或者发现计划本身有缺陷时，不去死板地执行原来的计划。要把这样两个方面严格地区分开来，只有这样才能有利于计划程度的提高。

十二、计划与统计

78）我对社会经济统计的定义是，发展一整套可以用来直接反映经济社会现实的工具（统计概念、统计指标、统计方法等）并去进行反映现实的具体工作。统计工作在社会主义制度下对了解和指导经济社会的发展能起重大的作用。社会主义国民经济计划化的工作离开统计是不可能的。

79）在计划工作中要善于利用统计：运用统计资料对现状作正确的分析，运用统计资料对未来预测。要善于设计和运用为制订和检查计划状况所需要的各种统计指标。为此就要掌握运用统计指标的科学道理，善于运用理论经济学来分析计划工作中使用的各种统计指标，了解它能够说明什么问题、不能说明什么问题，在能够说明某些问题时，又要弄清楚它能对问题说明到什么程度。

80）在当前我国的计划工作中，有关统计的最重要的问题之一，是关于效益和产值的统计概念、统计指标的分析。应该要求广大干部学一点关于效益和产值的统计学。

81）把统计作为监督计划执行和总结计划工作的重要工具。

十三、总结计划工作的经验，开展计划科学的研究，发展计划理论

82）制订一个好的计划，提高社会主义经济发展中有计划的程度的组织保证，是要有一个强有力的与实行社会主义国民经济计划化有关的智力结构

系统，要有一支宏大的有相当水平的从事这方面工作的队伍，其中包括提供为研究计划所需要的资料的智力队伍，即广义的统计队伍。现在我国与计划有关的智力机构薄弱残缺，不足以保证计划的科学性。以中央统计局来说，不少国家每一万个人中有一个人在中央统计局工作，而我国的这个比例很小，统计机构的力量与它担任的任务很不相称。其他提供资料的机构的情况也是如此。

83）制订一个好的计划，提高社会主义经济发展中有计划的程度，更为重要的是提高计划工作的水平，做到这一点的主要办法就是总结计划工作的实践经验。应该把定期写出计划工作经验的总结作为一种制度来建立，从中得出方法与理论上的结论。应该学习、掌握和发展有关计划工作的一般科学和技术，更要发展马克思主义计划理论，这是提高干部计划科学水平的基本前提。计划科学是一门既包括理论又包括方法的科学。

84）要做好计划工作，需要各方面的关心和支持。计划工作不只是从事计划工作的人员和机构的事，动员更多的力量去进行长期切实的工作来为提高计划工作的水平奋斗。

对占有、所有及其与经营的关系的再思考*

我国经济体制改革中提出的许多问题，都同这篇文章所涉及的基本概念有关。这些概念在马克思主义经典著作中写得很多，在其他马克思主义著作中写得也不少。近年来接触到的一些事情促使我对这些概念作了一番再思考，现在我想把思考的过程和思考后的一些想法写出来，以就正于同志们。

一、占　　有

占有是主体同对象（具体地说就是某个主体同某个对象）之间的这样一种关系：对象处在主体意志的专有的领域之内。这就是说，他们处在这样一种关系中，不但这个主体的意志可以作用于这个对象，而且存在一种排他性或垄断性——排除另一个主体的意志作用于这个对象。主体的意志可以是多种多样的。主体的意志对对象的作用和作用方式，也可以是多种多样的。除了受对象本身制约外，完全地占有就是主体意志对对象的作用不受限制。主体意志对对象的作用受限制，占有就不是完全的了。

意志对对象发生作用和“支配”是同义语，占有在行动上表现为支配。

使用是支配所占有的对象的一种方式。“滥用”或者“不用”是属于

* 本文原载《中国社会科学》，1988年第5期，第3～18页。

“使用”这个范围的，它们也是使用的方式，也是支配的方式。完全地使用，就包括“滥用”和“不用”。当然“使用”必然受对象本身的制约，比如我们不能使用棉花去屠宰牛羊。

毁坏和转让也是一种支配方式。但是如果对对象是采用毁坏、转让的支配方式，其结果就是主体丧失了原先的占有，从占有到不占有。在完全丧失占有与保持占有之间，当然可能有一系列的过渡状态。

占有的主体可以是某个个人，也可以是某个集体，还可以是整个国家和社会。占有是某个主体意志专有的领域，但是常常发生另外一个意志对本来属于这个主体意志专有的领域起某种支配作用的情况，这是对占有的侵犯。原来的占有受侵犯，实际上就是出现了另外的主体对对象的一种占有。

二、占有区分为“使用中的占有”和“非使用占有”

对象处在被使用的状况之下，这是一种占有，我把它称为“使用中的占有”。只有在使用中才存在“使用中的占有”，也只有存在对对象的“使用中的占有”，才能使用这个对象。与“使用中的占有”相对而言的是“非使用占有”。“非使用占有”又有两种情况：一是主体的意志让对象处在不被使用的状态下；二是占有主体的意志使对象处在被其他主体使用的状态下，同时保留着这样一种占有，主体凭借这种占有取得某种经济利益。这就是说，别的主体之所以能够使用原来主体所占有的对象，并不是侵犯了原先主体的占有，而是原有主体对对象的一种特定的支配的结果。原有主体仍保有其占有，但这种占有不表现为使用中的占有。因此，这种占有对于这个主体来说是“非使用占有”。

三、“经营中的占有”

在“使用中的占有”中，有一种是“经营中的占有”。什么叫经营，我下的定义是：“直接谋取效益的社会实践。”

有各式各样的效益，就有各式各样的谋取效益的社会实践，就有各式各样的经营，如举行一次不收费的演说，从事这一社会实践的人谋取的效益

(也是打比方说)，就是希望通过这次演说，使人们的观念发生或多或少的改变，这样的效果是属于宣传教育方面的。因此这样的社会实践就属于宣传教育范围内的经营。在这篇文章中我们只想讲那种“直接谋取经济利益的社会实践”这样一种经营，即经济经营。为了方便起见，下面我们写的“经营”如果不作特别的说明，指的就是经济经营。

在经营中有必要使用某些对象。这时候的“使用中的占有”就是“经营中的占有”。使用某个对象并不都是直接谋取经济利益的，所以“经营中的占有”只是“使用中的占有”中的一种。

在这个关于经营的定义中，我写的“直接谋取经济利益”这几个字，是针对“间接谋取经济利益”而言的。间接谋取经济利益的社会实践范围很广，它可以包括经济领域以外的许多社会实践。即使在经济领域内，也有一些社会实践，不是直接谋取经济利益，但对直接谋取经济利益可以起很大的作用。我认为经济体制改革就是这样的社会实践，它是为经营排除障碍、创造良好条件的，但它本身不属于经营。“直接”、“间接”这样的概念，本来就是相对的，不能把两者看得太绝对。“直接”、“间接”两者不可能截然划开，但是这一点并不妨碍我们对经营作出上面说的那样的定义。

四、所有——财产

“所有”这个词在我国古代文献中没有，它是从国外著作中翻译过来的。在马克思和恩格斯著作的中译本中使用的“所有”这个词，就是从马克思和恩格斯著作中的一个德文单词 eigentum 翻译过来的。这个单词的词根 eigen 的意思是“自己的”，它是一个形容词。这个词根加上一个词尾 tum 后，就变成一个名词了。

这个德文单词，在中译本中有时也译成“财产”，这也是正确的。在德文中“所有”和“财产”本来就是一个词。

但是在中文中“所有”和“财产”却不是一个词。在句子里他们的用法也不完全一样。从字面来看，“所有”是一个动词。“所有”当做名词也是从动词变化而来的，不是从形容词变化而来的。在我们把“所有”当做名词来用时，也是一个表示抽象概念的名词，而从不使用“所有”这个词来具体指某个对象。比方说，我们从不说“这间房子是某人所有”，而只会说“这间房子属于某人所有”，或者说“这间房子是某人的所有物”。“所有”这个词给人的直接印象只是一种关系，而不是一个具体的对象、具体的物。可是“财产”这个词给人的直接印象是某个对象、某个物，比方说“这座房子是某人的财产”。

我觉得在中文中有“所有”和“财产”这样两个词，在讲话和写文章时就很方便，保留这样两个不同的词有好处。但是应该看到，这两个词所指的都是一种人与人之间的经济关系：一种在对物的关系上的人与人之间的关系。为了文字的统一，在这篇文章中我打算只用“所有”一词，把这个词当做财产的同义语。有时如果觉得文理不顺，读者在心中改成“财产”就可以了。

那么，“所有”（“财产”）究竟是一种怎样的人与人的关系呢?

我想给“所有”（“财产”）下这样一个定义，也许会更加清楚一些：“所有（财产）是仅仅凭借其本身取得经济利益的对某物的占有。”

这个定义表明“所有”这个概念得以成立有两个基本依据：一是一定要有某个主体对某个对象的占有，这个占有现在明确为“所有中的占有”；二是一定要不从事任何经营而仅仅凭借这种占有取得经济利益。“所有”在经济上未实现之前，这种“所有”就不是现实的“所有”。如果某种占有根本不能带来任何经济利益，这种占有就根本不可能成为“所有”。在《剩余价值理论》中，马克思曾经以一件褴褛的上衣为例，对这个论点予以说明。

五、“所有”中的占有

“所有”这个概念属于占有，但不是一般的占有，它是占有中的一种。

占有可以有各种情况，属于“使用中的占有”的“经营中的占有”就是其中之一。

占有是可以带来经济利益的。“经营中的占有”带来的经济利益是从经营中直接取得的。还有另外一种占有，可以仅仅凭借占有本身，而不是凭借主体的经营活动而取得经济利益，这种占有我们称之为“所有中的占有”，或者简称“所有”。这种“所有中的占有”带来的经济利益的来源，当然只能是经营中直接取得的经济利益。在经营中直接得到的经济利益是经营中得到的总利益。“所有中的占有”带来的经济利益是这个总利益中的一部分。“带来经济利益”这一条并不是“所有中的占有”的特有属性，只有带来不从事任何经营而取得的经济利益，才是“所有中的占有”的特有属性。

经过反复的思考，现在我认为在“所有中的占有”这个概念中，不包括“经营中的占有”。这是因为“经营中的占有”只是在经营中才成立的，在未从事经营前就无所谓“经营中的占有”。当占有某个对象的主体自己从事经营时，“经营中的占有”才会作为这个主体的占有产生出来。如果这个主体自己不从事经营而把他的占有物出租，“经营中的占有”就不会作为这个主体的占有产生出来，而只可能作为别的主体的占有而产生出来。但是不论在自用还是出租某个对象时，原来这个主体对对象的“所有中的占有”都是存在的。自用、出租都是在经济上实现这种“所有中的占有”的途径。在出租的情况下，这个主体只是放弃了“自用”这个实现自己的“所有中的占有”的方式，采取依靠他人的经营，按照租约在租约期间向从事经营的人收取租金的方式实现自己的“所有中的占有”。出租前的“所有中的占有”与出租后的“所有中的占有”并没有发生什么变化，都是原主体的“所有中的占有”，而且从它在经济上实现自己所取得的经济利益来说，在数量上也可以没有变化，变化的只是上面所说的出租后原来的主体失去了“自用”这种方式的选择。这种选择也可以视做包括在“所有中的占有”之中，但这不是“所有中的占有”本质的东西。

六、所有权和经营权

在我国的文献中，一般的作者不去严格区分“所有”和“所有权”。其实这是两个不同的概念。“所有”如上所述是一种经济关系，而“所有权”则是与“所有”有关的一种法权。经济关系和法权关系当然密切相关，特别是在“所有”与“所有权”的关系上更是如此。中文中有时把“所有”与“所有权”两个概念混淆，就同两者关系密切这种情况有关。但是，“所有”和“所有权”终究属于不同领域，“所有”属于经济基础，“所有权”属于上层建筑，“所有”与“所有权”的关系就是经济基础和上层建筑之间的关系。“所有权”是“所有”这种经济关系在法权上的反映，它说明哪些“所有”在怎样的社会制度下得到法律上的承认和保护，哪些“所有”在法律上不予承认，也不予保护。有了“所有”与“所有权”这样两个概念、两个名词之后，人们才能研究与表达两者之间的关系。如果把两者混为一谈，就不能作这样的研究和表达了，所以一定要把这个用语上的不确切纠正过来。虽然在许多场合，不做这种纠正似乎也过得去。比如，“收取地租或利息是‘所有’在经济上的实现”与“收取地租或利息是‘所有权’在经济上的实现”两种说法都是对的，因此，似乎“所有”和“所有权”可以混用。但是严格说来这两句话所表述的是两个不完全相同的意思，前者说的是关于“所有”的本质的规定性，而后者说的是关于“所有”的法权，可以转化为经济上的事实。如果把“所有”与“所有权”区分开来，我们要讲的意思就更明确、更准确了。

而且，如果把“所有”译成“所有权”，那么我们本来要讲的“所有权”的意思就表达不出来了。在中译本中，如果原文中马克思和恩格斯写的是“所有权”这个词，即在“所有”之后又加上了“权”这个字，形成一个新词，那么，对这个词在翻译上又如何处理呢？能把这个词译成“所有权的权”吗？把不加“权”字的词译成“所有”，把加上了“权”字的词译成“所有权”或“财产权”，那一切就顺理成章了。

经营权一般涉及的法权问题不在本文论述的范围之内，在这里我们关心的只是经营中的占有在法律上是否得到承认和保护。如果得到了这种承认和保护，“经营权”作为一个法权上的概念就能够成立了。

有必要说明的是，这里我们说的“法”不仅包括“成文法”，也包括“不成文法”，不仅包括法律，也包括各式各种法规，包括正式的法规以及各种不正式的规定、章程等。

七、所有者和经营者

“所有”和“经营”是两个不同的概念，“所有中的占有”和“经营中的占有”以及它们在法权关系上的表现——所有权和经营权，也是不同的概念。因此，“所有中的占有”的主体和“经营中的占有”的主体，也就是我们常说的所有者和经营者。

历史告诉我们，所有者和经营者可以是同一个主体，也可以是不同的主体。在封建社会中就有两种情况：一种情况是地主经营自己的土地。他让雇农们耕种自己的土地，为他服役。古代这种封建主自己经营的庄园很多。就是到近代，比如说到了我国实行土地改革的时候，在划分农村阶级时，在地主阶级中还可以划出“经营地主”这样一个阶层。另一种情况是地主把土地租给农民，即租给自己的佃户。这样，地主自己不从事经营，却坐收地租。在这种情况下，所有者与经营者就不是同一个主体。

在资本主义制度下，也有自己经营的资本家（执行职能的资本家）和自己不从事经营的资本家（生息资本家）这样两种。对于这两种资本家，马克思在《资本论》第三卷中有相当详细的论述。例如，在《资本论》第三卷第二十三章《利息和企业主收入》中，马克思说，“执行职能的资本家不是从他对资本的所有（权）[①] 中，而是从资本同它只是作为无所作为的所有（权）而存在的规定性相对立的职能中，得出他对企业主收入的要求（权），从而得出企业主收入本身。一旦他用借入的资本来经营，利息和企业主收入归两种不同的人所有，这种情形就会表现为直接存在的对立。企业主收入来自资本在再生产过程中的职能，也就是说，是由于执行职能的资本家执行产业资本和商业资本的这些职能而从事活动或行动得来的。但作为执行职能的资本的代表，就不像生息资本的代表那样领干薪[②]。在资本主义生产的基础上，资本家指挥生产过程和流通过程，对生产劳动的剥削也要花费气力，不管是他自己花费气力，还是让别人替他花费气力”[③]。

马克思所说的执行职能的资本家就是拥有经营权的资本家。他没有用“所有中的占有”，但用了“经营中的占有”。

---

① 本段中的括号是笔者所加。

② “领干薪”三个字，笔者认为译成“不费气力而所得很多”要好些，因为生息资本家不是薪金收入者。

③ 参见《马克思恩格斯全集》第25卷，第426、427页。

八、所有和经营的关系

有了上面的那些论述，我们就可以进一步讲“所有”和“经营”，或者“所有中的占有”和“经营中的占有”之间的关系。

上面我们讲过“经营”是直接谋取经济利益的社会实践，也就是说“所有”在经济上的实现就是要从“经营”获得的经济利益中分一部分。这样就有一种关系，如果没有在“经营”中取得的经济利益，“所有”在经济上就不可能实现。因此我们可以说“经营”是“所有”的基础。

如果我们再考虑没有“经营中的占有”经营就不可能进行，那么我们又可以作出判断，“经营中的占有”是“经营”得以实现的基础。

经营是所有的基础，不但有上述道理做根据，从历史上看也应该得出这个结论。人类历史从其发端起，就从事直接谋取经济利益的社会实践，就从事经营（当然不是现代意义上的经营）。这种经营活动将一直延续下去，一直延续到人类的灭亡（比如由于天文学上的原因而引起的地球毁灭）。而“所有”是人类出现很久很久以后才产生的东西。“所有”的起源比人类的起源要迟得多，“经营”的起源则是与人类起源同步的。大家知道，恩格斯有一部名著是专门讨论“财产”，即“所有”起源的。

同时，“经营”是“所有”的基础，也可以从这样两个方面来考察：一是从对某个对象的“经营中的占有”和“所有中的占有”来看“经营”和“所有”的关系；二是从整个社会的发展来看“经营”和“所有”的关系。后一个方面的考察，可以视做是与生产力和生产关系相互关联的问题相对应的。对于这个问题在这里我只是顺便地讲一下，不想再深入下去。

在所有者（即拥有“所有中的占有”的主体）和经营者（即拥有“经营中的占有”的主体）不是同一的情况下，经营者在经营中直接谋取的经济利益中就有一部分被所有者分去，作为“所有”在经济上的实现。在这里，抽象的关于“所有”和“经营”本质的规定性显示为具体现象。在这个现象形态中，“经营中的占有”与“所有中的占有”的区别显示得一清二楚。

还有一种情况，就是上面说过的所有者和经营者是同一个主体。在这种情况下，这个主体就是前面说的“经营所有者”。在这样的主体所得到的经济利益中，就既包括“所有”带来的经济利益，也包括“经营”带来的经济利益。这种“经营所有者”与单纯的“所有者”相比，由于他同时是经营者，他就得到了由于自己在从事经营中动了心思，花了精力，遇到了可以取得经济利益的机会等而获得的比较多的利益。这种“经营所有者”与单纯的“经营者”相比，他不用像一个单纯的“经营者”那样为了取得经营占有权而不得不付给所有者一定的代价，因而也就可以得到比较多的经济利益。在这里，经营者同时也是所有者这一点，表现为他作为经营者的十分有利的条件，如马克思在《资本论》中对自耕农所写的那样，“土地的占有是直接生产者的生产条件之一，而他对土地的所有权是他的生产方式的最有利的条件”①。

九、一般的经营和以“财产”本身为对象的经营

一般的经营是以物质产品和劳务的生产、以产品和货币的流通为对象的经营。它是创造经济利益的经营。在一般的经营范围内有多种多样的经营对象，也有多种多样的经营方式。

还有一种特殊的经营，是以“所有”或“财产”本身为对象的经营，它也是直接谋取经济利益的社会实践，但是这种社会实践不创造经济利益，而只是取得经济利益，因此我们不把它看做一般的经营。其实这种经营也并不那么特殊，因为每个所有者为了使其“所有”在经济上得以实现都会这样做。地主收地租、生息资本家收取利息，都是要花气力的。不过在近代社会，这种经营已发展成为一种行业——专门以“所有”或“财产”为对象的经营行业。

为了使读者更容易理解，在这一节里我不再较多地使用“所有”一词，而多用“财产”一词来表达同一的东西。

在这种特殊的，即以“财产”为对象的经营中，有一种经营方式是国家征税。国家征税活动，就是专门为了使国家财产能在经济上得到实现，使作为所有者的国家可以取得经济利益而必须从事的一项社会实践活动。大家知

---

① 参见《马克思恩格斯全集》第25卷，第694页。

道，在国家财产的情况下，税收工作做得好不好，国家收到的税会很不一样。税收部门所从事的就是这样一种特殊的经营。

关于征税和国家所有制之间的关系，我想引用恩格斯的一段话："一切国家的征税的权利都是从所谓的国家所有制来的。的确，或者是私有制神圣不可侵犯，这样就没有什么国家所有制，而国家也就无权征税；或者是国家有这种权利，这样私有制就不是神圣不可侵犯的，国家所有制就高于私有制，而国家也就成了真正的主人。"① 这段话说明，既然国家所有制会给国家带来某种经济上的利益，那么反过来说，国家并不从事上面我们所说的一般经营就能够取得某种经济利益，这个事实就表明国家所有制是确实存在的。但是如果不去从事征税这种社会实践，国家财产在经济上就得不到实现。在这种情况下，国家的财产可以说是非现实的。而去从事征税的活动，包括确立税目、建立税收的制度、组织税收机关和征税的队伍等，就是从事以国家财产为对象的经营。

在征税这种经营活动中，还有一些是更加明显的直接以财产为对象的活动，那就是征收财产税、资金税、遗产税等。

财产的转移也是这种特殊经营的对象。以财产转移为对象的经营，又会因财产的自然形态和社会性质的不同和转移的形式、条件的不同，成为包括各种不同经营对象、经营方式的行业。

中华人民共和国成立后，由于我们在理论上把马克思、恩格斯关于未来社会一般的论述当做他们对某一个国家在某一个时期的具体制度的设想，因此对这种特殊的经营基本上持否定的态度。国家所有的某些生产资料，如果得到经营，国家本可以得到很大的利益，但是却不去经营，甚至在根本上否定这样的经营。

在这里，我想特别举土地财产这个例子。不错，马克思、恩格斯在著作中讲，在共产主义社会、社会主义社会不存在地租，但这属于他们对共产主义社会、社会主义社会的很一般的论述，不是指共产主义社会、社会主义社会某个发展阶段，特别是在从资本主义社会到社会主义社会的过渡时期和社会主义初级阶段的具体情景，更不是他们对共产主义发展的具体设想。马克

① 参见《马克思恩格斯全集》第2卷，第615页。

思、恩格斯作为科学社会主义者没有也不会去做那样的具体设想。恩格斯在1867年写道："马克思现在是，而且将来仍然是始终如一的革命家，并且在科学著作中没有人像他那样毫不掩盖自己的这些观点。可是关于社会变革后将怎样，他只是最一般地谈到。"① 重视这种最一般的论述当然是完全应该的，但是把它错误地当做他们的具体设想，那就是把马克思主义创始人看成是带有空想的人，这对马克思、恩格斯岂不是太不尊敬了？马克思、恩格斯一方面持严格的科学态度，拒绝任何空想，同时他们的哲学又不只是要解释世界，而且更重要的是要改造世界，所以他们对革命中的行动纲领是非常重视的。他们在考虑夺得政权之后无产阶级要做什么事的时候想得是很具体的。在讲这样的问题时，他们并不认为立即要废除土地所有制度。他们在《共产党宣言》里提出的革命要采取的措施中，第一条就是"剥夺地产，把地租用于国家支出"②。在马克思、恩格斯的著作中还可以找到不少这样的论述。但是长期以来，我们没有注意到这些论述，而只是去注意教科书上讲的在未来社会不存在地租的那些论述，不承认在社会主义社会中可以而且应该经营地产业。结果是，尽管《中华人民共和国宪法》明确规定城市土地归国家所有，国家本来可以凭借国家所有的土地来取得巨大的经济利益，增加财政收入，却未能实现。只是近年来，这种情况才开始发生变化。

十、所有权的分割

对某一对象的所有权可以完整地归某一个主体，也可以分属于几个主体。所有权的分割可以有几种不同的方式。一种方式是某一个归某一主体所有的对象本来是一个可分割的对象，现在把这个比较大的对象分割为若干个小的对象，使每个小的对象各自分属于一个主体。

举例来说，《诗经》是一部中国的有名的典籍。其中《小雅·北山》里有这样两句诗："普天之下，莫非王土；率土之滨，莫非王臣。"翻译成现代汉语就是："普天之下，没有不是国王的土地；一切在土地上生活的，没有

① 参见《马克思恩格斯全集》第16卷，第243页。

② 参见《马克思恩格斯全集》第1卷，第272页。

不是应该给国王服劳役的人。”下面接着的一句是：“大夫不均，我从事独贤。”翻译成现代汉语就是“可是当官的太不公平了，偏偏让我独个地来作出贡献。”我们知道，周代实行分封制度：国王除留下一块直接归自己的土地之外，把全国的土地分封给各国诸侯，各国诸侯分得土地之后也留下一块直接归自己，再把其余土地分给大夫等。那么为什么说“普天之下，莫非王土”呢？就是因为国王可以让一切在土地上生活的人都为自己服役，即缴纳徭役地租。这就证明，全国土地都是国王的，但实际上土地的所有权是被分割为分属国王、诸侯、大夫所有。这种情况也发生在近代国家，包括发生在社会主义国家。

所有权分割的另一种方式是，归主体所有的对象本身不能分割，但所有权在经济的运动过程中被分割了，这可以举田底权和田面权的事例来说明。

抗日战争前，我国江南农村有把耕田的所有权分割为田面权和田底权的情况。拥有田底权的人能够凭借这个田底权收取地租，而拥有田面权的人则能够永久使用这块田地，但需向拥有田底权的人交租。田面权起源于永佃权，但又超出永佃权的范围，因为田面权和田底权一样可以买卖，也可以赠送或以其他方式转让。一个原来拥有田地全部所有权的人，有权在租约期满后把出租的土地收回，不再出租给这个佃户，或者不出租给任何人，因而他就可以在租约期满后提高租率，以求收取更多的地租。可是在他卖出田面权之后，他就永远不能再收回这块土地了，他也不能再涨租子了。所以他对这块田地的所有权，应该说是不完整的。而拥有田面权的人，除了可以在经营中占有这块田地外，还可以在保持田面权的情况下，把田地租出去。这一点与拥有田地权的人没有什么两样，所以应该承认他是分割到一部分土地所有权。而且他对土地的所有权的确实存在还可以从这样一种情况中得到证明，那就是：如果拥有田面权的人向使用其土地的人收取到的地租大于向田底权的拥有者缴纳的地租，他就可以凭借自己拥有的田面权不从事经营而取得经济利益。从这一点来说，他也就拥有凭借对这块土地的田面权收取到转租利益的那一部分所有权。

当我们具体地研究社会主义社会中多种社会主义所有制形式之间关系问题的时候，我们就会更深入地接触到所有权分割的各种形式。这些形式彼此渗透，同我们考察的社会主义制度中的所有制形式、经营形式结合在一起，表现形态多种多样，因而尽管表面上看不那么清楚，但是我们只要去分析各当事者的经济利益关系，看到他们不必经营就可以取得经济利益的途径，我们还是不难把所有权分割的关系弄明白的。

十一、经营权的分割

不但所有权可以分割，经营权也可以分割。

经营权是改革中大家非常关心的一个问题，也的确是当前社会主义国家所有制改革中的一个中心问题。企业缺乏必要的经营自主权是它缺乏活力的主要原因。党的十一届三中全会以来的九年中，人们一直在探索如何解决这个问题，开头叫扩大企业自主权，后来又提出给企业松绑，最后就是理论上的“两权分离论”和实践上的租赁和承包经营责任制。我认为这些都是符合我国当前的状况的。

改革中有一种主张，认为应该由企业掌握全部经营权，国家只保留它原先的所有权，即企业只要向国家缴纳利税，其他的事政府和管理机构就不应再插手了。我认为在改革的现阶段不可能做到这一点，而只能做到大大扩大企业的经营权，大大缩小政府和各类管理机构的经营权，即只能做到经营权在政府、管理机构和企业之间的重新分配或分割。

经营权之所以可以分割，应该有它的客观根据。前面讲所有权的分割时，我们讲了分割的多种形式等。在经营权分割的问题上，也有这种情况。

首先，当我们仔细地研究经营权的时候，我们就可以看到，经营权的第一个内容是由于在经营中要使用各种物质手段，因而产生经营者对这些物质手段在经营中的支配权。从这里出发也可以发生由经营对象的可分割性而带来的经营权的可分割性问题。对这些经营对象进行支配的权力在哪些主体之间分割，就引出经营权在哪些主体之间进行分割的问题。

其次，我们还可以看到，经营权的第二个内容就是，经营权之所以能够成立，原因在于经营职能和它的行使。企业的经营职能包括许多方面，虽然这许多方面是有机地结合在一起的，但它们还是可以分割开的，可以分别归属于各个主体。经营权的这种形式的分割在研究当前社会主义国家所有制问题时是十分重要的。

最后，我们还可以看到，经营权的分割，既不是从对象方面来分割，也不是从职能方面来分割，而是从整个组织领导、思想领导方面来参与其他主体的经营。因而事实上分割了其他主体的部分经营权。

改革中经营权分割的变化可能是：①从宏观管理的角度来看，企业经营中有一部分职能是必须由政府控制的。与这部分职能相对应，政府就必须掌握一部分经营权。②由于企业中有一部分职能不能完全由企业来独立行使，而政府的宏观控制又要依靠管理机构来贯彻，因而管理机构的经营权还会相当的大。③企业大大扩大其经营权。

十二、所有权与经营权的“分离”问题

所有权和经营权既然是两个不同的东西，它们自然是可以“分离”的。但严格说来这两个东西不是什么“分离”与“不分离”的问题，而是所有者和经营者是同一个主体或者不是同一个主体的问题，或者如我在上面说到的，由于所有权的分割和经营权的分割而发生的种种复杂情况的问题。

讨论所有权和经营权分离问题的我国经济学家，常常引证《资本论》第二十七章中作者关于股份公司的论述。我认为这段论述并不是讲“两权分离”的。马克思写的这一段文字是：“实际执行职能的资本家转化为单纯的经理，即别人的资本的管理人，而资本所有者则转化为单纯的所有者，即单纯的货币资本家。……而这个资本所有权这样一来现在就同现实再生产过程中的职能完全分离，正像这种职能在经理身上同资本所有权完全分离一样。……在股份公司内，职能已经同资本所有权相分离，因而劳动也已经完全同生产资料的所有权和剩余劳动的所有权相分离。”① 从这段话中我们可以看到马克思讲的分离只是资本与资本在再生产中的职能的分离。这种分离从股份公司的股东方面来说，就是他们是资本的所有者，他们光收股息，而完全不去过问，也不能过问资本在现实再生产中如何起作用这方面的事。因此他们同资本的职能完全分离开了。而从经理方面来说，他已经不再是资本家，连实际执行职能的资本家都不是，他根本没有对资本的所有，哪怕是借

① 参见《马克思恩格斯全集》第25卷，第493、494页。

来的资本也罢。因此它也同资本所有完全分离。归结起来，马克思是说，“职能已经同资本所有相分离”。接着这句话写的是“因而劳动也已经完全同生产资料的所有和剩余劳动相分离”，意思是说，在实行股份公司之前，虽然工人的劳动同生产资料的所有早就分离了，但是执行资本职能的资本家还是或多或少从事劳动的。现在连这种同资本职能相联系的劳动，资本家自己也不做了。他们转化为“单纯的货币资本家”，而一切劳动包括执行资本职能的劳动，也由没有资本所有的人来干了。马克思讲的就是这样一种分离，不是别的分离。

现在我们进一步问，经理是否有经营权呢？应该说，经理拥有很大的经营权，虽然经理并无资本所有，或者说并不拥有资本的所有权。当然他们的经营权不像职能资本家那样是他自己拥有的，而是股份公司的股东们通过董事会授予的。同时股东通过董事会也保有最基本的经营权，如对企业经营的重大决策权、对经理的任免权。经理是以他人资本的管理人的身份，成为日常资本职能的执行者，他拥有某些对资本家的财产处置和支配的权力。但是不论股东授予他的经营权有多大，他的身份只是股东雇佣的高级职员，一个负有经营企业责任的熟练的劳动者。他不但不能以资本家的身份——或者可以说是凭借资本所有来取得经济利益，而且也不能以职能资本的执行者的身份凭借资本的职能来取得经济利益。他从事经营所取得的利润，全部由股东们拿去，他自己只是得到“某种”熟练劳动者的工资，而股东们以股息形式得到的收入，从表面上看同生息资本家得到的利息相同，其实他们所得到的股息包括利息和企业主收入。因此，股息同生息资本家的利息不同，它包括企业主的收入。这种收入也同单纯的职能资本家不同，它把生息资本家得到的收入也包括进去了。如果说生息资本家是凭借自己的资本所有不从事经营而在利息的形式上实现自己对货币的所有，那么股东们则是以货币资本家的身份，付出同样的资本，自己也不从事经营，只是参加了股份公司，就可以取得经营中获得的全部经济利益。就单凭自己的所有不从事任何经营来取得经济利益这点来说，也可以说股息是在“利息的形式上，作为资本所有的报酬”，而其数量则是“全部利润”。同一货币资本之所以会有两种经济上的不同的实现方式，其根据是股息带有风险性。

十三、关于我国社会主义国营企业中的“两权分离”问题

我国今天提出“两权分离”方针的目的是要解决我国社会主义国家所有制企业和国家对这类企业的管理中的种种弊端。这个弊端就是政府部门和地区管理部门对社会主义企业拥有很大的经营权，大到对社会主义经济的发展很不利的程度。而政府管理机构之所以对社会主义企业拥有这么大的权力，“理由”之一（或被认为是主要的“理由”）就是社会主义国家所有制企业中的生产资料是国家所有的。有的人认为，国家作为所有者应该拥有这么大的经营权，而政府和管理机构是国家的代表，就应该行使这么大的经营权。但是当发现政府、管理机构和企业保持这种关系的弊端之后，主张改变现状的人就说：所有权和经营权应该分离。虽然社会主义国家拥有对企业中生产资料的所有权，虽然政府和管理机构代表着国家，但不应该拥有经营权，经营权应该归企业。我认为讲“两权分离”的作用与意义就在这里。

说拥有所有权就要有经营权，这样的理由本来就是站不住脚的。驳斥这种主张可以用这样两条理由：①所有权和经营权本来是两回事；②所有者和经营者既可以是同一个主体，也可以是不同的主体。不但历史经验证明，把经营权集中到政府和管理机构手中会损伤企业活力，对经济发展不利，而且经济学理论也证明，那种认为由于对企业中的生产资料拥有所有权，所以政府和管理机构就应该拥有这么大的经营权的观点也是没有道理的。当然从理论上也不能排斥所有者又是经营者这种一身二任的情况，但是既然历史经验表明这是不利的，而所有者与经营者不是同一个主体的情况是允许的，我们就应该对现行管理体制进行改革。

孙冶方是我国经济学家中最早提出要重视社会主义制度下所有权和经营权问题的一个人。他在 1961 年写的一个研究报告中注意到了“财经体制问题就是经营管理权问题，也就是法学者所说的所有权中的占有、使用和支配权的问题”。他认为，“在全民所有制之下，占有、使用和支配权是一个主体，而所有权是另一个主体。国营组织，只是根据它们的活动目的和财产的用途对固定给他们的国家财产行使占有、使用和支配之权。而这些财产的所有者是国家”。孙冶方对这些概念交代得不那么清楚，但基本意思是清楚的。

孙冶方认为“两权分离”早就成为事实，或者说应该成为事实，并认为两权分离同社会主义国家所有制是完全一致的。他的这个看法同现在人们的看法不那么一致，现在许多人认为“两权分离”并没有成为事实，而是需要努力去办的事情。

孙冶方在这个研究报告中写过这样一句话：“在全民所有制之下，所有制问题到了底以后，经营管理权问题应该代替所有制问题的地位。”因而他主张经营管理权的问题应该成为政治经济学要研究的最主要的问题。这个看法是很值得注意的。如果说经营权的演变问题如同我们看到的那样，对资本主义制度下生产关系的发展曾起到并且正起着不小的作用，那么在社会主义制度下，在经营权问题上就有更大的文章可做。我认为，孙冶方讲的在经营权问题上的演变会引起社会主义生产关系的发展的这个思想，的确是很有远见的①。

改革中提出的“两权分离”要解决的其实就是一个经营权的归属问题。由于所有权和经营权本来就是两回事，所有者和经营者本来就可以是两个不同的主体，因此我们就可以而且应该根据历史经验和今天的情况，解决这个经营权应该由怎样的主体来掌握才能对社会主义经济发展最为有利的问题。

十四、租赁和承包经营责任制中的所有权和经营权问题

现在我国推行的租赁和承包经营责任制有各式各样的做法，到现在还没有最后定型。因此这里只想作一些假定，来分析这两种经营责任制中的所有权和经营权问题。

第一种假定是政府和管理机构经营权减少得最少，也就是保留得最多的一种情况。这种情况就是在经营责任制的合同中，如果承包者向政府和管理机构承担这样的义务：不能自己变更企业的经营方向，不能改变产品的品种和规格，不能增加企业的工资总额等，那么在实行这种经营责任制时，政府管理机构原先拥有的经营权有许多仍然保留着。但是，他们已经不能在日常

① 孙冶方：《社会主义经济的若干理论问题》，人民出版社，第139、140页。

工作中行使这个经营权，而是在签订合同时一次性地向承包者提出实际上承认自己原先经营者的地位的要求，即要求承包者在合同期间，在许多问题上——而不是在一切问题上——按照原先的经营者，即政府管理部门的旨意去做。

我们可以说，这种情况表明在签订合同以后，政府管理部门在企业中还存在“前在的”与“后在的”经营权。所谓“前在的”经营权，指的是在签订合同前政府和管理部门原有的某些经营权在签订合同时一次性地保留在合同之中，也就是成为一个潜在的东西存在于实行承包经营责任制的企业之中。至于在这种企业里存在着一种“后在的”政府和管理机构的经营权，那是指到合同期满，对生产资料的经营权又将重新交还给政府、管理机构。这件事也不能不影响到合同期间企业的经营。这种“后在的”政府和管理机构的经营权也成为一个潜在的东西存在于实行经营责任制的企业之中。

第二种假定是政府和管理部门的经营权减少得最多，也就是原来的经营权保留得最少的情况。这种情况是指在租赁或承包经营责任制的合同中，政府和管理机构只要求租赁者或承包者为使用企业的全部生产资料付出一定数额的钱（不论这笔钱用的是租金、利润、税收等什么名义），除此之外没有其他要求，这时候就不存在什么“前在的”政府和管理机构的经营权，而只存在“后在的”经营权，那就是在合同期满、企业被收回去之后，政府和管理机构可以重新成为经营者。

以上两个假定讲的是两个极端，绝大多数的租赁与承包经营责任制的合同关系是介于两者之间的，内容比较复杂，需要仔细分析才能把其中的所有权、经营权的问题分析清楚。

总之，实行租赁和承包责任制后，原先那种直接的纯粹的社会主义国家所有制就受到程度不同的削弱。企业同国家的关系从隶属关系变成合同关系，在合同面前，租赁者、承包者与政府管理部门之间处在平等的地位，在合同期间，政府管理机构再也不能像过去那样随时干预企业的经营，所以不论哪一种形式的经营责任制都是经营权问题上的一个比较重大的改革。

十五、试行股份制中的所有权和经营权问题

在改革中，我国许多地方正在企业中试行股份制。关于股份制，党的十一届三中全会后不久就有人提出，个别的试验也进行了多年。但只是不久之前才在比较多的企业中试行，并且对这个问题展开了研究。党的“十三大”报告中明确指出：“改革中出现的股份制形式，包括国家控股和部门、地区、企业间参股以及个人入股，是社会主义企业财产的一种组织方式，可以继续试行。”但是在社会主义制度下实行股份制，没有前人的经验。我国的试行总的说来还处在起始阶段，而各企业股份制的办法非常多，这是符合“试行”这个目的的。试行的目的就是发现问题，积累经验，现在股份制企业离定型还有相当远的距离。这里我只想讲一下研究这个问题的框架。

我认为可以从这么几个方面去考察。

1）从股份制企业的前身来考察：有的企业原先是社会主义国家所有制企业，有的企业是社会主义集体所有制企业，也有的企业是在空地上按照某种原则由某些单位和个人创办起来的。不同的前身在它的所有权和经营权的问题上当然有很大的不同。比方说由社会主义集体所有制企业发展而来的股份制企业一般来说不会有很大的国家的股份，除非在改行股份制时国家大量入股，而前身是社会主义国家所有制企业的企业，国家股一般来说一定是大头。股份制企业中经营权的情况也会同它的前身有关。

2）在一个实行股份制的企业中拥有股份的主体可以是多种多样的，因而会出现名目繁多的股份名称，如国家股、集体股、企业股、职工股、社会上吸收的私人股，等等，不同的主体都是企业的所有者。在股份制企业中拥有股份的诸主体之间的比重，以及他们彼此之间以怎样的关系结合在一起，都会使这类企业所有权分割获得明确的规定性。

3）入股的条件对于股份制企业的性质也极为重要。它会影响到股东的成分，影响股份公司的社会主义所有制的性质。在社会上吸收股金同只允许本企业职工入股，对股份制的所有制方面的性质当然也是会产生影响的。

4）关于股东的权利、义务，现在试行中所作出的规定很不相同。其中最重要的当然是关于股息的规定。有一些企业所规定的固定的股息，大大高

于银行存款的利息，不要求入股者承担企业经营失败的风险。这样的“股份制”，不是严格意义的股份制，而且不可能长期存在。有的企业在吸收股金时还作出其他优惠条件的许诺，它实际也是在提高股息。

5）实行股份制的企业多起来之后，股票市场是否允许存在，这是一个必须解决的问题。如果没有股票市场，股份制的普遍推广看来是不可能的。

“十三大”报告中说，股份制是社会主义企业财产的一种组织方式。它本身就是一个所有制问题。那么社会主义性质的股份制企业与资本主义性质的股份制企业究竟有怎样的区别？这种区别表现在什么地方？股份制对社会主义究竟起巩固作用还是瓦解作用？在社会主义制度下股份制的前途如何……对这些问题要作出明确和深刻的回答，只有通过在试行中取得更多的材料，并从这些材料中对情况各异的股份制企业中所有权和经营权问题进行深入的分析。

这篇文章讲的只是占有、所有及与之有关的一些基本的概念，并从理论上对有关问题作了一些基本的分析。文中所写的内容是带有探索性的，今后我还要作进一步的研究。

关于当代社会主义与当代资本主义的若干基本概念*

一、当代社会主义

社会主义作为一种制度存在，是从1917年十月革命胜利之后开始的。从那个时候算起，社会主义社会——包括过渡时期——已经有70多年的历史了。这70多年大致可以分做两个时期。从十月革命胜利到第二次世界大战后的20世纪50年代中期，可以看做社会主义社会（在世界范围内）的第一个阶段。这个阶段，连同在这之前的第一次世界大战时期，从整个世界历史来说，可以说是战争和社会主义革命的年代。在这40年中，社会主义社会的历史进程是：①社会主义革命形势在一些国家趋于成熟，并在其中某些国家取得了革命的胜利。②在取得了革命胜利的国家中，大多数经历了“过渡时期”，进入社会主义社会的阶段，虽然有的国家只是进入社会主义的初级阶段。③在这之后，社会主义社会又有了一定的发展。从第二次世界大战后的若干年，即从20世纪50年代中期算起，可以看做社会主义社会登上世界历史舞台后的第二个阶段。这个阶段到现在还没有结束。这个阶段不再是战争和社会主义革命的年代。从50年代中期开始的这30年中，世界上小的战争一直没停止过，但是大战一直没有发生，而且在近期内也不会发生。整

* 本文原载《中国社会科学》，1989年第3期，第147～164页。

个说来，直接的革命形势在今天的世界上已不存在。社会主义社会的国内情况和国际环境同前一阶段也有很大的不同。“当代”的概念究竟应该指世界历史的哪一个阶段？这个问题应该很好地研究。大体上以20世纪50年代中期来划分，我想多数人可以接受，我也持这样的观点。我们说的“当代社会主义”，指的也是进入了这一时期之后的社会主义社会。当然，当代的概念是一个发展着的概念，越是与现在——80年代和即将进入的90年代相近，就越能代表“当代”。

科学社会主义学说的创始人马克思和恩格斯运用他们所创立的辩证唯物主义和历史唯物主义，对他们所处的“当代世界、当代社会”进行了研究，得出资本主义的生产关系将成为在其中发展起来的社会生产力的桎梏，资本主义必将被一个新的社会——社会主义·共产主义社会所取代的科学结论。“社会主义”和“共产主义”两个词之间用一个圆点连接起来，我是有特别用意的。那就是我不认为社会主义社会和共产主义社会是共产主义社会的先后两个阶段，我认为私有制后的新社会既具有社会主义的特征又具有共产主义的特性。为了简便起见，下面我只用“社会主义”四个字来表示这里说的“社会主义·共产主义”。

科学社会主义学说的创始人在研究他们面临的当代社会、当代世界的历史发展趋势时，不能不对整个人类社会发展作一番总的回顾，这就是按照历史唯物主义的基本观点，对整个人类社会发展史作一番科学的考察，得出相应的结论。马克思在《〈政治经济学批判〉序言》中写道：“无论哪一个社会形态，在它们所能容纳的全部生产力发挥出来以前，是绝不会灭亡的；而新的更高的生产关系，在它存在的物质条件在旧社会的胎胞里成熟以前，是绝不会出现的。所以人类始终只提出自己能够解决的任务，因为只要仔细考察就可以发现，任务本身，只有在解决它的物质条件已经存在或者至少是在形成过程中的时候，才会产生。大体说来，亚细亚的、古代的、封建的和现代资产阶级的生产方式可以看做社会经济形态演进的几个时代。”① 换句话说，马克思认为历史是按照这样一个系列前进的：原始社会一奴隶社会一封建社会一资本主义社会。而且他预言，资本主义社会将被社会主义社会所取代，

① 参见《马克思恩格斯选集》第2卷，第83页。

因而这个发展序列就要延伸到社会主义社会。在这里，马克思强调，“无论哪一个社会形态，在它所能容纳的全部生产力发挥出来之前，是绝不会灭亡的”，我想从这句话中引申出这样一个意思，那就是在原始社会一奴隶社会一封建社会一资本主义社会一社会主义社会这个发展史序列中，处于后面的一种社会形态，其经济、文化发达的程度可以达到在它前面的那一种社会永远达不到的程度。但是这个发展序列中的社会主义社会还没有达到这一步。那样的社会主义社会，将来总是要到来的。只有那时，才算完成了人类社会从资本主义社会到社会主义社会的发展。也可以说，只有到了那时，从原始社会到社会主义社会这一否定之否定的过程，才最后成为事实。

（一）关于历史上社会形态发展序列的讨论

这方面的讨论实际上包括四个不同性质的问题。

1）是否一切地区、民族的历史都按照“原始社会—奴隶社会—封建社会—资本主义社会—社会主义社会”的序列向前发展？有一些人对按照这样的序列发展讲得很绝对，历史事实并不是那样。常常因为具体的历史原因（如被落后的民族所征服，或得到特别有利的外部环境），某一民族的发展会同这样的序列发生偏离，或者颠倒，或者超越。

2）是否只有这样几个基本的社会形态？关于亚细亚生产方式的讨论就属于这种性质。我认为马克思在《〈政治经济学批判〉序言》中使用亚细亚生产方式而未使用原始公社制社会，是因为当时摩尔根的《古代社会》还没有问世，他对奴隶社会之前的社会形态的了解，还只限于亚细亚某些民族的情况。原始公社制的发现，对人类社会的发展历史具有极为重要的意义，它使马克思弄清楚不少问题。而且，由于原始社会的发现，对于奴隶社会也就有了更全面的认识。由原始社会的瓦解而产生的奴隶社会是很落后的，古希腊、罗马并不是典型的奴隶社会（马克思把奴隶社会称为“古代”的，即以古希腊、罗马的社会为典型）。对中华人民共和国成立前大小凉山彝族地区的奴隶社会的研究是值得重视的。我认为亚细亚生产方式可以作为原始社会中的某一种形态、某一个阶段，或原始社会向奴隶社会过渡中产生的形态来进行研究。这是史学界的一个重要课题，但在社会发展系列中列出原始公社制的社会，应该承认是科学上的一个进步。

3）人类社会的发展究竟有没有一个基本的序列？上面讲的那个序列是否具有历史发展的客观规律性？对于这一点我认为应该给予肯定。

4）在马克思《〈政治经济学批判〉序言》中所写的人类社会发展史的序列中，没有“社会主义”这一社会形态，把社会主义社会作为这个序列中第五个社会形态的是后来的马克思主义教科书。我没有查清楚是谁第一个这么说和这么写的。在斯大林的《辩证唯物主义和历史唯物主义》中也只是说：“历史上生产关系有五大类型：原始公社制的、奴隶占有制的、封建制的、资本主义的、社会主义的。”① 这个说法同把社会主义社会作为人类社会发展史序列中的第五个社会形态还是有区别的。但是这种区别过去人们似乎很少注意。把社会主义社会视做发展史上继资本主义社会之后的第五个社会形态是与斯大林那本书中所讲的不尽相同的另一个重要的命题。这个命题我认为是正确的，但不能说历史已经发展到了产生这样的社会主义社会的地步。

那么，今天现实存在的究竟是怎样的社会主义社会呢？我想着重探讨的，正是这个当代社会主义社会的历史规律性。在探讨这个问题时，从否定方面来说，就是上面说的那种经济、文化程度远远没有达到资本主义永远达不到的那种程度的社会主义社会，从肯定方面来说，现存的社会主义社会可以说是：①在本国、本地区，社会生产力并没有达到有必要突破资本主义生产关系时产生的那样的社会主义社会；②与现存资本主义社会在经济、政治、文化等方面发生各式各样关系的社会主义社会；③正在与资本主义社会进行各式各样斗争的社会主义社会。总括起来，现存社会主义社会的基本特点是与资本主义社会并存、处在互相竞赛中的社会主义社会。

在人类社会发展的历史中，在社会发展系列中，前后两种基本的社会生产关系并存，是一种规律性的现象。从原始社会末期起，一直到资本主义与社会主义都发生过。这种现象可以看做整个社会发展史上，前一种社会经济形态发展到后一种社会经济形态的过渡性的现象。而且这种并存，既可以发生在同一个国家或地区的内部，也可以发生在各国之间，即世界上同时存在两种社会经济形态的国家。而发展到后来，这样的现象就会消失。资本主义

① 参见《斯大林选集》下卷，第446页。

和社会主义这两种基本的生产关系的情况就是如此。我曾经说过，在资本主义社会中，不是不能存在和发展出某种社会主义的成分或因素的。我不同意过去流行的一种观点，即认为在封建社会中可以出现、存在资本主义生产关系的成分或因素，而在资本主义社会中不可能出现和存在社会主义的成分或因素。我曾举出了不少理由来说明这种观点是不正确的。事实上，在资本主义社会，就存在两种基本的生产关系并存的局面。至于在社会主义社会中，过去我们只承认在过渡时期存在社会主义和资本主义两种生产关系并存的情况，后来才认识到，在社会主义社会的初级阶段也存在社会主义和资本主义两种经济成分。现在我进一步认为，即便发展到社会主义社会的比较高的阶段，也没有理由说一定不允许资本主义经济成分存在。所以，在一国内部存在社会主义和资本主义两种经济成分，可以说是从资本主义到社会主义这一社会历史发展中的一个带有规律性的现象。

总之，在明确了两种社会主义社会——一种是在社会发展史系列中处于资本主义之后的社会主义社会，一种是同资本主义社会并存的社会主义社会——之后，这种情况的理论意义就明晰了。

资本主义社会和社会主义社会的并存，可以看做整个人类社会发展史序列中从资本主义社会到社会主义社会过渡时期的基本特征。这里说的“过渡”，不是平常我们讲的在一个国家取得了社会主义革命胜利但是尚未进入社会主义社会时的那个“过渡”，而是包括上述含义在内的更为广义的过渡。过渡的起点是资本主义社会、资本主义世界，然后是资本主义和社会主义社会并存的世界，终点则是其经济、文化水平为资本主义所永远达不到的那个社会主义社会。

现实存在的社会主义社会，从任何一个国家的情况来说，它的产生虽然不是由于社会生产力的发展要求突破资本主义生产关系束缚的结果，但是它毕竟是同整个人类社会将由资本主义向社会主义发展的总的历史趋势分不开的。人们会问：究竟从什么地方可以看出这种分不开呢？我想可以举出这样几条：第一，社会主义生产关系的出现，总是在资本主义开始走下坡路的时候。当资本主义处在上升时期的时候，在世界上是绝不会产生社会主义的生产关系的。第二，就个别取得社会主义胜利的国家来说，虽然没有发生社会生产力和资本主义生产关系的尖锐冲突，但在整个世界上，这种冲突是发生了的，这种冲突还表现在这些国家取得社会主义的胜利是由于资本主义世界中出现薄弱环节以及在薄弱环节上发生破裂，而这正是资本主义向社会主义发展总的历史趋势的表现。第三，不论情况如何，现存的社会主义社会总是从资本主义社会或是从资本主义世界中的殖民地、半殖民地社会发展而来的。总之，现存的社会主义社会的产生，一方面是由于世界历史发展的总的趋势，另一方面是由于后来得以建立社会主义制度的那些国家的具体的内部条件和外部环境及其具体的历史与现实的原因。历史唯物主义关于社会生产力与生产关系相互关系的原理是人类历史发展的基本原理，但是人类历史在特定的地域、在某个特定的时间，又是依具体的条件而发展的。因此，不能排斥某些国家在社会生产力没有发展到很高程度的条件下就取得社会主义胜利的可能性。

（二）关于社会主义意识的产生

社会主义意识的产生是否也是在资本主义开始走下坡路的时候？回答应该是否定的。社会意识反映社会存在，作为社会主义意识所反映的社会存在，只要资本主义社会存在着内部不可克服的矛盾就出现了。何况这里我说的社会主义意识应该包括空想的社会主义甚至包括《共产党宣言》中所列举的其他一些社会主义意识。

社会生产力和社会生产关系之间并不存在机械的一一对应关系。在同样的社会生产力的条件下，可以有资本主义的生产关系与之相对应，也可以有社会主义的生产关系与之相对应。当然，在一定的社会生产力条件下，不同的社会生产关系与生产力相适应的程度是不同的。那么，在社会生产力水平并不很高甚至低下的条件下建立的社会主义生产关系，是否可以比资本主义生产关系优越呢？我认为即便在这样的生产力条件下，如果工作做得好，社会主义制度也可以比资本主义制度优越。这就是说，在社会生产力并不很高甚至很低下的国家中，不但有可能取得社会主义革命的胜利，而且在革命胜利后也有可能进行社会主义建设，并在建设中获得迅速的发展，其发展速度可以超过资本主义社会。但一定要把社会主义基本制度具体化为更好的具体制度，这种优越性才能比较明显地表现出来。

二、当代资本主义

当代资本主义是指经过了战争和革命时代的动荡、取得相对稳定后的资本主义社会。我把 19 世纪下半叶开始的资本主义的历史分做三个小阶段：从 19 世纪下半叶开始到 20 世纪第一次世界大战爆发前，划为近代资本主义的第一阶段。从第一次世界大战爆发开始，到第二次世界大战后的革命的时代，划为近代资本主义的第二阶段。大约从 20 世纪 50 年代中期开始直到现在，划为尚未结束的近代资本主义的第三个阶段。第三个阶段的资本主义就是我所说的当代资本主义。

从 19 世纪下半叶开始，资本主义社会、资本主义世界有了一个新的发展趋势。对这种新的趋势，马克思和恩格斯有不少论述。

比如，马克思在《资本论》中已经注意到 19 世纪下半叶资本主义的发展“在一定部门中造成了垄断”的问题，讲到那些“不变资本比可变资本庞大得多的企业，不一定参加一般利润率的平均化”[①] 的问题。而恩格斯在《资本论》第 3 卷中对马克思之后垄断资本主义的发展作了补充说明。他在第 27 章中插了这样一段话：自从马克思在《资本论》第 3 卷中写了垄断发展的那些话以来，“一些新的工业企业的形式发展起来了。……历来受人称赞的自由竞争已经日暮途穷，必然要自行宣告明显的可耻破产。这种破产表现在：在每个国家里，一定部门的大工业家会联合成一个卡特尔，以便调节生产。一个委员会确定每个企业的产量，并最后分配接到的订货。在个别场合，甚至有时会成立国际卡特尔……但是生产社会化的这个形式还嫌不足。各个公司的利益的对立，过于频繁地破坏了它并恢复了竞争。因此，在有些部门，只要生产发展的程度允许的话，就把该工业部门的全部生产集中成为一个大股份公司，实行统一领导。在美国，这个办法已经多次实行。在欧洲，到现在为止，最大的一个实例是联合制碱托拉斯。这个托拉斯把英国的全部碱的生产集中到唯一的一家公司手里。……因此，在英国，在这个构成整个化学工业的基础的部门，竞争已经为垄断所代替，并且已经最令人鼓舞

① 参见《马克思恩格斯全集》第 25 卷，第 494 页。

地为将来由整个社会即全民族来实行剥夺做好了准备"[①]。恩格斯在 1891 年 7 月 1 日给施米特的信中也表现出他对垄断组织的高度重视，他认为“随着每一个新托拉斯的出现（就“向共产主义社会的过渡阶段”这个问题而言——引者注），情况都要有所改变"[②]。到了 20 世纪的头 10 年，列宁对 19 世纪末 20 世纪初资本主义新发展的大量资料作了系统的研究，写了《帝国主义论》这部著作。在这部著作中，他把这个时期资本主义的发展概括为“从自由资本主义到垄断资本主义的发展”。列宁的这个论断是完全正确的。这个概括对于我们观察当时的社会、当时的社会主义的实践具有非常重要的意义。

但是，还应该指出，“从自由资本主义到垄断资本主义的发展”，只是那个历史时期资本主义发展的一个重要的方面，还有一个重要方面，也是马克思、恩格斯给予了很大的重视的，那就是“从私人资本主义向社会资本主义的发展”。我认为应该把这一发展也视做那个历史时期资本主义发展的一个新趋势，这是同“从自由资本主义到垄断资本主义”相并发展的，甚至可以把两者看做资本主义在那个时期内同一个发展的两个侧面。对于资本主义历史发展的这一侧面，之后没有受到应有的注意。但是我认为这是应该受到高度重视的，在今天尤其有特别重视的必要。

（一）关于“社会资本主义”

这个名词是我首先使用的。马克思在《资本论》中使用了“社会资本”这个词，他在《资本论》中曾经在两个不同的含义下使用“社会资本”这个词。其中一个是与“个别资本”相对而言的，意思是指社会总资本。还有一个是与“私人资本”相对而言的，意思是说这种资本已经不再是私人的资本而是联合起来的个人的资本，已是社会的资本。在《资本论》第 3 卷第 27 章《信用在资本主义生产中的作用》中有这样一句话：在股份制中，资本“直接取得了社会资本（即那些直接联合起来的个人的资本）的形式，而与私人资本相对立。"[③] 我在这里讲的“社会资本主义”就是那种与私人资本相

① 参见《马克思恩格斯全集》第 25 卷，第 494、495 页。
② 参见《马克思恩格斯全集》第 38 卷，第 123 页。
③ 参见《马克思恩格斯全集》第 25 卷，第 493 页。

对立的社会资本。为什么我要在“社会资本”这个词之后加上“主义”这个词尾呢？理由是：第一，可以避免“社会资本”一词两义引起混淆；第二，便于用“从私人资本主义到社会资本主义的发展”来同“从自由资本主义向垄断资本主义的发展”相并列。我认为使用“社会资本主义”一词是适宜的。

探讨社会资本主义问题时，有必要重温《资本论》第3卷和《1891年社会民主党纲领草案批判》。这两部著作中对社会资本主义的论述具有重要的理论意义和历史意义，可是长期以来一直没有受到重视甚至被人们所遗忘。在这两部著作中，《资本论》第3卷更加重要。该卷有关社会资本主义的论述虽然非常简略，只有三四千字，但是讲得非常深刻。

在《资本论》第3卷中，马克思提出这样一些论点。

1）资本主义本来建立在社会化大生产的基础之上，但是以前一直采取私人资本主义这种形式，而股份公司的成立，使得那种本身建立在社会化生产方式的基础上并以生产资料和劳动力的社会集中为前提的资本，直接取得了社会资本的形式而与私人资本相对立，“并且它的企业也表现为社会企业，而与私人企业相对立”①。我认为这些话所表明的社会资本主义与私人资本主义的对立是非常重要的。过去人们有这样一种误解，认为资本主义就是私人资本主义。马克思在这里则指出还有一种社会资本主义（马克思没有使用这样的语言，但是我认为加上“主义”一个词尾符合马克思的本意）。它是属于资本主义的，但并不是私人资本主义，而是同私人资本主义“相对立”的。而且，具有社会资本主义性质的企业——马克思称之为社会企业，也是同私人资本主义的企业——马克思称之为私人企业“相对立”的。对于这个问题，恩格斯在他的那本著作中则写道：“据我所知，资本主义生产是一种社会形式，是一个经济阶段，而资本主义私人生产则是在这个阶段内这样或那样表现出来的现象。但是究竟什么是资本主义私人生产呢？那是由单个企业家所经营的生产……由股份公司经营的资本主义生产，已不再是私人生产，而是为许多结合在一起的人谋利的生产。”② 马克思和恩格斯的这些论述

① 参见《马克思恩格斯全集》第25卷，第493页。

② 参见《马克思恩格斯全集》第22卷，第270页。

纠正了一个把资本主义混同于私人资本主义的观念，而这却是一个很流行的观念。马克思在这里说到一个问题，即资本主义是建立在社会化生产的基础上的，但是以前资本主义的形式是私人资本主义。在这里有一个形式与内容相矛盾的问题。这一矛盾的彻底解决，当然有待于社会主义取代资本主义，但是从私人资本主义到社会资本主义的发展，在资本主义生产方式的范围内解决了这个形式与内容不一致的问题。这当然是社会生产上的一个进步。

2）股份公司中的这种社会资本“即那些直接联合起来的个人资本”，马克思这句话表明，社会资本主义只是同私人资本主义“相对立”，它并不与个人资本相对立，因为股份制只不过是“直接联合起来的个人”的资本。

3）资本直接取得了社会资本的形式，“是作为私人财产的资本在资本主义生产方式本身范围内的扬弃”①。

4）马克思接着还对股份公司中的资本的所有（财产）和资本职能的发挥作了分析。他说，在股份公司这种社会资本主义的企业中，资本的“职能已经同资本所有权相分离，因而劳动也已经完全同生产资料的所有权和剩余劳动的所有权相分离。资本主义生产极度发展的这个结果，是资本再转化为生产者的财产所必需的过渡点，不过这种财产不再是各个互相分离的生产者的私有财产，而是联合起来的生产者的财产，即直接的社会财产。另外，这是所有那些直到今天还和资本所有权结合在一起的再生产过程中的职能转化为联合起来的生产者的单纯职能，转化为社会职能的过渡点。②”这里说的要过渡过去的那种状况，是社会主义社会中的状况。资本主义制度下股份公司的状况与之相比较，的确已经很接近，所以说这是一个过渡点。

5）在论述资本主义制度下的股份公司时，马克思不但多次指出它是“在资本主义生产范围内”，“在资本主义体系这种股份公司本身的基础上”，而且用一定的篇幅具体论述由于这种股份公司的资本主义性质而产生的结果，如论述社会资本主义与垄断之间的关系等。马克思还指出，股份公司这种社会资本的形式只是扬弃了私人资本，并未摆脱另一种意义下的“私人生产”。他说股份公司“在一定部门中造成了垄断”，“它再生产出了一种新的

---

① 参见《马克思恩格斯全集》第25卷，第493页。

② 参见《马克思恩格斯全集》第25卷，第494页。

金融贵族，一种新的寄生虫——发起人、创业人和徒有其名的董事，并在创立公司、发行股票和进行股票交易方面再生产出了一整套投机和欺诈活动。这是一种没有私有财产控制的私人生产"①。这最后一句"没有私有财产控制的私人生产"很深刻地表明了资本主义股份公司的一个特点。进一步地，马克思又讲："信用为单个资本家或被当做资本家的人，提供在一定界限内绝对支配别人的资本、别人的财产，从而绝对支配别人的劳动的权利。对社会资本而不是对'自己资本'的支配权，使他取得了对社会劳动的支配权（这里说的'社会资本'是同'自己资本'相对而言的，可以视做第二种含义下的社会资本，因为它不是私人资本——引者注）。因此，一个人实际拥有的或公众认为他拥有的资本本身，只是成为信用这个上层建筑的基础。……进行投机的批发商人是拿社会的财产，而不是拿自己的财产来进行冒险的。……在这里，成功和失败同时导致资本的集中，从而导致最大规模的剥夺。……这种剥夺是资本主义生产方式的出发点；实行这种剥夺是资本主义生产方式的目的，而且最后是要剥夺一切个人的生产资料，这些生产资料随着社会生产的发展已不再是私人生产的资料和私人生产的产品，它们只有在联合起来的生产者手中还能是生产资料，因而还能是他们的社会财产，正如它们是他们的社会产品一样；但是，这种剥夺在资本主义制度本身内，以对立的形态表现出来，即社会财产为少数人所占有，而信用使这少数人越来越具有纯粹冒险家的性质。……在股份制度内，已经存在着社会生产资料借以表现为个人财产的旧形式的对立面，但是，这种向股份形式的转化本身，还是局限在资本主义界限之内。因此，这种转化并没有克服财富作为社会财富的性质和作为私人财富的性质之间的对立，而只是在新的形态上发展了这种对立。"② 在这里又讲了"私人财富"。不知道可否这样来理解：在股份公司这种形式中，对生产资料和产品的私人所有不存在了，但是私人财富尤其是少数人的私人财富却还存在。因此少数人可以凭借股份公司来支配别人的、社会的生产资料，以谋取私人利益，取得私人财富。总之，马克思在《资本论》中的这一段话，给了我们很大的启发，但也给我们留下了许多值得思

① 参见《马克思恩格斯全集》第 25 卷，第 496 页。

② 参见《马克思恩格斯全集》第 25 卷，第 496、497 页。

考、应该思考的问题。

（二）关于“个人”与“私人”这两个概念

“个人”和“私人”这两个概念常常不被加以区分，也不容易区分，但是在研究从私人资本主义到社会资本主义的发展时，还是有必要把它们区分开来的。

我想可以这样来区分“个人”和“私人”：“个人”这个概念是比较广泛的，它可以包括未参加联合的单独的个人，也可以包括参加联合、作为一个联合体的一员的个人，而“私人”专指未参加联合的单独的个人。

作这样的区分是有文献根据的。马克思在《资本论》第 27 章中在讲股份公司时，一方面把社会资本与私人资本、社会企业与私人企业相对立，一方面又说股份公司是“直接联合起来的个人资本”，这就把“个人”和“私人”区分开来了。

马克思在《资本论》中还讲了在股份公司中存在“没有私有财产控制的私人生产”那样的话，并且讲“向股份形式的转化并没有克服财富作为社会财富的性质和作为私人财富的性质之间的对立”。马克思在这里使用的“私人”一词的含义，我的理解是，当某个人利用股份制这种形式搞投机和欺诈活动，即拿社会的财产而不是拿自己的财产进行冒险活动为自己谋取利益时，这种活动当然不是作为联合体的一员的个人在活动。联合体是为参加联合的许许多多的个人谋利的，而这种活动却是离开联合体的利益为某一个人谋利益的。由于这种活动并不依靠“私人财产”，所以是一种“没有私有财产控制的私人生产”，用这种“私人生产”谋取到的财富也就成了这个人的“私人财富”。因此，我觉得马克思的这一段话不但不与他在别处讲的私人与个人之间的区别有矛盾，而且正好是这种区别的一个表现。

在马克思的著作中，在讲股份公司时讲了和私人资本主义相对立的社会资本主义问题。股份公司是社会资本主义的一种形式，在这种形式外还有其他形式。只要不是私人资本主义，即只要这种资本带有直接社会性质，都可以称之为社会资本主义。因此我认为，第一，国家资本主义也应该视做社会资本主义的一种形式。这个道理比较简单，由于国家资本本来就是运用政权的力量从社会那里收敛来的，它属于国家而不属于某个单独的个人，即某个私人的。当然国家资本主义的性质与这种资本的所有者国家的性质有关。在这里我们讲的是资本主义国家中的国家资本主义。这种国家资本主义同社会主义国家中的国家资本主义在性质上当然很不相同，但是它不属于私人资本，与私人资本相对立这一条却是相同的。

第二，银行也是社会资本主义的经济组织。如果我们说的银行本身是股份银行或者是国家银行，那当然可以把它们归入股份公司和国家资本主义的范围，因而属于社会资本主义企业。不论银行自有资本属于谁，只要它是银行，就必然吸收“一部分社会资本为社会资本的非所有者所使用”①。从这一点来看，银行就带有社会资本主义的性质。这就是说，决定银行这种性质的，不是它的创业资本，而是它所拥有的、它从社会上吸收到的社会资本。因此，在资本主义社会中的银行，是社会资本主义的一种形式。在资本主义社会的发展过程中，银行集中的社会资金越来越大，这种形式的社会资本主义在资本主义体系中也就越来越占据重要的地位。

第三，保险和保险业，在资本主义制度下也应该被看做是在资本主义范围内对私人资本主义扬弃的一种形式。社会成员（个人或者某个组织）把保险金交给某个社会组织或保险业经营者，后者根据保险的条件把一部分保险金支付给缴纳保险金者，将未支付的保险金用做从事经营的资本。现今用保险金（如工人的养老金）购买的股票，在某些资本主义国家中达到相当高的比重。资本主义社会中的保险业应该被视做社会资本。

第四，资本主义社会中劳动者的合作社也可以视做一种社会资本主义。对这种合作社，马克思在《资本论》第3卷第27章中也有一段专门论述②。列宁在《论合作制》中也写道：“毫无疑问，合作社在资本主义国家条件下是集体的资本主义组织。”③。集体的资本主义企业当然属于社会资本主义的范畴。

“从自由资本主义到垄断资本主义的发展”和“从私人资本主义到社会

---

① 参见《马克思恩格斯全集》第25卷，第498页。

② 参见《马克思恩格斯全集》第25卷，第497、498页。

③ 参见《列宁选集》第4卷，第685页。

资本主义的发展”都是资本主义生产进一步社会化的结果。资本主义的这两个侧面的发展，总体来说当然有重大的历史意义和理论意义，它使资本主义发展到了一个新的历史阶段。同时，这两种发展也有各自的特殊的意义。

从自由资本主义到垄断资本主义，是从市场关系来看的资本主义的发展。从私人资本主义到社会资本主义是从所有制关系来看的资本主义的发展。前者直接涉及的是资本主义企业之间的关系，后者直接涉及的是对私人资本主义直到对资本主义扬弃的问题。两者比较可能后者是更基本的，但在现实生活中，比如在两次世界大战中，前者成为更现实的。

从自由资本主义到垄断资本主义的发展，直接是资本主义生产方式的某种强化。当然，根据事情发展到顶点就会走向反面的辩证法，在这种强化中也就包含着资本主义生产的危机，那就是资本主义社会、资本主义世界中矛盾的激化，这种激化如列宁在《帝国主义论》和别的许多著作中曾经指出的那样——有可能一直发展为帝国主义世界大战。资本主义世界矛盾的激化，有可能导致资本主义体系中出现薄弱的环节，甚至导致这个体系在某个薄弱环节中的破裂。从私人资本主义到社会资本主义的发展，则是在资本主义生产方式自身的范围内积累起否定资本主义生产方式的某些因素和成分，为最后扬弃资本主义生产方式做准备。它不表现为资本主义生产方式的某种强化，而表现为资本主义生产方式的某些变化——虽然这种变化还被限制在资本主义的体制之中。这两种发展都是通向社会主义新社会的，是通向社会主义社会的两个途径和方式。

上面说的是 19 世纪下半叶到 20 世纪初这段时间内资本主义社会的发展。这一历史时期大致延续到第一次世界大战爆发。从第一次世界大战爆发到 20 世纪 50 年代上半期的长达 40 年的时间，可以视做近代资本主义发展的第二个时期。这是一个战争和革命的年代。在第一次世界大战后，第一个社会主义国家诞生了。第二次世界大战后，又一批社会主义国家诞生了。在这个时期，社会主义的威望大大提高，在资本主义国家中，倾向于社会主义的人数增加得很快。这是一个资本主义遇到很大困难，社会主义唱着凯歌向前迈进的时期。当时社会主义国家中的人们对世界形势估计得很乐观，说资本主义正走向崩溃。这个估计是不正确的，但是在当时也的确有其“根据”。然而战后，有利于资本主义社会的因素也产生和成长起来了，这就是：①原先资本主义国家中有一种很反动的（不只是在政治上反动，而且从经济社会发展的角度来看也是很反动的）势力，这种势力对资本主义的发展是不利的，这种势力在战争中成为法西斯主义或者甘心充当法西斯的附庸，他们在反法西斯战争胜利后受到了很大的打击，这使资本主义的发展获得了一种活力。②战争教育了资本主义国家的人民，使他们要求民主，要求社会主义，也使资产阶级认识到原封不动地按照过去的老方式进行统治不那么行了，从而对原先的资本主义的具体制度和政策进行了某些调整，比如搞些福利主义和某些被称为人民资本主义的措施。这种调整，相对地缓和了资本主义社会中的统治者与劳动者之间的矛盾，有利于资本主义社会的稳定发展。③随着科学技术和经营管理水平对资本主义生产和经营的重要性越来越突出，在股份公司和政府机构中技术阶层（包括经营管理人员和技术人员）在资本主义社会中的地位越来越高，越来越有权。这些人的掌权使得资本主义生产的效率更有所提高，而资本的所有者本来成为寄生者这一点比过去更加突出、更加显著了。"中产阶级化"这一趋势同这一点是密切相关的。④政府加强了对经济的干预，其中有一些干预有利于资本主义发展。这里值得一提的是政府采取的反垄断措施。反垄断措施的立法很早就有了，这种立法以往未能起多大的作用，但是在战后得到了较好的贯彻（当然这种贯彻还是很有限度的）。⑤对殖民地的政策也有了对资本主义发展有利的调整。战争使得资本主义国家中越来越多的人认识到，用武力征服的办法来对殖民地人民进行剥削已经过时了，因而转到利用自己的经济和技术上的优势，利用自己对商品市场和金融市场的控制，利用自己从事国际贸易、国际金融的丰富经验，特别是从殖民地国家那里赚钱的经验，从世界上各发展中国家那里获取优厚的利益。……这样，经过了一段困难时期之后，到了 20 世纪 50 年代下半期，特别是到了 60 年代，资本主义国家出现了相对稳定的局面，有些国家甚至开始起飞。在战争期间为了军事目的发展起来的先进技术在民用生产中的应用，对于这一时期资本主义社会走出困境迈上发达的道路起了重要的作用。

第二次世界大战后，许多殖民地国家和地区相继取得了独立，有一批国家和地区在经济上也开始发展起来。

当代资本主义，就其基本制度来说，当然同战前甚至同 19 世纪没有差别，但是就其具体制度而言，则是有显著变化的。这个阶段资本主义的发展和变化，我认为可以归结为资本社会化或社会资本主义的发展。上面讲的社会资本主义的各种形式——股份公司、银行及保险业等，在这 30 年中大有发展，国家的经济作用也大大发展了。在资本主义社会中，社会组织程度大大提高，计划管理与决策的科学技术也大大进步了。社会化是当代资本主义真正的进步。有一种看法是，资本主义的进步在于它的“私有”，这是受到一些错误思想的影响而产生的一种错误看法。资本主义社会的某些报刊，把原来国有企业的股票卖给个人称为“私有化”，这是不确切的（我国的翻译在这方面也有问题）。国家所有的企业转为个人入股的企业，并不是私有化，而是从一种形式的社会资本主义企业转为另一种形式的社会资本主义企业。“社会化”是一个非常重要的概念。资本主义从本质上说是建立在社会化生产基础上的一种生产方式，它的诞生是和社会化分不开的。在资本主义社会之前，生产是分散在相互隔离的狭窄范围内进行的，而社会化则是在社会分工基础上人们普遍建立的社会联系。商品经济的产生和发展是社会化的催化剂，也是社会化的一种表现形式。在当代资本主义社会中，社会化是多方面发展的。许多原先没有和其他活动分化开来的活动现在成了独立的部门。其中有些成为第三产业中的部门，有些成为政府的职能，这也是社会化的一种。这在当代资本主义中非常明显。信息发达时代的兴起，是社会化发展的一个突出表现。社会化既表现在产业结构上，也表现在人与人的经济关系上。

当代资本主义还可以用“国际化”来表示。在这 30 年中，跨国公司比以前有了显著的发展，其发展规模和内容远非战前可比。跨国公司在当代，早已不只是某一个或某几个国家对外输出资本的形式，也早就不是少数行业中的事，而是一种世界性的、活动范围非常广的现象。在 19 世纪下半期资本主义的新发展中，资本输出——如列宁在《帝国主义论》中所指出的那样——已发展到突出的地位，此时跨国公司就有了发展。到了“当代资本主义”的这个历史时期，各国之间的经济联系就更加密切了，各国之间的对外贸易量大幅度增加，跨国公司也迅速发展。以美国为例，跨国公司 1967 年比 1945 年增加五倍多，1987 年比 1967 年又增加很多倍。英国和联邦德国的跨国公司也很多。1977 年，这三个国家的跨国公司总数占全世界跨国公司总数的 55.7%。别的国家，甚至包括发展中国家在内，也有许多跨国公司。跨国公司经营的业务非常多，工业、农业及第三产业都有跨国公司在经营。跨国公司在国外直接投资数量惊人，1983 年，跨国公司直接投资累计总额已近 6000 亿美元。跨国公司在国外的生产量，以跨国公司最多最大的美国来说，1980 年已经达到商品出口总额的五倍。这些很不完全也很不及时的统计资料都可以表明，当代资本主义社会在国际化的道路上又向前迈进了一大步。资本主义生产的国际化使国际经济组织、国际经济会议的作用在相当程度上有了提高。长期以来，资本主义国家就组织有各式各样的国际组织，有政治方面的，也有经济方面的。在第二次世界大战前，这样的国际组织可以说没有起到多少积极作用，它们基本上是列强手中的工具。但是在当代资本主义的条件下，国际经济组织比以前更多了，活动更积极了。虽然我们对这些组织的作用不应该给予过高的估计，但也要承认它们做了不少有利于国际社会交流和合作的事情。

这里我们还可以补充一点，在这个近代资本主义发展的第三个阶段，那些原先处在殖民地地位的国家和地区，有的发展得很快。因此，在这 30 多年中，不但原先是宗主国的资本主义国家得到了相当明显的发展，而且世界上又出现了一批颇有发展势头，也有一定实力的新的资本主义国家或地区，这也加强了资本主义世界的力量。

三、当代资本主义与当代社会主义的相互影响

十月革命胜利后的资本主义社会已经是与社会主义并存的资本主义社会，而现在我们说的“并存”又有当代的一些特点。在 20 世纪五六十年代后的二三十年中，资本主义社会获得了比较稳定的发展。但是在社会主义国家，如我们中国，却因指导思想上离开应该不断发展的马克思主义，把对马克思主义的误解或曲解奉为教条，使用压制的手段对待有不同意见的人，在领导层内部一次次地整肃，伤了国家的元气。结果在资本主义国家获得发展的同时，社会主义国家经济、文化增长的速度变慢了。在我们中国，产生了长达 20 年的经济社会停滞不前的现象。社会主义国家中的这些情况，对资本主义国家的稳定与发展起了十分有利的作用。在前一个历史时期，资本主

义国家中有越来越多的劳动者倾向社会主义；在这个时期，这种倾向明显地减弱了。马克思主义者是根据科学来认识当代社会、当代世界的。他们是从世界的历史，从对资本主义和社会主义的科学分析中来确定对资本主义和社会主义的看法的，不会因某些现象而改变自己的基本认识。而这样的马克思主义者，即使在社会主义社会里也不多，在资本主义社会里就更少了。对于普通劳动者，当社会主义国家中的情况使他们满意时，他们就会倾向于社会主义，而在社会主义国家的情况不好时，就会不倾向于社会主义。一句话，他们不是从整个人类历史发展趋势的理论上来认识社会主义的。他们要看社会主义国家的实际情况，从中形成自己的看法。因此，当他们看到这 20 多年中社会主义国家的经济、文化发展迟缓，社会主义国家的民主生活不能令人满意时，他们就不再倾向于社会主义。

我想可以作出这样的一个判断：从第一次世界大战爆发到 20 世纪 50 年代中期的 40 年中，对资本主义社会来说，社会主义社会与自己并存，是一个巨大的威胁。现在这种威胁不能说根本不存在，但是总的说来，社会主义社会的存在，与其说是对资本主义社会的威胁，不如说是资本主义社会发展的一个有利的条件。由于社会主义国家在这个时期的工作搞得不那么好，在今天在社会主义国家中，包括我国，就有不少人认为，资本主义并不一定劣于社会主义。不但在文化程度比较低的体力劳动者中有人这样想，就是在知识分子中也有人这样想。当然，这种想法是不对的，不对的地方是缺乏分析，未能把社会主义的基本制度和社会主义的具体制度分开，未能把社会主义的制度和某一个社会主义国家的国情，特别是这个国家在某个时期的具体情况分开，未能把社会主义制度和决策者的失误与素质分开。但是，对群众乃至一般的知识分子，本来就不能普遍提出这种要求。要从根本上改变这种情况，就必须把我们国家里的事办好。当然，对社会主义和资本主义进行正确的宣传也是必要的。宣传就要讲道理，讲道理就要先研究出道理来，这就要发展马克思主义。

从资本主义社会的角度来看，社会主义社会可以从下面几个方面被资本主义社会所利用：①可以把社会主义视做自己的竞赛对象，而竞赛一般来说总是一种动力。尽管当前社会主义社会的发展很不理想，资本主义在竞赛中还有某种优势，但是它总是资本主义社会的竞争对手。特别是，现在社会主义国家正在进行改革，改革的结果将大大提高社会主义社会对资本主义社会的竞赛水平或竞争力，资本主义社会更要以此为竞赛对象。②资本主义社会可以从社会主义社会学得某些对自己有用的经验，并按照自己的目的加以使用。③社会主义社会中人们的失误、工作中的错误、具体制度上的弊端，也可以被利用来贬低社会主义社会，起稳定资本主义社会中的人心和给自己打气的作用。④社会主义国家中的自然资源、人力资源、经济资源，以及社会主义国家的对外经济政策等，资本主义国家也可以加以利用。

现在资本主义世界的经济文化发达程度等方面还超过社会主义，资本主义对社会主义产生的影响是不能低估的。当然，轻视社会主义的力量和作用也是不对的，但是资本主义世界还占有优势，这是应该承认的。资本主义发展到今天又有一些重要的变化。现在应该反过来研究社会主义如何利用资本主义的问题。这个问题要冷静地研究，而且难度很大。

为了利用资本主义，首先要克服在利用资本主义问题上我们自己思想上的障碍，加强对资本主义的认识，纠正与此有关的片面的甚至错误的认识。这就是说，应该对当代资本主义有一番再认识。在社会主义国家中，以往对资本主义的认识归纳起来有如下一些。

1）过分强调了资本主义生产关系不能与社会生产力相适应，看不到经过一定的调整，资本主义生产关系还可能容纳比原有高得多的社会生产力。对列宁在《帝国主义论》中讲的垄断资本主义的腐朽性是否适合于当代资本主义这一点可能有不同的看法，但是列宁在这本书的最后一章为全书作概括时说的一句话，是大家应该接受的，那就是“如果因为这一腐朽趋势排除了资本主义的迅速发展，那就错了”，“整个说来，资本主义的发展比从前要快得多”[①]。可是这句话被斯大林否定了[②]。事实证明，列宁的论断是正确的，而且现在可以看到，资本主义生产关系对社会生产力发展的容量还很大，比原先心目中的容量要大得多。

列宁在《帝国主义论》中称当时的垄断资本主义为资本主义的最高阶

---

① 参见《列宁选集》第 2 卷，第 842 页。

② 参见《斯大林选集》下卷，第 562、563 页。

段。就当时的情况来说这是对的，因为当时存在直接革命的形势。就那时的情况来说，在垄断资本主义与社会主义之间的确不存在另外一种更高形式的资本主义。但是到今天，历史表明，有比列宁写《帝国主义论》时更为高级的资本主义，而且我们还没有根据说现有的形式就是最高的，因为目前在发达的资本主义国家中还不存在资本主义即将向社会主义直接转化的形势。

当然，资本主义生产关系与在资本主义社会中发展起来的巨大的生产力的尖锐矛盾仍然存在，因而时常发生周期性的危机。但是历史表明，存在资本主义危机，并不意味着在资本主义制度下社会生产力就不能有较大的发展，资本主义生产中发生的某些危机也并不一定发展为资本主义制度的危机。

2）过分强调了资本主义制度下的无政府性，把竞争、市场机制这些东西等同于无政府状态。应该看到，对经济发展有意识、有目的、有计划地引导，并不否认经济发展中的某些自发性。相反，要承认自发性的存在，并且在指导经济发展时要以自发性为基础，根据事物发展的客观规律，因势利导。自发性与自觉地领导可以而且应该努力达到比较完满的一致。竞争、市场机制同生产关系的资本主义性质之间并不存在必然的联系。在社会主义制度下，也可以而且应该运用市场，应该鼓励竞争。应该看到，社会生产的组织性和有关计划管理的一般科学技术，是计划性的一般基础。资本主义生产与小生产不同，它本质上是社会化的。一开始，是资本主义企业内部具有组织性，因此在资本主义企业内部就是有计划性的。以后，资本主义的发展使整个生产部门甚至整个国民经济中的组织性逐渐提高，因而在比企业更大的范围内也有了计划性。1891 年德国社会民主党纲领草案中有“根源于资本主义私人生产的本质的无计划性”这样一句话，恩格斯看了以后认为“这一句需要大加修改”。他说：“如果我们从股份公司进而来看那支配着和垄断着整个工业部门的托拉斯，那么，那里不仅私人生产停止了，而且无计划性也没有了。”① 发展到当代，不论在企业、部门，还是在整个国民经济中，资本主义生产的组织性都大大提高了。决策科学、计划科学及电子计算机技术的应用，使得资本主义生产的计划性也达到了相当高的程度。社会主义社会中的

① 参见《马克思恩格斯全集》第 22 卷，第 270 页。

建设者们应该更进一步提高社会的组织性，并且更好地掌握有关计划的科学和技术，努力达到当代资本主义已经达到的那种计划性。同时也要看到，社会主义社会具有资本主义社会不可能具备的计划性。因为社会主义是建立在社会所有制的基础上的，有些计划必须在社会所有制经济中才能制定和实现。同时在社会主义国家中，人们不但运用与计划化有关的一般科学和技术，而且还能运用马克思主义的科学，比如可以运用生产关系与社会生产力相互影响的原理有计划地进行经济体制改革，来为社会生产力的发展和进一步发展创造条件。

3）认为资本主义社会是一个两极分化的社会。似乎两极分化是资本主义社会中一个绝对的规律。现在看来并非完全如此。两极分化的含义，是中等富裕程度的人数在资本主义发展过程中逐渐减少，而两极——富裕者一极和贫困者一极的人数逐渐增大，而且贫富之间的悬殊不断扩大。但是，当代资本主义社会中出现了一种“中产阶级化”倾向，即具有中等收入水平同时也比较富裕的人数在增加。这种情况当然同“两极分化”的概念是不相容的。如果中产阶级化的概念得以成立，两极分化的概念就应该修正。过去我们讲两极分化时所说的中间层指的是小商品生产者。在资本主义的发展中，小商品生产者是要两极分化的：一部分上升为资本家，一部分下降为无产者。现在讲中产阶级化时所说的中间层指的是技术知识分子和经理阶层，这个阶层的人数在扩大，地位在上升，富裕程度在提高。所以我认为对“两极分化”问题应该再认识。在贫富问题上还有一个“贫困化”问题。在马克思的著作中，对贫困化作了相对贫困化和绝对贫困化的区分，并作了科学分析。我曾经说过，在资本主义社会中，“绝对贫困化是相对的，相对贫困化是绝对的”。后来接触到一些国外的经济学家，他们告诉我，相对贫困化也未必是完全绝对的。因为在有些国家中，工会的力量很强大，工人和资本家斗争的结果使工人收入增加的幅度比资本家增加的幅度要快。

4）对资本主义国家的对外经济关系，以往我们只是强调它的侵略性的一面，强调瓜分世界和对世界的再瓜分。现在的情况是，总的说来，发达资本主义国家是靠它们在经济、技术、组织、经验上的优势取得自己的利益。但运用经济外的手段，即运用武力的手段这一条并没有放弃。像美国这样的国家还在拼命地扩充军备，既发展核武器又发展常规武器，别的资本主义国家也或明或暗地在发展军事力量。资本主义国家在对外经济问题上既然主要采取经济手段，社会主义国家就可以对这一点加以利用。

5）还有一个对资本主义社会发展前途的再认识问题。对资本主义必将被社会主义所取代这一点，我认为是不应该产生怀疑的。就是在西方学者那里，声称资本主义社会永恒性的人也极少。但是，在今天仅仅靠马克思、恩格斯作出的简单结论是不够的，还要对当代资本主义进行认真、周密、深刻的科学研究，要从研究当代资本主义的矛盾和矛盾解决的途径来证明上面说的那个判断。今天的资本主义向社会主义的发展，绝不会走第一批社会主义国家的老路。条条道路都通向共产主义，不同的国家究竟走怎样的道路，要靠对资本主义社会的发展前途的再认识来解决。

最后讲讲社会主义国家今天的改革与开放问题。这个问题本来是世界发展到了当代才会提出的。它同我们上面分析的当代社会主义和当代资本主义的基本概念是有关的。如果当代社会主义社会不是与当代资本主义社会并存、与当代资本主义社会发生种种关系、与当代资本主义进行竞赛的社会主义，如果当代社会主义不是暴露出其体制不能和社会生产力的发展很好适应的社会主义社会，那么在今天就不会在全世界发生大多数社会主义国家都提出需要进行体制改革的情况了。虽然社会主义国家今天的改革是根据社会主义国家内部的需要提出的，但既然当代社会主义与当代资本主义并存，社会主义国家的改革也就同当代资本主义社会密切相关。比如社会主义国家实行对外开放政策，这是改革的一个重要组成部分，它就涉及当代社会主义与当代资本主义的关系问题，就涉及对当代资本主义的许多基本理论和基本政策的理解，涉及对整个世界形势的估计，等等。就目前世界的形势来看，还是和平发展的时代，是资本主义和社会主义和平共处、和平竞赛、和平斗争的时代。这样的世界形势，对上面说的当代资本主义和当代社会主义的种种关系，也会产生影响。它使社会主义国家的对外开放政策不仅必要而且可能。开放不仅是社会主义国家改革的一部分，也是改革中产生的事物，而且开放的结果会对改革产生许多重要的影响。同时，改革中有许多内容是同开放没有直接关系的，完全是社会主义国家内部的事情。但就是在这样的改革中，资本主义社会中的经验和对这些经验所作的学术研究也是有用的。

关于社会主义经济理论争鸣的现阶段*

1985年12月中国财政经济出版社出版了《经济研究》编辑部编撰的《建国以来社会主义经济理论争鸣（1949～1984）》。应编撰者的要求，我在1985年3月18日写了一篇短序。现在该编辑部又编撰了前书的续篇《中国社会主义经济理论问题争鸣（1985～1989）》，我又接受了为它作序的要求。

在为第一本书所写的序言中我做了一点说明，那就是由于书稿太长（那是一部有1400多页，110多万字，分两册装订的书），争鸣涉及的题目也很多（共30多个题目），我不可能对书稿通读一遍，因此不可能对此书内容作出自己的评论，而发表这类评论本来是一篇序言应有的内容。现在这部书的篇幅要少一些，但也还有500余页、40余万字，涉及题目也有20多个。我仍然不能对全书内容作出自己的评论，因此仍要向读者们表示歉意。

在这个序言中，我想讲一点有关我国社会主义经济理论争鸣的看法。

这两本书合在一起，可以视做新中国成立40年来我国社会主义经济理论争鸣的一个记录。在这40年中我一直注视着这方面的争论。而且，不少讨论我是参加了的。在第一部书的序言中我写道："比如政治经济学的对象、生产力和生产关系、社会主义商品生产和价值规律、国民经济有计划发展的规律、社会主义制度下的生产劳动与非生产劳动、社会主义制度下的经济效

* 本文是作者为《中国社会主义经济理论问题争鸣（1985～1989）》一书所写的序。

果、社会主义制度下的价格、生产力经济学，以及经济社会发展战略、经济体制改革等问题，我都发表过不少的见解。”在这里所列举的，当然还是不完全的。即便只是1984年以前我参加讨论的就不止这一些，而在1985年以后我又参加了一些新的问题的讨论。因此，不论从关心整个经济学界的动态出发，还是从关心我参加讨论过的问题出发，我对这两部书都有强烈的兴趣。

从我国经济理论发展的历史的角度来看，新中国成立40年来的争鸣可以分为两个阶段。1978年年底召开的党的十一届三中全会是这两大阶段的分界线：在前一阶段中，斯大林的《苏联社会主义经济问题》及根据斯大林这部著作编成的原苏联《政治经济学教科书》是讨论的中心。不论是从完全接受的角度还是从批判（在这里我使用的“批判”一词的含义，是德意志古典哲学和马克思、恩格斯著作中使用这个词时所赋予的含义，和不少人所讲的“大批判”中的“批判”一词的含义是不相同的）的角度来对待这两部书，这两部书中的论点都是讨论的中心。这两部书中所归纳出的几条“经济规律”又是人们讨论的中心的中心。在十一届三中全会以后，情况就很不相同了。在十一届三中全会后，我国进入了社会主义体制改革时期（在社会主义体制改革中社会主义经济体制改革是基础和中心）。新时期的任务要求我国社会主义经济理论研究为社会主义经济体制改革的基本方向和它的历史必然性提供科学论证，为解决社会主义经济体制改革中的重大问题提供科学指导。这种研究，不但内容非常复杂，而且在一定意义上应该说是全新的。在这种研究中，前一个时期我国经济学家们所掌握的那些基础理论工具和在讨论中明确的那些道理，虽然是有用的，但是却大大不够了。前一个时期我国经济学家所掌握的各种知识，虽然大都有用，但也大大不够了。新时代的任务要求我国的经济学家解放思想并且下切切实实的工夫去对社会主义的基本理论作创造性的研究，要求他们拓宽自己的视野，吸收世界学术界，特别是当代世界学术界所创造的优秀的理论成果。于是，过去对斯大林的《苏联社会主义经济问题》、原苏联《政治经济学教科书》提出的社会主义经济理论和有关社会主义经济体制的探讨，也就显得大大不够了。社会主义经济理论争鸣也就转移到与社会主义经济体制改革密切相关的问题上来了。

从十一届三中全会闭幕到现在，12年的时间又过去了。前七年中的社会主义经济理论的争鸣，收在这两部书的前一部中。现在这部书所收的是后五年中的争鸣。而从我国社会主义经济理论史的角度来说，1984 年年底到 1985 年年初正好是前后两个时期的分界线。这是我在写这个序时才明确起来的一个观点。这里划分的前后两个时期，虽然不像以十一届三中全会来划分的前后两个阶段那样明显，但是我认为还是可以看出相互之间的差别的。

1979～1984 年是这个阶段的第一个时期。在这个时期，我国社会主义经济理论研究和讨论的主要内容是论证社会主义经济体制改革的必要性和基本方向，其中包括研究社会主义基本的经济制度和具体制度（即体制）之间的联系与区别。因为如果像过去那样把某一个国家（如原苏联）在某一个时期（如在 20 世纪 30 年代）形成的社会主义的具体的经济制度中的一切，都视为属于社会主义基本经济制度的东西，认为不实行这种具体经济制度中的一切，就是抛弃社会主义，那么社会主义经济体制改革就无从谈起。这就涉及对什么是社会主义基本经济制度的认识。要论证社会主义经济体制改革的必要性，就要对十一届三中全会前我国原有的社会经济体制进行批判，即经过科学的分析，搞清楚原有经济体制中哪些是适合我国社会生产力的状况、能够有力促进我国社会生产力发展的，哪些是不适合我国社会生产力的状况、不能有力地促进甚至妨碍社会生产力发展的。在这个时期中，我国经济理论界提出了不少带有基本性质的问题，开展了极为重要的讨论，取得了非常重要的成果。这样的讨论在为我国进行社会主义经济体制改革奠定理论基础上作出了重大的贡献。其中有一个问题特别值得讲一讲，那就是经过长期争鸣最后得出了一个结论：社会主义仍然是一种商品经济。由此得出的另一个结论是，把商品经济和资本主义经济视做同一的东西是不正确的。社会主义商品经济同计划经济也不是互相排斥的，可以使商品经济同计划经济结合起来，也可以使社会主义商品经济有计划地发展，社会主义商品经济是建立在社会主义公有制基础上的有计划的商品经济。关于社会主义商品经济的这样的研究成果，不仅在我国社会主义经济理论研究中是一个崭新的结论，就是在世界社会主义经济理论研究中也是如此。这个时期的许多研究成果部分地反映在 1984 年 10 月召开的中共中央十二届三中全会通过的《关于经济体制改革的决定》中。关于 1979～1984 年这个十一届三中全会后社会主义经济理论问题研究的第一个时期的情况，属于五年多以前出版的那一本书编辑的范围，我在这里说到它，只是为了引出下面想讲的话。因此不想在这里再多说了。

现在编撰的这本书所搜集的资料的范围，上限是 1985 年。在 1979 年后，经过三四年的时间，我国社会主义经济体制改革的成效初步显示出来了。特别是在农村，家庭联产承包责任制在总体上取代了以往的“三级所有，队为基础”的制度，成效十分显著。在城市，特别沿海城市，也呈现出新的面貌。当然在改革取得成效的同时，也出现了不少问题。但是在前几年，改革时期产生出来的问题毕竟还不十分显著，改革中要解决的问题和办法也还没有更具体地提出来。到了 1985 年，情况就不同了。比如在 1985 年就提出了“经济增长速度过快”的问题、“国民经济宏观失控”的问题，等等。不论对这些问题人们有怎样的不同的看法，但是有一点是可以肯定的，那就是从这个时候起，经济学工作者中有许多人把改革问题同当前我国的经济形势结合在一起进行研究讨论了。也就是说，从这个时候起，经济学工作者中有更多的人在关注经济体制改革问题的同时，用很大的精力去关心经济运行问题、经济增长问题等。从这部书的内容中就可以看到这一点。比如在这部书中就包括“我国通货膨胀的成因和治理”、“社会主义宏观经济管理”这样的题目。就是在以改革为题目的部分中，如关于“社会主义货币流通与金融体制改革”中，主要的内容也包括“关于控制货币供给量问题”、“关于建立我国货币均衡和货币调控问题”等。在这个时期还提出了一些过去没有提出过的新问题，其中有一些问题提得很好，但有一些问题的提出，我认为本身就值得斟酌，我在这里所说的值得斟酌的问题指的是如“社会主义经济周期波动理论”这样的问题。这方面的讨论，在这部书中也有专门的介绍。就这本书客观介绍争鸣状况这一点来说，我认为应该有这方面的内容。但就我个人的观点来说，我认为任何事物的发展总不会是直线形的，总会有起有伏，因此，社会主义经济增长中的波动问题是需要研究的，但是说社会主义经济中也存在类似资本主义经济中的那种经济周期，这是没有科学根据的。由于这是一部客观介绍社会主义经济理论讨论的书，所以，我认为有这样的讨论就应该作这样的介绍。现在我不想来陈述我的主张，在这里我只想指出，这也是属于有关经济运行、经济增长方面的题目。这样的题目的出现是第二个时期社会主义经济理论争鸣的一个特点。

前面提到，在这个时期，关于经济体制改革的实践，越来越具体了。反映在社会主义经济理论上，也有越来越具体的发展趋势。如果我们把五年前的那部书和现在这部书进行比较，这个特点就表现得相当明显，如第二部书中列入了“社会主义产业结构和产业政策”、“社会主义货币流通与金融体制改革”、“商品流通理论和商品流通体制改革”、“社会主义市场体系和市场发展”、“价格体制改革”、“我国农业的发展与改革”、“社会主义的土地问题”、“社会主义的合作经济”、“我国城市经济理论研究”、“地区经济结构与地区发展战略”等。在第一部书中虽也有一些这方面的内容，但占的比重很小，而且也没有分这么多部门。与之相比，这第二部书就很不相同了。

当然在这个时期，关于社会主义经济体制改革的理论问题的研究和讨论仍在继续，全书所列的 25 个题目中属于这个范围的大约有 1/3。其中有一些问题是前一个时期讨论的继续，也有一些问题是在这个时期突出地提出来而且具有非常重要的性质的。我在这里所说的，在这个时期突出提出的问题中有一个就是这部书中所列的第一个题目“社会主义初级阶段理论”。这个理论的提出虽然可以追溯到 1981 年党的十一届六中全会和 1982 年党的第十二次代表大会，但是作为一个社会主义经济理论问题在经济界进行讨论，则是在 1986 年党的第十二届六中全会，特别是在党的第十三次代表大会之后。这是对取得我国社会主义现代化建设事业的伟大胜利具有特别重要意义的一个理论问题。在这部书中列举的其他属于基本理论性质的题目，如“社会主义生产资料所有制及其结构”、“社会主义经济中计划与市场的关系”、“经济体制改革的目标模式”、“社会主义国有企业改革”、“马克思重建个人所有制与社会主义所有制”、“社会主义的收入和分配”、“社会主义的消费”、“社会主义的宏观经济管理”等都是很重要的问题。在这个时期中，对这些问题的讨论，有利于我们的认识逐步深入。当然也有不少问题未能深入讨论，有些观点未能得到更多人的重视，也有些重要问题未能提出来，还有一些问题也许要留给经济史专家们去研究。

总之，这个时期的社会主义经济理论争鸣，人们关注和讨论的问题之多、之复杂，观察问题的新的角度之多，运用的研究方法与理论工具之丰富，是前所未有的。

从这部书中还可以看到这样一个情况，那就是随着时间的推移，老一辈经济学家中虽然有不少人还同前一个时期那样不断地出思想、出成果，活跃地参加社会主义经济理论的讨论，但是其中也有一些人由于自然界不以人们意志为转移的规律离开了我们大家。也有一些人，由于身体的原因，没能像过去那样作这么多问题的研究，参加这么多的讨论，这是一方面的情况。另一方面，则是有一大批中青年经济理论工作者成长起来，登上了社会主义经济理论问题争鸣的舞台。他们的精力充沛、思想活跃、创作能力很强。年轻的经济学工作者之间同年长的经济学工作者之间，在观点和水平上虽然一样也会有不少差异，但是总的说来，他们之间的差异与他们和老一辈经济学工作者之间的差异相比要小，即他们之间有一些与老一辈经济学工作者不很相同的共同的特点，这就是他们的理论准备、他们接受的理论观点，以及他们的知识结构与老一辈有显著的不同。这种不同，已经在这个时期的争鸣中显露出来。我相信，如果过些年《经济研究》编辑部再去编撰这部书的续编，青年经济理论工作者的言论所占的比重还会显著地提高。

在五年前我为《建国以来社会主义经济理论争鸣（1949～1984）》写序时就说，这部书带有资料书的性质。现在我对这第二部书仍想说同样的话。我认为这样一种资料书是很有用处的。通过这样的资料书，我们可以大致地了解某一个时期我国学者在社会主义经济理论方面都讨论了一些怎样的问题，人们在讨论中都发表了一些怎样的观点，都提出了一些怎样的论据。在想对某个问题进行研究时，这样的资料书也可以为我们提供一些查找资料的线索。我希望关心社会主义经济理论研究的人能够在自己的工作中利用这样的资料书。

我注意到这部书的编者在后记中写的一句话：“这本续编的编辑方针是力求用较少的文字，客观地反映这五年来我国理论界在社会主义经济理论方面探讨的主要问题和主要观点。”这是一个正确的编辑方针。我从对这部书的浏览中也看出，编者是按照这个方针进行编撰工作的。在为这部书写序时，我想对编撰者的这种努力给予充分的肯定。同时我想指出，“力求”不等于“完全做到”。用最少的文字来反映五年来我国理论界在社会主义经济理论讨论中的主要问题和主要观点是一件不容易做到的事情。五年的时间虽然不长，但是在这五年中有关社会主义经济理论方面的著作汗牛充栋。我不知道这五年中在各种报刊上发表了多少篇文章，出版了多少专著，加在一起大约共有多少万字，还有在各种学术会议上学者们提交了多少篇论文，其中是否有虽然尚未发表但是内容十分重要的观点和论证。对这些情况，我说不出来，我也不知道编撰这部书的人能否大致地说出来。这么大量的著作在编撰中又能浏览多少，这也是一个问题。因此我认为这五年来社会主义经济理论争鸣的资料，是很难掌握得比较完全的，必然会有所遗漏，甚至会有重要的遗漏。进一步说，编撰者要把他们掌握到的大量资料用最少的文字叙述出来，这又是一个不小的困难。因此，我认为人们在使用这部书中如发现有不能满足自己要求的地方时，应该对编撰者难以克服的困难有所理解和谅解。至于说到“客观地反映”五年中的争鸣，事实上也不能完全做到。因为既然是编撰，在取舍和叙述中避免不了编撰者自己的眼光和思想倾向，避免不了带有编撰者自己思想和水平限制的印记。所以我特别赞成“力求”这两个字。“力求”是一种主观的要求，有这样一种要求与没有这样一种要求，人们的实践是不一样的。可是即便有了这种要求，是否真正做到了完全客观，那还是会打折扣的。我认为如果读者发现有不够客观的地方，也应该对编撰者有所理解和谅解。

总之，我认为这样一部书收入的资料是相当全面、客观和丰富的，它是一部有用的资料书，我乐意为这部书与序。我在这里对编撰者的努力表示自己的敬意。

我不使用“过热”这个词*

在总结我国经济工作的历史经验和分析我国经济工作现状时，我没有使用过“过热”这个词，今后我也不准备去用它。

我只是说我不使用，至于别的经济学家使用不使用，那是别人的事。我认为经济学家——而且不只是经济学家而是所有的人——都有使用不使用某个词的权利，尤其是“过热”这种非标准化的语言。

我不使用“过热”这个词有我的理由。

翻阅中外辞书可以清楚地看到，“热”这个词的本义，来自人的感觉，它的本质是一种物质运动形势，物理学研究揭示它是实物粒子（分子、原子）的无规则运动。它的一个重要的转义，便是一种强烈的趋向于某种实践的感情和某种兴旺、茂盛、蓬勃的气氛或景象，前者如说“热烈的情绪”，后者如说“热门话题”。现在人们讲“过热”当然是用它的转义。

人们现在讲的“过热”，是就社会主义中国的经济现象来讲的，我就在社会主义经济的背景下来思考用它还是不用它的问题。

我认为关系社会主义经济建设事业成败的最重要的一件事，就是能否依靠广大人民群众高度的建设热情。列宁在俄国十月革命胜利的十天之后讲：“社会主义就是生气勃勃，创造性的，是人民群众的创造。”我认为完全可以

* 本文原载《云南社会科学》，1993年第3期，第1、2页。

说，没有人民群众的热情，就没有社会主义。我还认为，当社会主义国家中出现人民群众热情不足这种现象时，我们就要高度警惕：是不是我们的社会主义体制出了问题，就要考虑检查我们的体制，进行必要的改革，使得我国的社会主义建设在健康的道路上前进。我认为社会主义经济建设中，在任何时候、任何条件下都必须把保护和发扬人民群众的热情放在一个重要的位置，要注意不使它受到任何挫伤。

当然使用“过热”这个词不等于否认人民群众的“热情”，因为在这里说的只是“过”了不好。“过”也者，“过分”之谓也。说不要“过热”，本身就意味不过分的“热”是好的。但是我认为人民群众的社会主义热情不存在“过分”的问题。“热”在这里的含义，可以和“积极性”的含义划个等号。社会主义的积极性在任何时候都不存在“过分”的问题。应该看到，在今天我国现实生活中人民群众的社会主义热情虽然由于改革的前提大大提高，但是热情受到某种压抑的情况并没有普遍解决，因而有待于进一步提高群众热情，何能称“过”?

我考虑过可否用“过热”这样的词来表达不赞成事实上确实存在的某种“盲目的热情”，表现在盲目地上项目、盲目地追求产值……考虑的结果是：何不直截了当地反对这种盲目性，岂不既明确又可以避免挫伤群众积极性的副作用？探本溯源，那些我们认为“盲目”的东西，本质上还是没有按照市场经济的规律来办事。如果生产出来的东西确实是市场需要的，成本、价格市场都能接受，那就不是盲目的了。我们要反对的盲目主要是对市场经济规律的盲目。

我也考虑过可否用“过热”这样的词来提醒人们头脑不要发热。头脑发热，即失去冷静思考问题的清醒的头脑，这种情况有时是会发生的。在这种情况下提醒人们冷静考虑问题也的确必要。冷静考虑就是要求分析态度，这不是笼统地用“过热”这样的词所能解决的。笼统地使用一个概念，本身似乎就不那么符合提倡冷静分析的要求。

在考虑自己使用不使用“过热”这个词的时候，我也想起了“过热”是不是“大跃进”失败的原因。我也是“大跃进”的过来人，我认为“大跃进”的失败是因为刮“共产风”、“浮夸风”和许多干部为了邀功指挥群众做这做那哄骗社会。而人民群众中并没有“过热”，对把已经接近成熟的水稻从原来生长的田里拔出来，集中地插到一小块地里去创“特高亩产记录”这样的事，人民群众是不会有热情的。将本来已经炼成的铁而且已经铸成了用具的锅，砸成碎片，作为原料去“炼”出既不是铁又不是钢的废物，人民群众也是不会有热情的。“热”尚且没有，又何来“过”？在“大跃进”中失去冷静思考的人是有的，那就是像我这样待在中央机关，对实际情况不了解，轻信浮夸汇报的人。这样怪谁呢？说到底还是怪自己唯物主义的思想不够牢固。

最后我还考虑“总量”或“宏观”调控是否必须使用“过热”这个词。我认为如果正确实行调控，前提是对经济状况的密切注视和具体分析，该宽该紧都应以此为对象。如需紧缩一个时期，根据情况采取措施就行了。这样的事，西方国家也经常做，他们似乎没有强调使用“过热”这样的词。可见“过热”一词，似乎也不是为了实行宏观调控必须使用的。

我是个科学工作者。科学要求使用清晰确定的科学概念。科学中也讲模糊数学、模糊逻辑，也使用模糊概念，但所使用的是经过科学研究、按照科学的精神考察过的模糊概念，也就是经过精确研究过的模糊概念。模糊数学仍属于数学，模糊逻辑也属于逻辑学。所以在使用不使用“过热”一词的问题上我还是努力去作一番尽可能精确的考虑。

最后再重复申明一句，我讲的只是为什么不使用“过热”这个词的想法，至于别人使用不使用这个词，那不是我的事，他们也会有另外一番道理。

关于“社会所有制”*

把“公有”作为社会主义所有制的基本性质和把“公有制为主体”作为社会主义经济制度基本特征的说法是不确切的。适合社会主义所有制基本性质的是“社会所有”。我国经济学界对社会所有制的研究一直是个空白，在建立社会主义市场经济问题得到基本解决后，就应改变这个局面。

社会所有制不等于社会主义公有制，它包括不同层次、不同范围的社会所有制。它是否还包括马克思讲的“重建个人所有制”中的“个人所有制”？是否还包括全社会经济效益和“各当事者经济效益”？这是需要研究、讨论的。

1）把“公有”认做社会主义所有制的基本性质，是不确切的。道理很简单：“公有”就是共有，至于是哪些人和怎样公有，在“公有”这个概念本身中是不包括的。所以历史上各种社会形态下都有“公有”，而它们并不都带有社会主义性质。当今世界各国包括非社会主义国家中也都有“公有”，它们也并不都带有社会主义性质。历史上有各式各样各种性质的“私有”，也有各式各样各种性质的“公有”。说“公有”就是社会主义，就是否认历史上非社会主义“公有”的存在或者混淆各种不同性质的“公有”，这是不可取的。

---

* 本文原载《学术月刊》，1994年第2期，第3～6页。

2）把公有制为主体作为社会主义经济制度基本特征的说法也不确切。“公有制为主体”说的是所有制结构方面的事，指公有制在整个所有制结构中占最大的比重，起最大的作用。“公有”被视做社会主义所有制的基本性质既然不确切，公有制占主导地位被视做社会主义经济制度的基本特征的说法当然也是不确切的。

3）比较确切的提法如现行宪法中规定的："中华人民共和国的社会主义经济制度是生产资料的社会主义公有制。"在这里，公有就不是一般的公有，而是特定的公有，是带有社会主义性质的公有。这个提法的不足之处是作为这种“公有制”规定性的“社会主义”没有得到说明。

4）适合于社会主义所有制的基本性质是什么，我考虑是“社会所有”。这是马克思主义创始人马克思、恩格斯所说的。在《资本论》第一卷第二十四章最后一个自然段中马克思写道："以个人自己的劳动为基础的分散的私有制转化为资本主义的私有制，比起那种事实上已建立在社会主义生产经营基础上的资本主义所有制转化为社会的所有制，自然不可比较地是一个更为持久、更为残忍、更为困难的过程。"① 在这里我没有引用《马克思恩格斯全集》（以下简称《全集》），因为《全集》把德文中的“社会所有制”译成了“公有制”。这一段话恩格斯在《反杜林论》中引用了。我身边也有 1959 年三联书店出版的吴黎平翻译的《反杜林论》，他把马克思《资本论》中用的那个词译成“社会化的财产”。他这么翻译是因为他是从英译本翻译来的，在英译本中用的就是“社会化财产”。可惜在 1974 年 10 月作者重新出版时没有用自己的译文，却改成了《全集》对《资本论》的译文。不仅如此，还把《反杜林论》中恩格斯写成“社会所有制”的地方都与《全集》取得一致，改为“公有制”即“公共所有制”。

5）《全集》中译本把马恩著作中用的两个德语词 cesellsch aftlich eigentum 和 cemeinschaftlich-eigentum 作为同一个中国词“公有制”来翻译。在这件事情上，《全集》反而不如郭大力和吴黎平早年的翻译。我认为，这是一个需要改正的误译。而且因为这个名词与我国当前的这场改革和改革后我国的所有制结构问题的研究是有关的，它是一个有重要意义的翻译问题，因此

① 参见郭大力译本，第 842 页。

是必须认真进行研究改正的误译。报上说，《马克思恩格斯全集》准备出第二版，这也正是改正这个误译的时机。

我下这样的判断的根据是：①德文中这两个词的区别是很明确的，没有歧义。②中文中正好有社会所有制的公共所有制（或公有制）同这两个词相对应。③英译本把这两个词分别译成 social ownership 和 common ownership，也很准确。④在《反杜林论》中恩格斯同时使用 gesellschaftlich 和 gemeinschaftlich 两个形容词时，俄译本把这两个词分别译成 общестпсийя 和 общей。同英译本比较起来，这里有一点复杂性，因为俄文既可以译成英文的 social（社会），也可以译成英文的 public（公众）。但是俄译本还是把德文中的 gemeinschaftlich 用另一个能译成 social 的 общей 来翻译，而不像《全集》的中译本那样，把恩格斯使用的两个不同的词作为同一个“公有制”来翻译。而且由于我在这里说的马恩著作是用德文写的，我们就应该根据德文来翻译，其他文中的译文仅供参考（手边无英俄译本外的其他国家文字的译本）。

6）我认为译文（尤其是马克思主义经典著作）必须完全忠实于原文，至于对这些词如何理解，那是翻译以外的事情。重复说一遍，对同一个著者，在同一篇科学著作、在同一个段落、同一个句子里特别用了两个不同的词，原文中译文用同一个字来翻译的做法我认为无论如何是不对的。

7）在这里我只是简单地写这些。对这个问题，前几年我作过详细的考证，写出了《马恩严格区分“公有”和“社会所有”，不应都译成“公有”——一个在理论上具有重要性质的翻译问题》一文，收入拙著《政治经济学社会主义部分探索》第五卷第 160～171 页。

8）由于这个误译，我国的马克思主义理论工作者，长期以来不知道马克思、恩格斯使用社会所有制这个概念，以为他们一直把公有制作为社会主义所有制的基本特征。使中国学者开始注意到“社会所有制”这个名词的是南斯拉夫的学者，这个功劳是属于他们的。但是南斯拉夫学者提出社会所有制的原因和根据似乎只是看到了在南斯拉夫实行的社会自治制度中的所有制，不能归入全民所有制和集体所有制的范围，需要使用社会所有制这个概念。为了理解他们的看法，1978 年我访问南斯拉夫时多次向学者请教，得到的回答是，“社会所有制，既非国家所有制、集体所有制，也不是个人所有制”，始终未得要领。

9）出于中译本的误译，我国经济学界对社会所有制的研究可以说一直是个空白，甚至到了今天，这个问题也还没有引起很多人的重视。不过我有这样一个估量，在经过十多年的探索和争论，必须建立市场经济体制这个问题在原则上得到解决之后（也只能说在原则上得到解决），在我国经济体制改革的日程表上，下一个必须得到解决的重大问题就应该是社会主义所有制结构问题。历史发展进入这样的阶段，这个“社会所有制”的问题没有得到研究和讨论，处于空白的局面，就有可能得到改正。

10）关于社会所有制问题，我已注意研究了好几年。在访问南斯拉夫之前，我的头脑中没有社会所有制的概念。以后，我在考虑社会主义所有制的基本性质和社会主义经济制度特征的时候，就认为社会所有制是一个很好的选择。

在20世纪70年代末和80年代初，我从这样两个方面接近社会所有制问题。一是在50年代我就考虑过“原始共产主义社会—私有制社会—共产主义社会”这个否定之否定的公式中，第一个“共产主义”有“原始”这个限制词，第二“共产主义”也应该有一个相应的限制词。这个问题一直在我心上，但是将近30年没有什么发展，直到十一届三中全会后，我在研究国际共运史时看到马克思的一位同志在科伦审判中对执法部门作证时讲，马克思有“社会共产主义共和国”的思想，从中得到启发，认为可以在第二个“共产主义”之前加“社会的”这个限制词。这是因为，作为资本主义社会否定的共产主义新社会，不同于原始社会，它是建立在社会化大生产基础上的。这是加上“社会的”的第一个理由。同时，我又想，这时候的所有制的基本性质，似乎应该说是社会所有制，这样就可以与原始公社所有制区别开来，而且严格说来，应该是现代社会所有制，于是我就把这个共产主义社会是建立在社会所有制基础上的作为在“共产主义”之前加上“社会的”这个限制词的第二个理由。二是我想列宁在十月革命前提出的社会主义即“生产资料公有制和按劳分配”这个公式中，加上一个“社会主义商品生产”，这时候我就想把原来的生产资料公有改为“生产资料归社会所有”。把社会所有制视做社会主义所有制的基本性质，我认为是正确的。上面两点我都写了文章，收在我的《政治经济学社会主义部分探索》第五卷中。而当时我的认识只前进到这样的程度，即社会主义经济制度区别于历史上任何社会经济制度的最根本的原因在于生产资料归社会所有。这里所说的“社会所有”与

“公有”可以看做同义语，必须指出，这里所说的“公有”绝不是指私有制社会里也可能存在的“某一些私人”、“某个集团”或“某个统治阶级”的“公有”。在私有制社会中，名义上也有全社会所有的生产资料，但实际上真正的公有在那里是根本不存在的。在私有制社会中，剥削阶级是统治者，而劳动者是被统治者，他们不是“公有”生产资料的所有制……（见拙著《政治经济学社会主义部分探索》第五卷第128、129页）在所引的这两个自然段外还有四个自然段，这些段落都是在“生产资料归社会所有”这个小标题下写的。这里写的反映了我在1981年时的认识，现在我的观点已有了很大的进步。

11）在写了前面这些话的四五年后，我认识到：①应该说社会主义所有制是公有制中的一种。把一般的公有制和特殊的公有制——社会主义公有制视做同义语，严格说来是不符合形式逻辑要求的。②社会所有还不能等同于社会主义公有制。这第二点我认为非常重要，但正是在这点上我至今没有将其研究清楚。在那篇《马恩严格区分“公有”和“社会所有”，不应都译成“公有”——一个在理论上具有重要性质的翻译问题》的文章中，我插入了一段小文章，标题是“希望社会学家帮助经济学家研究一下这个问题”。文中期望社会学家与经济学家合作，把“作为所有者的社会究竟是怎样的东西”这个问题和在“社会所有制中的所有者同其他公有制中的所有者的区别究竟何在”这个问题研究清楚。当时我是这么提出问题的：作为所有者的社会不能只是一种关系，而必须是实体（不是经济工作中而是哲学中讲的“实体”）。但是只是这么说还不够，还要讲得更具体些，而且既然各种社会主义所有制的基本性质都是社会所有制，社会所有制的概念就应该能够把所有这些形式包括在内。同时，社会所有制包括不同层次、不同范围的社会的所有制。这些问题我希望能够在研究中讲清楚。1986年我提出的问题也是我现在提出的问题。

12）又有几年的时间过去了，在这几年，我给自己提出的问题有以下几个。第一个问题是，在社会所有制的范围中是否包括马克思讲的“重建个人所有制”中的“个人所有制”。恩格斯在《反杜林论》中对重建个人所有制似乎不排除个人对生产资料的所有。马克思、恩格斯对资本主义社会中的股份公司的论述使我得到这样一个启发：在股份公司这样的组织中，拥有股份的个人，他不是以分散的个人（即私人）而是以联合起来的个人（这时候的个人可以被称为社会的个人）的身份拥有股份公司的生产资料中那个组成部分的财产，因此在社会主义社会中就可能存在某种个人所有制。后来我看到马克思就用过“联合起来的社会个人所有制”的提法。这是他在 1861 年 8 月到 1863 年 7 月所写的《政治经济学手稿》里提到的。他写道：“由于生产规模在资本主义条件下的扩展……个别人占有生产条件不仅表现为一种不必要的事情，而且表现为和这种大规模生产不相容的事情。诚然，在资本主义生产方式下出现的情况是，资本家而非工人中这大量社会生产资料的所有者。实际上，在对工人的关系方面，他们绝不代表他们的联合，不代表他们的社会团结。因此，这种对立形式一旦消亡（这就是到了社会主义制度下），结果就会是他们社会地占有，而不是作为各人私人占有这些生产资料。……如果单个工人作为单独的人要再恢复对生产条件的所有制，那只有将生产力和大规模劳动发展分割开来才有可能。资本家对这种劳动的异己所有制，只有通过他的所有制改造为联合起来的社会个人所有制，才可能被消灭。”这一段话，并不只是对股份公司来说的，而是针对从资本主义到社会主义转变中所有制基本性质变化的一段很重要而未被人们注意的论述。

13）第二个问题是我想把好几年前在研究经济效益时提出的“全社会经济效益”和“各当事者经济效益”的一些讨论引入对社会所有制的讨论中去。1984 年我写了《论社会主义制度下当事者的经济效益和全社会的经济效益》，收入《政治经济学社会主义部分探索》第五卷第 502～509 页。在那篇文章中，我陈述了这样一个观点：全社会的利益是客观存在的，这种利益是马克思主义理论工作者和负有代表全社会利益使命的马克思主义政党所要研究和力争的。但是“全社会”不是一个实体，它没有自己的收入和支出——自己的会计。这种全社会的利益只能通过理性的分析才能掌握。在现实社会经济生活中只看得到有各个当事者在为自己谋取和获得利益。这些当事者有自己的收入，它们是经济实体。政府财政部门、企业、个人就是这样的当事者。政府应该比较多地代表全社会利益，但是它的经济利益仍然不属于全社会。在全社会利益中不仅包括社会整体的利益，也包括所有当事者的利益。我想类似的道理是否也可以用到对社会所有制问题的考虑中来。社会所有制也是客观存在的，同时也是只有通过理性的分析才能掌握的东西。在现实社会经济生活中也只能看到具有社会所有制性质的或者属于社会所有制的以各种所有者为主体的所有制——国家所有制、社区所有制、集体所有制、企业所有制等，而在社会所有制的概念中把所有这些都包括在内了。如果可以作这种类比，又如何进一步发挥。

14）上面讲的是我十多年来在考虑社会所有制时的思路。我就是沿着这条思路在探索着。我认为关于社会所有制已经可以有把握地下某些判断，但仍然有许多问题没有解决。这是很自然的，因为这是一个迄今没有展开研究和讨论的问题。像这样一个重要的问题，还需要靠更多的人去关心研究，还需要靠大家来讨论。所以我把自己正在思考的问题写了下来，以后有些什么新的想法还将继续研究。

谈谈“发展是硬道理”的道理*

——是哲学基本原理也是经济工作的根本指导方针

两年前的这个时候，邓小平在武昌、深圳、珠海、上海等地视察，一路上进行了许多重要的谈话。这些谈话，对我国的社会主义现代化建设起了历史性的作用。两年来，我国经济的快速发展得到了全世界的普遍关注，我国人民更是欢欣鼓舞，对祖国的光辉前景信心倍增。两年前的这些谈话，虽然人们都已学习过多次，但是温故而知新，经常重温和加深对其的认识是很有必要的。

1993 年 10 月出版的《邓小平文选》第三卷中收入了邓小平的上述谈话要点。《谈话要点》第一部分讲“要通过改革解放生产力”，第二部分讲搞“市场经济不等于资本主义”，第三部分着重讲经济发展的问题。我想大家都会记得这第三部分中所讲的“抓住时机，发展自己，关键是发展经济”，“能发展就不要阻挡，有条件的地方要尽可能搞得快点”，“低速度就等于停步，甚至等于后退”，“我国的经济发展，总要力争隔几年上一个台阶”，“广东要上几个台阶，力争用 20 年的时间赶上亚洲四小龙”，“要注意经济稳定、协调地发展，但稳定和协调也是相对的，不是绝对的。发展才是硬道理”等重要论述。“发展是硬道理”这句话的出处就在这里。邓小平的原话是“发展才是硬道理”7 个字，人们引用这句话，有时为了行文的方便省去其中的一

---

* 本文原载《深圳大学学报（人文社会科学版）》，1994 年第 11 卷第 1 期，第 1～4 页。

个“才”字，便成了“发展是硬道理”。

邓小平的“发展才是硬道理”这句名言，自从 1993 年 9 月 27 日被江泽民在中南西南十省区经济工作座谈会上两次引用之后，最近三四个月被人们引用得很多，以此为题的文章也有了不少。但是对它讨论得还很不够，阐述得还很不充分、透彻和全面，我自己也只是对它做了个初步研究。我认为我国学术界（其中包括我自己）很需要加深对这个问题的认识。

我认为邓小平提出的“发展是硬道理”的道理，既是一个哲学上的基本原理，又是当前我国经济工作的根本指导方针，也就是说它作为哲学原理对我国经济工作具有重大的指导意义，作为经济工作的指导方针，又是具有深刻哲理的指导方针。

邓小平的这句话虽然并不是在谈论哲学问题时讲的，但它讲的的确是唯物辩证法的一个根本原理。众所周知，辩证法就是关于“发展一般”的科学，但是用这样的语言来表述，又是邓小平的独创。因此我认为对邓小平的这句话首先要把它作为哲学命题来进行讨论。

邓小平的独创就在于将“硬”这个字加在“道理”一词的前面。我想这里所使用的“道理”，既指不以人们意志为转移的客观规律，又指主观上应该遵循的原则。作为不以人们意志为转移的客观规律，这个“发展是硬道理”的道理，就是事物总以强硬的态度来发展自己，也就是说，没有任何东西是可以阻挡得了它的。可以阻挡一时，不能一直阻挡下去。有可能有这样的一段历史过程。有一股力量自觉地或者不自觉地去阻挡事物的发展，由于“发展是硬道理”，这个客观规律必然要对这种行为实行惩罚，让人们的日子不好过，最终还是发展起来，取得胜利。这就是说谁想对着它硬干，它就会硬过谁。这是作为客观规律的硬。作为主观上遵循的原则，那就是要自觉地把促进发展当做最高的原则，使其他一切服从于它。改革是为了发展，开放是为了发展，搞好经营管理是为了发展，重视教育和科技是为了发展，注意稳定和协调也是为了发展，连我们之所以要坚持社会主义的基本制度也是为了发展。

谁都知道硬和软是一对“对词”。不论作为客观规律还是作为行动原则，某个道理之所以是硬的，就是因为另外一些道理是软的。软道理就是硬不过硬道理。软道理也是道理，并不是非道理，比如在经济上我们要的是持续、稳定、快速的发展，在这里就有稳定这一条。一个国家、一个地区的发展，要服从发展的道理，要看到辩证法中指出的平衡是相对的，不平衡是绝对的原理。平衡是必须重视的，因为它是发展的契机。但是在发展中又不可能做到绝对的平衡，不要期望有绝对平衡的发展。如果把要求绝对平衡作为工作的指导方针，事实上就会阻挡发展。也就是说稳定、平衡、协调这些道理强调得过分了，强调得不适当了，就会阻挡经济发展。在硬道理和软道理的关系上，应该有这样一种认识：服从硬道理的软道理，即与硬道理一致的软道理，才是真道理；对抗硬道理的软道理，即与硬道理不一致的软道理，就不是真道理。

对硬道理和属于真道理的软道理我们都是要肯定的。两者之中，我们应该经常讲，而且应该经常强调硬道理。所以邓小平强调“发展不要阻挡”，“低速度甚至等于倒退”。属于真道理的软道理不是不讲，但是一定要注意不要讲成不再属于真道理的道理。同样一个软道理是有可能由属于真道理的道理转变成不属于真道理的道理，这就要看对这道理讲到什么分寸上，讲得是否适当。我认为应该用“发展是硬道理”的道理，来检查现实生活中软道理讲的情况，研究是否超过了真道理的界限。只有经常注意作这样的检查，才是真正尊重“发展是硬道理”的客观规律，才是真正按照“发展是硬道理”这样一个原则办公事。

有些软道理，有时人们会把他看得很硬，以为它们是硬道理，其实还是属于软道理的范围。比如在所有制问题上，“公”这一条曾经被看做是很硬的道理。在十一届三中全会前，“一大二公”几乎公认是很硬的道理。许许多多人曾经这么想，我们实行的是社会主义，强调“公”是天经地义的，因此“一大二公”是很硬很硬的，不会是一种软道理（我说的是当时的实际状况是如此，不是说那时有人说过“一大二公是硬道理”这样的话，在那时还没有“硬道理”这样的语言）。应该承认这样的思想直到今天在一些人也许是不少人的头脑中还起着相当大的作用。在今天，还有人硬把强调“因公”这一条看做是硬道理，更多的人是不太明白究竟应该怎样看才对。其实即使是适合于发展生产力需要的所有制，本身也是发展的条件，它只是手段，发展才是目的，作为道理是硬不过发展的。

当然，作为不以人们意志为转移的客观规律的“发展是硬道理”这个道理，是会强硬地贯彻自己的。当人们要去妨碍它的时候，它就来实行惩罚，阻挡它的力量是硬不过它的，最后的结果还是发展。比如在十一届三中全会前的那20多年，“一大二公”这样的道理在主观指导思想上曾经压倒了发展这个硬道理。“文化大革命”中甚至说出“宁要社会主义的草，不要资本主义的苗”那样的话。这样我们就受到了严厉的惩罚。大灾难促成大觉醒，大觉醒促成大发展，结果便有了十一届三中全会后的改革和开放，就有了这15年的大发展。作为客观规律，发展的确是硬道理。我国曲曲折折的历史告诉我们，不按照“发展是硬道理”这个主观指导原则办事，作为客观规律的这个硬道理在强硬地贯彻自己的过程中就会使我们付出代价，甚至是沉重的代价，而这种情况是不能幸免的。但是现在我们已经有了长期实践中所取得的严重教训，有了比较高的觉悟，邓小平又概括出“发展才是硬道理”这样的名言，我想即使有些小的波动，我们可以有根据地指望不再付出很大的代价。

发展总是在一定空间、时间中的发展。空间指的是地域，不同地域的情况不同，也就是发展条件不同；时间指的是时域，不同的时域情况不同，也就为发展提供不同的时机。对于发展的时间和空间，邓小平在讲“发展是硬道理”时是充分重视的。“抓住时机，发展自己”讲的就是时域上的问题，“有条件的地方要尽可能搞得快些”就是地域上的问题。中国当前应该说是经济发展非常好的一个时域，整个中国内地应该说是经济发展最好的地域。我国正在实行的改革，为发展排除障碍，创设体制有非常好的条件。世界上的发达国家在经济、文化上走在了我们前面，采取开放政策，就可以实行拿来主义，这也是非常好的发展条件。有这样的基本条件就完全可以做到其他国家和地区难以达到的长期快速的发展速度。在这样的条件下，学习研究“发展是硬道理”的道理我认为是非常重要的。

“产权交易”中的经济学问题*

一、准确地说，本文题目应该是“‘企业产权交易’的经济学”

1）这是因为：在这篇文章中我不想把论述的范围搞得过宽，只准备讨论一个“企业产权交易”的问题，而“产权交易”这个概念可以理解得很宽泛，任何可以成为商品的东西，在拿出去交换之前，或者交换过程完成之后，都是某个主体的财产。从法权关系来说（根据成文的法律或者不成文的惯例），上述主体对这些东西都拥有财产权，或者省略一个“财”字，都拥有“产权”。于是在这种交换中都发生产权的转移。这些东西的交易也就都是“产权交易”。在这些东西中，包括各种产品，也包括消费品、土地等。我不想在这篇文章讨论企业产权买卖之外的其他产权交易，但是我还是用了这个对我这篇文章不很确切的题目。

2）为了“从俗”。因为现在人们谈论的“产权交易”，实际上就是“企业产权的交易”，所以我把“产权交易”这四个字放在引号之内，算是把我的意思表明了。

---

* 本文原载《中国工商管理研究》，1994年第10期，第5～9页。

二、我说的“企业产权交易”既包括整个企业产权的交易也包括部分企业产权的交易

这一点是很明白的，其实不说也可以。但是我还是写下了这样一个小标题，这是因为在实行股份制的情况下（不论是股份有限公司、责任有限公司，还是股票是否在交易所上市），企业产权已经用股份的形式分成了许许多多个部分。因此股票的发行和买卖是应该归到企业产权交易这个范畴之中的。就是不实行与未实行股份制的企业，也可以用接受合伙人或者使用自己变成合伙人的办法，实行部分企业产权的交易。

三、“企业产权交易”的当事人种种

（一）卖主

卖主即企业产权的本来拥有者。他们在交易中出卖自己拥有的企业的产权。如果这个企业的产权归这个人（法人或私人，私人是当然的法人）拥有，他可以出卖这个企业的全部或部分产权。如果这个企业的产权为许多人所共有，这个人就只能出卖他拥有的那一部分产权，我说的是“法人出卖产权”，不是“法人代表出卖产权”，也不是出卖现在人们说的那种“法人财产权”（对于“法人财产权”或“最终所有权”的说法，我现在还有保留，这个问题以后有机会再写）。我说的卖主是真正拥有企业产权的那个法律上的主体，而不是自然人，是在交易前真正拥有的财产的主人。比如在股份制的情况下，企业产权的出卖要通过股东大会和董事会，企业产权出卖与否，按照什么条件去出卖，只能由原先拥有产权的主体来做主。

（二）买主

只要愿意拿出这笔钱去向卖主买进企业产权的，就可能成为买主。他买进其产权之后怎么办，不是在这里讨论的范围。

在这里我不讲在买卖企业产权时不同的国家都有什么法律上的规定，因而都要具备什么条件，这篇文章讲的是抽象的经济学的道理，不是讨论现实问题。

（三）经营企业产权交易所

这种机构也有“产权交易中心”或“产权交易市场”这些名称。名称是次要的，它的职能是为卖主和买主服务，提供交易的场所，并且充当卖主和买主之间的中间人。它是赢利的机构，从交易中的卖主和买主那里收取费用作为自己的收入。它的职能同产品交易中的商业机构类似，从经济学的角度来看它们具有同样的性质。

（四）企业产权交易的经纪公司

它可以看做交易所的附属机构，也是在企业产权交易中取得自己的收入。从卖主和买主的角度来看，企业产权交易所和经纪公司的收入，都是他们交易成本中的项目。经纪公司同时可起卖主和买主代理人的作用。

（五）有关智力机构

例如，法律咨询、资产评估、经济效益分析等。它们从各方面为各有关当事者服务，也从交易成本中得到自己的收入。

（六）专门生产准备出卖的企业的企业

这种企业的经营方式是专门创办一种自己不准备长期经营的企业，而且通常规模比较小，等到它已经实现了较高利润率，有人看到进行生产有利可图愿意接着长期经营乃至扩大经营时，就以远远高于投入的资金的价格把这个企业出卖，卖价和原先投入的资金之间的差额就是这种企业的赢利。这样的企业一般带有高科技的性质，而且有非常好的经营管理，在他出卖的企业产权中技术和管理占有很大的重要性。

我国现在似乎还没有这种企业，但从道理上说是可能有的，它是使科技发明创造变成产品的一个值得注意的形式。

(一)、(二) 讲的是企业产权交易的双方，(三) ～ (五) 讲的是交易的中间机构；(六) 是附带讲一讲的性质。

四、作为企业产权交易对象的企业种种

作为企业产权交易对象的企业大体上可以分成两类：赢利企业与不赢利企业 (其中包括长期亏损企业)。赢利企业大体上又可以分成两类：①经济效益很好，在进行交易后，企业无须进行大的技术改造，经营管理方面也无须做大的改变 (可以继续取得好的经济效益) 的企业；②经济效益尚可，经济效益增加的潜力还是比较大的，经过技术改造和改进经营管理就可以取得更好的效益。

不赢利的企业和长期亏损企业也可以分做这样几类：①企业的固定资产从实物形式来看还比较完好，经营的产品也还是有市场的，只是因为经营管理不善或其他原因，造成长时期不赢利乃至长期亏损；②设备陈旧、经营的产品已经过时，不再为市场所需要，只是为了某些原因现在还勉强维持着；③处于上述两者中间状态的其他企业。在这类企业中有一些可能已经宣布破产。

在赢利企业与不赢利企业之间，也有一些中间的或边缘性质的企业。

五、赢利企业和亏损企业产权交易的实质

赢利企业的产权交易中买和卖的对象虽然是财产权，但这种交易的实质是利润的买卖。卖出的一方，随着企业产权的卖出，它在企业经营中将要获得的利润，也就卖给了买方。

在这种情况下，赢利双方买卖的本质不是这个企业拥有的设备厂房等固定资产。虽然随着企业产权的转移，这些固定资产的财产权也就易手，但是买卖双方看重的不是这些固定资产本身，而是拥有这些固定资产，同时拥有很好的经营管理、很好的技术、市场、比较高的信誉的一个整体，是这个整体给企业带来了比较好的经济效益，买卖双方重视的便是这种经济效益。

长期不赢利或长期亏损的企业，在企业产权的转移中卖出一方没有卖出

什么经济效益（因为它本来就没有经济效益，也就出卖不了什么经济效益）。因此出售产权后卖方在经济效益方面也没有什么损失。卖方损失的就是设备厂房等物质形态的东西的价值。但是这种交易还不能说就是买卖设备、厂房等固定资产。企业买卖固定资产这种情况是常常发生的。企业从乙企业那里购买乙企业原有的几乎全部设备这种事也时有发生，而我国有些企业花钱去买国外某一企业的设备而且包拆包运这样的事我也听说过。但是我们现在说的企业产权交易指的不完全是这样一种事。亏损企业产权之所以也有人来买，那是因为买者认为买进这个企业还有利可图。在这里有各种复杂的情况，比如说他看上这个企业的财产中对他有利的东西，比如他看上它所在的位置，他可以就地改造这个企业，而他并不需要那些设备。

前一种以买卖利润性质的企业产权交易应该是主要的，是常例。后一种在我国应该说是不太少的，至少从卖主方面希望有人把自己的亏损企业买去。我估计也会有人愿意来买。一个在原先卖主手上是亏损的企业，到新的买主手里加以改造，就有可能成为赢利的企业，否则买主是不会来买的。

六、合理价格——从买主的角度来看

因此，从买主的角度来说，企业产权的价格，即他拿来购买这企业产权的钱，如果投资到其他有可能投资的项目上能够得到的效益，不比现在买到这企业产权后所得到的效益高，他就有可能接受这个价格。因此他的效益如何从买来的企业产权中产生，那是在他根据上面说的这个原则作出决定之前一定会考虑的一件事。

当他买进其产权的企业是赢利的而且是赢利较高的企业时，他会把能够取得的赢利作为决定出什么价格来买进产权的标准。这样一种从经济效益的多少来定价格的道理，马克思在《资本论》中分析资本主义地租问题时就运用过了。土地本身是没有价值的东西，土地的价格就是从在土地上的投资能带来多大的利益中倒算出来的。在企业产权交易中存在同样的道理。

在这种情况下买主也会关心企业固定资产的大小，因为这时他付出的价格肯定会比原固定资产的总额要大许多，他对这个固定资产的了解，就成了他力图降低价格的一个“理由”，而这一点在理论上实际是站不住脚的。

如果他买进的是亏损企业，这时他就没有什么利润可买。他买进企业的目的当然还是取得利润，那是他相信自己买进企业改由他经营后，可以取得利润。他之所以买进这类企业，如上面说过的那样是看出这个企业有他可以利用的某些条件，如果他不买进这个企业的产权就得不到这些条件。在这种情况下，原企业固定资产总额也不是他考虑愿意接受某种价格去买进企业产权的主要根据。因为很可能原先企业的许多设备在他心目中是没有用的东西，买了进来就准备拆除。这些设备对他是一种既要花钱买，又要花钱把他们拆除的东西，他怎么肯承认这些设备的价值呢？他肯出的价格大小也是根据他预计由此可以看到的效益的大小而倒算出来的。

上面讲的只是抽象的道理，实际生活比抽象的道理复杂得多。土地价格是如此，企业产权价格更是如此。

七、合理价格——从卖主的角度来看

我们还是从他出卖的企业是赢利企业还是亏损企业分别来讨论这个问题。

在他出卖的企业是赢利企业的情况下，他会考虑并且计算在把这个企业的产权卖出后自己将要受到的损失。这损失就是本来他可以得到的经济效益。他会要求在出卖产权所得到的价格中得到补偿。

在这里有一个数量的问题。在卖出产权后卖主得到的是货币而不是货币带来的利润，而利润不是立刻就可以取得的，比如筹办一个新企业，从投入资金到取得效益就要经过一段时间。在利息率低于利润率的情况下，卖出产权的企业如果只能得到将来他能在经营中能够取得同原先企业一样多的利润，他就会吃只能取得利息的这一个时期的利润和利息之间差额的亏。这个大损失他也会要求在价格中取得补偿——尽管这部分钱相比之下会少许多，但对这吃亏的部分，精打细算的卖主也会要求补偿。这种情况同马克思分析土地价格时有所不同，在那里土地所有者是被假定为不从事经营的人，他在出让土地后没有原先在经营中可以获得的经济收益的损失，因而他会以得到银行利息为满足。

在产权出售者卖出的企业是亏损的情况下，卖主没有既得的经济利益可损失。这时候他计算确保这个企业账面上的固定资产不因出卖而损失。因为他为了拥有这固定资产，以前已经付出了代价。尽管这些固定资产现在不能带来正效益，他仍然把它们视做自己的财产，但是这时候在买主所能出的价格只能是从他付出货币而能够取得的利润中倒算出来的，不会关心卖主所关心的这个问题。双方就从各自关心的问题出发讲价还价。在这里又有两种情况，一种是买主认为固定资产中有一部分还有用，或承认它们可以转化成自己将拥有的固定资产的一部分，还有一种情况是他认为这些固定资产对他是无用的，甚至可能还会因为要拆除而付出费用，在这种情况下他更不会把那些对自己来说是无用的设备作为自己该为之付钱的根据。

总之，在出售的是亏损企业的情况下，卖主考虑的是过去，买主考虑的是未来。

八、实际交易中买卖双方拥有的财产价值数量的变化

上面说的是从卖主和买主各自的角度来看自己认为是合法的或者基本上合理的价格，这种合理性建立在各自利益的基础之上，并不直接依据“等价交换”的原则。

我是坚持马克思劳动价值论的，我认为这是分析问题的基础。不过我认为多年以来，在我国经济学界有一些人把劳动价值论简单化了，比如他们说“价格应按照价值来确定”等。马克思在《资本论》中关于地租和土地价格的分析是他应用劳动价值论来分析比较复杂的问题的例子。

不过在这里不妨对企业产权交易中财产的价值数量的转移问题作一下分析。

还是先讲赢利企业的交易。在这里，我们可以假定那个企业的固定资产的价值量（当然是扣除了折旧之后的，而所扣除的折旧应该是符合理论上的要求的不是常见的主观决定的东西）在交易前后没有发生变化，只是经过交易这个数量的价值变更了它的所有者。在交易中买主把一笔钱付给卖主，这笔钱所代表的价值就从买主手里转移到卖主手里。由于这笔钱通常大于这个企业的固定资产总额，因此交易的结果，从双方拥有的价值来看，买方拥有的价值量是减少了，而卖方拥有的价值量是增加了。当然如果企业产权廉价

出售，就会有相反的结果。

如果卖主卖出的是长期亏损企业，情况就是另外一个样子了。这种长期亏损企业，在我国账面上的固定资产的价值总额，通常大于真实的价值，而且由于精神消耗和某些物质消耗还会不断减少。现在企业产权出卖了，由于本来就无经济效益可以出卖，在得到的价格中就其得到的货币从卖主来看是固定资产的补偿。卖主在交易中所得的货币是否高于其真实的价值，我认为有可能，但要对具体情况作具体分析，不能一概而论。

现在我们假定一种极端的情况，某个出让其产权的企业它的设备完全过时，这时候它的真实的价值就等于零。如果账面上的价值为 A，如果不出售，这个实际不存在的价值量原主认为仍在自己手里。现在这个企业的产权售出了，账面的这个 A 不再归原主所有，而这个 A 因为在实际上是不存在的，因此并没有流失，也没有“转移”给别人。在这种情况下，假定买主看上这个企业的目的只是它所占用的地皮，实际上转移的是土地使用权，从价值量关系来看同转让土地使用权一样。

实际上不会有这种极端的状况，因此通常发生在实物形态上的价值量从原主手上向买主手上转移，同时在货币形态上的价值量从买主手上向卖主手上转移，两者不会是等价的。至于情况究竟如何，还是上面说的那句话，要对具体情况作具体分析。

九、股票交易与企业产权交易

股票的持有，就是拥有企业产权的一个相当的部分。股票的买卖，就是某一部分企业产权从它原先的主人向新的主人手中转移。这种转移通常不影响企业的经营，除非股票的转移达到很大的规模，因此日常的股票交易可以不在考察企业产权交易的范围内进行研究。

在我国，股份公司上市的股票通常只是这个公司股权中比较小的一部分。大部分股份是在发行股票的企业手里，因此一般来说，只有在拥有大部分股权的企业本身把自己手中的股权转让出去时才发生上面所考察的那样的企业产权买卖问题。在这里有几种情况：原企业的控股者出让的股权数量达到自己不再是控股者的程度，这时候随着控股者的改变企业的所有者可以看做基本改变了。当然在原企业可能还拥有相当大的股权，分散的股票持有者也拥有相当大的股权的情况下，由于改变控股者，企业产权转移，同上面说的拥有全部企业产权的卖主，把这全部产权卖给买主，当然不会是一样的，但是应该把两者之间的差异视做一种数量关系方面的问题，而不是本质上的差别。

十、产权交易与所有制结构变化的关系

在上面所作的分析中我们把买卖双方都属于什么所有制性质和形式的问题抽象掉了。在现实生活中所有的企业都是有一定的这种社会性质的。如果企业产权买卖双方属于同一社会性质的，这种交易就同所有制结构变化没有关系。而在企业产权买卖双方属于不同社会性质时，这种交易就同所有制结构有了关系，但是如果这种产权交易的规模不大，而且没有某种强劲的趋势，那就还说不上因此已经发生了社会所有制结构变化的问题，只有产权交易发展到相当大的规模而且在企业产权的“大量买卖”中，有一种从甲种社会性质的企业向乙种社会性质的企业的转移时，那就有一个所有制结构变化的问题需要考察了。

我认为所有制结构变化是一个要在改革中求得正确解决的大问题。产权交易对它的影响究竟如何，这是要认真对待问题，不能简单粗糙地凭着一些主观印象就下判断。仅对情况的分析来说，企业从一种所有制形式转变成另一种所有制形式是比较容易进行分类统计的。卖主减了多少固定资产，更是容易计算的。但是卖主卖出了企业产权之后如何使用得到这笔钱却和买主买进了企业产权后如何经营，都很难进行跟踪调查和统计，而这些也会影响到所有制结构。总之，只从买卖时得到的材料来看问题是很不够的，而且只从卖主这个方面去看也不全面，这一点是必须看到的。

介绍马克思有关消费的两段精辟论述*

一些关于“抑需求”的言论，使我想把记得的马克思的两段论述找出来，介绍给读者。这两段话都在《马克思恩格斯全集》第46卷。

第一段在这本书的上卷第391、392页上。那是一段关于相对剩余价值的生产和消费之间的关系的一段论述。

“生产相对剩余价值，即以提高和发展生产力为基础来生产剩余价值，要求生产出新的消费，要求在流通内部扩大消费范围，就像以前（在生产绝对剩余价值时）扩大生产范围一样。第一，要求扩大现有的消费量；第二，要求把现有的消费量推广到更大的范围，以便造成新的需要；第三，要求生产出新的需要，发现和创造出新的使用价值。换句话说，这种情况就是：获得的剩余劳动不单纯是量上的剩余，同时劳动（从而剩余劳动）的质的差别的范围不断扩大，越来越多样化，本身越来越分化。”

过去我们学习马克思政治经济学关于相对剩余价值生产时，往往只是把这种相对剩余价值生产本身讲清楚，20世纪60年代我和苏星主编的《政治经济学资本主义部分》里就是这么写的。这里马克思讨论了相对剩余价值生产实现后的一个必然结果：新的消费层因之显示出来，不仅增加了消费的数量，而且要求创造出新的使用价值，在质上创造出新的消费需求，从而论证

* 本文原载《江汉论坛》，1995年第10期，第30、31页。

了在劳动生产率提高的条件下消费这种变化的必然性。

马克思接着写道："例如，由于生产力提高一倍，以前需要使用 100 资本的地方，现在只需要使用 50 资本，于是就有 50 资本和相应的必要劳动游离出来，因此必须为游离出来的资本和劳动创造出一个在质上不同的新的生产部门，这个生产部门会满足并引起新的需要。旧产业部门的价值由于为新产业部门创造了基金而保存下来，而在新产业部门中资本和劳动的比例又以新的形式确立起来。"这里说的"新"，我认为仍然包括数量和质量两个方面。如果旧产业部门生产出的某种产品在数量上不能满足新的需要，就要在新的产业部门去生产这种老产品，但是在新产业部门中生产的往往是在原有产品体系中没有的产品。因为老产品需求的增加是有限的，而新产品需求的增加则是无限的，而且随着新产品的增长，对老产品的需求总的说来还有减少的趋势，所以马克思也就把自己的注意力集中到新产品上来，因而接着写的一段文字如下。

"于是，就要探索整个自然界，以便发现物的新的有用属性，普遍地更换各种不同气候条件下的产品和各种不同国家的产品（例如，我国不出产夏果，腰果也只有海南一小块地方生产，于是这些不同气候条件的别国产品就进入中国市场，满足居民新的需要。中国贵州地区的蜡染就出口到欧洲和美洲，满足了外国居民的新的美的需求）：采取新的方式（人工的）加工自然物，以便赋予它们新的使用价值（这是更为重要的）；要从一切方面去探索地球，以便发现新的有用物体和原有物体的新的有用属性，如原有物体作为原料等的新的属性，因此要把自然科学发展到顶点；同样要发现、创造和满足社会本身产生的新的需要。（接着马克思又把论述转到人本身方面来）培养社会的人的一切属性，并且把他作为具有尽可能丰富的属性和联系的人，因而具有尽可能广泛需要的人产生出来——把他作为尽可能完整和全面的社会产品（视做一种社会产品）生产出来（因为要多方面享受，他就必须有享受的能力，因此他必须是具有高度文明的人）——这同样是以资本为基础的生产的一个条件。"（这里说的新的需要，当然是人的新的需要。生产广泛新产品的部门的发展，要求具有广泛需要的人，要求把这样的人作为社会产品生产出来。新的产品与使用、消费这些新产品的人，是同步生产出来的，两者互为条件，互相促进。在这里马克思高度评价有广泛需要的人为"完整的和全面的人”，把具有多种享受能力视做有高度文明的人的一个特征）下面，马克思接着写道：“新的生产部门的这种创造，即从质上说新的剩余时间的这种创造，不仅是一种分工，而且是一定的生产作为具有新的使用价值的劳动从自身分离出来，是发展各种劳动及各种生产一个不断扩大的日益广泛的体系，与之相适应的是需要一个不断扩大和日益丰富的体系。”

第二段在《马克思恩格斯全集》第 46 卷下册第 225、226 页。这几段话对于了解马克思关于消费的地位和作用的观点来说是很重要的。他写道：“真正的经济——节约，是劳动时间的节约（生产费用的最低限度和降低到最低限度），而这种节约就等于发展生产力。可见，绝不是禁欲（这两个字马克思用的是黑体字），而是发展生产力，发展生产的能力，因而既是发展消费的能力，又是发展消费的资料。消费的能力是消费的条件，因而是消费的首要手段，而这种能力是一种个人才能的发展，一种生产力的发展。”

在这里，马克思表述了这样几个观点：

1）禁欲——也可以说是“抑需求”吧——不是发展经济的条件，要发展经济只有靠提高劳动生产率，节约劳动时间，也就是发展生产力。

2）发展生产力与发展消费能力（同时又是发展消费资料）是同步的。消费能力的提高是发展生产力的前提。

3）消费能力的发展也就是个人才能的发展，它本身就是一种生产力。

在这里马克思对发展生产和发展消费的关系讲得很透彻。由于人为了发展自己而进行的消费同他享有的自由时间有密切关系，马克思接着写道：“节约劳动时间等于增加自由时间，即增加使个人得到充分发展的时间，而个人的充分发展又作为最大的生产力反作用于劳动生产力。从直接生产过程的角度来看，节约劳动时间可以看做生产固定资本，这种固定资本就是人本身。”“此外，直接的劳动时间本身不可能像从资产阶级经济学家的观点出发所看到的那样，永远同自由时间处于抽象对立之中，这是不言而喻的。劳动不可能像傅里叶所希望的那样成为游戏——不过，他能宣布最终目的不是把分配，而是把生产方式本身提高到更高的形式，这依然是他的一大功绩。自由时间——不论是闲暇时间还是从事较高级活动的时间（马克思把‘从事较高级活动’的时间归入与闲暇时间并列的自由时间的范围，值得注意）——自然要把占有它（指自由时间）的人变为另一主体，于是他作为这另一主体又加入直接生产过程。对于正在成长的人（如学生）来说，这个直接生产过程就是训练（受训练，接受教育），而对于头脑里具有积累起来的社会知识的成年人来说，这个过程就是（知识的）运用，实验科学，有物质创造力和物化中的科学。对于这两种人来说，由于劳动要求实际动手和自由活动，就像在农业中那样，这个过程同时就是锻炼。”

这两段论述涉及的不只是生产和消费问题，还有生产和消费都是人的活动，它自始至终都离不开人。

这两段话，我很少见人引证。我认为把它们引证出来，对研究我国社会主义经济问题是很有参考价值的。

“为无为”*

——有关“市场经济条件下政府作用”的一个哲理

几个月前我曾经写过一篇题为“为无为”的“超短文”①，写这篇文章时，我的心中就有一个市场经济条件下政府职能的问题。现在我想，何不就把这篇超短文拿出来与读者见面，并对这篇超短文的思想略作一些发挥呢?

这篇超短文不长，我把全文引在这里。

“《老子》② 有一个‘为无为’的提法。我们对《老子》有一个误解，把他说的‘无为’与‘消极’联系在一起，认为《老子》主张‘消极无为’。其实整本《老子》的精神是积极的，它积极地宣传‘无为’，而积极地宣传‘无为’本身就是‘为’之一种。‘为无为’用一句现在的话说，就是‘积极地不干预’，或‘积极的无为’。实行‘市场经济’有一条，就是政府要懂得对许多事应采取‘积极无为’的方法。在这里，‘积极’是根本精神，即要有一个把市场经济搞好的目的，而‘无为’是达到这个目的的手段之一。至

---

* 本文原载《南方经济》，1997 年第 3 期，第 5、6 页。

① “超短文”是我为之命名的一种文体。它的篇幅很短，限于 200 字左右，即限于 10 句左右，每篇只讲一个论点，带有格言和箴言的性质，但仍要求对所讲论点有所论述。我曾出版过一本《碎思录》，里面收入了 100 篇超短文。此文是后写的未收入《碎思录》的几十篇超短文之一。

② 《老子》或《老子道德经》是 2000 多年前中国春秋时期的一部古籍。它是与儒家地位并列的道家学派的经典。在这部书中，直接使用“无为”这两个字的地方全书 81 章中就有 9 章。至于涉及“无为”的那就更多了。直接使用“为无为”三个字的有两处：第二章“为无为，则无不治”和第六十二章“为无为、事无事、味无味”。

今有一些人似乎还不懂得这个辩证法。”

《老子》一文中的“为无为”，第一个“为”是动词，即“做”，第二个“为”是由动词转成的名词，也是“做”。“为无为”就是去“做”那个“不做”。“为”和“不为”当然是对词。不懂得辩证法持僵死的观点的人总是把“为”和“不为”看成绝对对立的东西，而在《老子》看来，“为”和“不为”是辩证统一在一起的，总是有所“为”或有所“不为”，“不为”也是“为”的一种。这没有什么奥妙，世上的事本来就是这样，问题只是有没有这种认识、这种觉悟而已。

“为”和“不为”都离不开“为”和“不为”的主体。没有这个主体，就无所谓“为”和“不为”，而且这个主体总是具体的，比如现在我们讨论的题目是在市场经济条件下作为“为”的主体的政府的作用。我们讲的“为”的主体就是政府。不过我们在讨论这个题目时，第一要看到除了“为”的主体政府发生作用外，还有客观条件、客观规律的作用。如果我们把客观条件、客观规律的作用，说成是“看不见的手”，那么作为主体的政府，则有一双“看得见的手”。不去看那双看不见的手，那就会犯夸大政府作用的毛病，同时还要看到市场经济条件下，除政府外还有其他“主体”：作为消费者的居民、众多的生产者、众多的基层经济组织等。他们也都有一双“看得见的手”。现在我们讨论的是政府的这双手，但是不能忘了其他主体、其他的手。于是就有一个政府这双手的地位与其他各主体的手的关系和彼此间相对地位的问题。政府这个主体当然是非常重要的。《老子》中讲的“为”的主体，也是统治者。这部书的作者是为统治者（圣人）进言来写这五千言的。现在我们不必去考证《老了》中所讲的“为”的主体究竟是怎样的统治者，他当然不知道近代社会中的政府为何物，但是他既然讲的是统治，他讲的“为”或“不为”的主体同现代社会中的“政府”也就有共同之处，因此我的“为无为”为我们今天讨论的问题提供的可参考之处也就更多。

同时在讨论市场经济条件下政府作用的时候，还要记得“为”也离不开“为”的客体，即“为”什么的问题。在这里“为”的客体限于社会经济生活，而《老子》泛指一切条件下的客体。老子当然不知现代社会经济生活是怎么一回事，更不知什么宏观、微观，等等。市场经济条件下政府的“为”的客体问题也十分重要，一定要分辨清楚哪些是政府能“为”或应该“为”

的东西，哪些是政府不能“为”或不应该“为”的东西。

总的来说，《老子》中所讲的“为”与“无为”肯定事物和反映它们的概念不是僵死的，相反的事物可以统一起来。这样的辩证法带有普遍适用的性质，对于现在我们正在讨论的市场经济条件下的问题也有启示作用。同时我认为还要注意辩证法中认为的真理是具体的，没有抽象的真理，因此要掌握真理，一定要对具体事物作具体的分析。所以一定要把“为”的客观条件、“为”的主体和客体等方面作具体的分析。

我认为在考察市场经济条件下的政府职能时，还首先要明确“政府”究竟指的是什么。这个问题的回答很简单：政府是国家的一个执行机构。这就是说，政府同国家不是同一个概念。国家是一部庞大的机器，它拥有强大的物质力量（其中包括能强制人们服从它的武装力量监牢等），也包括庞大的行使行政手段、管理手段的各种机构。政府就是行使国家权力的一个执行机构，它是依靠国家权力发生作用的。1983 年我曾经写过一篇《权力机构臃肿庞大、智力机构薄弱残缺》。我区分这两类机构，我认为这两类机构的作用不一样。现在我想对那篇文章作一点补充：政府应该属于权力机构，但政府也需要智力机构为自己服务，即在现实生活中的政府机构中也可以附有某种非权力的智力机构。因而我们在谈论政府职能时，常把这些智力机构的作用也包括在内，但当我们严格地谈论政府职能时，则应把这些非权力的智力机构的作用去掉，因为这些机构的作用是完全可以从政府机构中分出去的，而拥有权力机构的作用才是政府的本质属性。当然在考察政府职能时也不能不对这类机构的作用加以注意，但是区分政府机构的本质与非本质仍是必要的。

我赞成“小政府、大社会”的思想，即政府机构不宜过大。许多工作应尽量由少带或不带权力机构色彩的社会机构去做，我认为这会有许多好处。第一个好处是，居民可以少负担政府的费用。一个国家不但需要廉洁的政府，而且要一个廉价的政府。我认为“廉政”一词就应该包括这两方面的含义。而且我们还要看到，权力机构越大，权钱交易的事情会越多，包括专门从事反腐败的权力机构中也会发生腐败现象，而且越是扩大权力机构，反腐败的成本也越高。同时，权力机构越大，滥用权力和歪曲权力的事情也越多。我同意许多人的意见，对政府的要求是廉洁和效率，但廉洁和效率同政府“为”的事是否太多，政府机构是否过分庞大是有密切联系的。还必须强调一点，不论实行“大政府”或者“小政府”，政府的重要性是无可置疑的，因此绝不能提倡“无政府”。有许多事是必须运用国家权力去推行的，比如宏观调控，不运用国家权力就无法贯彻执行，政府这方面的职能就是必不可少的，反腐败斗争也是如此。又比如执行市场经济活动的“游戏规则”，也必须依靠政府采取法律手段来保证。至于那些无须依靠权力就能做好的事，就可以不被视做政府职能范围的事。是否依靠国家权力是划分政府职能与非政府职能的基本界限。因此我们要对政府的职能有充分的认识。

同时我认为还要说明一点：不论政府如何重要，它终究只是社会生活中“为”的主体的一个部分，而且还应认识到，政府的作为并不是社会进步的基础。社会进步的基础是广大群众和基层组织。而且我们还不得不承认政府未必在任何事上都能代表社会的利益。政府说自己以社会的代表者的名义来“为”，但在某种情况下，政府又不一定能代表社会的利益。因为政府既然是社会的一部分，是一个局部，那么整体和局部总会有矛盾。不过无论如何，由于政府有国家的物质力量的依靠，有法律作为“为”的依据，它的“为”带有较高的集中性，因而它的“为”与“无为”对于社会的进步就有举足轻重的作用，不容轻视。

政府的“为”与“无为”这件事理应受到学者们的极大重视。学者本身不是社会经济生活的主体，总是依附上面说的那些主体——政府或政府以外的其他主体来发挥自己的作用。既然政府作为主体的“为”与“不为”有这么大的重要性，那么市场经济条件下政府职能问题的研究，以及用研究成果来影响政府就是一个很重要的工作。由于现代市场经济问题的复杂性，学者们的研究和见解就更为重要。我认为，不同意见的讨论会有助于深化这个问题的研究，加深对辩证法的认识也会有益于我们对这个问题的研究。

《中国经济学向何处去》序*

中国经济学向何处去？这个问题中国经济学家关心，关心中国的外国经济学家也关心，非经济学家中由于这种或那种原因关心这个问题的人也不少。

是否需要把问题的范围缩小到中国经济学或理论经济学的范围？经济学是一个范围非常广的学术领域，对于整个经济科学领域的发展会有不少的讨论。这是显而易见的事，现在有比较大的分歧的是在马克思主义经济学和西方经济学之间作何选择的问题。把问题的范围缩小有利于聚焦，但是发展各门实用经济学也有很重要的意义。在经济学的研究中，实用经济学的研究方面需要投入的力量会大大超过政治经济学、理论经济学。在“经济学向何处去”的问题的讨论中，对实用经济学也讨论一下，很有好处，这也属于中国经济学向何处去的问题。因此我们要集中讨论政治经济学、理论经济学的问题，但也不一定强调缩小讨论的范围。

把政治经济学、理论经济学方面的问题概括为在马克思主义经济学和西方经济学之间作出一种选择，我认为也未必恰当。主张兼容并蓄的也大有人在，本人就是这样的一个。

经过一个半世纪，马克思主义经济学中已有不少过了时的东西，西方经

---

* 本文写于 1997 年 6 月，原载《经济问题探索》，1997 年第 9 期。

济学历史更长，也有这样的情况。西方经济学中有许多学派，马克思主义经济学中事实上也有不同的学派，因此，在经济学界一些举着马克思主义旗帜的人同另外一些举着马克思主义旗帜的人争论，一些搞西方经济学的人同另外一些搞西方经济学的人交火，这种情况不足为奇。

在政治经济学、理论经济学的领域中既然有不同的意见，就有一个对这些不同意见之间的关系如何分析判断的问题。有些不同的意见是以互相补充为主的，而有些不同意见是以互相排斥为主的。解决这个不同意见的问题的方针，只能是“百花齐放、百家争鸣”这个八个字的经典方针。不同意见，即便是互相对立、互相排斥的，争论的结果是真理越辩越明。还有一条是双方要把自己的看法说得清楚明白，便于在科学上进行一种竞赛，看看谁讲的道理更合乎实际，更合乎逻辑，谁讲的道理能够说明现实生活中发生的情况，能够解决现实生活中的问题，看看谁讲的道理能够掌握更多的群众。各种不同的意见都要接受实践的验证，而这种验证既要经得起现实生活的考验，又要经得起一个较长时期的历史的考验。

在这个如何对待马克思主义经济学的西方经济学的问题上我说过八个字：“偏爱可以，偏见不可”。我的小外孙女非非，我很爱她，但绝不意味着别人的孩子不可爱，只是我的外孙女同我生活在一起，了解她很多，而别的孩子我不那么熟悉，世界上还有许许多多小孩我甚至都不知道。因此我必然对非非有一种偏爱，但我绝不能对自己不了解的小孩有任何偏见，这只是一个比喻。在经济学上我学习马克思主义经济学的时间很长，从 1936 年读英文版《资本论》第一卷开始至今已有 60 年，选择政治经济学社会主义部分作为我的专业研究的方向也有 40 年了。我当然对马克思主义经济学很执著，非常喜爱。对西方经济学我过去并没有研究。在粉碎“四人帮”之后，我有了一种觉悟：马克思在创立自己的经济学说时，对当时的资产阶级学者所研究的政治经济学进行了大量的研究，并吸收了其中许多优秀的成果，承认他们是自己所创立的学说的来源，在今天我们没有理由拒绝对西方经济学的研究，也没有理由不把西方经济学中对自己有用的东西吸收过来作为今天我们发展马克思主义经济学的来源。因此在 20 年前我利用当时还有的那点权力支持学习研究西方经济学的工作，我自己也学了一点，可是我没能钻进去，学到的东西不多，因此我对马克思主义经济学的确偏爱，而对西方经济学就不能同样地去爱。但是对我没有研究过的东西、还不大懂的东西，不想随便发表意见，自己下决心不去对它抱有什么偏见。我见过不少西方学者，他们对马克思主义知之甚少，却随便贬低马克思主义，我瞧不起这种人的这种作法，所以我把“偏见不可”这四个字作为对待马克思主义经济学和西方经济学的一个根本态度。当然如果我对西方经济学作一番深入的研究之后，也许会对其中若干观点进行深刻的批判，那就不是偏见，而是一种科学的态度。当然经过一番研究，我也会对其中某些优秀的东西更为喜爱。

我本人还有一种状况，现在我在研究中国和世界经济关系和它的历史发展时，离不开马克思主义关于生产力和生产关系、经济基础和上层建筑这些概念范畴，离开了这些，我的思想就不能运动，而在考虑有关市场经济的操作和对一国的具体经济状况进行分析时，我也离不开西方经济学中用的那些概念和某些理论框架，我认为我的这种状况是一种合理的状况。

当然我无意要求别人像我这样，我并不足为法，每个人都会找到自己最好的方法、最好的途径。

我认为每个人可以自己选择自己认为最好的道路。在接受怎样的经济理论上也是这样，在如何看待中国经济学向何处去时也是这样，而在经济学的相互关系上，在经济理论上要求贯彻“百花齐放、百家争鸣”的方针，在对待中国经济学向何处去这个问题的讨论中也要求贯彻“百花齐放、百家争鸣”的方针。

我认为这本书的编辑者和出版者的指导思想也就是“百花齐放、百家争鸣”这八个字。

大题目小议论*

——关于社会主义所有制结构（五则）

最近，我写了一篇《于氏简明社会主义所有制结构辞典》初稿，还没有最后定稿。其中我写了30个条目的释文，作了13条注释，还插入5则条目释文外的议论。全文3万多字，现在先把其中5段议论送给《马克思主义与现实》，与读者见面。这篇辞典尚未最后定稿，这5段议论也不能说是最后定稿，现在拿出来发表也是为了征求意见。

一、一定要区分一般的公有制和社会主义的公有制

有一种十分流行的说法：公有制是我国社会经济制度的基础。许多人这样说，本意是为了简化。但是，我认为应该先把本义准确地交代清楚才能作这样的简化。因此，宪法第五条上的公有制前面的“社会主义”四字是不应该随便“简化”掉的，理由为：不加上“社会主义”或“社会主义的”，容易被人理解为“一般的公有制”，而一般公有制的存在，不是社会主义的本质特点。中国古代人们说“普天之下，莫非王土；率土之滨，莫非王臣”，这里说的“王”就是奴隶主国家和封建主国家，那是“公”，不是“私”。《诗经·大田》说：“雨我公田，遂及我私”，不论这里说的“公”是怎样的

* 本文原载《马克思主义与现实》，1997年第6期，第4～7页。

“公”，反正是“公”不是“私”。在资本主义国家里也有资本主义国家的公有制或资本主义的国家所有制。除国家所有制外，在奴隶制社会、封建社会、资本主义社会也还有其他各式各样的公有制。比如在奴隶社会和封建社会就有某一个奴隶主、封建主家族的公有的财产。当然从阶级的观点来讲，奴隶主、封建主乃至资本家只是居民中的少数统治者，但在统治阶级内部还是有“公”、“私”之分的。比如小说《红楼梦》中所写的宁国府和荣国府的财产就是这两府的主子们公共所有的，而掌握荣国府大权的王熙凤又有她本人私有的小金库。在资本主义国家也有宗教团体、社会团体的公共财产，就是在这些阶段和社会中不属于统治阶级的人们，如俄国农村公社的农民们也有公共财产。这种古代农村公社的残余，在旧中国农村也不是没有表现的。所以，说“一般的公有制”就是社会主义的基本特征，是同历史和现实不相吻合的。在正式规定社会主义国家生产资料所有制的基础时，必须把“社会主义”四个字加在公有制之前才行。我认为在 1982 年通过的宪法——也就是现行宪法中使用“社会主义公有制”是一种进步。我们不要忽视这个历史性的成果。

在新中国成立后到十一届三中全会前的那段历史中，我国曾强调抽象的公与私的对立，曾强调“一大二公”，把是否有利于我国社会主义建设置于被忽视的地位。十一届三中全会后党已经摒弃了这种错误观点，可是至今在我国还有一些人不顾大局，对改革开放中的基本路线持相反意见，企图用姓“公”姓“私”的抽象的对立来代替“三个有利于”的原则，把“公有”强调到很不适当的地位。在这种情况下，在使用“公有制”这样的语言时，在逻辑上马虎不得，要严格。要把“一般的公有制”与“社会主义公有制”区分开来，否则很容易被主张以抽象的“公”与“私”的对立、抹杀社会主义本质特征的那些人所利用。

中国是世界上人口最多的国家。中国的国家机器是一个从中央到省、地、县、乡多层次的庞大的系统。全部社会主义国家所有制经济的财产，就归这个系统所有。但这全部财产中的各个部分，又同时分属这个系统的各部分所有，因此在中国经济学家中有人曾使用“地方国有”和“部门国有”的说法，这不是完全没有道理的。但不论地方或者部门都不可能是财产的“完全的”所有者。因为中央政府可以通过自己制定的政策和法令，特别是自己制定的税制去实现自己的所有权。

二、社会主义国家所有制只是社会所有制的一种形式

一般的国有制与一般的公有制相似，也是人类社会发展史上国家产生后各社会经济形态中都存在的东西。因此“社会主义的国家所有制”这个条目中的“社会主义的”5个字也必不可少。在释文中我还特别写清楚社会主义的国家所有制是社会所有制形式中的一种，为的是指明，不论这种所有制形式何等重要，也不能在它和社会所有制之间画上一个等号。在任何社会制度下，国家都是该社会中统治者的组织，是统治者的权力机构。在理想的状况下，在国家机器未消灭之前的社会主义社会中，也只能做到绝大多数居民是社会的统治者，而不可能是全体居民。在民主制度不健全的情况下，绝大多数居民的意志有时并不能充分地表达出来和正确地集中起来，这就是国家与社会之间不能画等号的根本原因。同时在社会主义制度下能成为统治者的这些居民们，不仅拥有国家这一组织来代表他们的利益，还拥有其他组织，这些组织同他们的利益也有着密切的联系。因此，即使社会成员的总的利益和长远利益可以很好地由国家来代表，但社会成员的利益同时也由国家之外的其他组织来代表，而且社会成员在其利益问题上也会有其本人的立场和态度，从这一点也可以说明不能在国家所有制和社会所有制之间画等号。

三、社会所有制的一个主要形式是股份制

我认为，将来我国社会所有制的主要形式之一是表现在股份公司中的股份制这种社会所有制的混合形式。

为什么能这样说呢?

从历史上说，在《资本论》第3卷中，马克思提出这样一些论点：资本主义本来是建立在社会化大生产的基础之上，也就是以生产资料和劳动力的社会集中为前提的，但是以前的资本主义一直采取私人资本主义这种形式。而股份公司的成立，使得那种本身建立在社会化生产方式的基础上，并以生产资料和劳动力的社会集中为前提的资本“直接取得了社会资本……的形

式，而与私人资本相对立，并且它的企业也表现为社会企业，而与私人企业相对立”。马克思说股份公司中的这种社会资本“即那些直接联合起来的个人的资本”“是作为私人财产的资本在资本主义生产方式本身范围内的扬弃”，“因而是一个自行扬弃的矛盾，这个矛盾首先表现为通向一种新生产形式的单纯过渡点”，“股份制度是在资本主义体系本身的基础上对资本主义私人产业的扬弃；它越是扩大，越是侵入新的生产部门，它就越会消灭私人产业”。马克思还讲道：“资本主义的股份企业也和合作工厂一样，应当被看做是由资本主义生产方式转化为联合的生产方式的过渡形式，只不过在前者那里，对立是消极扬弃的。”

当然，社会主义制度下的股份公司同资本主义制度下的股份公司在性质上是有根本的区别的，但是作为一种形式，股份公司是应该受到充分重视的，在社会主义制度下应该采用。

在比较社会所有制各种形式时，我们可以看到，第一，股份制这种所有制形式，在接纳各种社会所有制的形式方面最不受限制。第二，股份公司也适合把私人财产吸收进来使之联合起来变成社会财产。第三，股份公司也可以接纳外来资金，可以在境外发行股票。同时，股份公司这种社会所有制形式可以适合于各种生产经营的规模。股份公司的规模可以比较小，也可以很大；可以是单个的企业，也可以是集团；可以是我们中国一国的公司，也可以是跨国公司。因此我的看法是，从发展趋势来看，将来股份公司这种混合的形式将发展为在我国社会主义制度下社会所有制中的一个主要形式。

我还认为股份公司在社会主义制度下将发展得更完善。我相信经过实践中的长期探索，经过不断总结经验和科学探讨，我们会创造出更适合于社会主义建设的股份制的公司（包括股票市场）的新经验，进行这种创造，是一个极为重要的历史性课题。在社会主义所有制结构中，股份制的地位问题非常重要，涉及的问题也很复杂，研究这个课题需要投入很大的力量。

凯恩斯曾说过：“在人类几千年的商业文明中，最大而精巧的发明就是股票。”股份公司在社会主义制度下有可能改造得更加完善，更适合于社会主义制度和社会主义生产进一步发展的要求。在强调股份公司的时候我绝不忽视社会主义国家所有制的重要意义。我赞同恩格斯多次表述过的一个观点：资本主义使大量生产资料不得不采取股份公司这种社会化的形式，而在生产资料和交通手段真正发展到不适合由股份公司来管理时，国家又不得不承担起对生产的领导（首先表现在大规模的交通机构，即邮政、电报和铁路方面）。不过马克思逝世后的历史经验表明，即便在国家所有的这种特大企业中，也并不是不允许实行股份制，吸收社会和外来的资金，因此这种情况并不妨碍我们作出股份公司是社会所有制的一种主要形式的判断。

四、私有制在社会主义制度中的地位

几年前我写过这样几句话："社会主义社会也是私有公有并存的社会。""现状如此，而且应该看到，这样的局面的延续不是几个世纪（指两三个世纪）的事情。社会主义国家历史上只有想早日消灭私有财产的思想和行为，没有把私有财产消灭了的事实。只有把不论公有、私有都视做神圣财产，社会主义社会才能存在、才能进步。"在社会主义制度下私有财产必然向社会财产转化。在这里只存在社会化而不存在私有化。同时为了需要，会有新的私有财产不断产生出来。就是在高科技生产的领域中，除了由公司或科学研究机构进行开发这条主要的途径外，也会有由科学技术工作者在自己的家庭里先进行私人研制和进行事实上带有中间试验性质的生产，并在市场上销售其产品，在取得成功后再集资办大厂、大公司的情况。肯定私有财产、私有制存在的长期性，并不意味着私有的比重会得到增长。主张把公有私有都视做神圣财产，在法律上予以保护，是一回事，提倡私有化又是一回事。两者绝不应该混同。故意混同它们的思想背景，还是由于强调公私的抽象对立，而不从"三个有利于"出发，不从社会主义经济发展出发，这是不正确的。在思想上和生活中，对社会主义条件下的作为社会所有制补充和助手的私有制的歧视性的错误观点必须纠正。

在我国某一些地区，由于历史上的原因，在某些行业中，在改革中的某个特定的短时间内，如有必要，推行适度的私有化也不必大惊小怪。

五、关于改革中如何解决社会主义所有制结构问题

本文一开头就讲，"改革后的中国究竟应该有怎样的所有制结构，是继

中国社会主义经济体制改革中已经决定实行市场经济体制后，尚待解决的又一个重大问题”。要解决我国社会主义所有制结构问题，首先要对我国社会主义所有制结构的状况作深入的研究。本辞典对有关社会主义所有制结构中的若干名词概念作了我自己的解释，澄清了一些糊涂概念并且提出一些新概念、新思想，对于将来比较彻底一些解决我国社会主义所有制结构问题也许会有些用处。同时在上面关于“社会主义制度下所有制结构”那个条目的释文中，我写了一个调查研究历史和现状的框架。在对各种所有制的性质和形式的概念进行澄清之后，作好调查和统计工作，恰当地进行分析，就可以对当前我国社会的所有制结构的状况和存在的问题有一个明确清晰的了解，便于确定改革的方向和步骤。

在这里有一个问题是最重要的，那就是要回答在社会主义所有制结构这件事情上我们已经发展到了一个怎样的阶段？为了回答这个问题我们不妨回顾一下 1979 年到现在近 20 年的历史。

社会主义所有制结构方面的改革开始得很早。1978 年十一届三中全会后，改革中所做的第一件事就是在农村中针对“一大二公”的思想进行了批判，摒弃了人民公社和“三级所有”这种所有制方面当时的政策和体制，实行家庭联产承包责任制，或称包产到户、大包干。这就是社会主义所有制方面的重大改革。那一次农村中所有制方面的改革取得了有目共睹的成效，之后在农村乡镇企业中兴起，也属于所有制方面的改革。与此同时在城市所有制方面也出现了许多新的社会所有制形式，国有经济处在变化发展中。民营经济兴起得迅速有力，各地区改变了过去全国“一制一式”的局面，出现了“一制多式”，表现为深圳等经济特区和上海浦东新区的建立发展，以及许多经济开发区的建设，还表现为苏南模式、珠江三角洲模式、温州模式等的出现。在这些年中我国开放了股票市场，有越来越多的公司的股票上市……对有关社会主义所有制方面的改革要列举完全是很困难的，在所有制结构改革方面，今天人们正在实践中推进这方面的事业，不少有关所有制改革的问题在探索和实践中试验着，有一些措施步骤正等待着作出决定。总之，应该承认这十多年中我国所有制改革方面的进步是很快的。

在认识方面，人们对社会主义所有制改革的觉悟也有了很大的提高。实行以社会主义公有制为主体、多种经济成分并举方针，也已获得广大人民、广大知识分子、各民主党派、各社会团体的共识，许多理论问题、原则问题，包括基本理论问题和根本原则问题也在研究中。

但是因为这个社会主义所有制结构问题实在太重要了，涉及的面也太宽了，还有许多问题并没有解释。同时在这方面人们有各种各样的议论。由于不少问题还没有在理论上讲清楚，加上经验不足，有些重要的法律也没能制定出来，甚至由于一些人的行为，把本来早就已经解决了的事情，当做“问题”又重新提了出来。总之，在有关社会主义所有制结构的问题中，不仅涉及某种所有制形式的比较具体的问题尚没有解决，而且整个说来，社会主义所有制改革这一重大问题也还存在着系统性理论很不足的问题。连对“社会主义公有制＝社会所有制”这样最基本问题的看法也尚未取得共识，对“一制多式”问题也没有从理论上明确地肯定。至今有人不满意给特区以特殊政策，中央多次会议提出特区政策不变的问题仍未解决。股份制、股票市场、产权转移等问题更是被议论纷纷。在公与私、国营经济与民营经济的问题上，对民营经济歧视的观点仍然时有表现。看来现在到了做好准备，系统地、全面地解决这个问题的时候了。十一届三中全会以来十八九年的进步应该视做为解决这个问题所积累下来的成果。应该把前十八九年的经验很好地进行总结，再经过一段时间的深入研究和广泛讨论，得出像在我国建立社会主义市场经济体制那样的历史性、理论性的结论。

这就是研究当前有关社会主义所有制改革的发展阶段问题所应该考察的历史和当前的事实。

根据我的观察和思考，我认为，要解决社会主义所有制问题，需在以下三方面作出重大的努力。

一是要在指导思想上求得更进一步的明确和强化。那就是要坚决贯彻生产关系必须适应生产力发展的要求的原则。对各种性质的所有制和所有制的各种形式，以及整个所有制结构，都要遵循这个指导思想，而不能接受其他错误思想。有人散布一种错误观点，即用公与私的抽象对立来取代邓小平提出的“三个有利于”的原则，其实这就是改革前“一大二公”思想的翻版。这是一个意识形态方面的问题。解决这种意识形态方面的问题，可以说是最容易的，因为这不需要投入大量资金，也不需要培养众多的合格人才，而且效果是会非常显著的，可以有效地促进经济的发展。邓小平“南方谈话”

前，当时我国的经济形势并不特别好，这是大家都知道的，可是那些重要讲话一传出来，就解决了许多意识形态方面的重要问题，一下子出现了经济大发展的形势，这也是大家都看得见的（唯独有些“左”得可怕、别有用心的人至今不赞成）。但是解决意识形态的问题也许又是“最困难”的，因为往往思想上没有开窍，或者被不正确的观点束缚了，思想认识上不去，下不了决心，经济的发展就受到影响。

二是要深入进行理论上的探讨，目前在有关所有制结构改革方面，理论研究还是比较薄弱的。别的不说，我在写这个简明辞典时就感到有一些问题自己也还没有说得十分清楚。现在许多事情我们做了，也收到了成效，但是没有说清楚其所以然。还有一些事情可以看出必须要进一步在理论上深入和发挥，拿出新的创造性成果来。只有在这些方面有进展，才能使人们获得共同的认识，以坚定的步伐把这个事业推向前进。

三是要勇于创新、勇于试验。这是改革的本性所决定的。我国由于历史上长期拒绝实行市场经济，有许多事情没有经验。比如在我国发展股份公司势在必行。如果认为股份公司还可能是改革后我国社会所有制的主要形式，那就更需做好准备。发展股份公司的一个条件便是要有股票市场。我们对股份制和股票市场毫无经验，只有向西方国家学习，学习他们 100 多年来的经验。但是我又觉得资本主义国家股票市场的状况恐怕难以同中国以后发展起来的市场相适应，还必须有很大的改进。可是在经验不足的情况下，随便去做这种改进，是带有很大的冒险性质的，必须十分慎重，绝不能鲁莽从事。这就要长期积累经验和进行深刻的理论思考。这样的工作现在恐怕还不可能提到议事日程上来，但是精神上需要有这种准备。

总之，贯彻和实行社会主义制度下所有制结构方面的改革是建立市场经济体制后又一个重大的改革课题。首先要在理论上认识这个问题的本质和重要性，同时要在实际工作中对行之有效的措施继续推进。

在厦门我开始发表关于社会主义发展阶段的新观点*

1982年在参加党的第十二次代表大会之后，我离开了现任的国家科学技术委员会（简称国家科委）和中国社会科学院负责工作的职务，退居二线，当选中央顾问委员会的一名委员。因此我就有更多的时间思考和到各地考察。于是在这一年的十月我作了一次南方沿海城市的考察。我从广东湛江出发，经过佛山、广州和汕头，坐汽车进入福建，经过深圳到了厦门，再从厦门到漳州、泉州、湄州湾、福州，最后从福州到宁德福鼎进入浙江温州，只是没有再去台州、宁波就离开沿海去江西了。

在厦门，我在厦门大学第一次发表了我对人类社会发展史的一个见解。在那次演讲中我告诉听众，早在20世纪50年代初的1952年我在北京作的一次报告中提出了一个问题：大家都说人类社会的发展是"从原始共产主义社会经过私有制社会最后发展到共产主义社会"的。在这个公式中前面的这个"共产主义社会"有"原始的"这个限制词，而后面的那个"共产主义社会"没有。我问在它之前是否也需要加一个限制词呢？接着我说，我在1952年的那次报告中只是提出问题，并没有作出回答。不但如此，而且从1952～1982年的30年中，我也一直没有作出回答，只是在那次演讲前不久，我看到有关的一个材料，才知道在"科伦审判"中有一位参加共产主义同盟的盟

---

* 本文原载《中国经济问题》，1998年01期，第11～14页。

员在审判过程中所作的证词里说，马克思的纲领是要建立一个“社会共产主义共和国”。受到这一材料的启发，我想在后面的“共产主义社会”前可以加上“社会主义的”五个字或者“社会”两个字。这样原来的公式就变成“从原始共产主义社会，经过私有制社会，最后发展到社会共产主义社会”。在厦门的那次演讲中我对这个新的改动作了一通解释。我的那个演讲后来被整理成文字，发表在 12 月 26 日厦门大学出版的《中国经济问题》杂志上①。

自从这一次突破本人原先接受的那些说法之后，我就开始了对社会发展史进行自己独立的思考。1982 年后我的认识就有了很多的变化和发展，15 年来我的认识的进步表现在这样几个方面。

1）我对人类最早的社会是“原始共产主义社会”的说法，提出了问题。在这个时候社会中没有财产也没有财产的观念，因此，也就说不上什么“共产主义社会”。而且马克思、恩格斯只是偶然地用“原始共产主义社会”这个词。他们用“原始共产主义”这个词时，多半讲的是原始共产主义的思想。客观地来概述原始社会，我认为与其说是共产社会，不如说是无产社会。

2）到了原始社会末期，人类社会发展过程中产生了私有财产。在有了私有财产之后，原来原始社会中使用的生产资料也具有了财产的意义。原始社会中的非私有的财产，就在与新产生出来的私有财产的对比之下，作为一种反射构成了公有财产。原始社会末期、奴隶社会、封建社会、资本主义社会、社会主义社会有私有财产也都有公有财产。

3）这五种历史上存在过的社会经济形态可以分为两类：一类是，在这些社会里，公有财产是主要的基础，同时有私有制与之并存。还有一类是，在这些社会里，私有财产是主要的基础，同时有与这些私有财产相应的公有财产，或者还有同这些私有财产不完全相应的公有财产。前一类是原始社会（当然说的只是它的末期）和社会主义社会。后一类包括奴隶社会、封建社会与资本主义社会。后面的这三种社会经济形态，由于也存在某种公有财产，最好不要简单地称它们是私有社会，似乎称作私有为基础的社会更好，而且在历史上这些社会经济形态中的私有和公有又有很多不同的状况。奴隶

① 编者注：1982 年 10 月 26 日在厦大发表的演讲在 1983 年 1 月 20 日出版的《中国经济问题》第 1 期上发表。

社会、封建社会和资本主义中的私有各不相同。举例来说，在奴隶社会中，奴隶本身就是奴隶主可以任意处置包括可以杀死的财产。在封建社会中，农奴虽然仍旧没有人身自由，并且可以看做封建主的私有财产，封建主之间可以对其进行买卖，但不再可以被封建主随意处死了，农奴本人也可以拥有一些私有财产。在资本主义制度下工人有人身自由，不再是他人的财产。他们只是出卖自己的劳动力。同时，同属一种社会经济形态，比如同属奴隶社会，新中国成立前，四川大凉山地区，它的社会情况同秦始皇统治下的秦代、希腊的城邦国家社会就有很大的区别。

4）把上面说的五种社会经济形态合在一起可以称作有财产的社会，它们都可以称作公有财产和私有财产并存的社会。

5）历史上这五种社会经济形态彼此是以不同性质的公有和私有，以及以公有、私有在所有制结构中不同的地位和彼此间不同的关系来区分的。

6）人类社会发展到很后很后，整个社会又会成为没有财产、没有财产观念的社会。这里说的没有财产观念的社会，是指在那时在现实生活中财产观念已经不起作用。但是那时的情况与原始社会时的情况又有很大的不同：在漫长的原始社会中，人类根本未曾有过财产，当然也就没有财产观念，而在遥远的未来社会虽然在实际生活中财产已经不再存在，谈论它毫无意义，但是人类毕竟已经经过这么长时间的有财产的社会，因此人们在谈论历史问题的时候，或者把他们当前的社会经济生活与历史上的社会经济生活进行对比的时候，就会运用财产的观念。不过那时财产既然已经不在实际生活中起作用，那么随着时间的向前推移，历史上形成的财产观念也会逐渐被淡忘。因此人类社会发展到那样的程度，那时的社会也就不应该被称为共产主义社会。

7）有了这六点进步，我在厦门大学演讲中自己改过的那个公式现在就改成了“人类社会从没有财产、没有财产观念的社会，经过因私有财产的产生而形成的私有财产、公有财产并存的社会，又发展到没有财产和没有财产观念的高度发达的社会”。最后那个社会是最初那个社会的否定的否定的肯定。

8）“共产”是社会发展史中的一个过程，是人类社会未来发展历史中的一种转折，是人类社会从有财产的社会转变成没有财产的社会的一个历史性的行动。这个行动直接的真正的开始，要在很久之后，这个过程也需要经历一个相当长的时间才能完成，而且“共产”这个行动取得成功之后，还需要巩固和完善。为了巩固和完善已经取得的成功又需要相当长的时间。共产主义行动取得成功和进一步完善和巩固，即共产这个行动的成功和巩固，需要整整一个历史阶段。这个历史阶段我认为可以称作本来意义上的共产主义社会。

9）以上的思想倒是同马克思 1844 年经济学哲学手稿中所写的这一段相一致。那段话是：“社会主义是人的不再以宗教的扬弃为中介的积极的自我意识，正像现实生活是人的不再以私有财产的扬弃即共产主义为中介的积极的现实一样。共产主义是否定的否定的肯定，因此它是人的解放和复原的一个现实的、对下一段历史发展来说是必然的环节。共产主义是最近将来的必然的形式和有效的原则，但是这样的共产主义并不是人类发展的目标，并不是人类社会的最终形式。”①

10）在完成“共产”、巩固“共产”这个过程之后，人类社会还要不断发展。人类社会的生产方式、交换方式、分配方式、消费方式（生活方式）还会不断变化。

11）于是我又在这个方向上进一步思考。现在我的思考前进到这样一个程度：我不赞成把社会主义视做共产主义的低级阶段。这个观点是列宁在《国家与革命》中提出的，但是列宁在《国家与革命》中把社会主义视做共产主义初级阶段时不但没有论证，也没有进行说明。他的理由只有一条，当时人们把这个阶段的共产主义“通常”称作“社会主义社会”。我认为列宁这个说法不可取。马克思、恩格斯从来没有在列宁所说的那个意义下使用的“社会主义”这个词。列宁所说的“通常”中竟把马克思、恩格斯对“社会主义”一词的用法排除在外。而且之后列宁在成立第三国际时，摒弃第二国际“社会民主主义”这个名称时对“社会主义社会”这一名词的理解就是如此。我主张马克思、恩格斯对“社会主义”一词的用法。

12）从整个社会发展的观点来看，在“共产”之后，社会主义还将进一步发展。因此社会主义有两大发展阶段：一是“共产”以前的社会主义社会，二是“共产”以后的社会主义社会。如果把“共产”以前的社会主义社

---

① 参见《马克思恩格斯全集》第 42 卷，第 131 页。

会，视做社会主义的低级阶段，那么“共产”行动成功后的社会便是社会主义社会的许多一个比一个高级的阶段，这是我对社会主义大发展阶段的看法。“共产”以后的社会主义社会是一个无限发展的过程。而8）中所说共产主义社会是作为“共产”以前社会主义低级阶段向“共产”后的社会主义更高阶段前进的中介的环节。

13）在有无“最高纲领”或“最终目标”的问题上我完全同意恩格斯的说法。1893年5月11日法国《费加罗报》的读者见到恩格斯，提出问题：“你们德国社会党人给自己提出什么样的目标呢?”恩格斯回答说：“我们没有最终目标。我们是不断发展论者，我们不把什么最终规律强加给人类。”①地球上的人类社会是不断向前发展的，因而我们的目标也就会一个比一个高，无所谓“最高”或“最终”，除非地球接近毁灭，而到了那时就没有什么纲领和目标可言了。

我的思想上的这样的进步过程，在厦门大学的那次演讲可以说是一个起点，因此我就在这次参加环境模范城市考核工作过程中写了这样一篇文章，而把15年中我在这个问题上所获得的进步作上面那样概括性的叙述的念头，也是这次在厦门工作的三天中产生的，并且就在厦门动笔来写，回北京后又接着修改补充。

我想把上面那些尚未完全成熟的想法，在15年前开始发表关于社会主义发展阶段的新观点的厦门大学经济研究所主办的《中国经济问题》上发表，以作为纪念。

---

① 参见《马克思恩格斯全集》第22卷，第628、629页。

关于消费经济结构研究的四个角度*

一

我认为消费经济的研究者，对我国居民生活消费结构的研究应该加强。

对这个问题我倒是一直很注意的，10 多年前我就提出过要对这个问题认真地进行讨论。我记得 1986 年尹世杰教授在湖南组织并主持了一次“消费结构理论讨论会”，我曾写过一封 400 多字的信，后来发表在《消费经济研究参考资料》1986 年第 5 期上。我写过这封信，但是这封信现在一下子找不出来了，《于光远著作目录》中把这封信收入了。人们都还会记得那时正是有一种说法很流行的时候，即认为我国不能再强调消费了，中国出现了一种“消费早熟”的不好的现象。我当时发表了一个意见，认为“我国未发现消费早熟”，并且就用这几个字为题在 1986 年 8 月 28 日的《人民日报》上发表了一篇短文，同时又写了《关于消费理论研究的一封信》，发表在《消费经济研究参考资料》上。关于消费结构问题，我国消费经济研究者是作过一番研究并进行过讨论的，但这个问题的研究至今没有充分展开，更说不上获得共识了。而这个问题在我国实行市场经济体制后应该得到比以前更多的重视，尤其是今天出现消费不足，大家关心如何扩大内需的时候。我认为应该

* 本文原载《消费经济》，1999 年第 6 期，第 3～6 页。

旧事重提，开展这方面的研究，深入探讨，获得丰硕的成果，而且最好能使经济学和经济工作者在这个问题上取得共识。

二

在这里不妨讲一段关于“恩格尔系数”、“恩格尔规律”的问题。

回想起来，这是我最早接触到的经济学问题了。大概在 1929 年或者 1930 年我初中毕业后不久，记不清楚由于什么偶然的原因，我读了一本李权时写的经济学的教科书。这本书写的其他内容我一点也不记得了，却记得其中讲了恩格尔系数和恩格尔规律。李权时的这本经济学是很粗浅的，其中讲的恩格尔系数、恩格尔规律也是很粗浅的。但正因为是很粗浅的，我就看懂了而且记住了。那时我还不知道世界上有马克思和他的战友恩格斯。我 17 岁进大学后才听说这两位大师的名字，而对他们有了点了解还是 19 岁以后的事，因此我在最初知道恩格斯时，我还以为他同恩格尔是同一个人，以为恩格斯在同马克思一起建立马克思主义经济学的同时，还顺便研究过工人消费生活问题，从而发现这个“规律”的呢。后来才清楚恩格尔和恩格斯都是德国人，都是研究经济学的。他们的名字只差“s”一个字母，恩格尔的德文是 Engel，恩格斯的德文名字是 Engels，而且两人的年龄相近，恩格尔比恩格斯小 1 岁，死得也比恩格斯晚 1 年。还有一条，恩格斯研究过英国工人阶级的状况，恩格尔也研究过比利时工人阶级家庭的生活。这是我有一回想到我曾把两人视成一人时查了一下材料弄清楚的。但是恩格斯在著作里一次也没有提到恩格尔，似乎一点都不了解他。

恩格尔系数是这么一回事：恩格尔是德国社会统计学派中社会科学派的代表人物（我对统计学的学派不熟悉，说不清恩格尔所属的那个学派是怎么一回事）。如果我少年时的记忆不错的话，他的一个重要贡献就是把家庭支出分为食物、衣着、居住、燃料和杂支五项，并计算出这五方面的支出在家庭全部支出中所占的比重，这个比重后来就被称为恩格尔系数。恩格尔又在对比利时工人家庭生活的研究中发现这样一种规律，那就是家庭收入高而支出也大的家庭，食物支出的比重就小，即支出总量越大，食物的比重越小，反之食物比重越大。这个规律人们就称之为恩格尔定律。我还记得他在讲这个定律时还说，随着家庭总的支出越大，杂支这项占的比重越大，反之越小，而居住和燃料也随总支出的增加而增加，但比杂支增加的幅度要小。关于衣着他怎么说我就记不得了，这个道理我认为是很明显的，但他不是凭印象来说，而是根据大量统计数字得出的结论，因此我还是肯定他的。不过我认为发现这样的规律实在不稀奇。我自己也有点奇怪，少年时的事情会记下这么多。我对这个规律之所以记得比较牢，大概就是因为道理特别粗浅和认为这样的定律的发现太不稀奇。但是我还是不敢相信自己的记忆会很准确，希望读者不要完全相信，但是因为我手边缺乏必要的资料，查找也不方便，只好这么写了。

后来，不知多少年之后，我想到恩格尔系数和恩格尔定律时，认为恩格尔对消费的五分法只适用于比较落后的社会经济生活，对于后来发展起来的社会经济生活，对于现代社会就显得过时了。但是他采取的方法我认为并没有过时，今天如果不用这种五分法，可以采取别的分法，但我们要有一个家庭消费结构的概念，并且对它进行适合于今天的理论和方法的研究。我认为这在市场经济条件下是对实践很有意义的一种研究。我认为这种研究并没有多高的难度，但是必须认真细致地做。这就是我多年强调研究消费结构的基本观点。

这些年来我想了不少与消费结构研究有关的问题。我认为研究这个问题不止有一个方向、一个角度，而是可以有几个方向、几个角度的。今天把我想过的问题汇总一下，可以有五个或者更多的方向和角度，现在容我一个一个简单地陈述一番。

三

第一个研究消费结构问题的方向和角度是把个人生活消费资料分做“生存资料”、“享受资料”和“发展和表现自己的资料”。这个三分法是与恩格尔同时代的人恩格斯在他的著作中讲过的。我记得恩格斯在两处写过几乎是相同的语言，有一处我记得清楚，那就是 1891 年 4 月 30 日他写在《雇佣劳动和资本》导言中的。在这个 6000 字的文章的最后一段，他写道：“一个新的社会制度是可能实现的，在这个新的制度下……在人人都劳动的条件下，生活资料、享受资料、发展和表现体力和智力所需的资料，都将同等地、日益充分地交归社会全体成员分配。”① 恩格斯的这个看法可以看做他本人1844年在《共产主义原理》中回答第20个问题时所写的那段话的具体化。这段话是，在新社会“经济危机将终止扩大的生产，到现今的社会制度下引起生产过剩，并且是产生贫困的极重要的原因。但是到那时候，这种生产就会显得十分不够，并一定要大大扩大，超过社会当前需要的生产余额，不但不会引起贫困，而且将保证社会全体成员的需要，将引起新的需要，将创造出满足这种需要的手段”②。

我认为这个三分法不论是在资本主义制度下，还是在社会主义制度下，都是分析消费结构的基本理论框架。恩格尔把生活资料分做食物、衣着、住房、燃料、杂支等，给人的印象是全凭生活常识，没有更深一层理论上或原则上的考虑，恩格斯的三分法倒是从人生的几个基本需要中推导出的，它可以帮助我们进行研究。恩格尔系数与恩格尔定律中的食物、衣着、住宅、燃料四项基本上属于生存资料。所谓“基本上属于生存资料”，就是说也可以包括一部分享受资料（但不会包括“发展和表现资料”）。特别对生活水平高的居民来说，如食物中的高级菜肴、高级酒，衣着中的高级服装，以及高级住宅。但是对一般的家庭来说，还是属于生存的资料占更大的比重。而在杂支中虽然不少仍属于生存资料，但属于享受、发展和表现需要的生活资料大都归入这一类。尤其在一个开支低的家庭，也就是比较贫穷的家庭里，这四项中生存资料占的比重更大，食物尤其如此，恩格尔定律的根据也就在这里。

按照这种三分法，在研究比较发达的社会时，恩格尔的支出分类就应该重新考虑，即使食物、衣着、住房等不变，而杂支一项就肯定有必要大大扩大，应该分出好几类才能反映较发达社会经济生活的特点。

在指导社会生活的实践、指导发展经济提高居民生活水平的实践中，按照恩格斯的这种三分法来研究消费结构也有基本的指导意义。

1）按照这种三分法的思路来考虑问题，生存资料的满足应该得到基本

---

① 《马克思恩格斯全集》，第22卷，第243页。

② 《马克思恩格斯全集》，第4卷，第22卷，第369页。

的考虑。因为只有一个人生存着的时候才谈得上享受、发展和表现自己。生存资料就是为了生存而必要的资料，问题是“生存必要”这个概念不只是生理上的，它也带有社会的性质。比如，穿着褴褛的衣着也不至于冻死，我在巴黎和旧金山见过露宿街头的流浪汉，他们也还活着，但能说他们已经得到了必要的生存资料了吗？所以在对生存资料的满足作基本考虑的时候，还应该看到它也不是固定不变的，生存资料的品种质量和数量都会随整个社会经济水平的提高而提高。马克思在《资本论》第三卷中写道，不非经济危机时工人阶级还可以有数量极少的可怜的一点奢侈品，而经济危机一来就根本谈不到奢侈品的消费，必要的生存资料也受到威胁。在整个社会生活水平提高的情况下，过去某些视做奢侈品的东西，现在应视做必要的生存资料。

2）满足享受需要的生活资料在社会经济生活有了进步的情况下就应该比以往占到更重要的地位。生存资料的需要是有限的，如吃饱了，营养有了基本的保证，就可以视为生存资料得到满足，可是作为享受资料就还没有得到满足，还要求吃得更好。因此享受的需要较少受限制，它有大大扩大的前景。而吃这方面的享受还是受较多限制的，因为一个人的胃口还是有限的，其他方面的享受受限制就少多了，因此在满足享受需要方面就大有文章可做，可以以此来对生产流通起经常的有力的推动作用。

3）至于发展和表现的需要，更是有无限的前景。在信息时代和知识经济时代，发展这方面的需要更是一种适应当前时代特征的需要，而且作为消费者的人，在社会上同时也是一个生产者，他本人才能的发展，他的才能和优良的个性，因为得到表现的手段为社会所承认，对个人来说会增加收入，对社会来说会促进经济与文化的发展，这会从消费和经济增长两个方面发挥积极作用。

从这三点来说，我认为恩格斯有关这方面的论述虽然只有很少的几个字，但是应该充分得到重视。在我们在要做的消费结构的研究中应把它提高到首要的地位。

四

第二个研究消费结构的方向和角度是我提出的“四货说”。

什么是“四货说”呢？前些年，我从现实生活中概括出这样一个道理，可以把生活资料分做“进身货”、“包身货”、“显身货”、“扩身货”四大类。

第一类“进身货”是进入人的身体的物质资料。食物、药物、烟酒等嗜好物，装进人体中的心脏起搏器、人工关节等都属于我说的“进身货”。我说进身，不是进口，是因为进入身体的渠道很多，通过口进入食道和胃肠是最多的，可是即使是食物，有的病人也要通过管子进入食道，有的病人通过肛门进入肠道。而用注射方法把葡萄糖打到血管里去也是获得营养的一条渠道。进入人体深处的渠道还有许多条，男女有所不同，不必一一列举。还有只是进入人体浅层的物质资料，如保护或治疗皮肤、黏膜、毛发的物品也应视做“进身货”。“进身货”中气体、液体、固体都有，它们大都和人体起化学反应。很多“进身货”属于恩格斯说的生存资料，也包括不少享受资料，有些还是对人身健康没有好处的，如烟。至于毒品，它也属于“进身货”的范畴，但是是我们所反对乃至为法律所禁用的。

第二类“包身货”是指构成人的人工环境的物质产品，包括贴近人身的衣着和家具，以及附着于家具的物品，如床上用品，也包括家庭的生活环境，如房屋、灯光、空调和院落空间及绿化，还可以扩大来说包括整个居民点，城市和乡间，以及其他对人体产生作用的那些人工环境。只不过后者不能完全包括在生活资料范围之内罢了。人不能离开人工环境，它们已成为必要的生存资料，不能设想人可以离开人工环境活下去。当代人对“包身货”的要求越来越高，“包身货”的种类越来越多，不断出现新的产品以满足新的要求。

第三类“显身货”，它属于表现资料，用来显示本人的社会地位、个性、审美观点和美化自己的面容、体态等。如果说服装用于保暖、防风、防晒、防尘、防虫等，是“包身货”，那么讲究式样、颜色、剪裁的时装就带有很大的“显身货”的性质。抹在脸上的化妆品，虽然也进入了身体——皮肤、嘴唇、指甲，但是它的主要功用是显身，高级建筑物与室内装饰也有显身的作用。显示自身的物质资料有的是在静态中使用，有的是在动态中使用，如在红绸舞中使用的红绸带，音乐家在演奏中使用的乐器。有的显身物除显身外没有其他功能，如显示自己的社会地位、财富、审美观点的金银珠宝、钻石首饰。

第四类“扩身货”，它用于扩大自己在社会上活动的范围、活动的力度。要扩大自己在社会生活中所起的作用，就要提高自己在体力、智力方面的知识、才能，这就需要恩格斯所说的表现和发展资料，同时还要依靠各种可以延长自己的五官、四肢，增强自己拥有的能量的各种工具，因此在“扩身货”的概念中包括恩格斯所说的“发展资料”。各种各样学习用的图书（包括电子图书）、教育用品、书写文印用品就包括在发展资料之中，又超出“发展资料”原有的范围，它包括与社会上其他的人交往的需要在内。现代交通与通信工具是很重要的“扩身货”，电脑今天在“扩身货”中占据很重要的地位，它的地位还会进一步提高。

以上“四货”虽然还不能完全和充分囊括所有的生活资料，但是把大多数的生活资料都已经包括在内了。我这样来提出问题是考虑到“生活”就是人的生活或以人身为本位的生活，所以作这样四方面的划分。

五

第三个研究消费结构的方向和角度是我提出的关于我国居民的五种类型：豪华型、富裕型、一般型、困难型、贫困型。达到豪华型水平的人在我的心目中不多，但在我国若干个大城市的确有若干处豪华的宾馆，其中的总统间并不是没有人在住，还有若干所豪华别墅，在若干市场中可以买到很贵的名牌服装。在我国拥有私人飞机的人虽然还没有，用最高级的汽车也可以显示其豪华型生活水平，但这在中国也没有成为一种时髦风尚，在我国消费达到豪华型的人还只是一定数量的。富裕型，包括富裕型中的上层，即接近豪华型的人是不少的，许多消费品的销售就瞄准这些人。而在我们中国属于一般型消费的人在人数上最多，可是我现在说不出一个准确的数字，我认为可以定下一个标准：城市人全年工资在多少元与多少元之间，农村人收入在多少元到多少元之间属于一般型，看看收入达到这个数字的人究竟有多少，我认为这是很容易做到的。另外我想一定有一条线来划分出在这个收入之下的贫困户，而在一般型消费的居民和贫困线以下的人之间的就属于困难户，这些困难户的形成或者是因疾病丧失了劳动力，或者因为在国企改革中不得已下了岗没有再就业，或者因为遇到了天灾或别的灾难，也有可能是历史上的原因。

我把一般型、困难型和贫困型三者统称为平民消费。我认为把一般、困难和贫困三种类型的消费的人加在一起就可以对平民消费的实际状况做到心中有数。这对于我们研究市场状况、研究生产和流通都是必要的。

六

研究消费结构还可以提出某些方向和角度，这次我就讲这“三”、“四”、“五”。“三”是恩格斯的三种生活资料，“四”是我的“四货分类”，“五”是我从我国居民消费水平的角度区分的五个类型的消费，别的问题以后再找机会来写。

可是有一点还是要说一下的，那就是我们的研究一定要遵照理论和实际相统一的思想。一方面要在理论上深入和全面展开，同时要以此为指导对我国消费的现状、存在的问题和解决的办法很好地搜集资料并进行分析，得出结论。前面几节讲的侧重在理论方面研究的问题，有利于提高我们理论研究的水平。不作那样的研究，思路就不容易开阔，也不能系统地考虑问题和用这样的观点来分析现实生活中提出的问题，但是如果我们不去用它们来研究现实问题，我们的研究就会成为空洞抽象的研究。

因此我主张我们对消费结构的研究最后还是要落实到一个可以操作、可以计算的模式，做当初恩格斯做过的那样的工作。这种工作现在有人在做，不过我们要求做得更好，有更好的理论，能更好地解决当前中国的问题。

这样我们又要从理论经济学的领域走向社会经济统计学的领域。恩格尔是一个统计学家，对于统计学与理论统计学的关系问题，早在 1978 年就有了一个我本人的观点，这个观点写在一篇题为“对作为统计概念的工资、工资总额和奖金的一个政治经济学分析”的文章中。文中我提出在政治经济学中的工资、工资总额和奖金等的概念，同社会经济统计学中的工资、工资总额、奖金等有联系但并不是一个东西。文中我写道：“我主张在经济学的概念中分出直接表示经济生活中的现实的概念作为一类，并称之为统计概念，以区别政治经济学的概念和范畴，对这些统计概念需要进行政治经济学的分析。”我写的那篇文章就是“以工资、奖金和工资总额为例说明我认为怎样来分析我称之为统计概念的东西”。文中我仅对政治经济学中的工资概念和统计学中的工资概念讲了很多可以不是一回事的道理，在这里不能去重复，不过可以举一个最简单的例子。我说，政治经济学中工资的概念是作为劳动报酬来购买个人消费品的，但在发给劳动者的工资中可以有这样一部分，如购买公共汽车月票，在坐车上班这一点上讲是不属于个人的，在实质上它是生产劳动的一部分，属于生产前的准备工作。这种费用严格说来是应该打入成本的，不能作为“劳动报酬”，但是它却在现实中，也就是作为统计概念的工资中发给工人，工人就从自己的工资中支出了①。后来我按照这个观点，建议中南财经学院的教师编写了一本《新编社会经济统计辞典》，1987 年在河南人民出版社出版。我写了一篇题为“要对统计概念作理论分析”的文章作为这本书序言。

因此，我认为前面几节我写的只是属于对消费结构作理论研究的范围，对消费结构的研究要落实到像恩格尔当年所作的那种统计学研究上来，这样才能对现实经济生活产生实际的效果。

七

关于消费结构我研究的问题很多。比如，有一个消费区域上的差异，在农村和城市中的消费不同；大城市与小城市、小集镇不同；我国沿海、沿江、沿铁路的骨干线地区与我国偏僻地区不相同；我国的东部、中部和西部也很不一样。从消费水平来看，在农村中不会有豪华型的消费，富裕型的消费也基本没有。我到过几次黄山，去黄山游览的就没有外国的大阔佬，他们耽误不起来往要用的时间，因此黄山脚下也没有豪华型的宾馆。在交通条件改进之后，这种状况也许会有变化。

我还可以讲一点，那就是在同一个家庭中不同成员的消费也会有所不同。不同年龄、不同性别、不同职业的人的不同消费也是个要研究的问题，这种研究对现实生活也有指导意义。

还有，消费由分散的个人提供和由社会集团提供也是一个问题，不是我

---

① 参见《政治经济学社会主义部分探索（二）》，第 255～265 页。

们常说集团购买力的问题吗?

消费结构问题也还需要研究，而消费结构问题只是消费经济学的一个部分。因此在这篇文章结束时我想说一句话，消费经济学的研究者，其中包括做实际工作的人，我们要做的事多着呢，大家共同努力吧!

中国社会主义初级阶段的基本经济特征*

这个问题我想大家认为早就解决了，没有什么好讨论的。人们会说，那不是多种经济——更准确地说是多种所有制经济——并存吗？我在整个20世纪80年代也是这么看的，后来逐渐觉得还要考虑。1999年我发表了《很大的题目，很短的文章》，文中写道："私有财产发源于原始社会后期。有了私有财产，原先公社共同使用的物质资料获得财产的意义。事实上的私有财产的起源，成为观念上的公有财产的起源（事实上以后也就有了公有财产，经过很长的时间）。将来事实上的私有财产彻底不存在了，观念上的公有财产也便失去其意义。整个人类社会是从没有财产和财产观念的社会最后又复归到没有财产和财产观念的社会（如果说那时还有财产观念的话，那只是在研究历史问题时使用的，在现实生活中，这样的观念就不再起作用了）。整个人类社会将在这样的（没有财产和财产观念的）社会形态下无限地发展。"

"自财产发端之后，迄今为止所有的社会都是私有、公有并存的社会。在奴隶制社会中有一个一个的奴隶主的私有财产，也有奴隶主国家的公有财产；在封建社会中有一个一个的封建主的私有财产，也有封建主国家的公有财产。这两个社会所不同的，只是在封建社会中，除封建主外，农民和其他居民也能拥有某些私有财产；而在奴隶社会中，奴隶是不能拥有任何财产

* 本文原载《光彩》，2001年第3期，第4、5页。

的。在资本主义社会中的情况也类似。只是在资本主义社会中，除被否定了私有财产（指生产资料，他们占有的生活资料也很可怜）的无产阶级之外，还有小资产者和居民中较多的个人和企业[①]，他们也可以拥有私有财产（不仅拥有生活资料而且可以拥有生产资料的所有权）。社会主义社会也是私有、公有并存的社会。有社会主义国家和各社会主义组织的公有财产，也有社会主义社会中居民的私有财产（上面说的企业指的不是公有企业而是私有企业），现状如此，而且应该看到，这样的局面的延续不是几个世纪的事情，社会主义国家历史上只有早日消灭私有财产的妄想，没有把私有财产消灭掉的事实。只有把公有、私有都视做神圣财产，社会主义社会才能存在，才能进步。"

接着我写道："一般的公有财产不是社会主义社会的特征。历史上所有的社会都有公共财产，马克思、恩格斯从来不说公有财产是社会主义的本质。在社会主义社会中的公共财产的一个特点是，除国家财产这种形式外，其他社会组织的公有财产比较发达。社会组织的财产在资本主义社会前也有，社会组织的公有财产，在资本主义社会已经有了很大的发展，而在社会主义社会中（社会组织的公有财产便大大发展了），它的地位更加重要（起了本质的变化）……关于私有是否为资本主义社会的本质，同公有是否为社会主义社会的本质一样，那也是一个应该研究（和需要说清楚）的问题。"

我这篇文章本来是一封信。1993 年中国私营经济研究会在太原开成立大会，请我参加。我因正好与别的早定下来的活动冲突，没能去成。只用了不到半小时的时间写了这封信。由于时间匆忙，后来写了一篇《对〈很大的题目，很短的文章〉的几点补充说明》，两篇合在一起用了一个"历史上和当前中国的私有和公有"的题目发表。不久前华文出版社出版了一本《东方赤子大家丛书・于光远卷》在那里很容易找到这篇文章。

我在那封信里既然讲清楚了社会主义是一个公有、私有并存的社会，我就想应该进一步说明白，社会主义初级阶段的基本经济特征是多种所有制经济的说法需要改正。接着就又产生一个问题：社会主义初级阶段的基本经济特征是什么？这几年我一直在考虑这个问题，下面这样的说法我认为是会产

① 于光远注：文中原用的"社会集团"四个字去掉改用"个人和企业"五个字。

生误导的，那就是像我国农村中的“包产到户”、这几年发展得很快的“股份合作制”等，一定不会在比社会主义初级阶段高的历史时期继续存在，还有初级阶段的所有制一定带有过渡性质。这些都是大家可以从看得到的现象中凭常识和普通的逻辑想明白的，也就是很容易从现象中概括出来的，但是我总觉得这么说理论性不够强。认识到多种所有制经济不仅是初级阶段的特征这一层，对于稳定人心就会有很大的好处，同时对初级阶段基本经济特征的探讨，对于寻找更适合现阶段需要的所有制结构也会有好处。

以上看法希望同志们补充指正。

读《资本论》杂记三则*

一、关于《资本论》的中译本

2001年10月30日在厦门王亚南诞辰100周年的纪念会上，我说郭大力、王亚南的《资本论》中译本是我国第一个全译本，也是第一个可读本。在此以前，据说不全的中译本有四种。我看过的有两本：陈启修（陈豹隐?）译的和侯外庐译的，啃了一下，很难看懂，不客气地说，实在译得不那么好。当然大意也还是能看明白的。也就根据看懂的这一点大意，1935年暑假，我和几个朋友在上海静安寺附近租了一间弄堂房子的厢房，办了一个工人识字班，自编课本，竟不顾识字的规律，按照《资本论》的体系，一开始就教学生“商”、“品”、“交”、“换”、“价”、“值”这样的字。刚20岁的我，真幼稚得可爱！可笑！

1936年我从北平清华大学毕业，到广州岭南大学任教。在清华我只读过《反杜林论》的英译本，没有读过《资本论》。我找到了一本《资本论·第一卷》，也是英译本。我只有这一卷，也就只看了这一卷。当时自己很肤浅，脑子里没有问题，自己以为看懂了。大概只是文字上读下去了，谈不到真懂，真正看懂了一些，是1941年、1942年到延安以后。那时自己的实践经

---

* 本文原载《当代经济研究》，2002年第1期，第45～47页。

验和理论水平有了提高，同时也就在这时候我得到了三联书店出版的郭大力和王亚南的中译本。我看了，做了笔记，有一部分笔记，现在还保存在我的故纸堆里，我还在书上做了些记号。这书对我来说，是第一部能看懂比较多的《资本论》。其实《资本论》的文字并不难译，关键是郭、王自己是读懂了的，因此译出来的东西别人能看得懂。

这五册《资本论》（第一、第三卷各印成两册）对我来说还有一个特别值得纪念的地方，因为它是我用自己体力劳动的收入买来的。那时在延安，党中央、毛泽东提出“自己动手，丰衣足食”的口号。我用“自己动手”生产出来的产品卖掉之后得到的钱，没有买别的，而是买了这部《资本论》。我也做到由于“自己动手”而“足食”了。不过我是把“自己动手”得到的钱，“足”了本人非常需要的精神“食”粮。因此新中国成立后延安大学向我征集纪念物时，我就把这几册《资本论》给了他们。我认为它是一件值得珍藏、供人鉴赏的文物。

二、列宁《帝国主义论》没有运用《资本论》第三卷

恩格斯在伦敦编就《资本论》第三卷并且写好《编者序》的时间是 1894 年 10 月 4 日，那是马克思去世后的第 11 年的事。两年后，1896 年《资本论》的这一卷就在汉堡的一家出版社出版了[①]。汉堡的这家出版社是最早出全三卷《资本论》的出版社。第三卷出版最迟，恩格斯编好写好编者序的时间是 1894 年 10 月 4 日。他编完这一卷后不到一年——只有 10 个月零 6 天，在 1895 年 8 月 5 日 22 时 30 分就去世了。《资本论》第三卷出版的时间是 1896 年，恩格斯本人没有能够看到这本书的出版。当然《资本论》第三卷也就只有这一版，郭大力和王亚南就是以它为原本进行翻译的。

列宁开始写《帝国主义论》的时间是在 1915 年。我用《帝国主义论》这个书名只是为了方便。列宁用的书名是《帝国主义是资本主义的最高阶

---

① 《资本论》第二卷也是这家出版社——Verlag von Otto Meissner 出版的。《资本论》第二卷恩格斯于 1885 年 5 月 5 日编完，写好序之后复印出第一版。1893 年 7 月 15 日略作订正后就在这家出版社出第二版。《资本论》第一卷第一版是在 1867 年出版的，之后在 1873 年和 1883 年 11 月出了第二、第三版，1890 年 6 月出第四版，也是在这家出版社出的。

段》，《帝国主义论》是后人的简化。到 20 世纪资本主义已经发展到帝国主义阶段的观点早在欧洲大战之前，就已经被第二国际所接受，主要是从列强瓜分世界的角度来说的。1912 年 11 月由于欧洲面临战争威胁，在巴塞尔第二国际开了一次非常代表大会。通过宣言，指出未来世界大战的帝国主义性质。在召开这个大会前的两个月（9 月），德国社会民主党在开姆尼斯已经开过自己的代表大会，通过了关于帝国主义的决议。1914 年 8 月，列宁到瑞士的伯尔尼，在大战爆发后的 9 月 28 日，为“俄国社会民主工党中央委员会”起草了一个宣言。在这个宣言中，列宁非常明确地指出：“资本主义发展最高阶段即帝国主义阶段，先进国家争夺市场斗争的极端尖锐化，以及最落后的各东欧君主国家的王朝利益，都必然促成而且已经促成这场战争。”因此像“帝国主义是资本主义的最高阶段”的断言早在那时候列宁就使用了。列宁在 1914 年 8 月到 1915 年 5 月在伯尔尼和瑞士各地演讲、写文章、写组织信，工作非常紧张。1915 年 5 月从伯尔尼到瑞士的一个小山村，在那里他写了《第二国际的破产》、《社会主义与战争》、《论欧洲联邦口号》等文章。1915 年 8 月下旬列宁到齐美尔瓦尔得参加国际会议。1915 年 12 月到 1916 年 6 月列宁先回伯尔尼，到了伯尔尼图书馆，后来搬到苏黎世，在苏黎世州立图书馆写《帝国主义论》。到 1916 年 7 月，列宁完成了《帝国主义论》这本书的写作。

我查了几本《列宁全集》，看清楚了从 1912 年欧洲受到威胁起，列宁一直在使用“帝国主义”这个概念。后来列宁在文章中使用的语言越来越接近《帝国主义论》，有的地方几乎同《帝国主义论》完全一样。列宁的许多观点早已成熟。列宁写《帝国主义论》这本书，并非为了宣布什么新观点，而是为了给自己已经定型的观点奠定坚实的科学基础。1915 年和 1916 年列宁写《帝国主义论》这本书的时间是在《资本论》第三卷编好出版八九年之后。列宁虽然看到了《资本论》第三卷，但是他没有在自己的《帝国主义论》的研究和写作中吸取《资本论》这一卷中对研究帝国主义问题非常有用的东西。我这么说的根据，是在列宁的这本著作中，没有引用马克思《资本论》第三卷，而《资本论》第三卷中叙述了比较晚的资本主义社会中的情况，如股份公司的兴起，马克思、恩格斯都给予了极大的重视。假定列宁在写《帝国主义论》时，如果他不是由于早就成竹在胸，早就已经有了结论，写作并非为了探索未知，而是为已知加强论据，如果不是革命形势如此紧迫，不允许他从容不迫地搞学术研究，如果他不是正同考茨基、普列汉诺夫进行着激烈的论战，我想他是会注意《资本论》第三卷中不能不注意的马克思和恩格斯的那些重要论述的。1939 年苏联出版了一本《关于帝国主义的笔记》，记载了列宁从几百本外文书籍、杂志、报纸和统计汇编中做的摘录、纲要、札记和表格，这个单行本我看过，可是他没有做读《资本论》第三卷的笔记。就在 1914 年他在伯尔尼的时候，列宁做过读黑格尔《逻辑学》、黑格尔《历史哲学演讲录》、亚里士多德《形而上学》和其他许多有关哲学著作的笔记，可就是没有读《资本论》第三卷的笔记。

列宁是看到了《资本论》第三卷的，而且在这段时间中他写的文章引用过《资本论》第三卷。但是他只注意书中地租论的部分，没有发现这本书当中他必须注意的一些地方。

《资本论》第三卷中对帝国主义研究有以下这样的重要论述。①有生产和企业在规模上的惊人的扩大，那对于个别资本是不可能的。同时，以前由政府经营的企业，现在是公司化了。②以社会化的生产方式为基础，并以生产资料和劳动力的社会集中为前提的资本，在这里，直接取得了社会资本（直接结合在一起的各个人的资本）的形态，而与私人资本相对立。它的企业，也当做社会的企业，而与私人企业相对立。那是在资本主义生产方式自身的界限内，把私人所有的资本实行扬弃。③实际发生机能的资本家，转化为单纯的经理人，别人所有的资本的管理人。资本所有者则转化为单纯的所有者，单纯的货币资本家。所以，即使他们所得的股息包括利息和企业利润，那就是包括全部利润（因为经理人的薪金是或被认为是某种熟练劳动的单纯的工资，它的价格，在劳动市场上，同任何别种劳动的价格有一样规定），这个总利润也只是在利息形态上，当做资本所有权的单纯的报酬来收受。资本所有权和它的现实再生产过程内的机能现在是完全分离了。这种加在管理人身上的机能，也同样和资本所有权完全分离了。因此，利润（不复仅仅是它的一部分，即利息，这种利息是由借者赚得的利润得到它的辩护理由的）就表现为他人剩余劳动的干脆的占有，是由生产资料转化为资本，由生产资料与现实的生产者分离，由生产资料当做他人的所有，而与一切在生产上实际活动的个人（由经理人下来一直到最后的日佣劳动者）相对立，发生的。在股份公司内，机能与资本所有权分离了，劳动也完全与生产资料和剩余劳动的所有权分离了。资本主义生产最高度发展的这个结果，是一个必然的过渡点，为了要把资本再转化为生产者的所有，但它已经不是被当做个别分立的生产者的私有财产，而是当做他们在共同生产上所有的财产，是直接的社会财产了。另外，那又是一个过渡点，为了要把到今天为止还是和资本所有权结合在一起的再生产过程内的机能，转化为单纯的结合生产者的机能，转化为社会的机能①。

恩格斯作为编者在马克思这一大篇话之后加了一个长注如下。“自马克思写出上面那一段话以来，大家知道，已有新的产业经营形态发展了。这各种形态，代表着股份公司的自乘数和三乘数。在今日，生产在一切大产业部门都能够用日益增加的速度来增进，但面对这种增加，对于增加了的生产物，市场的扩大却是不断地变得迟缓。大产业数月间造出的物品，使市场数年间吸收不了。此外，保护税政策又使各个产业国家和别的产业国家，特别是和英国隔离起来，并还人为地提高国内的生产能力。结果是全盘的慢性的生产过剩价格被压下，利润下降或全然消灭。总之，旧日的自由竞争制度已经到了末日，不得不公开宣告屈辱的破产。这是由下述的事实宣告的：在各国，一定部门的大产业家，组织了一种卡特尔（Kartell），为了要调节生产。一个委员会确定每一个经营单位的生产量，并且最后地分配收进的各种定单。在个别场合，还暂时成立国际的卡特尔，如在英国和德国的铁生产之间。但生产社会化的这个形态还嫌不足，个别营业单位的利害关系的对立，屡次地把它破坏，并恢复竞争。因此，在生产阶段允许的限度内，个别的生产部门，就把该生产部门的全部生产，在同一领导下，集中为一个大股份公司。在美国，这个办法的实行已经多次成功；在欧洲，至今为止，最大的一个实例，是联合碱托拉斯。这个托拉斯，把英国全部的碱生产，归到一个唯一的公司手里，个别经营——合计在 30 个以上——以前的所有者，在股份形态上，为他们的总投资保有评定价值，合计约有 500 万英镑，代表该托拉斯的固定资本。技术方面的领导，仍然保留在原来人手中，营业方面的领导已集中在总管理处手中。流动资本（floating capital）约有 100 万英镑，则在

① 马克思：《资本论》，第三卷，郭大力、王亚南译，第 556～558 页。

公众间募集，总资本合计 600 万英镑。因此，这个部门——那是全部化学工业的基础——在英国，竞争已经为独占所代替了，并且也为全社会即全民将要实行的剥夺，痛痛快快地准备好了。——F. E"①

紧接第 558 页的论述之后，马克思写了这样一句话，“这是资本主义生产方式在资本主义生产方式之内的扬弃，是一个自行扬弃的矛盾，那显然是当做一个进到一个新生产形态的单纯过渡点来表现的”。然后，开始是长篇关于信用制度“是到一个新生产方式的过渡形态的论述”。

我相信列宁如果注意到这些天才的论述，他是不会不去利用的。

在这里附带讲一点有关列宁写《帝国主义论》的故事。在新中国成立后的 50 年代，我带队专门去西欧了解马克思、恩格斯、列宁在欧洲的有纪念意义的地方。特里尔马克思的故居、乌培河谷恩格斯的家乡、伦敦大英博物馆马克思的座位、马克思墓、伦敦海德公园、巴黎公社墙……这些就不去说了。单说上面讲过的列宁借过书、工作过的伯尔尼图书馆。这个图书馆的接待人员告诉我们说，他们的规矩是借书条每年清理一次，把 5 年前的借书条销毁。列宁 1915 年在他们这个图书馆借过许多书，他们还没有来得及销毁他的借书条，1917 年俄国十月革命使列宁成为世界著名人物，因此他的借书条保存下来了。图书馆的接待人员还热情地把这些借书条拿出来给我们看，太多了，但是还是应该仔细看一下做一点笔记。可惜那时没有问一句他们那里有没有古本的《资本论》第三卷。我们还到了苏黎世，这个市的市长亲自带我们在小巷里走，到列宁住过的地方的警察局，那儿保存在着列宁住在那个地方的登记档案。只是那时候我不知道苏黎世图书馆，所以没有提出参观的要求。

三、《资本论》中译本中译错了一个词

那是个常用词，而且译错了关系不大，所以郭王本错了，以后的全集本仍旧把错译的地方沿袭下来，这个词就是德文的 eigentum。这个词可以译成“财产”，也可以译成“所有”。在有的地方也可以译成“所有制”，可是中译

① 马克思：《资本论》，第三卷，郭大力、王亚南译，第 558、559 页。

本许多地方都把它译成“所有权”。eigen 是“自己的”的意思，是个限制词，加上 tum 的词尾成了名词，但是没有“权利”、“法”的意思。在德文中有这样一个词 eigentum recht，recht 可以译做“权”，也可以译做“法”。如果把 eigentum 译成“财产”，则上面的词译成“财产权”或“财产法”都是通的。如果 eigentum 译成“所有权”，那么加上了 recht 之后这个词该怎么翻译呢？总不能译成“所有权的权”吧。

我这个人德文水平很低，可又想抠抠字眼，可我知道自己的水平，心里总是虚的。由于我这个意见说过多次，并没有人反驳我，我的胆量就越来越大。现在我把这个想法写了下来，如果不对，希望不吝指正。

关于我的“四种消费品”理论*

所有社会科学问题基本上可分为五个层次：第一，中心问题，就是一个时代的核心主题；第二，重大问题；第三，重要问题；第四，一般问题；第五，小问题。我们从事社会科学的研究，首先要抓住一个时代最核心、最重要的问题。什么是时代？可以有各种答案，我能够给出的只是其中之一。我们今天要探讨的关于消费的问题，可以说就是一个时代的问题。马克思在《政治经济学批判导言》里有一节专门讲到生产、分配、交换和消费的关系，这是马克思主义经济学里最基本的道理。马克思批评当时的经济学家，说他们太肤浅。他认为，整个生产的终结是消费，消费和生产具有统一性。但我们过去对社会主义生产的目的这一基本问题都没处理好，只是为生产而生产。所以，我要谈的有关消费问题，就是这么来的，可谓“事出有因”。

一、“四种消费品”理论的提出和演变

1996 年 5 月，中国太平洋学会在海口召开了一个以“太平洋与中国”为主题的国际研讨会。考虑到研究太平洋与中国的问题，离不开对当今世界处在什么时代的认识，因此，我作为会议的召集者——中国太平洋学会会长，

* 本文原载《北京联合大学学报（人文社会科学版）》，2010 年第 8 卷第 2 期，第 5～8 页。

作了一个主题报告，讲的就是“当前时代的质的规定性”问题。

在此报告中，我从生产关系和上层建筑的角度，指出当今世界正处在“世界历史大调整时期”。这个提法中的“世界”二字表明正在调整的范围，既包括资本主义世界，也包括社会主义世界，并且包括资本主义世界内部各国之间、社会主义世界内部各国之间以及资本主义世界和社会主义世界之间的关系。调整的内容则是资本主义世界在第二次世界大战结束后，从中吸取教训，一方面缓和国内的阶级斗争，另一方面在对外关系中更多地依靠经济、技术优势，基本上不再使用靠武力占领他国领土并使其变成殖民地的办法；而社会主义世界则陶醉于胜利之中，看不到自身弱点与资本主义世界的进步，思想上陷入直线式的错误，脱离了实际，说什么“资本主义正走向崩溃，社会主义正走向胜利”，结果却是资本主义世界上去了，社会主义世界下来了，最后才觉悟到必须实行体制改革。

改革也是调整，而且是世界历史上的大调整。调整以后，资本主义不是原来的资本主义，社会主义也不是原来的社会主义，整个国际关系都不再是原来的国际关系了。所以，我们的经济学要从原来的经济学发展到调整时期的经济学，历史学叫调整时期的历史学，政治学是调整时期的政治学。调整时期的社会学、国际关系学等许多学科都要有根本的改变。这就是从生产关系和上层建筑的角度来看“当前时代的质的规定性”。当时，我也想从世界社会生产力的现状与它的发展规律的角度来看这一“质的规定性”，并且想讲一点自己的看法，于是，提出了一个观点，即我们不但要看到“地球之小”，还应看到“地球之大”。那些年轻人总爱说这样一句话：“我们只有一个地球。”从一定要保护好地球这一点来看我非常赞成，认为非常重要。同时，我又认为，还应看到这个地球上尚未开发、利用的物料与能源是已被开发、利用的多少亿倍，因此，地球不见得很小。

至于“知识经济”这种说法，我总体上是接受的。由于那时我还没有形成一个完整的新观点，因而在会议上只零零星星地有所提及，对此我一直感到不满意。时隔不久，我看到加拿大和美国各有一个学术机构提出在发达国家出现“知识经济”的报告，就更是给予高度重视了。我有一句治学格言，即“我不使用自己没有批判过的语言”，因为使用没有经过自己批判过的语言，就意味着盲目接受别人的思想和观点。但是“知识经济”这个语言，经过我自己的“批判”，是接受了的。我所谓的“批判”一词，相当于“独立地分析研究”，不是以往政治运动里讲的那种“批判”。而且，我对此进行了进一步的研究，承认以此来看问题能比较准确地抓到当今世界历史生产力发展的大方向。我还反思自己，在1996年讨论时代问题时，之所以没有能够提出类似“知识经济”的观点，乃是因为自己毕竟还是在落后于发达国家的中国生活和工作，对当代世界已经达到的水平及未来发展前景体会不深。

我经过两三年时间的思考，逐步形成了自己的“四种消费品”理论。在这之后，我又看了好几本从国外介绍过来的关于“知识经济”的著作，但内容大同小异。我觉得它们有一个共同的缺点，即在理论阐述上，论点和论据都比较薄弱，其中包括对马克思著作中已经写得很清楚、很透彻的重要论述的无知或漠视。而它们更主要的缺点是没能对具体事物作出深刻的具体分析，得出正确结论。“四种消费品”理论是我提出的一个新的说法。我觉得用它来概括当代世界生产力的现状与发展规律，比现在国内外关于“知识经济”的诸多著作所讲的可能会更准确、更具体。

我的这个理论是在2001年年末至2002年年初形成的，但一直觉得应让它在脑子里多放一些时间，多考虑考虑它到底能否站得住脚、到底有多大价值。在这期间，我虽然在口头上同一些人讲过多次，但始终没有发表过文章，也没在论坛上作过演讲。直到有一天《北京日报》理论部打电话向我约稿，当时我刚好坐到电脑桌旁，一想何不干脆写篇短文送到报社投石问路，听听大家的意见？也许可以得到某种启发，思想上能有所进步。于是，我用了1个多小时写了1000多字的短文，在2003年1月13日的《北京日报》上发表了。

二、“四种消费品”理论的基本内容

在《北京日报》的那篇文章中，我指出“四种消费品”理论很简单，即把社会产品按其对社会生产力发展所起的作用分为四种消费品：第一种是毒品，如鸦片、海洛因、大麻、摇头丸、冰毒等，这种消费品的特点是生产、消费得越多，社会生产力被破坏得就越多。第二种包括一般的生存资料、享受资料，这种消费品生产、消费得越多，社会生产力不但可以维持，而且还可以有所发展。第三种是近代交通、通信工具。这种消费品同第二种消费品一样，其生产和消费对社会生产力所起的作用是积极的，因此生产和消费得越多，表明生产力发展得越快。同时这种消费品的消费，可为其生产起到腾出市场和刺激生产的积极作用。但它也具有与第二种消费品很不同的特点，即生产和消费它们要花很多时间，而同时又能大大提高效率，也就是说，可以生产出许许多多的可以利用的时间，从而提高社会生产力。第四种是近代的发展资料。我将恩格斯说的三种生活资料——生存资料、享受资料和发展与表现自己的资料改动了一下，把生存资料和享受资料合成我所谓的"第二种消费品"，而将其"发展和表现自己的资料"去掉"表现自己"四个字，加上"近代的"三个字，即把"近代的发展资料"称为第四种消费品。我之所以去掉"表现资料"，是因为它不是本原的东西，而加上"近代的"为的是特指或强调是当代。第四种消费品的特点是能够有效地直接提高人自身的能力。因此，这种消费品生产和消费得越多，社会生产力就发展得越快，或者可以说它的特点是消费这种产品本身就是提高社会生产力的活动。它区别于第三种消费品的地方主要在于它不是从外部而是从内部直接提高社会生产力。

此文发表后，我又写了篇幅稍长一点的文章，作为供某些有兴趣的人阅读的内部资料，交给北京开达经济学家咨询中心创办的《论坛》发表。后来有人提出把毒品作为"第一种消费品"放在文章最前面似有不妥，建议修改。起初，我拒不接受，理由是毒品在社会产品中的比重虽然很低，但对社会生产力的破坏作用很大，而且同其他消费品在对社会生产力所起作用的性质方面相比具有独特性（其他各种消费品的生产和消费所起的作用都是积极的，只有毒品才是消极的）。但最终我还是采纳了这种意见，因为这并不妨碍对自己的那些思想的阐述。于是，我把文章的次序作了这样的调整：把生存资料作为第一种消费品。所谓生存资料即指食品、服装、住房、燃料等方面，此外还包括药物和医疗等。我特别从恩格尔系数的角度来分析生存资料的变化和发展，因为目前比较发达的地区缺少生存资料的人已经很少很少。在讲"生存资料"问题时，我强调不能只讲一代人的生存，还要考虑子孙后代的生存，生存资料也存在一个道德标准问题。同时，我把享受资料作为第二种消费品。这一部分主要讲了什么是享受、享受资料以及享受资料的特殊性。由于人在肉体上和精神上有着不同的享受，我从享受的客观性和主观性角度出发，对享受的无限性、享受和欲望、欲望和需求都作了分析。前两种消费品即生存和享受资料的消费与生产几乎囊括整个国民经济。

我把近代交通工具和通信工具作为第三种消费品。从几种主要的交通工具——火车、汽车、飞机来分析其所具有的两大功能，即生产出时间。对近代交通工具所作的分析大都适用于近代通信工具，但我特别强调了更先进的通信工具及其发展前景。当然，“近代发展的资料”就作为第四种消费品来排序了。属于此种消费品的物质资料和劳务，主要包括科学研究、现代化的先进认识工具等。电脑是当代最具有代表性的发展资料。我从电脑的硬件和软件、电脑与网络、电脑和人脑的比较研究等方面充分肯定电脑的使用能使人脑得到一种解放。第三种、第四种消费品所取得的显赫地位，已使社会生产力的发展有了新的规律性。“显赫地位”的含义包括已经取得和将要取得的地位。在文章的结尾部分，我单独写了一段毒品对社会生产力所起的破坏作用。

三、“四种消费品”理论的出发点

应当说，上述“四种消费品”是根据其对于社会生产力发展所起的作用来划分的。从社会生产力加速发展的历史过程来看，人类自发现第一把石头刀、从猿变成人之后，即进入第一个速度阶段。这一时期人类社会的发展速度很慢，经历了一个十分漫长的时期。文字出现后，人类进入第二个速度阶段，如春秋战国时期的社会发展速度就有了明显的提高。第三个速度阶段的标志是资本主义工业的出现，此时的社会发展速度空前加快。现在，我们所处的时代已进入第四个速度阶段，靠的就是现代交通工具、通信工具以及现代的发展工具。

拿交通工具来说，古代依靠的主要是兽力，先是骑马，后是乘马车。古代的车最初没有滚珠，后为减少摩擦力加上了滚珠。康熙皇帝坐的马车当时还没有滚珠。船是自古就有的交通工具，已有几千年的历史，但最初的船靠的是人的体力，后来才学会利用风力。火车的出现具有划时代意义，但最初在铁轨上跑的并不是火车，而是马车。马拉着车子在铁轨上走，为的是减少摩擦力。直到蒸汽机作为动力出现，人类在交通工具方面才有了质的飞跃。但我说的第三种消费品并不是指火车、轮船一类，而是比这些要先进得多的近代交通工具。现在小轿车在城市里已被普遍使用。过去有一本小说叫《孽海花》，写的是老北京的故事。当时长安街不通，景山前面的路也不通，那是皇帝起居之地。从西城到东城，靠的都是抬轿子的轿夫。轿夫是了不起的，跑得很快。但如果上午东郊一个会，下午西郊一个会，轿夫是跑不过来的。现在不同了，坐上汽车，上午、下午的工作都可以兼顾。这个时间是靠什么生产出来的？是汽车生产出来的。所以，现代交通工具的特点是，生产它花时间，消费也花时间，但是花时间的同时又把时间生产出来了，大大提高了生产效率。现在飞机也普及了，一般飞机时速可达 800 公里。我出门最爱坐飞机，原因就是快捷、舒适。虽然有时候有空难，但毕竟安全系数已有很大保障。火车速度也在不断提高，法国、日本已有磁悬浮列车，时速都提高到每小时二三百公里左右了。

我反复强调第三种消费品的特点就是它可以生产出时间，生产和使用它的时间越多，社会生产力就提高得越多。比如说三天以后在广州要开个会，坐火车来得及，坐飞机就更来得及。如果是古代坐着马车、驴车从北京到广州，等你赶到那会或许早就开完了，许多事都做不成。时间存在长短性，还有机会、时机，失去了就很难再找到。可见，现代交通工具是从外部使得人类生产力得以大大提高的。第四种消费品，如教育劳务和教育用品、电脑和各种掌上电脑等，我也反复强调其特点是这种产品的消费本身就是提高社会生产力的活动。它与第三种消费品不同，是从内部而不是从外部直接提高社会生产力的。现在的教育工作可以直接培养出现代化的人才，电脑等现代发展工具更能提高人的劳动效率，这些都是从内部提高生产率。当前时代的特点就是从外部和内部可以同时提高劳动生产率，这类消费品已占到主导的显赫地位，使得世界历史发展的进程发生改变，即进入第四个速度阶段。

我的“四种消费品”理论实际上涉及马克思主义的根本理论问题。什么是马克思主义？我对它下过一个定义，并有如下几个要点：第一，它是马克思和他的战友恩格斯最初建立并随着时代前进而不断发展的一种社会学说；第二，这种学说以当代社会的现实与历史为对象，其目的是发现世界历史发展规律，认识世界历史发展趋势和道路；第三，这种学说可以使人正确理解什么是积极力量、代表它的都是怎样的人、他们作为主体要克服哪些困难；第四，这种学说依据对客观事物的掌握，对世界向何处去有恰当的预见，提出旨在推进历史前进的主体应该依靠什么力量，采用什么方法来奋斗，以求得一次又一次历史性的胜利。这种学说，坚持辩证唯物主义的哲学思想，强调严格的科学态度、科学精神、科学方法。因此，我的“四种消费品”理论正是反映了马克思主义理论在今天应该提出的一个重要问题。

四、使用随笔表述研究成果的好处

我将“四种消费品”理论写成随笔，而没写成学术论文，其中的好处我也想说一说。2001 年我在南京东南大学作过一个“治学态度和治学方法”的报告。在治学方法中，我提出“把自己的研究成果先写成随笔发表”。因为科学研究成果通常是以论文的形式发表，在长期科学研究的实践中，论文已形成某种格式，要求确切地表述研究后作出的结论，写清楚自己的论点及其论据，而论据的力量在于资料可靠充分、推理周密、符合严格逻辑的要求。科学界评定成果、保护知识产权也主要是依据这样的论文。这在自然科学中更加正规。但写成这样的论文往往需假以时日，不可能一下子做到。所以，可先写成随笔发表。自然科学家一般不愿意这样做，自然科学方面的学报原则上也不登随笔，社会科学和人文科学方面基本上也如此。对此我是赞成的，因为随笔就是随笔，它不是论文，不应该有论文的地位，也不应该享有论文的权利。你以随笔形式发表的观点和论据的时间如果比别人以论文的形式在学术刊物上发表的时间早，你不能说别人侵犯你的知识产权。但是，我也主张科学研究成果不妨先写随笔发表，其好处在于，一是可以早点让大家知道，早点听到别人的意见；二是可以表达一些用论文体裁不便表达的内容，如可以交代本人在研究过程中思想的发展等。关于随笔，16 世纪有个叫蒙田的法国人被认为是近代随笔之父。从 1571 年开始直至 1592 年的 20 年中，他一直连续地写随笔。《蒙田随笔全集》是蒙田去世后由德・古内小姐集成的。随笔在法文中读做 essai，英文为 essay，都来自拉丁文的 essay，其本义就是“尝试”。蒙田的《随笔集》有多种汉译本，其中一本就译做《试笔集》。蒙田随笔的特点是文体自由，不论长短，任意抒写。他读书后的感想、理解、评论，他到各国旅行中的见闻、他苦苦思索得出的人生哲理、格言警句等都一一写进《随笔集》里。蒙田的随笔内容广泛，有的很短，有的很长，短的简练明快，长的娓娓道来，都很有感染力。我说“随笔者，自由之笔也”，我欣赏随笔文体就在于它有无尽的自由。

现在我提倡科学研究成果也可以用随笔来发表，研究者可以自由地写，读者也可以自由地评论。我认为这是繁荣学术、加快发展文化的一个好办法。所以，我的“四种消费品”理论是首先写成随笔献给读者的。

谈谈刘潇然编著的《土地经济学》*

2003 年是刘潇然先生诞生 100 周年。刘潇然先生所写的《土地经济学》最初是西北农学院农业经济学会 1945 年印行的，2003 年由中国土地学会重印。在重印时，中国土地学会作了一个说明：刘潇然先生是我国著名的老一辈经济学家。这本《土地经济学》是刘先生于 20 世纪 40 年代在西北农学院（现西北农林科技大学）任教期间编著的，于 1945 年由西北农学院农业经济学会印行，全书 50 多万字。

这本书在绪论之后，分了地租、租佃制度、地价、地税、土地利用五篇，下面再分章分节，是一部巨著。我看过刘潇然同志翻译的马克思的《政治经济学批判大纲》，这是马克思在 1857～1858 年写的草稿。这个草稿的篇幅很大，刘潇然的译本就分了四个分册，这四个分册加在一起按汉字计算也有五六十万字。在 1964 年 10 月 11 日，刘潇然亲笔写了几个字，把书赠送给我。当时我只知道他的德语水平很高，译文也很好。我对这套书特别是第三分册看得比较仔细，在邓小平第一次复出时，在“科学是生产力”的问题上，因为马克思的这本书中有相关的论述，在参加胡耀邦等起草的《中国科学院汇报提纲》时，我和胡耀邦就查阅过马克思的有关论述。我当时不知道刘潇然还有《土地经济学》这本书。

---

* 本文原载《中国土地》，2004 年 Z1 期，第 32 页。

最近收到这本书，看了安希伋写的代序《重温刘潇然著〈土地经济学〉》。其中说，“刘潇然教授编著的《土地经济学》，初稿是在 1940～1941 年完成的。当时是给西北农学院（西北农林科技大学前身）农业经济系毕业班学生讲课用的讲稿，作为助教，我也随班听课。这部讲稿在 1940～1945 年连年修订补充，内容日渐丰富，逐步形成完整的理论体系”。文中还说，“这本《土地经济学》有些观点似已接近马克思的理论，如历史研究方法、绝对地租理论以及剩余利润转化为地租的论述等。可是全书却没有提到马克思的著作。我觉得这是一个疑团，很难作出判断。这里我想提出一些线索，可能会证明：在 1945 年本书完成之前，作者可能没有机会接触到一些著作，特别是《资本论》第三卷。以下三点可作参考。第一，本书作者在德国留学期间（1932～1936 年），正值希特勒当政，这个暴君用极其残酷的手段迫害犹太人，杀戮民主斗士。马克思的著作在德国流传，令人怀疑。其实，这本著作是 1940～1945 年在西北农学院写作的。从所引参考书目来看，作者显然充分使用了西农图书馆较为丰富的藏书。可是，据我的记忆，当时该馆并没有藏有任何版本的《资本论》，包括 20 世纪 40 年代初出版的郭大力和王亚南合译的《资本论》中文本”。

在这里我想讲一下我对土地问题研究的历史。我是 1941 年调到中共中央西北局陕甘宁边区研究室研究土地和农业问题的。在 1942 年年初考察了绥德、米脂地区之后，与柴树藩、彭平合写了一本《绥德土地问题初步研究》。以后，一直研究中国的土地改革问题，但是这些研究没有提高到理论高度。后来知道列宁高度评价考茨基所著的《土地问题》一书，我就想写一本土地问题的理论著作，作为我研究的重点，直到 1952 年斯大林发表了《苏联社会主义经济问题》，我才改变我的研究方向，研究政治经济学社会主义部分。列宁没能看到马克思的《资本论》的第三卷，但是研究过《资本论》的第一卷，如果刘潇然连《资本论》第一卷都没有看过，能够写出这样一部《土地经济学》，那就真不容易。照说，刘潇然应该可以看到《资本论》第一卷，我在 1936 年就读过《资本论》第一卷的英译本。我不知道刘潇然去德国以前是否读过《资本论》英译本，我总觉得刘潇然这本书中有《资本论》第一卷的痕迹。

如何看待经济形势与对策问题*

一

中国经济学家关心当前经济形势和国家对之采取的对策，是理所当然的。应该鼓励他们把自己的看法、意见讲出来，这对我国经济发展事业是会有很大好处的。这也是民主生活的一个体现，因此是很有意义的。我一直认为中国经济学家不但是重要的科学力量，而且是重要的舆论力量。政府应该保障他们的作用得到更好的发挥。

其实关心这件事的何止经济学家。广大公众对同切身利益有关的问题不会没有自己的看法。对他们的思想和情感也应该给以高度重视，在传媒上有所反映。

二

经济形势是客观存在的东西。它既然是客观的，是非只有一个标准。但是对客观经济形势进行分析、作出判断是人们的主观活动，研究和确定对策

---

* 本文原载《聪明 89》，沈阳出版社，2004 年，第 201～204 页。

就是它的后继的主观活动。对策研究就包括这两个层次的主观活动。

对策研究既然是主观活动，它必然是某个认识和实践主体的事，这个主体可以是中央政府，也可以是各级地方政府、企业、政府和企业之外的其他各种社会组织乃至个人。现在首都经济学家们正讨论的是以我国中央政府为主体的对策研究。但是经济学家并不代表政府，他们对经济进行的分析、作出的判断，是他们自己的认识活动，只是他们从事这种认识活动的目的是用自己的认识成果来影响中央政府，他们所作的对策研究，也是作为建议向中央政府提出来的。当然经济学家也关心以地方政府和企业为主体的对策研究。这种研究也是必要的，因为地方政府和企业，对它们面临的经济形势也不能不考虑要采取什么对策。在地方工作的经济学家和企业内工作的经济学家对于地方政府和企业的对策当然会比首都经济学家更关心些，那是很自然的。中国是一个很大的国家，地方经济的重要性应该得到高度重视，中国的经济学家也应该帮助地方政府研究当地的经济形势，寻求对地方经济有利的对策。社会进步的基础在基层，经济学家对企业的对策也不应该漠不关心。

附带说一句，这一段里讲的影响是从认识论的角度来讲的，它可以是建议，也可以是提供咨询服务，或是把自己的认识发表出来让它产生影响等。

三

任何经济形势都有相应的对策问题，并不只是在发生了比较严重的问题后才要去研究对策。1992 年 10 月党的“十四大”会议期间，我写了一篇题为“市场经济体制下的计划调控”的文章，文中指出：“政府的调控作用不限于针对市场调节的弱点和可能的消极作用。即使市场经济发展得很健康，也要发挥政府的计划调控的积极作用”。比如，一个人生了病，病是属于客观方面的事情，需要诊断，而制订出治疗方案，就是采取对策。这是一种情况。同时健康强壮的人也要讲锻炼、讲营养。也许有了病更使人想到要对自身的状况寻求对策，但仅仅如此，他便太短视了。现代人早已懂得在健壮时注意采取保健强身的措施。这就是说要强调经济形势与对策研究的经常性，避免“平时不烧香，急来抱佛脚”。

四

经济形势有“基本的”与“非基本的”的区别。当前中国的“基本的”经济形势是党的“十四大”的决定肯定了在我国建立市场经济体制、发展市场经济的完全合法性，从而使经济得到迅速增长。当前的问题便是大好形势下发生的问题。它是一个健壮的人所患的某种一时性的疾病。针对当前经济形势要采取的对策，也就应该是维护这种大好的基本形势，发展这种基本形势的对策：坚持改革开放，坚持市场经济，依靠深化改革，建立并完善市场经济体制来解决存在着的那些问题，并且在解决问题的过程中进一步建立和完善市场经济体制，做到国民经济稳定、持续、快速增长。当然基本形势也不是完全不可能改变的。走回头路，就会使大好的基本形势转化为不好的形势。政府当前采取的是维护基本形势的对策，大家是可以放心的，但是也不应该完全丧失警惕性。

五

有一个观点我想特别强调，即我们应该紧紧盯住经济形势的变化，采取高度灵活的措施。我认为我们当然应该针对此时此地的形势，采取必要的有力的措施。这些措施不仅在方向上要正确，而且要把“度”掌握好。经济工作，特别是宏观调控，应该是一种很细致的工作，因此需要特别注意“量”这一点，做到我们采取的措施能最有效地解决那时存在的问题。但是经济形势是不断变化的。针对变化着的经济形势而制定出的对策，也就应该是不断变化的。即便在已经采取的措施还不到应该做比较大的改变的时候，也要“微调”到恰到好处。切忌形势变化了，而措施不迅速做相应改变，导致产生新的问题。我国经常存在这样一种现象，经济生活中存在的问题长期不去解决，积累起来，等到局面严重时才去处理。在这样的情况下才去采取措施，必然引起比较大的震荡，在解决问题的过程中受到比较大的损失。同时解决问题时又缺乏必要的灵活性，旧的问题解决了，新的问题又积累起来。从现在起应该改弦更张，办法就是上面说的“紧紧盯住经济形势的变化，采取高度灵活的措施”。任何好的具体的宏观调控措施，实行的时间超过它应该延续的时间，就会由于不再适合当时形势而产生不好的结果。经济学家在谈论经济形势和对策问题时也要紧紧盯住经济形势的变化，7 月份讲 7 月份的话，8 月份讲 8 月份的话，到 9 月份就讲 9 月份的话了。

研究经济形势中的两个哲学问题*

前两天写了一篇杂谈，现在来对它作一点补充，专门讲一点有关研究经济形势的理论和方法问题。

一、首先我想讲一个“时间”的问题

讲经济形势，总离不开地点和时间，但是如果只说这么一句，毕竟太抽象了。地点还应该具体一点地说是某个区域。这个区域可以是某一个国家、某一个地区，也可以是全球或者包括若干个国家和地区的一个大区域。时间还应该具体一点地说某个历史时刻。

我用的“历史时刻”这个词也许有点古怪。我用这个词是为了把它同只讲长短不讲位置的那个“时间间隔”区别开来。当我们问办成某件事需要多少时间时，回答便是一周或者是一个月。在这里说的是时间的长短。当我们问某件事发生在什么时间时，回答便是上周或上个月。在这里说的便是时间的位置。时间的长短同它的位置两者是不同的概念，用同一个词很容易发生混淆。经济形势说的是在某个特定的“历史时刻”，在某个区域里的经济方面的或有关经济方面的状况。

* 本文原载《聪明 89》，沈阳出版社，2004 年，第 205～207 页。

我们现在关心的是“当前”的经济形势。“当前”就是此时此刻。当我写此时此刻这四个字到“刻”字的最后一笔时，是 1993 年 8 月 1 日 21 时 0 分 0 秒，这个时刻便是一个时点。但是，事物的过程总是有一段长短不同的延续，不可能是一个时点，而是一个“时间段”。因此我们说的“当前”的经济形势也就是——比如说是 1993 年 7 月份的状况。当然，利用最先进的通信工具是可以了解到当天的某些情况的，但是不可能了解得那么多。此时此刻这个时点的状况严格地说是掌握不了的。

因此在讲经济形势的时刻，就要讲清楚我们说的是哪个“历史时刻”即哪个特定的“历史时刻”的事，而且要选择得恰当，即要尽可能同此刻这个时点接近。我说的“紧紧盯住经济形势的变化”就是这个意思。考虑到全面掌握经济状况的难度，我们要求明确的时间段不能太短，但是如果太长因而离开此时此刻太远，又不符合“紧紧盯住”这个思想了。考虑到中国这么大，现代通信工具还不够发达，处理信息的机构还不那么完善，我设想的这个“时间段”从此时此刻后退一个月最合适，而其中有一部分状况就该是当天或者前几天的。这是可以也是应该努力做到的，所以在上一篇文章里，我讲经济学家讨论经济形势和对策问题时，在 7 月份讲 7 月份的话，8 月份讲 8 月份的话，到 9 月份就要讲 9 月份的话了。这一要求对大多数经济学家是很难做到的，这是因为大多数经济学家（包括我在内）没有及时得到信息的条件。因此，我这么说只是一个原则上的要求和一种希望，其中也包括改善经济学家们及时掌握信息的条件的希望。

二、其次讲一个“主客观关系”的问题

在上篇文章中我讲了经济形势是客观的东西。所谓客观的东西是不以人们的意志为转移的。但是要说得更准确些，在“人们”这两个字之前还要加上“面对着这种经济形势的”几个字，不包括对形成这种经济形势起了作用的以前那些“人们”在内。

我们知道，经济的发展不是天然的自然发展过程。在经济的发展过程中，自然条件当然起基础作用，但是它发展到现在这样一个局面，又都是前人活动的结果。这就是说，它对面对着这种经济形势的人们来说虽然是完全

客观的东西（因此对它的态度是“它们是怎样，就应该把它认识成怎样”，不要对它作任何主观上的添加），但是在对这个客观的东西进行分析研究时，我们一定要去掌握形成这个客观事物的过程中前人起作用的情况。不这样我们就不能针对这种形势找到恰当的对策。

进一步说，人们也应该考虑到自己现在采取的对策会对今后的经济形势的发展产生某种影响，造成某种对后人来说是不能以自己的意志为转移的客观的经济形势，而且这个“后人”很可能就是现在对当前形势采取对策的自己。这又是一层主客观关系。我们应该考虑到这一点，在对经济形势和对策问题的研究中既要“瞻前”也要“顾后”，即要在采取第一步骤时就要考虑第二个甚至第三、第四个步骤。这个道理说起来容易，做起来很不容易。不过尽管说起来容易，但是说还是比不说好。说了总可以起提醒和督促的作用。同时，尽管做起来不容易，也应该知难而进。我们经济学家也应该帮助决策者想一想这个一步一步前进的问题。

这篇文章就写到这里为止。

第二部

1950～1966年部分哲学论文、演讲和笔记

学习马克思列宁主义哲学*

一、什么是哲学

在讨论什么是马克思列宁主义哲学这个问题之前，我们一定要先交代清楚：对“什么是马克思列宁主义哲学”和“什么是哲学”的回答并不完全是一回事。

我们要为马克思列宁主义哲学和哲学作两个不完全相同的说明。

为什么呢？

这是因为：马克思列宁主义哲学虽然是唯一真正科学的哲学，但在马克思列宁主义哲学产生之前，哲学已经有了几千年的历史。并且就是在马克思列宁主义哲学产生之后，一直到今天，和马克思列宁主义哲学并存的还有各色各样唯心主义的哲学和各色各样形而上学的哲学。因此在说明什么是哲学的时候，我们应该表明的是马克思列宁主义哲学和其他哲学共同的东西，而在说明什么是马克思列宁主义哲学的时候，我们则还应该表明马克思列宁主义哲学与其他一切哲学区别开来的特色，表明马克思列宁主义哲学的特色是有极其重要的意义的。马克思列宁主义哲学和其他一切哲学间的区别，不是一些次要的，而是带有根本性质的区别。只有清楚地说明这种区别，我们才

---

* 本文原载《哲学研究》，1956年，第2期。

能理解马克思列宁主义哲学在社会发展中的伟大作用，才能理解为什么马克思主义哲学的产生是哲学历史上伟大的变革，是人类认识史上伟大的变革。

那么，什么是一切哲学共同的东西呢？

历史唯物主义告诉我们：哲学首先是社会意识的一种形式。

我们知道，社会意识是社会存在的反映。换句话说，社会意识就是由社会存在、社会物质生活条件决定的那些意识。“意识”和“社会意识”这两个概念的关系问题，在这篇文章里我们不打算详细地去讲。在这里我们只想指出，意识这个概念是比较广泛的概念，它是人脑对客观实在的反映，而社会意识这个概念是比较狭窄的，它只是指那些反映社会存在的意识。

社会意识是可以从内容和形式两方面来考察的。社会意识的内容就是反映在人脑中的社会存在。这就是说，在任何时代和任何社会，社会意识都是反映当时的生产力和生产关系的。全部哲学史、科学史、宗教史、艺术史、政治与法权思想发展的历史……可以清楚地说明社会意识的内容是如何随着社会物质生活条件的改变而改变的。

从形式来考察，社会意识又是多种多样的。社会意识形式的这种多样性是由社会和心理两方面的原因造成的。所谓社会方面的原因是指：社会存在本身是多方面的，包括生产力和生产关系、阶级关系；同时社会存在本身又有各种各样的矛盾，它的反映又可以是直接的或是曲折的，因而社会意识也就有不同的形式。例如，生产知识是直接反映生产的水平的。哲学科学是生产力发展到了一定的水平，社会上有了阶级分化，体力劳动和脑力劳动分化以后才产生的。宗教是在生产力极度低下的条件下（当然宗教的产生也需要生产力有相当的发展）产生的。以后阶级剥削和压迫又使宗教有了进一步的变化和发展。而在社会主义革命胜利，阶级消灭，生产力高度发展起来之后，宗教就会逐渐消失。政治法权思想是和阶级斗争联系着的，社会上只要有阶级斗争，政治法权思想就会存在。一旦社会上根本没有阶级斗争的现象，政治法权思想这种社会意识的形式就会消失。

所谓心理方面的原因是指：人的意识本来就包括许多方面，可以有许多变化。人们不但有认识的过程，而且还有情感和意志的过程；不但运用概念来进行思维，还可以同时运用形象来帮助进行思维；不但可以正确地反映现实，还可歪曲现实，甚至可以去作虚幻的想象和盲目的信仰。显而易见，社会意识分为宗教、道德、艺术、科学、哲学等形式，是和这些心理上的原因有关的。

社会意识诸形式一方面因反映共同的社会存在而统一，另一方面又因它们的特殊性而相区别。在研究社会意识某一种形式时，不但要研究它反映什么社会存在，而且还要研究它怎样来反映社会存在。

那么，哲学这种社会意识形式的特点，究竟是怎样的呢？对这个问题的回答是：作为社会意识的一种特殊形式的哲学是对整个世界的观点的体系。

我们知道，哲学和任何一门自然科学或社会科学不同，它的任务不是去解释某一类自然现象或社会现象，找出它们发展变化的规律，而是去解释整个世界（包括自然现象、社会现象和精神现象）。同时哲学也和政治、法权思想、道德等不同，它不是人们对某一种特定的社会现象的观点，而是人们对整个世界的观点。哲学要回答的问题是“世界整个说来究竟是怎么一回事”、“世界究竟有没有发展变化，如有，又究竟怎样发展变化”、“我们究竟能不能认识世界”等这一类最广泛、最概括的问题。

最早的人类，由于知识水平极度低下，是不可能提出这样高度概括性的问题的。比较成体系的哲学思想的产生，距离现在才不过几千年，远远落后于宗教、道德和艺术产生的时间。

从人类的个体来讲，人在他的儿童时期是谈不到哲学思想的。哲学思想是要达到一定年龄，智慧发展到一定程度之后才可能发生。对到了一定年龄的人，当人们向他提出，或者因为在生活上有所体会而他向自己提出关于整个世界应该如何解释的问题的时候，经过考虑他是会表达他自己的见解的。这就是说，哲学思想绝不是什么神秘的东西，绝不只是哲学家们才能有的思想，而是普通人都会有的思想。但任何人要形成明晰的世界观，就一定要学习哲学。

这里有一个宗教和哲学的关系的问题是必须弄清楚的。宗教虽然也对世界有某种看法，但我们不能把它看做是和哲学相同的东西。因为宗教的特点并不是去解释世界，而是要人们去信仰某个超自然的实体，说得通俗易懂些，就是要人们去信仰神、鬼等。原始宗教是在人们盲目相信有一个超自然的实体在支配着世界，因而对它感到恐惧、对它示以感谢和向它祈求时开始产生的。而哲学思想是在寻找“世界整个说来究竟是怎么一回事”这一类问题的答案时开始产生的。原始宗教和哲学思想的萌芽虽然不容易分开，如恩格斯在《费尔巴哈论》里讲到过的那样，但是宗教和哲学终究是不同的，因为有许多哲学根本反对宗教，和宗教是采取势不两立的态度的。当然，当唯心主义哲学产生和发展起来之后，宗教便和哲学结合起来：在宗教的教义中，渗入了唯心主义哲学思想，同时唯心主义的哲学也为宗教信仰作辩护。但是即使如此，仍然不能将唯心主义哲学和宗教看做毫无区别的东西。

还有一个科学和哲学关系的问题也是必须弄清楚的。一切哲学为自己设定的任务虽是去对整个世界作出解释，但这种解释是有科学的与不科学的之分的。有些哲学是公然反对科学的。许多哲学虽然宣布拥护科学，并宣布自己就是科学的哲学，但宣布拥护科学的哲学并不一定真正是科学的哲学。不管哲学家们怎样来称呼自己的哲学，一切唯心主义哲学从根本上来说都是不科学的。唯物主义哲学实质上是科学的，但如果我们把马克思列宁主义哲学排除在外，最好的唯物主义哲学中也还包括许多不科学的成分。只是在马克思列宁主义哲学产生之后，哲学才成为真正完全科学的哲学。如果我们指的不仅是马克思列宁主义的哲学，那么我们应该说哲学和科学是社会意识的两种不完全相同的形式。只有马克思列宁主义的哲学，才可以一方面被看做哲学这种社会意识形式（它是许许多多哲学中的一种），另一方面被看做科学这种社会意识形式（它是许许多多科学中的一种）。尽管如此，马克思列宁主义哲学和其他科学比较起来，仍旧有它自己的固有特色，这就是上面说过的它不是研究自然的或社会的某一种现象，而是把世界发展的一般规律当做自己研究的对象。

在哲学和科学的关系问题上还有两种观点，是应该予以批判的，那就是：①过去有些哲学家认为哲学是“科学的科学”。他们把哲学当做凌驾在一切科学之上的一门“科学”，它的任务不是去概括各门科学研究的成果，而是把自己的原则从外面强加于各门科学。他们企图创立一种囊括全部人类知识的、包罗万象的、完满的哲学体系。在这一方面我们可以举黑格尔作为代表。对待哲学和科学的关系的这样一种观点是根本错误的，它把研究自然界、人类社会运动具体形式的各门科学溶解在对自然界、社会和思维一般的研究当中。当然，我们否认哲学是“科学的科学”这种说法并不是否认哲学（即使是唯心主义哲学）会对各门科学的发展产生很大的影响。②有些哲学家根本否认有任何哲学（当然只是口头上否认，因为它们的这种观点，就是一种唯心主义哲学观点），主张“科学本身就是哲学”，因此不需要什么哲学。在这一方面可以举现代实证主义为代表。对待哲学和科学关系的下面这样一种观点当然也是错误的，它只承认研究自然和人类社会运动具体形式的各门科学，而否认了自然、社会和思维存在着的一般的规律是应该研究的。这种错误观点的作用是反对进步的哲学，企图降低进步哲学能起的作用。

二、唯物主义和唯心主义

从古到今哲学家们对世界作了种种不同的解释，进行了种种激烈的争论，归结起来，问题的焦点是“到底世界是物质的呢，还是某种绝对观念、宇宙精神、意识的体现或是某种‘感觉的复合’等”，或者“到底物质是第一性的而精神是第二性的，还是精神是第一性的而物质是第二性的”。这就是说，全部哲学的最根本的问题是精神对物质的关系问题。

当然哲学问题不限于精神对物质的关系问题。除了精神对物质关系问题之外，哲学要回答世界究竟有没有变化发展、世界怎样发展和变化等。但是精神对物质的关系问题的解决，是研究和解决其他哲学问题的前提和基础。几千年来各种派别的哲学家们把精神对物质的关系问题当做争论的焦点绝不是偶然的，而是完全合乎规律的现象。

几千年来，所有的哲学家依照他们对精神和物质的关系问题的根本看法，分做两派：主张世界按它的本质说来是物质的，主张物质是第一性的，精神是第二性的叫做唯物主义。主张世界按它的本质是某种绝对观念、宇宙精神、意识的体现或是某种“感觉的复合”，主张精神是第一性的，物质是第二性的叫做唯心主义。唯物主义主张物质、自然界是在我们意识以外，不依赖于意识而存在的客观实在，主张物质是意识的来源，而意识是物质的反映，是发展到高度完善的物质——人脑——的产物。而唯心主义则断言只有我们的意识才是真实存在着的，说物质世界、自然界只是在我们意识中，只是在我们的感觉、观念、概念中存在着。唯物主义和唯心主义是根本对立的两种世界观。

我们共产党人是唯物主义者。我们认为对哲学的根本问题作唯物主义的解释是正确的，作唯心主义的解释是根本错误的。

为什么我们这样主张呢？这是因为唯物主义是在实践中不断得到证实的真理：我们在从事生产实践，即同周围的自然界接触，并改变某些自然物来为人们制造生活和生产所需要的各种物品时，我们就证实了自然界是离开我们的意识而独立的客观实在。一个农民绝不会产生这样一种思想，即他不是使用客观实在的农具，不是在客观实在的土地上进行耕作，并生产出不是客观实在的农产品，而是在使用某种“感觉的复合”或某种“观念的体现者”的农具，在另一种“感觉的复合”或“观念的体现者”的土地上进行耕作，生产第三种“感觉的复合”或“观念的体现者”的农产品。这样说显然是十分荒唐的。在人们的生活实践中情形也是这样。当我们吃饭的时候，我们就证明了饭是客观实在，并不是什么“感觉的复合”或“观念的体现”。当我们听见一个人说他吃的不是客观实在的饭，而是吃什么“感觉的复合”或“观念的体现”的时候，我们就会说这个人是有精神病的。老实说，在生活中贯彻到底的唯心主义者是没有的，任何一个彻底的唯心主义哲学家，尽管在他的著作里、在讲台上可以一口否定世界是物质的，但他在饭桌旁边，他就只好违反他的信念，不得不成为他所痛斥的“唯物主义”者了。

除了生产和日常生活的实践之外，阶级斗争的实践同样也是证明了唯物主义的。例如，我们和帝国主义、封建主义、官僚资本主义进行斗争，争取人民民主革命的彻底胜利时，就证实了革命阶级和反动阶级都是客观实在。阶级斗争的胜败就取决于阶级力量的对比，取决于我们采取的策略是否符合阶级斗争的形势，是否反映阶级力量的对比，是否掌握到了社会发展的客观规律和革命斗争发展的客观规律。如果有人说中国人民并没有推翻客观实在的蒋介石的统治，而是推翻了某个“感觉的复合”或“观念的体现者”的蒋介石的统治，说中华人民共和国并不是客观实在的东西，而是某个“感觉的复合”或“观念的体现”，他是一定会被经历过这一斗争的中国人民所唾弃的。

唯物主义的真理是不断为科学研究所证实的。比方说现代科学早就证明人类的历史只有几十万年，而地球的存在不知有几千万年、几万万年。如果唯心主义者硬说自然界是人类“感觉的复合”或“意识的体现”，那么我们就可以问：当人类产生之前，地球是否存在？如果他们回答说地球存在，那么他们就得承认地球不是什么人们“感觉的复合”或“意识的体现”。如果他们否认地球存在，那么他们就是闭着眼睛不肯承认科学证明了的事实。再比如说，现代科学早就证明了人脑是思维的器官。如果唯心主义者硬说精神是第一性的，物质是第二性的，我们就可以问他：没有脑子能否有思维？如果他们回答说“不能”，那么他们就是承认人的意识是依存于物质——人脑的，就是承认意识是物质发展到人脑之后的产物；如果他们回答说“能够”，那么他们就是闭着眼睛不承认科学证明了的事实。列宁在《唯物主义与经验批判主义》一书中就这样提出问题要唯心主义者来回答，把唯心主义者驳倒。科学是唯心主义的敌人，科学的每一个重大发展，都给唯心主义以有力的打击。

唯物主义的真理是颠扑不破的，它的道理本来是世界上一切不信偏见、追求真理的人都能够接受的。但是唯心主义哲学在以往几千年中却不断地与唯物主义作斗争，有时甚至还占据优势，并且就是在现在马克思列宁主义哲学已经把唯心主义哲学驳得体无完肤的时候，唯心主义思想不但没有绝迹，而且还广泛地流行。如果唯心主义简单的只是胡说，那是不会有这种现象的。产生这种现象，是因为唯心主义的产生和发展有它认识论的根源和社会根源。

唯心主义的认识论的根源是：人的认识本来是辩证的过程，它不是直线的而是曲线的。在认识过程中，人们有时先认识到事物的这一面，后来又认识到事物的另外一面。只有全面地认识事物，我们的认识才比较接近真理，而且还要不断地曲曲折折的前进，我们的认识才越来越符合实际。但是人们有可能在看到事物的一个方面之后就不再去看另外一个方面，却一直推论下去，作出错误的结论。这就是人们有可能把本来是曲线的东西变成是直线的东西。如果不改正这种片面性的毛病，思想就会僵化，就有可能犯唯心主义的错误。

举例来说，在客观世界中和在反映客观世界的人的认识中，抽象的东西和具体的东西、一般的东西和特殊的东西，本来是辩证地统一在一起的。像“张三是人”这样一个简单的事实就是抽象和具体、一般和特殊的统一。如果离开了“人”这个抽象的、一般的属性，张三就不称其为张三。同时，任何人总是张三、李四……这许许多多具体的特殊的人。不是张三，也不是李四，也不是……的“一般的人”在世界上是找不到的。但是，人们有时却会把抽象和具体、一般和特殊分裂开来。比如说有的人，把抽象的、一般的东西当做独立的实体，并把个体的、特殊的东西当做从抽象的一般的东西当中产生出来的东西，那就走上唯心主义的道路了。因为如果认为“人”这个抽象的、一般的特性不是从张三、李四等具体的、特殊的人那里概括出来的，那么它就只能从某个“上帝”、“宇宙精神”、“绝对观念”当中“产生”出来了。相反的，如果否认抽象的、一般的东西是真实的，只承认具体的、特殊的东西，那也同样会走上唯心主义的道路。因为如果这样，事物的联系、事物的共同性、事物的本质、事物的发展规律都被看做不真实的东西，只能由人的意识来“构成”这种“共同性”，只能由人的意识来构造这种“联系”、“本质”，只能由人的意识来“创造”“规律”了。

唯心主义的社会根源首先是阶级社会中体力劳动和智力劳动的分离。在阶级社会中剥削阶级为了巩固自己的统治，就把智力劳动垄断在自己手中作为自己的特权，而强迫被剥削阶级从事体力劳动。于是一部分哲学家（在阶级社会中哲学家大多都出身于剥削阶级）就会颠倒地来看问题，不把体力劳动看做整个社会生存发展的基础，反而认为智力劳动是这样的基础。现在五六十岁的中国人，小时候刚刚开始读书的时候，差不多都读过“万般皆下品，唯有读书高”的句子。这种鄙视体力劳动、片面地颂扬智力劳动的观点反映为哲学思想便是唯心主义。

唯心主义的社会根源还在于唯心主义这种哲学是符合反动剥削阶级的根本利益的。这种哲学可以为他们的统治辩护，可以使没有觉悟的人认为自己应该遭受剥削，而不去积极反抗。因此整个在阶级社会里占统治地位的剥削阶级，一般来说总是支持唯心主义哲学，给这种哲学的传播和发展以各种有利的条件，同时用一切方法来扼杀与之相敌对的唯物主义哲学思想。

当然，历史上出身于剥削阶级的哲学家中也有不少唯物主义者。同时在一定时期某个剥削阶级也可以支持唯物主义。如果我们把某些出身于剥削阶级的哲学家背叛本阶级而去做劳动者的代言人这种情况撇开不谈，上述现象的发生还可以用两个原因来说明。一个原因是剥削阶级在和自然界作斗争的过程中需要掌握自然界发展的规律，需要发展自然科学，而自然科学的发展就必须加强唯物主义思潮；还有一个原因是当某一剥削阶级还是代表历史进步倾向反对反动的剥削阶级的时候，它也要求客观地认识社会的规律，要求提倡唯物主义哲学。相反地，当某一个剥削阶级在历史发展过程中成为反动阶级的时候，这个阶级就更需要唯心主义来欺骗人民，就更需要唯心主义来鼓励自己去作绝望的斗争。

在阶级斗争中，哲学、世界观总是有阶级性的，是某一阶级的哲学、某一阶级的世界观。

由于唯心主义的发生和发展既有它认识论上的根源又有社会根源，所以我们绝不能把反对唯心主义的斗争看做轻而易举的事情，而要把它看做一项长期斗争的任务。只要唯心主义的社会根源还存在，唯心主义就一定会存在下去，并且还有可能获得某些发展。同时即使在将来消灭了剥削阶级，并进一步消灭了体力劳动和脑力劳动间重大的差别之后，唯心主义仍是一个必须经常反对的东西，否则它就会在比较多的人的头脑中发生作用。

在这里我们想提最近在我国高等学校流行着的一种错误观点。这就是有人忘记了唯心主义有它认识论的根源，因而得出消灭阶级之后，唯心主义和唯物主义的对立就不再存在这种错误论断。例如，《哲学研究》1956 年第 1 期上有一篇讨论唯心主义认识论和社会根源的论文中有这样的句子："唯心主义哲学是阶级社会的产物，只要阶级社会存在一天，唯心主义哲学也就会存在一天。只有在阶级彻底消灭之后唯心主义才会彻底消灭"虽然文章后面说："当社会中消灭了阶级的时候，人们的思维脱离现实的可能仍然存在着"，但他只认为"认识过程中发生个别错误仍然是在所难免的现象"，其实那时人们不但可能犯个别错误（因为个别错误是即使成熟的能够正确运用辩证唯物主义的老手也是不可避免的），而且还有可能犯思想僵化的错误。

现代唯心主义哲学的反动政治作用的问题，是特别值得我们在这里讲一下的。因为只有弄清楚这个问题，我们才能了解为什么有人那样竭力来宣传唯心主义而我们又那样竭力来反对唯心主义。

我们先就整个世界局势来看。现在资本主义已经早就经过它的青年和壮年时期，到了它的垂死时期。帝国主义者为了拯救它行将灭亡的命运就要依靠某些可供他们利用的社会意识形式。其中最重要的便是：反动的法西斯主义的政治法权思想；最堕落的资产阶级道德观念；宣传反动政治观点和堕落道德观点的黄色艺术；教人去盲目信仰某个超自然实体的宗教等。帝国主义的社会意识从根本上说是反理性主义的，但是帝国主义所处的时代又是科学昌明、人类哲学思想已经很发达的时代。在今天，科学和哲学在社会上享有非常高的威信，公开反对科学是很不“聪明”的，因此帝国主义所依靠的那些社会意识又不能不冒充是科学的，不能不声称它们有牢固的“哲学基础”。

举例来说，宗教本来是人类愚昧的标志，它和科学是根本对立的东西。但是帝国主义为了欺骗麻醉广大人民群众，为了安慰自己，鼓励自己做垂死的挣扎，就竭力把宗教装扮成可以和科学并存的东西，甚至装扮成是为科学所证实的东西。这样帝国主义者就要求唯心主义帮助他们来玩这个花样，先把人的头脑弄得糊里糊涂，然后就可以使本来荒唐的东西变得仿佛是有道理的。从许多唯心主义的哲学是拥护宗教的这个事实来看，说现代唯心主义是僧侣主义的哲学是很恰当的。

再举例来说，帝国主义者为了替他的侵略行为找借口，就要提倡种族主义、新马尔萨斯主义、地缘政治学这些伪科学。根据种族主义的“理论”，有些人种是优等的，应该在世界上占统治地位，有些人种是劣等的，应该被奴役。马尔萨斯主义是大家都很熟悉的，它的基本论点便是生活资料——特别是粮食——是以算术级数增加，而人口则以几何级数增加，结论便是要“缩减人口”，而不是去进行革命，来解决如何使生产关系适合生产力的发展的问题，不是在革命胜利后去积极进行建设，来求得生活资料供应满足人们日益增长的需要。这是马尔萨斯主义的基础，现代的新马尔萨斯主义又在这个基础上向前发展了一步，它是种族主义和马尔萨斯主义人口论的结合。按照新马尔萨斯主义的“理论”，人口太多是世界发生灾难的原因，因此应该在地球上消灭一大批人口。“优等”人口，如美国人，当然是不应该被消灭的，应该消灭的是“劣等”民族——亚洲、非洲各国的人口等。地缘政治学是企图根据地理环境来说明政治问题的一门伪科学。据这门伪科学说，有些国家的地理环境决定它要去侵略别国，而有些国家的地理环境决定它应该受侵略。同时帝国主义者为了巩固其国内的统治还提倡什么“优生学”（有钱人的品质是最好的、最聪明的，应该让他繁育后代，穷人的品质是最坏的、最愚蠢的，应该少让他繁育后代）、“儿童学”（主张遗传性是决定儿童的品质和智慧发展的唯一或根本原因。结论是不应该使遗传性不好的穷人的子女受到较好的教育，而只能让遗传性较好的富人的子弟去受教育）。这些反动思想实际上根本没有丝毫科学的味道，但都挂上了“科学”的招牌。这些“科学”如果没有唯心主义哲学做它的理论根据，便会站不住脚。一定要有唯心主义哲学把人的思想方法弄得一塌糊涂，才有可能使人接受这些反动观点。在今天，事情很清楚，唯心主义哲学是资产阶级反动思想的理论基础。要反对现在帝国主义所鼓吹的各种反动思想就一定要挖一挖它们的唯心主义的根子。挖掉了唯心主义的根子，人们就容易识破各种形式的反动思想原来都是反科学的，不再受这些反动思想的欺骗。

当然帝国主义者不仅在自己国内宣传反动思想，而且还在他所侵略的国家里用很大的力量来进行欺骗宣传。资产阶级各派唯心主义哲学在中国都有相当的影响，其中有的影响较大，如胡适所贩卖的实用主义哲学，它对许多学科都产生作用；有的影响较小，还主要局限在哲学研究的范围内。这些唯心主义哲学在我们中国的传播，在过去无疑是有利于帝国主义对我国的侵略的，在今天也起着不利于我国社会主义建设的作用。

我们再就国内的局势来看。现在我们正在进行社会主义建设，这是一场非常复杂和尖锐的阶级斗争。因为要消灭一个阶级，不会不遇到来自将要被消灭的阶级方面的抵抗。尽管在我们国家的条件下可以采取和平斗争的方式来消灭资产阶级，但是这个阶级斗争不能不说是很尖锐、很复杂的。资产阶级与无产阶级间的这一斗争当然不能不反映到思想战线上来。不论在社会主义工业化的问题上，还是在农业社会主义改造和资本主义工商业改造的问题上，以及国家建设的各部门、生活的各个领域，都出现过许多和中国共产党的路线、政策对立的错误观点。这些错误观点的哲学基础，不能不是唯心主义。当然唯心主义者不一定是反动的人，他们之中有不少人在政治上是拥护人民政权的。但是政治上反动分子的世界观却一定是唯心主义的，并且只要可能，他们总是要宣传唯心主义。在我国过渡时期，同唯心主义作斗争是工人阶级领导全国人民向已被打倒的阶级和将要被消灭的阶级进行斗争的一个极其重要的方面。如果不在这个战线上取得胜利，听任唯心主义泛滥，听任它自由发挥它的反动政治作用，我国社会主义建设事业的胜利就缺乏必要的保证。

现代唯心主义既然不论从整个世界范围来看，还是从我国社会主义建设来看都起了极其明显的反动作用，我们就一定要积极对唯心主义开展批判，努力缩小它的影响，使广大干部和广大知识分子认清它的危害作用，把它从自己的头脑中清除出去。

三、什么是马克思列宁主义哲学

现在我们就来讲讲什么是马克思列宁主义哲学，也就是说我们要来讲讲马克思列宁主义哲学和其他哲学比较起来究竟有些什么特色。

在这里我想先说一说，马克思列宁主义哲学包括辩证唯物主义和历史唯物主义。

辩证唯物主义是马克思主义对整个世界包括自然、社会和思维的解释，它是研究自然、社会和思维一般规律的科学。历史唯物主义是马克思主义对整个社会的解释，它是研究社会发展一般规律的科学。辩证唯物主义和历史唯物主义的对象是有区别的，但是它们又是不可分离的。历史唯物主义所依据的世界观就是辩证唯物主义。同时也只有在对社会现象的解释中贯彻唯物主义的思想，只有在对社会现象的研究中进一步证明辩证唯物主义观点的正确，唯物主义才能成为真正彻底的唯物主义。这一点正是马克思主义哲学比以前一切唯物主义优越的地方。马克思以前的唯物主义都有一个基本的弱点，这就是一走到社会的领域，它们就不能坚持唯物主义而变成唯心主义。这就是列宁所说的它们下半截虽然是唯物主义的，但是它们的上半截却仍旧是唯心主义的，因此这些唯物主义就经不起唯心主义的反驳。马克思主义克服了这个缺点，同时建立了历史唯物主义这门科学，这就使辩证唯物主义立于不败之地。

马克思主义哲学是列宁所说的马克思主义三个组成部分之一。其余的两个组成部分，是政治经济学和科学社会主义与共产主义的理论。马克思主义的哲学对其他各门科学起着指导作用。不论是政治经济学还是科学社会主义与共产主义理论，以及其他各门科学，都不能离开辩证唯物主义和历史唯物主义的指导。同时，马克思主义哲学也只有依靠各门科学才能获得发展，不断丰富起来。

现在我们来比较详细地谈谈，什么是辩证唯物主义。

大家知道辩证法和唯物主义理论是统一而不可分的。因为辩证法不是别的，它只不过是客观世界——自然和社会的变化、运动的一般规律，而作为人类思维规律的辩证法也不过是客观世界变化发展规律在人脑中的反映。所以马克思主义的辩证法根本不同于唯心主义者黑格尔的唯心主义的辩证法，它是唯物主义的辩证法。同时，马克思主义的唯物主义又是辩证的唯物主义，因为客观世界既然是按照辩证法的规律变化发展的，那么要成为真正彻底的唯物主义者就必须承认辩证法。根据辩证法与唯物主义理论统一的思想，我们可以简明地回答什么是辩证唯物主义的问题：辩证唯物主义是研究自然、社会和思维的变化、发展的一般规律，并给世界以唯物主义解释的科学。

这个回答比较全面，现在不少哲学书上都已采用了这种说法。它比过去有些哲学书上把辩证唯物主义简单地说成是研究自然、社会和思维变化一般规律的科学说得更完全些。过去这个说法的缺点是没有着重地、明确地把给世界以唯物主义的解释也列入辩证唯物主义的定义中去，这样就容易使人忽略它首先是唯物主义的哲学。

但在这里还有几个问题是需要解释一下的。

第一，这里我们说，辩证唯物主义研究的是自然、社会和思维的变化、发展的一般规律，包括这样的意思：辩证唯物主义所研究的不是自然界、人类社会或人类认识中某一种现象的特殊规律。研究后者是各门具体科学的任务，研究前者是辩证唯物主义的任务。这是辩证唯物主义和各门具体科学相区别的地方。

第二，这里我们说，辩证唯物主义研究的是自然、社会和思维的变化、发展的一般规律，还包括这样的意思：辩证法的规律对于思维的运动以及自然界和人类历史中的运动必须是同样适用的。这就是说，辩证法的规律不能是只适用于自然界而不适用于人类社会的规律。即使是自然界最带一般性的规律，如质量守恒、能量守恒及质量和能量相互联系的定律，也还不是辩证唯物主义研究的对象。同样，辩证法的规律也不能是只适用于社会而不适用于自然界的规律。即使是人类社会最一般的规律，如社会存在决定社会意识的规律，也还不是辩证唯物主义研究的对象而是历史唯物主义研究的对象。辩证唯物主义所研究的应是同时适用于自然和社会两者的规律。而同时适用于自然和社会两者的规律反映在人的头脑中必定同时也就是思维的规律，因为人类思维的规律与自然和社会共同的规律可以说是相同的。关于这一点我们在后面还要讲到，在这里我们暂时不去仔细说它。

第三，这里我们说，辩证唯物主义研究的是自然、社会和思维的变化、发展的一般规律，并不是说辩证法只研究适合于自然界和社会的一切现象的那种规律性。当然辩证法中质与量相互转变的规律、矛盾统一的规律等确实是适合于一切现象的。但在质与量的相互转变中就有经过爆发的和不经过爆发而经过新质的逐渐积累、旧质的逐渐减少的区别；在矛盾统一当中就有对抗性的矛盾与非对抗性的矛盾的区别。无论经过爆发还是不经过爆发，无论是对抗性的矛盾，还是非对抗性的矛盾，都不是适合于一切现象的。尽管如此，但是它们仍旧不是某一特殊的自然现象或社会现象特殊的规律，也不是自然科学的一般规律或社会科学的一般规律，而是自然、社会和思维的变化发展的一般规律。对这些规律的研究，可以帮助我们揭示出辩证过程的多样性和复杂性。

现在我们来进一步研究自然与社会的规律对思维规律的关系。

我们知道，人的认识是客观世界的反映。当客观世界中的各个对象和我们感觉器官接触时，它的个别属性反映在我们头脑中就成为我们的感觉（当然我们指的是它的可以为我们所感知的那些个别属性，另外还有一些个别属性是不能给我们感官以刺激的，因此也就不能反映为我们的感觉）。客观世界中各个对象（不只是它的个别属性）在与我们的感觉器官接触时，反映在我们头脑中，就成为知觉（在知觉中还包括以往的经验，这些我们暂且不论）。在我们知觉中所认识的只是客观世界的现象，也就是只是那些可以直接给我们感官以刺激的东西，只是这些东西之间的可以为我们感官所直接感知的联系。事物的本质是我们感官所永远不能达到的。我们可以看到、嗅到、尝到、摸到……这只苹果、那只香蕉、另外那只梨……但是苹果、香蕉、梨……所共同的“水果”这个本质，我们却是看不见、嗅不到、尝不到、摸不着的。因为本质的东西既不是对象的个别属性，也不是个别的对象，而是一切具有这种本质的对象所共同的东西，是一般的东西。而一般的东西是不能和我们感觉器官相接触，是不能用感觉器官去认识的。要认识本质只有依靠我们的思维。

当然所谓本质的东西，它和现象的东西一样，也是存在于客观世界当中的，也是不以人的意识为转移的。尽管没有人从苹果、香蕉、梨等当中去看到、嗅到、尝到、摸到它们的本质——“水果”，但“水果”这个本质仍然是客观存在着的。本质和现象的区别在于本质是在现象背后的东西。如果说现象可以在人们的感觉和知觉中得到反映，那么本质便只能在感觉、知觉后面的思维中得到反映。由于规律是事物间的本质的联系，因此客观世界的规律也同样只能在我们的思维中得到反映。客观世界在我们头脑中的反映，表述出来我们就称之为科学规律。

我们知道科学规律是有比较一般的和比较具体的的区别的，而比较一般的规律是从比较具体的规律中概括出来的。例如，力学中的落体规律、刻卜勒规律等都是比较具体的规律，前者只适用于落体，后者只适用于围绕太阳运行的行星，而力学中的较之更带一般性的规律——万有引力的规律，则是从这些具体规律中概括出来的。同时，认识了比较一般的规律，反过来又可以指导我们去发现新的具体规律。例如，认识到生产关系必须适合生产力发展水平这个更带一般性的经济规律，就可以指导我们去研究各个不同社会形态、各个时期中的生产力和生产关系变化发展的具体规律。这就是说，在研究比较具体的规律时，比较一般的规律是具有方法论的意义的。

由此可见，当我们从各门科学概括出对自然和社会都适用的最一般的规律时，这种最一般的规律也就成为研究一切具体规律的方法论，成为思维的规律（思想方法）了。

有些同志看到马克思主义的经典作家说辩证法是研究自然、社会和思维一般的变化、发展规律的科学，而在有些地方又看到他们说辩证法的对象是研究思维的规律，说当一门一门自然科学、社会科学建立起来之后留给哲学研究的领域只有思维时，怀疑这两种说法好像不是一致的。讲清了前面这篇道理就不难回答这个疑问。因为思维不是别的，它不过是客观世界在人们头脑中的反映，所以思维的规律不能从思维本身去研究，只能从思维所反映的客观世界中去研究，也就是要去研究自然、社会最一般的规律。除此以外就是唯心主义者研究哲学的方法。

当然这不是说我们可以不必去特别研究所谓“主观辩证法”，即所谓辩证逻辑了。思维规律在它的形式上和自然及社会最一般的规律还是有所不同的。我们应该努力去研究所谓“主观辩证法”，但它的基础毫无疑问地应该是“客观辩证法”。

现在我们再来说说，什么是历史唯物主义。

上面我们已经讲过历史唯物主义是研究社会发展一般规律并给社会发展以唯物主义解释的科学。它和辩证唯物主义是有区别的，因为后者是研究自然、社会和思维变化、发展的一般规律并给世界以唯物主义解释的科学。历史唯物主义对各门具体社会科学来说是研究一般规律的，但对唯物主义来说它所研究的东西又是比较具体的规律。历史唯物主义是辩证唯物主义在社会领域内的具体应用。

和历史唯物主义相对立的就是各式各样的历史唯心主义。如果说哲学唯物主义和哲学唯心主义争论的中心是思维和存在的关系问题，那么历史唯物主义和历史唯心主义争论的中心就具体化为社会存在和社会意识的关系问题。

社会存在或社会的物质生活条件，包括地理环境、人口及生产方式，而以生产方式作为最主要的东西。地理环境就是我们周围的自然界，就是和我们社会生活有着关系的那个自然界（与社会生活无关的自然界，如远离地球的星体是不包括在地理环境这个概念里面的)，作为生产方式方面之一的生产力（它是由生产工具和劳动者这两个因素构成的）的物质性是很明显的，作为生产方式另一个方面的生产关系也是通过物质资料的生产、分配、交换、消费发生的人与人的关系，也是物质的关系。历史唯物主义把社会存在看做决定社会意识的东西，而不是相反。

我们知道，社会是人与人之间相互关系的总和。我们可以将所有的社会关系划分为本质不同的两种关系——社会的物质关系和社会的精神关系。所谓社会的物质关系就是上面说的人们在物质资料的生产、分配、交换、消费过程中所发生的关系——生产关系。人本身的生产问题上所发生的关系，即所谓“儿女生产”上所发生的关系，也属于社会的物质关系。社会的物质关系是包括在社会存在这个概念当中的。而所谓社会的精神关系则是人们通过对待客观世界各种现象的认识和态度而建立起来的相互关系。社会的精神关系包括各种形态的社会意识和与这些意识相应的其他上层建筑，如国家和法权制度等。社会的物质关系决定社会的精神关系，是历史唯物主义基本的原则，它是社会存在决定社会意识这个原理改变了一些形式的提法。

历史唯物主义在肯定社会存在决定社会意识的同时，还肯定社会意识对社会存在能起重要的反作用。社会意识在社会发展中确实起着相当大的作用，人们很容易把这个作用夸大，并把社会存在的决定作用给看漏了。所以历史唯心主义比哲学唯心主义往往更能迷惑人，使得许多在讨论自然界的问题和讨论一般哲学问题时能够坚持存在决定意识的唯物主义哲学的人，一到讨论人类历史问题时就摆脱不了历史唯心主义。马克思主义哲学解决了这个问题，所以它就成为真正彻底的哲学唯物主义。

历史唯物主义本来也可以说是一门独立的科学，但是现在我们把它和辩证唯物主义合在一起，当做马克思主义哲学中一个不可分离的部分。

哲学的对象，虽然有它不变的地方，即它始终是一种社会意识形式，始终是人们的世界观，但是几千年来哲学所包括的范围起了很大的变化。

当哲学最初产生的时候，或产生之后不久，在哲学这门学问下面还包括了本来不能算做哲学的各种学术部门。在许多哲学著作中包括许多自然科学、社会科学的萌芽。许多哲学著作本身又是文学著作。在哲学中有时又往往夹杂许多宗教的因素。别的科学逐渐发展起来之后，哲学的范围才逐渐缩小，这就是各种学术从哲学中逐渐分化出来的过程。马克思主义哲学产生出来之后，哲学的对象就很明确了，它主要包括辩证唯物主义和历史唯物主义，但是也有一些学科还没有和哲学最后分开（这就是说，分化过程也还没有最后完成），同时哲学内部的分化（分成几门分科）也还没有完成。

到现在还有哪些学科没有和哲学最后分开呢？

我们可以举出像心理学这样的学科。关于心理学研究对象的问题，虽然经过长期的讨论，一直到现在可以说还没有获得解决。许多心理学问题和哲学问题的界限至今还是没有划分清楚。本来人的认识活动是很复杂的，我们应该进一步全面地研究人的认识的各个方面（如理性认识与感性认识的关系问题，概念与形象的关系问题，情感、意志和认识的关系问题等），其中哪些是哲学研究的范围，哪些是心理学研究的范围，这是不容易一下子区别开来的。

我们还可举出像美学、伦理学这样的学科。这些学科的对象现在也正在研究当中。大体来说，它们应该是研究美和艺术、研究道德的一般理论的科学，因此它们应该是比历史唯物主义更具体一些的科学。但是由于这些部门的体系还没有建立起来，至今也未和哲学分开。

从心理学或美学、伦理学的问题上我们可以看出这样一个规律，即当一门学科真正建立起来之前，总是要依靠哲学来讨论它的方法论问题，同时这几门学科的问题一般来说也比较抽象，接近于哲学问题，所以最初包括在哲学里面，然后逐渐分化出来是完全合乎规律的。至于说到哲学内部的分科问题，上面我们已经说到辩证唯物主义和历史唯物主义两门科学。但是我们应该承认除了这两门科学之外，哲学还应该包括别的一些部门。

在这里我想提出一个看法，这就是在哲学中还应包括研究自然界发展一般规律的学科。在一些哲学著作中有一种不正确的看法，认为辩证唯物主义的对象和历史唯物主义的对象的区别在于前者是自然界（这些著作的作者指的是狭义的自然界，不是广义的自然界，广义的自然界可以包括人类社会），而后者是社会。正确的看法应该是辩证唯物主义是研究自然、社会和思维的共同的一般规律。专门研究自然发展一般规律的应该有哲学专门的分科。恩格斯著述《自然辩证法》，似乎有这个意图。现在苏联和其他各国科学家们对自然科学中的哲学问题正展开广泛的研究，可为这门科学的建立奠定基础。

除此以外，形式逻辑应该成为哲学的一个分科。形式逻辑在哲学中应该处于什么地位的问题，在形式逻辑的对象问题的讨论取得结果后就可以获得解决。

马克思列宁主义哲学是不断向前发展的。

马克思主义经典作家早就讲过随着科学的向前发展，唯物主义就要相应地改变它的形态，改变它的论据，改变它的论证方式和叙述方式，否则唯心主义就可以因唯物主义没有充分运用科学的新成果而曲解这些成果，从而加强唯心主义的力量。这里我们说的科学的发展，不仅包括自然科学的发展，还包括社会科学的发展，包括世界革命运动的总结。科学的发展不仅使我们更加深刻地认识自然和社会，而且使我们更好地掌握思想方法，掌握认识的辩证法。

哲学想要揭示的规律，也会因为科学研究得到新的成果、因为客观世界的发展而更加丰富、更加深刻。当然这里所谓客观世界的发展主要是指社会的发展。例如，社会主义胜利之后，社会生活中非对抗性的矛盾、社会发展中非爆发性的飞跃的规律就看得更加清楚了。自然界的发展对我们的科学研究来说是太缓慢了。但是尽管如此，在某些科学部门中也还可以观察到由自然界的发展带来的新的规律性。同时我们还可以人工地造成许多自然界本来没有发生过的或永远不会发生的现象，如我们在实验室里和在工业生产中所促使发生的过程。这些自然现象丰富了我们对自然现象的认识，对哲学思想的发展也是有很大帮助的。

同时，即使是根据现有的科学和哲学研究的成果，对这些成果加以研究，更好地去分析概括，使它更好地条理化，也是一件十分重要的工作，在这方面我们应该承认迄今已经做的工作还是很不够的。目前我们中国连一本供初学者学习的辩证唯物主义的教科书还没有编出来，更不要说能够非常透彻地解决各种哲学问题，并把它提到今天科学水平的各种巨著了。编写辩证唯物主义和历史唯物主义教科书是当前哲学界一项非常重要的工作。

发展马克思列宁主义哲学是哲学工作者的光荣任务。哲学工作者不仅要正确地阐明马克思列宁主义哲学的基础，还要依据实践中获得的丰富的知识去进一步发展这门学问。在这方面，过去我们的工作做得很少。在我们的出版物上，只是引证经典作家的一些句子而没有什么内容的文章是不少的。根据中国共产党中央政治局扩大会议的讨论，《人民日报》编辑部写的《关于无产阶级专政的历史经验》一文中指出："若干年来，我们在哲学、经济学、历史和文艺批评的研究领域中有了一些成绩，但是一般来说，还有许多不健康的状态存在着。我们有不少的研究工作者至今仍然带着教条主义的习气，把自己的思想束缚在一条绳子上面，缺乏独立思考的能力和创造的精神，也在某些方面接受了对于斯大林个人崇拜的影响。"这种现象是应该克服的。我们的哲学工作者应该研究中国共产党领导人民民主革命和社会主义建设的经验与世界革命运动的经验；应该研究本国和外国的哲学史，吸取中国和外国的哲学遗产；应该对现代资产阶级哲学进行研究和批判；应该依据自然科学和社会科学的新成就来发展辩证唯物主义和历史唯物主义，研究自然辩证法；应该研究辩证唯物主义和历史唯物主义领域内许多至今没有阐明的重要哲学问题；应该研究像辩证逻辑、马克思列宁主义的美学、马克思列宁主义的伦理学等至今还没有建立起比较完整体系的哲学科学。只有进行创造性的研究，才能真正使学术繁荣起来，使马克思列宁主义的哲学日益丰富。

四、为什么要学习马克思列宁主义哲学

现在我们可以来回答这篇文章的题目所提出的第二个问题“为什么我们一定要学习马克思列宁主义哲学”了。其实这个问题在上面也已说了很多，用不着再说很多的话，在这一节里我们打算再分以下几个方面来谈一谈。

首先，我想说一说学习马克思列宁主义哲学和革命立场的关系问题。

我们大家都知道辩证唯物主义和历史唯物主义是共产党的世界观。这句话包括这样两方面的意思：①辩证唯物主义和历史唯物主义是代表无产阶级利益的，它是为无产阶级利益服务的，而不是代表剥削阶级利益和为剥削阶级服务的世界观。我们不怕公开说出辩证唯物主义世界观的阶级性和党性，不会像资产阶级唯心主义那样竭力去掩饰自己的阶级性和党性。②共产党的建立，共产党的路线、策略和工作作风都应该以辩证唯物主义和历史唯物主义作指针。辩证唯物主义和历史唯物主义的观点是和革命立场不能分离的。

为什么我们要强调马克思列宁主义哲学和革命立场的不可分离性呢?

我们知道一个革命者或一个革命政党是否具有正确的革命立场，不是一句空话，而是表现在能否正确认识、反映人民要求和阶级斗争的各种现象，能否在正确思想的指导下行动。而在这里，世界观问题就起着决定性的作用。

有一些人把立场问题简单地看做主观上愿意站在哪个阶级的立场上，看做主观上愿意为哪个阶级服务的问题，因而说某人（或自己）立场是正确的，只是在思想方法上是唯心主义的，或者某人在思想方法上是唯物的，但立场有问题等。这种把革命立场和世界观问题割裂开来的看法是不正确的。实际上，一个人如果能自觉地为革命服务，这就说明他对当前社会、对社会发展、对整个世界有一个正确看法，这就不能说他是唯心主义者。相反，如果他对当前社会、对社会发展、对整个世界的看法在根本上是错误的，那么他就一定不能很好地站在革命的立场上。

当然会有这样一种情况，一个人基本上是能够站在革命的立场上的，但是思想上有许多毛病。例如，可能有这样一些工人，对革命是热情的，但他迷信神鬼命运。这样的工人在立场上应该说是有问题的，不能说这样的工人

是站稳工人阶级立场的。因为这样的工人，革命觉悟是不会很高的，并且在遇到某些具体问题时，很可能站到非工人阶级立场上去。一个人在日常工作中往往感觉不到正确的世界观有何等重要，但在复杂的国际斗争和国内阶级斗争中，在遇到严重的工作或生活的考验时，就会得到深刻的教训，懂得如果得不到正确世界观的指导，就不能保证不迷失方向，不犯原则性的错误。

此外，一个革命者绝不能仅仅满足于自己有为革命服务的主观愿望，而一定要把革命工作做好，达到客观上对革命有利。而要做到这一点也就一定要努力做到使自己的思想方法对头。如果一个人自己以为很愿意为革命奋斗，但工作上却总使革命遭受损失，并且不肯努力改进，这样的人我们怎能说他革命立场坚定呢？毛泽东同志说粗枝大叶、自以为是的主观主义作风，就是党性不纯的第一个表现，这句话是我们应该好好理解的。

其次，我还想谈一谈学习马克思列宁主义哲学怎样帮助我们更加善于思考。

这个问题和上面那个问题并不是互相独立的。但在这方面，我想着重说明的，不是马克思列宁主义哲学怎样帮助正确观察那些和革命立场有关的根本性的问题，而是一般地说，它怎样帮助我们观察问题、研究问题。

我们知道人是有运用概念来进行思维的能力的。这是从猿到人和人类长期历史发展的结果。这种能力，只要生活在社会当中，到了一定年龄之后，每个人都会有。为了获得这种能力，人们用不着特别的训练，更不必学习哲学。但是善于运用概念，在复杂的情况下正确地运用概念，却并不是每个人都能做到的，为了做到这点，学习和研究“思维的科学”——哲学，便是十分必要的了。

一个人天生就会思维，但仍旧有必要去学习哲学的道理，打一个比方就更加容易理解。我们知道，一个人用不着学生理学就会呼吸，就会消化食物，就会新陈代谢，但是这绝不等于说学习生理学就没有意义了。恰恰相反，研究人的呼吸、消化等客观过程的生理学，是人们讲求卫生、保护自己身体健康的科学理论基础。一个人要善于讲求卫生、保护自己身体健康，就应该懂得生理学。比方说，我们从生理学的研究中可以知道各种维生素对健康的影响，我们就可以在选取食物时注意不使某种维生素缺乏。哲学概括了人类的知识，集中地研究如何运用概念进行思维的经验，找出自然、社会和思维的一般规律。因此，学习哲学，掌握了这些规律，就可以使我们减少许多暗中摸索，减少许多错误。一个人的天资生来虽有差别，但运用概念的能力——这也就是一种智慧——是可以通过学习哲学来获得的。

当然我们也可以看到一些人没有好好学过哲学，但是似乎也还善于运用概念。这种现象的确是存在的。我们是否可以因此得出一个结论说学习哲学就不重要呢？对这个问题我有这样一种看法，这就是哲学思想并不一定要从哲学著作中才能学到。在许多科学著作中，在许多掌握了正确思想方法的人的工作中，就包括正确的哲学思想，我们也就可以从这里学到哲学。这就是我们可以间接地和零碎地学习到许多思想方法的道理。但是只是间接地、零碎地学是不可能学到明确的哲学观点，不可能明确地掌握思维发展规律的。因此如果我们不去学哲学，我们思维能力的发展一定是比较慢的。而且我们只是从各种科学著作中，从工作中去学习哲学，学得的思想方法这种知识也不会巩固，抵抗不了唯心主义的侵蚀。许多自然科学家，尽管在科学研究中有许多唯物主义的观点，对科学的概念也运用得很巧妙，但是有时就受到唯心主义的影响，使他的科学研究工作受到一定的限制，特别是当他们接触到不太熟悉的领域，在认识社会现象时，他们就很容易被唯心主义思想所俘虏。这就叫做吃了不好好学哲学的亏。恩格斯讲过，一些科学家尽管主观上讨厌哲学，但是他要完全摆脱哲学是不可能的。问题只不过是你愿意接受对你的政治生活，对你的科学研究有帮助的、正确的哲学呢，还是愿意接受对你的政治生活，对你的科学研究有害的哲学思想。有一些反动的哲学家，口头上反对哲学，实际上是在宣传另一种哲学。他们拒绝马克思主义世界观，实际上也就是要别人接受他所宣传的唯心主义世界观。因此尽管我们有可能在许多地方学习哲学思想，但自觉地学习哲学仍是十分必要的。

马克思列宁主义哲学对各门科学的指导作用的问题，是特别值得来谈一谈的。马克思列宁主义哲学不仅对科学而且对艺术、道德、无神论思想、政治法权思想等都是起着指导作用的。对这一点我们不打算单独来讲，因为无产阶级的政治法权思想、无产阶级的道德、无产阶级的艺术观点和无神论的主张，都是建立在科学的基础上的。只要讲清楚马克思列宁主义哲学对各门科学的指导作用，马克思列宁主义哲学对无产阶级的各种社会意识形式的指导作用的问题是很容易弄清楚的。

马克思列宁主义哲学对各门科学的作用可以说有下面三点。

第一，每门科学的建立和发展，需要对它的对象和特殊的研究方法有明确的认识。一眼看来这似乎是不难做到的事情，实际上却往往是很复杂、不容易解决的。不要说像心理学那样比较年轻幼稚的科学，它的对象和特殊的研究方法至今是一个争论未决的问题，就是像化学这样古老的科学和政治经济学这样比较成熟的科学，它们的研究对象和研究方法仍旧是一个需要研究得更加明确、更加具体的问题。各门科学的科学方法论问题解决得正确与否，对确定科学的发展的方向是有决定性的作用的，而在确定这些问题时就必须依靠哲学的帮助。

第二，无论哪门科学的发展总离不开理论的思维，而要进行思维，即要善于运用概念，这就要依靠马克思列宁主义哲学。特别是科学有一些理论上的难题，对这些难题科学家们往往感到不知道如何去着手解决它，这时哲学往往可以预示研究的途径，帮助科学家作出假设，启发科学家找到解决问题的途径。

第三，无论哪门科学，要得到健康的发展就一定要同歪曲这门科学、毒害这门科学的唯心主义的哲学思想进行斗争。在这里就不能不得到马克思列宁主义哲学的支援。

从上面所说的一些道理来看，学习马克思列宁主义哲学是极其重要的。马克思列宁主义哲学不但是认识世界的重要武器，而且是改造世界的重要武器，它是共产党的世界观，是共产党的理论基础。我们在工作中的成绩总是在正确的世界观的指导下获得的，我们在工作中发生错误，也往往是由于思想方法不对头。

但是在这里我们必须着重指出一点，这就是：学习哲学绝不能代替学习各门具体科学。如果以为我们只要学好哲学，就什么问题都能够解决，那就大错特错了。我们和自然界进行斗争，进行阶级斗争，不但需要有正确的世界观，同时还需要对自然、对社会有许多具体的知识，需要对自然、对社会的具体规律有正确的认识，并学会运用这些规律。光靠哲学是既不能生产出工农业产品，也不能打败敌人的。例如，为了进行工农业生产，我们一定要努力学习自然科学的知识，懂得物理学、化学、生物学等自然科学，懂得数学，一定要努力掌握必要的生产技能。否则，尽管你辩证唯物主义学得好，在生产中仍旧一筹莫展。就是单就学习马克思主义来说，除了学习马克思列宁主义哲学以外，我们还一定要学习马克思列宁主义的政治经济学，学习科学的共产主义理论，并且也只有懂得各门具体科学的基础，我们才能真正懂得哲学，因为哲学本身就是从各门具体科学中概括出来的。而如果要成为一个哲学家，就有必要深入地研究一门或几门具体科学，只有这样才能深切地领会哲学究竟应该怎样运用到具体科学上去，深切地理解哲学在认识世界和改造世界中的意义。由此可见，哲学无能论当然是错误的，哲学万能论也是错误的。后者是对哲学功用的一种简单化、庸俗化的观点，是在学习哲学时应该注意纠正的。

五、怎样学习马克思列宁主义哲学

最后，我们还想来谈谈怎样学习马克思列宁主义哲学的问题。

对任何科学的学习，第一步当然是学懂。学习马克思列宁主义哲学也不例外。在学习马克思列宁主义哲学的时候，有人花的工夫大些，有人花的工夫小些，有人学习的方法对头，有人学习的方法不对头，再加上学习者的自然知识、社会知识、斗争经验、生活经验有的多，有的少，因而一定有人“懂”得深刻些，有人“懂”得浅薄些。但是懂得什么是唯物主义、什么是唯心主义、什么是辩证法、什么是形而上学，懂得马克思列宁主义哲学的基本内容，知道它同别的哲学的根本区别，懂得马克思列宁主义哲学到底为什么是正确的，唯心主义和形而上学为什么是错误的，对随便什么人都是起码的要求。在过去我们的哲学学习中，对唯物主义同唯心主义的区别是比较注意的，因而在这方面收到了很显著的效果。但是我们对辩证法的学习一般来说是注意得不够的，在我们的哲学学习中把本来比较复杂的问题简单化的现象，也是相当严重地存在着的。而在懂得马克思列宁主义哲学的正确性这一点上，不论在“教”的方面还是“学”的方面，做得似乎都不够。在我们的哲学书里，或者在我们的哲学讲稿当中，在讲了唯心主义和唯物主义、形而上学和辩证法的根本区别和它们的对立之后，往往就很简单地宣布唯心主义和形而上学是错误的，辩证唯物主义是正确的，不再作什么辩论。好像只要这样一宣布，就把问题解决了。有些批判资产阶级唯心主义的文章，也往往有类似的毛病。例如，有些文章简单地提出某个学者或某种主张是唯心主义的之后，就算把别人驳倒了，其实这样做并没有真正解决问题。如果唯心主义果真不值得一驳，那么早就不会有人相信它了，今后我们也用不着再提反对资产阶级唯心主义、宣传唯物主义这个斗争任务了。事实上唯心主义的有些论据不是十分容易驳倒的，要有一定的哲学素养才能有效地同唯心主义作斗争。初学哲学的人，读了这些批判唯心主义的书或者文章之后，尽管相信唯心主义和形而上学是错误的，辩证唯物主义是正确的，实际上并没有把是非曲直弄得清楚明白。相信马克思列宁主义哲学原理是正确的这件事当然没有错，但是仅仅相信是不够的，一定要懂得到底为什么它是正确的，否则在听到比较巧妙一点的唯心主义的议论的时候，就不知道究竟应该怎样去进行辩论，就不能很好地来为辩证唯物主义辩护，不能把唯心主义驳倒。这时候，就有可能在思想上产生混乱。同时这样来学习马克思列宁主义哲学，还可能产生一个危险，那就是容易使得初学哲学的人，养成一种看问题简单化的毛病，久而久之甚至会养成武断的习惯。如果真的发展成那个样子，情形就更不好了。马克思列宁主义哲学向来是反对把本来复杂的问题简单化的，它尤其反对任何武断。我们在学习哲学的时候，应该贯彻马克思列宁主义的科学精神。

为了真正懂得马克思列宁主义何以是正确的，我们一定要掌握马克思列宁主义哲学的证明。这里所说的证明绝不限于随便举来的例证。“举例”对于说明问题是很有帮助的，因而是不能少的。但是，学哲学却绝不应该满足于用哲学原理来说明一些例子，而是应该理解自然、社会和思维的一般规律，随便举些例子不能算是严格的证明方法。在唯心主义的哲学书里，我们也可以看到不少“例证”，如“目的论”者就曾经举过生物界大量的例子来证明生物是按照目的由上帝创造出来的。尽管如此，“目的论”仍然是根本错误的，因为它们举的例子经不起科学严格地检查。用来证明哲学原理的例子，应该是在自然科学和社会科学中得到有力证明的、不容置辩的结论。在《唯物主义与经验批判主义》这本书里，列宁用“在没有人类以前地球是否存在”、“没有人脑能否思维”这样由地质学和心理学长期发展所证明了的例子来证明主观唯心主义是错误的，就很有力量。进一步说，证明马克思列宁主义哲学的正确性，不应该只是些个别的例子，而应该是对整个自然和社会科学的认识，因此我们应该运用自然科学和社会科学的基本理论来作为论证的根据。

除了根据自然和社会科学的结论来论证马克思列宁主义哲学的正确性以外，我们要知道在哲学发展的历史上，曾经有些什么著名的争论问题；知道各主要哲学派别在这些问题上有什么不同的主张；知道唯心主义和形而上学在解决许多哲学问题上碰到过什么困难，而辩证唯物主义又怎样完满地解决了这些问题。有了这些知识，我们才能更好地懂得马克思列宁主义哲学的正确性。

弄懂马克思列宁主义哲学的论证还不够，我们还要在实践上体会马克思列宁主义哲学的正确性。实践是检验真理的标准这条重要的哲学原理，应该用到哲学学习中来。有了亲身体会，对马克思列宁主义哲学的认识就会更加深刻。

我们不是为了学习哲学而学习哲学。马克思有一句名言：哲学家不仅要认识世界，而且要改造世界。我们学哲学的目的是要把它用到工作中去。因此我们一定要学会运用。只有学会运用马克思列宁主义哲学这一点，我们才算真正懂得了马克思列宁主义的哲学。

学会运用哲学，是要经过练习的。打个比方说，在学习数学的时候，学习者不光是读懂书本就够了，而且还要演算习题。如果我们只看懂了数学课本而不做习题，数学是学不好的，凡是上过学的人都有这个经验。学习哲学和学习数学在方法上虽然不同，但是，一定要经过练习才能学会运用，这一点，在学习哲学和学习数学上是没有区别的。学会运用哲学比学会运用数学更困难，因此也就更加需要练习。

关于要学会运用马克思列宁主义哲学这个问题，在我们的哲学学习中一般来说是得到了注意的。许多学习单位很认真地提出了联系实际的方针。这是我们的一个好的传统，是应该注意保持的。但是如果说，在这方面我们不存在什么缺点，那就不对了。在这方面，今天还存在两方面的缺点，一是脱离实际的教条主义风气仍旧很流行。例如，在课堂讨论和讨论会当中，在进行考试的时候，往往是背诵现成的结论。联系实际被理解为在学习马克思列宁主义哲学的时候，例行公事似的举一些中国的事实，讲一些众所周知的话，并没有什么新鲜味道。二是牵强附会，生搬硬套，或者先有一个“框框”，然后随便找些“实际”填进去，或者不管联系得上还是联系不上，硬得“联系”在一起。这样联系实际的结果，不但对我们理解马克思列宁主义哲学的基本原理没有好处，反而把马克思列宁主义哲学的原理庸俗化了。例如，如果我们不作具体分析，简单地把一切大大小小的错误都归结为唯心主义的错误，并且不加分析地把唯心主义的错误都归结到个人主义的思想根源上去，就绝不能懂得唯心主义和唯物主义的区别。

不论是脱离实际的教条主义倾向，还是把马克思列宁主义哲学简单化、庸俗化的倾向，都有一个共同的特点，就是既不提出问题，也不去解决问题，都不提倡创造性。在这里我想对在学习马克思列宁主义哲学的时候怎样提出问题再说几句。

在学习马克思列宁主义哲学的时候，提出的问题可以分为两类，一类是从实际生活和科学研究中提出的带有哲学性质的问题，一类是哲学史上没有解决得很透彻的老问题。当然我们还可以举出第三类问题，这就是一些术语、概念的问题，这些问题当然没有前两类问题重要，但是它们的解决，对哲学原理的通俗化，对使得哲学这门科学更加严密些、更加有系统些、更加完善些也会有好处。

我们特别指明应该研究实际生活中提出的带哲学性质的问题，意思是说实际生活中提出的问题并不都是学习马克思列宁主义哲学时应该去研究的问题。实际生活中有些问题并不具有什么理论的意义。例如，在生产、工作中我们每天都会遇到许多组织性质、技术性质的问题：某个车间原料的储备不够了需要补充，某个工作人员没有住宅要求解决等。把这些问题都提到哲学的高度来研究是徒劳无益的。并且，即使是科学研究中提出的问题，也有一些问题并不具有哲学性质。如果把什么问题都列入哲学研究的范围之内，结果就会忽略真正带有哲学意义的问题。我们应该从实际生活中，从科学研究中恰当地抽出至少对学习者来说是头脑里没有解决的或者解决得不很明确、不很透彻的哲学问题来讨论。例如，在我国当前的具体历史条件下，工人阶级同资产阶级的矛盾是不是对抗性的，就是这一类的问题。只有这样的问题，讨论起来，学习者才会真正产生兴趣；讨论之后，学习者才能真正得到启发，思想上才会有进步。提出这样的问题，当然比随便碰到什么问题就研究什么问题要困难一些，但是如果我们要真正学会运用马克思列宁主义哲学，就一定要花一些工夫去找这样的问题。对学习马克思列宁主义哲学负有指导责任的人，也就更应该善于提出这样的问题去启发学习者深思。

研究哲学史上的老问题对学习马克思列宁主义哲学是很重要的。这一方面的问题，在现在我们的哲学学习当中是经常被忽略的。这是不对的，因为哲学史上的老问题是经过哲学家的深思而被提出来的，它们有比较高的概括性，而且这些问题的解决一般来说比较困难。这些问题的明确解决对提高人类思想方法的水平是有较大帮助的。马克思列宁主义哲学经典著作，已经为我们解决了许多哲学史上的问题，但是我们应该承认，并不是哲学史上所有比较重要的问题都已经得到明确的解决。今后我们还需要按照问题的重要性，一个个提出来用辩证唯物主义的观点去研究它们。在认识论中，关于“什么是经验”的问题，就是一个例子。在这类问题当中，我们把那种虽然已经得到了解决，但是由于社会的新发展或是由于科学的新发展，而需要重新研究或是需要改变表述或解决方法的哲学史上的老问题也包括在内。列宁早就讲过，唯物主义的形态是要随着科学的发展而不断改变的，如果不研究这类问题，唯心主义会重新活跃起来。这一点我们在前面已经讲过了。

至于第三类问题，在学习中可以说是提得最多的。这类问题是可以提出的，解决这些问题对学习马克思列宁主义哲学也有好处，因为即使弄清楚一个术语、一个概念，对学习也是有帮助的。但是要注意不要把术语、概念的精确化问题当做带根本性的哲学问题来讨论，不要用术语、概念的争论代替重要哲学问题的争论。如果那样做就成了烦琐主义。这种烦琐主义的学习方法，在这几年我们的哲学学习中是相当普遍的，应该引起注意。

学会正确地提出问题，就可以使学习得到健康的发展。只要我们能够实事求是地、仔细地研究这些问题，就一定可以逐渐学会运用马克思列宁主义哲学。

关于怎样学习马克思列宁主义哲学的问题可以从许多方面去讲，在这里我们只讲上面的两点，并且着重讲时常被人们忽略的一些问题。至于大家一般已经重视的问题，或者一些带技术性质的问题，就统统不讲了。当然，对于初学哲学的人，这里提出的有些要求可能高了一些，但是，对于真正要把哲学当做一门科学加以掌握的人，我认为是应该这样来要求的。

关于“物质”概念的对话*

在清理旧文书的时候，找见了这个没有写完的旧稿。写作这个稿子的时间我记不清楚了，“考证”了一下，大概是在 1952 年。现在哲学刊物上关于“纯”哲学问题的文章发表得比较少，因此想起把这个稿子拿到《通讯》上发表，希望引起一些讨论。

甲：你今天来得正好，前两天我读了几篇哲学文章，有一些问题想跟你讨论讨论。有不少似乎是很普通的道理，原先以为完全懂得，可是人家一问就说不清楚，当然这就是说自己并没有真懂。

乙：我也常常有这种情形。我认为这和缺少把问题思索到底的习惯是有关系的。固然有些问题一时弄不清楚是由于客观原因，还是由于自己知识储备不足，但也有一些问题本来并不那么困难，只是由于没有集中地去思索，就长时期得不到解决。今天我们不妨认真地谈一谈，也许可以解决你提出的问题……

甲：说来也许你会认为根本不成什么问题，但是我既然存在着疑问，也就应该弄清楚。现在我想谈的是关于物质的概念的问题。关于这个问题列宁在《唯物主义与经验批判主义》里说得很清楚，他说：“物质是哲学上的范

---

* 本文写于 1953 年，原载《哲学论文·演讲和笔记（1950～1966）》，人民出版社，1982 年，第 44～57 页。

畴，它为人表示出感觉给予人们的，由我们的感觉复写出来、摹写出来，并且离开我们的感觉而独立存在的实在。”列宁还说：“物质这个概念在认识论上并不是别的，只是离开人的意识而独立存在，并为人类所摹写的客观实在。”列宁的这些非常明确的说法，使我们可以更加有力地驳斥唯心主义，特别是驳斥那些歪曲近代物理学的成就来宣扬唯心主义的哲学家的谬论。这些哲学家一开始故意给物质下一个错误的定义，说物质就是有不可入性、惯性、质量等属性的东西，然后又根据近代物理学已经发现原先具有质量的电子可以转变成没有质量的光的事实，得出“结论”说“物质消灭了”，“唯物主义破产了”。他们的这种手法不是每个人都能看得出来的。有了上面列宁所说的物质的概念，我们就可以反驳这些唯心主义哲学家们说，你们关于物质的概念是错误的，质量、惯性、不可入性等并不是物质不可缺少的属性。物质唯一的属性，只是它是存在于我们意识之外的客观实在，我们唯物主义对物质的概念就是这样看的。请问没有质量的光不是和具有质量的电子一样，都是存在于我们意识以外的客观实在吗？如果你承认光是客观实在，那么你就得承认物质并没有被消灭，承认唯物主义是正确的。如果你不承认光是客观实在，那就请你公开说出你的唯心主义的观点，不必玩弄你的那些手法吧。你的这种意见和近代物理学是根本不相干的。因为用不着什么近代物理学的新成就，你也完全可以坚持否认光是独立于我们意识之外的客观实在，在这里只需要反科学的唯心主义的态度就够了。并且根据同样的唯心主义观点，你也完全可以同样否认电子及任何物体是客观实在。我觉得列宁为物质所下的定义非常明确，也是比较容易理解的。但是有人进一步引申说，社会生产力、人们的生产关系也是客观实在的东西，因此也是物质；或者说物质的运动、时间、空间、事物运动的规律也是不以意识为转移的，因此也是物质；甚至说存在着两种物质概念，即自然科学的物质概念和哲学的物质概念。我的头脑就被弄得有些混乱了。不知道你对这个问题有些什么看法？

乙：我想先纠正你方才所说的一句不完全恰当的话，我们不能说，原先有质量的电子可以转变成为没有质量的光，而只能够说，原先有静止质量的电子可以转变成为没有静止质量的光。因为近代物理学发现，质量可以分静止质量与运动质量两种。静止质量是物质即使在静止的时候也具有的质量，这个质量在任何运动速度下都一直保持。运动质量是物质在运动的时候才增加的质量，在物质运动得很慢的时候是很不显著的，那时由于运动而增加的运动质量是用不着去考虑的，因为比起静止质量来说，它实在太小太小了。但在运动很快，如在接近光的速度的时候，运动质量就成为不可忽略的了。电子既有静止质量又有运动质量，而光虽没有静止质量，但它仍旧有运动质量。自从发现了运动质量之后，光仍旧可以说是有质量的，没有质量的物质直到现在还没有发现。所以，静止质量并不是一切物质共有的属性，这个道理虽然是完全可以肯定的，但是质量（包括静止质量和运动质量在内）是否是一切物质共有的属性，则是一个需要研究的问题。今天有一部分哲学家和物理学家就主张质量是物质的量的度量。光有质量，这是列宁在写《唯物主义与经验批判主义》之后才弄清楚的问题，但这一点也不妨碍列宁为物质所下的定义，相反倒是给你方才所说的那些唯心主义哲学家以双倍的打击，因为物质无论如何总是独立于人们意识的客观实在。

至于有两种物质概念——所谓自然科学上的（或物理学上的）物质概念和哲学上的物质概念——的说法，在许多出版物上确实流行过。有的翻译家甚至还创造了两个术语“物质（哲）”和“物质（物）”。他们还给人以印象，仿佛这是列宁的意见。其实只要我们比较用心地读过《唯物主义和经验批判主义》，就可以看到列宁的意见完全不是这样。列宁只是说：“关于物质构造和物质运动形式的自然科学知识是不断增加的，关于物质构造和物质运动形式的自然科学理论是不断发展的，一切关于物质构造和它的属性的科学使命具有近似的、相对的性质，自然科学的新发展只能使我们得出结论说：我们关于物质的一向认识的界限消灭了，也就是说，我们的认识深化了；从前看做绝对的、不变的、本原的那些物质属性（不可入性、惯性、质量等）消灭了，现在这些属性表现为相对的属性，只属于物质的若干情态。而物质是客观的实在，是存在于我们意识以外的这个属性，才是物质的唯一属性，必须承认它是跟哲学的唯物主义密切联系着的‘属性’。”听说苏联哲学界曾对“物质（哲）”和“物质（物）”这种说法提出了批评，不知道你有没有留意这个问题？

甲：因为我想研究一下这个问题，前些日子曾经找了一些文章来看。有两篇文章，基本思想相同，都批判有所谓两种物质概念的说法。我记得这两篇文章的基本论点是，如果说有两种物质概念，那一方面会使辩证唯物主义脱离自然科学，另一方面会使自然科学脱离辩证唯物主义，不论对辩证唯物主义的哲学还是自然科学来说都会产生不好的结果。这个意见我是同意的。本来，哲学是从自然科学和社会科学中概括出来的。自然科学的理论和社会科学的理论一样，对研究哲学唯物主义的原理，包括研究关于物质的哲学概念在内，是有极其重要的意义的。物质的哲学概念和关于物质构造的自然科学理论虽然有区别，但还是有着密切联系的。列宁在《唯物主义与经验批判主义》一书中曾经写道，为了以唯一正确的，即辩证唯物主义的观点提出问题，我们必须问：电子、以太等，是不是作为客观实在而存在于人的意识之外的呢？自然科学家毫不踌躇地回答说“是的”，正如他们毫不踌躇地承认自然界存在于人之前和存在于有机物质之前一样。这样一来问题就解决了，因为物质的概念，如我们已经讲过的，除了是不依赖于人的意识并且为人的意识所反映的客观实在之外，在认识论上并不意味着别的什么。从这段话里我们可以看到，自然科学理论是证实物质是“离开人们的意识而独立存在，并为人类所摹写的客观实在”的，把关于物质的哲学概念和关于物质构造的自然科学理论完全割裂开来，会使唯物主义哲学失去科学的依据。同时，辩证唯物主义的哲学对自然科学是起着指导作用的，因此哲学的物质概念也就是一切科学所必需的。如果说有哲学的和自然科学的两种物质概念，那就很容易使得自然科学家及自然科学只需要自己的物质概念就够了，因而不能够抵抗唯心主义对自然科学的侵蚀，不能够反对唯心主义对自然科学成就的歪曲，这将使自然科学走上歧途。

乙：你方才谈的这个意见，我觉得的确是很重要的。哲学和自然科学一定要密切合作才能战胜唯心主义。唯心主义的哲学有一套手法，就是一方面利用自然科学中还没有解决的问题来和唯物主义作斗争，唯心主义哲学家们对人们说，你们看，这个问题是自然科学解决不了的，还是让我们来替你们解释吧；另一方面又竭力歪曲自然科学的成就，把本来不利于唯心主义的东西说成是仿佛有利于唯心主义的东西，他们说，你们看，自然科学最近发现了什么什么新的原理，推翻了以往唯物主义的见解，证明我们的见解是对的，可见唯物主义是破产了。如果哲学家不再研究自然科学，就很难在群众中揭穿唯心主义哲学家的错误，同时，唯心主义还有一个伎俩，就是要求自然科学和其和平共处，分疆而治，实际上是向自然科学进攻，如列宁所描写的贝克莱、马赫主义者那样。他们会对自然科学家说："让我们把外在世界、自然，看做神在我们心上所唤起的'感觉的结合'吧。如果你们承认这点，放弃在意识之外、在人之外去探求这些感觉的'基础'，那么，我们将在自己的唯心主义认识论的框子内承认内部自然科学，承认其结论的全部重要性与确定性。……我们需要的正是这个框子，而且只是这个框子。"或者说，"自然科学家先生们，我们把自然科学交给你们，请你们把认识论、哲学交给我们"。如果自然科学脱离了哲学，就会被唯心主义所俘虏。

甲：没有也不可能有和哲学上的、马克思列宁主义的物质概念并存的什么特殊的"自然科学"的或"物理学"的物质概念，这一点大概可以肯定下来了。但是方才说的生产力、生产关系到底是不是物质，运动、时间、空间、事物运动发展的规律到底是不是物质这类问题没有得到解决，这个问题还不能说是最后已经得到解决。

乙：为什么呢?

甲：物质是独立于人们意识之外的客观实在——这一点是没有疑问的，但是从方才提的这些疑问当中进一步又提出了另外一个问题，这就是："是否一切独立于人们意识之外的东西都是物质。"说生产力、生产关系、运动、时间、空间、事物发展的规律是物质的人，就是这样来理解物质这个概念的，但是，我不同意这种看法。

乙：我想提醒你注意，当哲学家们说"物质是独立于人们意识之外的客观实在"时，他们说的物质是物质的一般概念，并不一定意味着承认有一个一个的物质。比如说，哲学家讲"宇宙"如何如何，讲的就是宇宙这个整体，而宇宙是不能分解为一个一个小一点的"宇宙"的。有时人们用"小宇宙"这样的词汇，但那是借用的。而你现在提出"一切独立于人们意识之外的东西是否都是物质"的问题时，使用的"物质"这个概念已经是一个包括一个一个的东西的"类"的概念了。你说的"一切独立于人们意识之外的东西"，已经是一个一个的东西了。你的问题是，每一个属于"一切独立于人们意识之外的客观实在"的东西是不是都属于你说的这个物质的类。我想在讨论你提出的问题的时候要把这个概念讲清楚，否则在我们的讨论中所用的概念就会是不清楚、不严格的。

甲：我同意你讲的这一点。我认为物质这个概念既是一个一般的概念，又是一个“类”的概念，是一个从属于这个“类”的一切东西中抽象出来的一个一般的概念，“独立于人们意识之外的客观实在”就是属于这个“类”的一切东西的共同的东西。现在我想使用这个概念，说一下我对这个问题的两点想法。

第一，我认为物质的属性、物质和它的存在形式（运动、时间、空间）、物质和物质间的关系等虽然是和物质不可分离地结合在一起的，但它们和物质终究是不同的范畴，它们不是独立的，而是依附于物质的东西，不应和物质本身混为一谈。这就是说，我们虽然可以根据它们是和物质不可分离的、独立于意识以外的东西的事实来说，它们是具有物质性的东西，但不应该把它们说成是物质本身。比方说，谁都不会反对红花是物质，但是如果我们说“红花的红就是物质”，那一眼就可以看出是不妥当的。物质——在这里是花——总是有一定属性的，它如果不是红的，也会是黄的、蓝的、白的、灰的或者其他什么颜色的。除了颜色这种属性以外，花还有气味（包括我们平常说的“没有气味”在内的气味）、形状、大小等，它们都是花的属性，没有任何属性的物质是没有的。在这里，红就是那朵花的一种性质，就是花那种物质的一种属性，并且某种物质的某种属性，总是由这种物质的某种规定性决定的。在这里，这朵花为什么是红颜色的，就要从这朵花的物质构造中去找，也就是说，是由这朵花的分子和原子结构，即它能够反射怎样波长的光线、吸收怎样波长的光线决定的。尽管如此，我们既不能把红看做独立的东西，也不能把红和花看做两个平行的东西，而只能把红看做依存于花的一种东西。由这个例子我们就可以看出，物质和物质的属性是不能混为一谈的。关于物质和运动，物质和时间、空间我们也可以这样来说。大家知道，物质和运动是不可分离的，没有运动的物质和没有物质的运动都是不可思议的；同样我们也知道，物质总是存在于一定的时间和一定的空间中，离开了物质的时间和空间，和离开了空间和时间的物质都是不可思议的。根据这样的事实，恩格斯说，运动是物质的存在形式；他又说，时间和空间是物质存在的形式。但如果说，运动、时间和空间本身就是物质，那就会引起思想的混乱，结果就会产生一种思想，仿佛运动、时间和空间是可以独立存在的。对物质和物质间的关系我想也可以这样说。至于事物运动发展的规律，按马克思列宁主义哲学的唯物主义看来，那不过是物质在它的运动和发展过程中本质的、稳定的、重复出现的关系，它是属于物质的东西，也不能说它的本身就是物质。如果我们把本来属于物质的那些属性，把运动、时间、空间、物质间的关系、事物的运动发展规律看做脱离物质的某种独立的实体，那就为唯心主义开辟了道路，因为唯心主义也无非是把物质的某种产物——意识看成独立的实体，并把它看做原始的东西。

第二，我们大家都知道，在唯物主义哲学中有一条重要的原理：世界在时间上是无限的。唯物主义哲学就是根据这个原理来和唯心主义各式各样的“创世说”做斗争的。谁不承认这个原理，他就不得不陷入唯心主义的泥坑。可是，世界在时间上是无限的这个原理在自然科学上是怎样得到证明的呢？这个证明就是物质既丝毫不能创造也丝毫不能消灭，在运动、变化、发展中所改变的只是物质运动的形式和运动的状况、物质与物质的组合等，物质的量是丝毫不能增加、不能减少的。这个物质在其转化中守恒的原理是被自然科学的无数实验精确地证明了的。如果我们把物质的属性、物质间的关系等也叫做物质，那么物质守恒的原理就不再能成立了。因为我们很难说物质的属性、物质间的关系是守恒的。例如，我们可以杀死一个活的动物，使它失去“活”这个属性，原先“活的”动物现在变成一具“死的”动物尸体了。动物的尸体具有另外一种属性——“死的”，“死的”这种属性是由于物质的转化（由活物转化成死物）而产生的，并且可以不必解释。在“活的”和“死的”这两种属性之间也没有任何继续关系。举规律为例，我们也可以看出这种情形。大家知道，活的动物遵守生物学的规律，它的机体可以保存和不断地更新，而动物在死了之后，就不再遵守生物学的规律了。它根据非生物学的规律即依据死掉了的有机体的化学规律起变化，机体很快腐败，这能不能说是一个规律本身变化成另一个规律呢？能不能说一个规律和另一个规律之间有什么量的守恒关系呢？当然不能这样说。我们只能说，由于物质本身由活物变成了死物，因此就有两种不同的规律起作用。从这一方面考虑，我也认为不能把物质的属性、规律等看做物质。

我认为，说生产力、生产关系是物质也会引起这方面的困难。当然，我承认物质的概念是可以而且应该应用到社会现象方面去时，因为只有这样应用才有了历史唯物主义这样一门哲学科学，才有了各门社会科学。但是我不同意因为生产力、生产关系等是独立于人们意识之外的这一点，就简单地把它们看做物质，因为这样做就会发生生产力、生产关系不能创造、不能消灭的问题，就会使人们思想混乱。关于这方面的问题很多，我想我们等一会儿再谈。

总之，我认为要把“物质”和“物质的属性”，把“物质”和“运动”、“时间”、“空间”、“事物运动的规律”等区别开来，就要承认物质是一种实体，不能说把一切独立于人们意识之外的东西都看做物质。

乙：你的许多意见我是同意的，我也觉得不应该把物质的属性，把运动、时间、空间，把事物运动的规律等看做物质。但是你的论据还有许多值得研究的地方，不一定能站得住脚。比如，在你最后的结论中用实体这个概念来说明物质，说物质是一种实体，我看不但仍旧解决不了问题，反而更不清楚，因为实体这个概念既不比物质这个概念更根本，也不比物质这个概念更明确。

甲：为什么呢?

乙：实体这个概念是许许多多哲学家包括唯心主义哲学家常用的一个哲学术语。在马克思主义哲学以前的哲学中，人们用实体这个概念来表示万物不变的基础，把它和单个事物可变的特性相对立，形而上学的唯物主义认为物质就是这样的实体。在唯心主义者看来，精神、神、观念是实体。笛卡儿认为有两种独立的实体：精神实体和物质实体。不可知论者（休谟、康德）认为事物的实体是不可认识的。辩证唯物主义否认事物的实体是某种不变的东西。马克思主义的哲学唯物主义不承认有这种不变的实体，它把实体理解为世界的本质和基础，理解为运动着的并永恒发展着的物质。由于实体这个概念不能明确地把唯物主义与唯心主义的观点区别开来，所以列宁认为，物质乃是比实体更确切、更清楚的概念。因此，在许多马克思主义哲学的著作中，都是用物质这个概念来解释实体这个概念的，而你却用实体这个概念来解释物质这个概念。因此，如果你把物质看做一种实体，想用实体这个概念来解释物质这个概念，是不能把问题弄得更明白的。你应该把你的想法说得更清楚一些。

甲：也许我不善于表达自己的思想，因而引起你方才讲的那段话。我的意思只是想说有许多东西，如物质的属性、物质的运动、物质间的联系、物质运动的规律等，它们都是依附于某种实在的东西，只有这种实在的东西才可以叫做物质。我记得列宁在《唯物主义与经验批判主义》里，曾经叙述过马赫的一个见解。马赫说："在我们面前，有一个尖端为 S 的物体。在我们触到 S，使 S 跟我们的身体发生关系时，我们就感觉到刺痛。我们可以见到 S，而不感觉到刺痛，但在感觉到刺痛时，我们就发现 S 在我们的皮肤上。所以眼见的尖端是一个永恒的核心；刺痛按情况作为偶然的事件，和这个核心结合着。随着类似的事的屡屡发生，人们最后习惯于把物体的一切看成是从永恒的核心出发，通过我们身体的媒介，然后传达于我们自己的一种作用。这种作用，我们叫做感觉。"列宁在引用这段话之后就说："换一句话说，人类'习惯于'站在唯物主义的立场上，'习惯于'把感觉看做物体、物或自然作用于感觉器官的结果。马赫讨厌这个对哲学的唯心主义者有害的习惯（全人类和全部自然科学所染到的习惯）并着手摧毁它……"从列宁这段话里面，我们可以看到，承认这个核心是独立存在于人们意识之外的东西是唯物主义的"习惯"。而唯心主义者则一定要否认这个核心是客观实在，想把它解释成为"感觉的综合"等。我认为这个核心就是物质，并且只应该把这个核心、这个客观实在叫做物质，至于其余的种种属性就是从这个核心出发的，应该把它们看做依附于这个核心、这个客观实在的东西，即把它们看做"物质的"东西，不应看做"物质"，我知道我还没有把我的意思表达清楚，不过我想你也许可以了解我的意思了。

乙：我方才讲的关于实体的那一段话，可能引起了你的误会，我想再说明一下。

我想先说一说列宁为什么给物质下那些"定义"。我记得列宁在《唯物主义和经验批判主义》里讲到的马赫主义对唯物主义的一种攻击，这就是马赫主义说唯物主义在阐明物质和精神这些概念时，并没有给物质下什么定义，除了在其中"简单地重复"何者为第一性何者为第二性外，并没有给它们下什么定义。对这种责难，列宁答复说，物质、精神这样"两个认识论上的最后的概念，除了指出两者中何者被认做第一性以外，要再有其他的定义是根本不可能的"。这是因为，"下定义"的意思"首先是把已知概念包括在另一较概括的概念中。例如，我在下"驴子是动物"的定义时，是把驴子这个概念包括在较概括的概念中的。现在要问，除存在和思维、物质和精神、物质的和心理的以外，还有什么可以在认识论上使用的更概括的概念呢？没有。这是最广泛、最概括的概念（如果撇开术语可能的变化不讲），就事情的本质来说，认识论至今没有超出它的范围。只是欺骗或极端的愚钝，才能要求给这个最广泛的概念下定义”。从列宁这段话里面我们可以懂得，为什么列宁要给物质下那些定义。在阐明认识论上的物质与精神的相互关系时，独立于人们的意识之外的客观实在——物质这个概念是明确的，而实体这个概念是不明确的，因为实体究竟是物质的还是精神的，还是要进一步去说明。这就是方才我不同意你说物质是一种实体的原因。

可是，我现在了解了，你提的问题已经超出了物质和精神的相互关系这个认识论基本问题的范围。你是想在物质和精神究竟何者是第一性何者是第二性之外——把第一性、第二性问题看做已经解决的问题——再从别的方面来研究物质概念的问题。这，我想也是许可的，因为除了这个认识论的基本问题之外，也确有一些问题要弄清楚。你方才提出了那些，我看是值得重视的另外一些方面的问题。在从这些方面来研究物质概念的时候，我觉得运用实体这样的概念是可以的（当然要从唯物主义的辩证观点来理解实体这个概念）。现在我们面对着两类性质不同的问题，一类是物质和精神相互关系的认识论上的根本问题，另一类是你举出的物质和物质的属性等之间的关系问题。在说明后一类问题时，当然需要用另外一些术语、另外一些概念。假如大家同意，我想用实体这个概念也是允许的，但必须注意不要把实体看成比物质更为广泛的概念而把物质纳入实体之中，如果那样看就大错特错了，那样就会掩盖认识论中物质和精神的根本关系，就会被唯心主义者利用这点来混淆视听。

听了方才你提的问题，我倒想起一个值得研究的问题。这就是你提出的那几方面的问题，既然不是物质和精神相互关系的根本问题，那又是什么性质的问题呢？你提的这个问题和认识论的根本问题又有怎样的关系呢？我们刚才讲的两种不同性质的问题，同过去不少哲学书上所作的关于本体论和认识论的区分究竟是不是相同的呢？此外，世界的物质性这个命题究竟应该怎样理解？应该只理解为世界是独立于人们意识之外的客观实在，还是应该进一步理解为世界是具有实体的物质的总和？不过这么谈起来扯得太远了，还是让我们回到你刚才讲的第二点看法上来吧！在那一段当中有一些问题我感到很有兴趣。说老实话，我对你用物质不灭等来论证物质的属性不是物质这一点并没有多大兴趣，这样的论证我看是不需要的，因为已经包含在你的第一点意见中了。我有兴趣的倒是，你提到的像生产关系这种社会的东西是不是物质的问题。我记得列宁在《什么是人民之友》这本书中就把社会关系分为物质关系与精神关系，物质资料生产关系、儿女生产关系是物质关系，政治关系、道德关系、宗教关系等是精神关系。我们把物质生产和儿女生产中的关系称为物质关系，是不是仅仅因为这种关系是“在人们意识之外存在的客观实在”呢？还是因为这样说的物质关系涉及的是物质资料、儿女这样的物质实在呢？

历史唯物主义何以被称为唯物主义，最根本的究竟是什么？你刚才讲的这一番话使我想到，如果我们能对这个问题作一番深入的研究，可能不但对研究历史唯物主义有用，而且对研究物质的概念问题，和一般哲学问题，也会是有帮助的。

意识对物质的反作用*

这是20世纪50年代的一篇旧作。近年来，“人机对话”有了新的发展。机器可以“听懂”人讲的话，接受人的命令来行事，这样的事当时我是不知道的。不过我认为，这篇文章里关于物质的状况只有用物质的力量来改变，以及两类物质的说法并没有因为有这样的发展而需要改变。

在这篇文章里，我们不讨论“物质是第一性的，意识是第二性的”、“物质是意识的来源，意识是物质的反映”、“意识不是独立的实体，而是高度完善的物质的产物”等无可争辩的唯物主义的原理，而是要根据这些原理来说明：①意识经过怎样的过程对物质起反作用；②意识对物质起反作用需要有哪些条件；③意识对物质所起的反作用的局限性。在这篇文章里我们还打算对在不同社会历史条件下意识对物质所起的反作用进行一些简单的考察。

我们知道，物质和运动是不能创造也不能消灭的，因此，任何事物都不能在创造或消灭物质和运动上发生丝毫的作用。但物质和运动的形态是可以相互转化的；物质运动的状况、物质与物质间联系的状况也是可以变更的。在这些方面，某些事物在一定的条件下是可以发生一定作用的。比方说，在我们面前有一本书，这本书作为物质，既不是创造出来的，也不是能消灭的。在成为这本书之前，物质早就以纸张、油墨、糨糊、铁丝、棉线等形态存在着了；而今后即使这本书被撕掉、被烧掉，它仍然会以别的形态——碎

* 本文原载《一个哲学学派正在中国兴起》，江西科学技术出版社，1996年，第168～181页。

纸或二氧化碳、水蒸气等形态——存在着。任何东西都不能在创造或消灭“作为物质的这本书”这一件事情上起任何作用，但是我们却可以通过把这本书撕掉或者烧掉来改变物质的形态，可以改变这本书的位置等。到底让这本书以现在的形态存在着，还是把书撕掉或烧掉；到底让这本书在现在这个位置，还是让它移动到另外一个位置等，在这样一些事情上面，某些东西（如火柴、手、我们的意识）在一定的条件下是可以起一定的作用的。当然，任何物质和运动的形态、状态的变化，总是物质相互作用的结果。例如，这本书被撕掉，是某种足够大的、以相反方向各自起作用的力作用于这本书的结果；这本书被烧掉，是火柴燃烧时炽热的火焰使纸张迅速氧化的结果，这本书位置的移动，是某种力以这种或那种方式作用于这本书的结果。这就是说，一定要有物质的力量，才能造成物质和运动的变更。单是意识，单是我们想撕掉这本书，想烧掉这本书，想改变这本书的位置，而不动手用力去撕，不划火柴去烧，不用力去移动这本书，那是丝毫不能改变物质世界（这本书）的状况的。然而从我们所举的这个例子里也可以看到，意识确实是起着作用的，这是明显的事实，但在解释这个事实时，我们会遇到一个问题：并非物质的意识，何以能够作用于物质并改变物质和运动的形态和状态？这个从意识的领域到物质的领域的过渡是怎样产生的？

为了进一步分析和研究这个问题，首先应该把两类物质——我们躯体中能够随意运动的部分（如四肢）作为一类物质，其他物质作为另一类物质——加以区分。在意识对物质起反作用的问题上，这两类物质和意识间的关系有着明显不一样的地方。对第一类物质，意识可以直接起作用。举例来说，我们的意识可以直接让我们的四肢运动。我想举起我的右臂，现在我的右臂就举起来了。我想举起我的右臂这种思想，是我的意志，意志是意识的一种形态，我的右臂是一种物质，我想举起我的右臂，这只右臂举起来了，这就是意识对物质起了作用，这个作用没有经过别的媒介，所以这是意识对物质直接地起了作用。而对第二类物质，意识不能直接起作用，而必须通过第一类物质。例如，我们要移动一本书，就必须动手。当然，在很多场合，意识可以借助于工具来对第二类物质起作用。工具一方面起传递第一类物质的力量的作用，如用棍子打人同用手打人基本一样，用的也是人的体力；另一方面又可以起只用第一类物质起不到的作用，如使用棍子、斧子、刀子可以做到只靠人手做不到的事情。棍子、斧子、刀子都没有神经，用它打人、砍东西自己不会痛。使用棍子可以打到离自己远一点的别人的身体上，使用斧子、刀子可以劈开一根木头或者把一块肉切成两块，而只用人手是做不到的。平常我们说棍子、斧子、刀子是人手的延长，就是说，它发生作用离不开人手，使用的仍是人手的力量，同时又能发挥仅仅是人手所起不到的作用。

当然还有一些工具不是依靠人的体力去发动的，而是用人的体力之外的其他自然界的力量，如以畜力、水力或煤炭、石油等燃料为动力。有的工具——我们说的是某些机器——的运转，还可以达到较高程度的自动化。但是尽管机器的发动和运转不是依靠人的体力，但在运用这些机器来对其他第二类物质起作用时，仍必须通过第一类物质的作用。这就是说，人仍是整个高度自动化机器的发动者和操作者，而且在发动和操作这种高度自动化机器时，人仍旧要运用自己的体力。哪怕只是按一下电钮，也需要手指头上的那一点点人体的力量；即使对着话筒讲一句话，也是要用一点人体的力量；“不费吹灰之力”，吹灰也是要用一点力。人在自己同自然做斗争的长期的历史过程中，掌握了巨大的生产力，因而拥有受自己驱使的巨大无比的自然界力量。我们可以把这种可由人来驱使的自然界的力量，看做人的体力的扩大。这样，自然界的力量同人的体力间的差距越来越悬殊，两者之间的距离仍不断地拉大。但是人在驱使这样巨大的力量为自己工作时，总还要付出哪怕只是按一下电钮的体力，即至少要用人的体力发出能驱使这种巨大力量的一个信号。物质的东西只有用物质的力量去改变。精神的东西是起着巨大作用的，但是单凭精神的力量，对客观的物质世界是丝毫作用也不可能发生的。①

进一步讲，任何工具都是人有目的、有意识地运用第一类物质（绝大多

---

① 我们可以设想（对今天来说，我认为还只能说是一种近乎幻想的设想），在将来的某一天也许会发生直接用脑子来发出发动操作某个机器系统的信号的事情。比方说，想要发动一部机器，可以不按电钮，甚至可以不必发出声音，只要我那么一想就可以。作为一种幻想，我认为并不是绝对不合理的。比方说，人怎样想，就会产生怎样的脑电波，而这个脑电波可以使某种装置作出反应，这种反应当然是不完全相同的。假如有一种装置，它灵活、精细到这种程度，能够把各种不同的脑电波迅速区别开来，并把上述装置中对不同脑电波的反应转化成能发动某个机器系统的某种信号。这样就有可能通过某种装置而不通过人的某种随意器官，大脑直接对外界物质发生作用。我认为这样的幻想，距离目前我们能够达到的现实，是极远极远的。现在的对脑电波的研究，只能发现人在睁眼或闭眼、在静默或讲话时的明显区别，人的思维的内容，在脑电波上产生的区别是完全表现不出来的，甚至到底人想的事情对脑电波会不会产生影响也是一无所知的。虽然如此，我们还是可以假定，在几百、几千、几万年之后，人类也许可以做到各种可以由人脑来直接发动和操作机器的事。不过就算是那个时候，上面我们说的物质的东西只有用物质的力量才能改变的命题，仍旧是可以成立的。因为脑电波也是一种物质的力量，只是在这种情况下，第一类物质和第二类物质之间的界限变得不确定了。

数场合是用手）制造出来的。例如，我们可以用电扇的风力来移动一张纸的位置，在这个场合，我们没有直接动手，只是按了一下电钮。但电扇是人用手制造成功的，而且还是要人动手去做发电机，去做输送电流用的电线、变压器、电线杆子或铁架等。总之，意识要对第二类物质起作用，必须直接经过第一类物质，或者还要经过工具、机器等，而这些工具、机器等也是经过第一类物质制造出来并经过第一类物质来操纵的。

以第一类物质加上人通过第一类物质所发动操纵的各种工具所驱使的自然界力量为一方，以人的意识对其起着反作用的第二类物质为另一方，两者之间的关系完全是物质与物质间的关系。它们之间发生着的过程是很容易理解的，经过力学、物理学、化学等的研究就可以将这些过程清楚地说明。例如，当人用手来打东西或利用棍子来打东西时，人手、棍子、被打的东西之间的关系是一目了然的，简单的力学就可以帮助我们把这个过程说得很清楚。当我们用电扇的风力来移动一张纸的位置时，人手、电扇、纸之间的关系尽管复杂些，但说明它们之间的关系也不是一件困难的事情。困难只在于意识和第一类物质的关系问题，只要意识和第一类物质间的关系问题得到说明，意识对一切物质起作用的过程就完全可以明了了。

对意识经过怎样的过程来发动随意运动的器官这个问题的回答，和对在人脑中究竟经过怎样的过程把外间世界所给予人的感觉器官的刺激转化为意识这个问题的回答，在性质上是基本相同的，在困难的程度上也是基本相同的，我们可以把它们归结为人脑这种高度完善的物质特性的两方面的表现。尽管说明这两种物质过程是自然科学尚未完成的艰巨的任务，但是我们坚信这一定是可以得到满意的说明的。在这里我们只能指出：①不论是外间世界所给予人的感觉器官的刺激转化为意识，还是意识转化为随意运动的各种器官的运动，都是发生在人体内部（特别是脑这种高度发达的物质内部）的物质的过程。②在这两种过程中，意识和物质发生一种直接的联系，这种联系在别的场合是不存在的。③这两种过程是有差别的，外间世界所给予人的感觉器官的刺激转变为意识属于认识过程，在这里，外间世界的物质运动是过程的起点，意识的产生是过程的终点；意识转化为器官的运动属于实践过程，在这里，意识是过程的起点，物质的运动是过程的终点。这两种在人体、特别是在人脑内部发生的具体的物质过程，也是不一样的。④这两个过程又是相互联系的；第二种过程是第一种过程的继续，第二种过程的结果又会反映到第一种过程中去。⑤这两种过程的研究对研究哲学都是很重要的。第一种过程的研究可以帮助我们证明意识是人脑的产物，帮助我们说明意识是外间世界的反映这些唯物主义原理；第二种过程可以帮助我们用唯物主义的原理来说明意识何以能对物质起反作用。

现在我想对这两种物质过程再讲几句。

先说外间世界转化为人的意识的过程。这种过程最简单的状况，是外间世界通过人的感觉器官在人的头脑中转化为某种感觉，这在对人的心理活动的研究中，应该说是最简单的一个问题了。但是就是这样最简单的物质过程，我们还知道得很少很少，我们只知道，首先是外间世界给人的感觉器官以某种物质的刺激，这种刺激可能是光粒子或光波放射到人的视觉神经末梢上（视觉），或者是空气中声波引起耳膜的振动（听觉），或者是某种化学分子对鼻内或舌上的某种神经末梢起某种化学作用（嗅觉和味觉），或者是对皮肤上的神经末梢施加足以引起疼痛的机械力量（痛觉）等。接着是在这种从神经末梢到大脑中的许许多多神经细胞内部的，以及在不同神经细胞之间的一系列的化学的、物理的运动过程。对这种运动过程的研究，虽说还没有取得很明显的成果，但是我们可以肯定这样的物质过程是存在的。而这个物质过程究竟是怎样的，应该说距离弄清楚还差得很远。

至于许多个刺激作用于人眼，在人脑中形成某个印象的过程，那就更加复杂了。例如，我们面前有一朵花，从花的各个部分反射出来的阳光，同时投到我们眼球后面的网膜上。视网膜上许许多多的视神经末梢同时受到了刺激，无数根视神经把刺激后产生的反应传送到人们大脑中管视觉的部分，在人的大脑皮质中又引起某种反应，引起某种物质的和化学的变化。至于究竟在视神经中、在大脑皮质中都起些什么样的变化，又在神经和大脑中通过怎样的物质过程，使我们产生这朵花的印象，这是一个难度很大的也是很有趣的问题。

至于再进一步，我们在看见了这朵花之后，把我们的视线移向别处或者闭上眼睛。这时候花已经不在我们眼前了，它不再刺激我们的视神经，但我们再去回想这朵花的颜色、形状时，我们还有对这朵花的回忆。这种回忆在我们的脑子里发生的物质过程又是怎样的呢？

这样一层一层的问题问下去，我们虽然也应该肯定一切心理活动都有相应的物质过程，但是对这样的物质过程几乎一无所知。

回过头来我们再来问问，人的意识指挥自己的各种随意运动的器官使之运动时，人体内部的物质运动过程究竟是怎样的。我们应该承认，直到现在为止，我们对这一物质过程的研究，比对前面讲的认识过程中的那种物质过程的研究，是要少得多。让我们仍旧举上面举过的“我想举起我的右臂，我的右臂就举起来了”这个例子。这个例子中，我想举起我的右臂，那是我的一个意志，意志就是一种意识。现在我们问，在这种意志产生时，究竟发生了一种怎样的物质过程呢？对这一点，我们恐怕知道得很少。而我的这样的一个意志的产生，还只是我将要举起手来的起点。因为我光有这个意志，我的右臂仍旧可以不举起来，有了这样一个意志，只可以说是行动的一个预备令，我还要对自己下个行动的命令：“举起你的右臂来！”我的右臂才举了起来。在举起手来的时候，在我的肌肉中要释放出一定的能量，消耗我一定的体力。这个能量是我肌肉中的某种化学物质，如三磷酸腺苷提供的。在我下这个行动的命令时，在我体内引起了怎样的物质变化呢？这个命令又是通过怎样的途径，经过怎样的物质过程传递到肌肉，引起肌肉的紧张和松弛的呢？为了弄清楚人的意识和上面说的第一类物质之间的关系，弄清楚意识对物质的反作用，这样的物质过程是应该弄清楚的。

一定的意识对一定的物质能否起作用是有条件的，不具备一定的条件，意识是起不了作用的。但是，意识不是无条件的，能对物质起反作用的意识对物质起反作用所必需的条件有两个：一是必须遵循对象的物质运动变化的规律，这就是说，意识要能够正确地反映将要对之起作用的对象的物质运动的客观规律，二是必须凭借一定的物质力量去作用于对象，这就是说，必须凭借一定的物质力量，即必须凭借上面说过的第一类物质，或必须凭借工具以发动自然界的力量。我们可以举一个简单的例子来说明这两个条件，我们想烧掉一本书，就必须遵循这本书运动变化的规律，这本书必须有燃烧的可能性。如果我们想烧的不是用可以燃烧的纸张做成的书，而是根本不能燃烧的石头，那么我们想把石头烧掉的意识、意志，就不能对石头起什么反作用。这是意识能对物质起作用的第一个条件。但是仅仅依据书本可以燃烧这个规律性还是不够的，意识、意志还必须凭借一定的物质力量，这就是说，必须有火柴在手里，必须动手去划火柴，并且使火柴燃烧时的火焰与书本接触。必须具备这两个条件，书本才会燃烧起来，才会使可能性转化为现实性。

根据意识对物质起反作用所需要的这两个条件，我们可以得出结论说，意识对物质所起的反作用不是不受限制的。这个限制，一方面，是由于意识对物质所起的反作用必须符合物质运动发展的客观规律。这不仅表现在意识不能超越物质运动最一般的规律（如物质和运动既不能被创造也不能被消灭），而且表现在意识不能超越某一物质或运动形态的具体规律。这种由不能超越物质运动规律而产生的限制，可以说是意识对物质起反作用的绝对的限制。另一方面，意识对物质所起的反作用的限制，还由于意识所凭借的物质力量总是有限的。例如，改变地球上某个区域的气候，就物质运动的规律性来看，不是没有可能的。但是直到现在，可以说人类还没有找到足以改变这样的气候的可以凭借的物质力量。这种由没有找到可以凭借的物质力量而产生的限制，我们可以称之为意识对物质起反作用的相对的限制。因为尚未找到的这种物质力量，在将来也许是可能找到的。当找到这种可以凭借的物质力量时，这种限制就不存在了。当然也有这样一种情形，即某种物质和运动形态或状态虽然不是不能变更的，但作为地球上的人类的意识却永远找不到足以改变这种物质和运动形态或状态可以凭借的物质力量。例如，天体的运动，以物质和运动不灭原理的观点来说，太阳在宇宙空间中的移动和它本身的物理的、化学的运动，当然不是不可以变更的，但是作为某一行星（地球）上的生物的人的意识，却可以说永远找不到一种物质力量可以凭借，使人类能够改变太阳能的放射数量和速度，能够改变地球在宇宙空间中移动的速度和轨道。阿基米德虽然说过：只要给我一个支点，我就可以把地球举起来，但问题在于我们永远找不到足以凭借的这个支点，也永远找不到足以举起地球来的那个杠杆。由人类永远无法找到可以凭借的物质力量而产生的限制，也可以说是绝对的限制，虽然它和不能超越客观规律而产生的那种绝对限制在性质上有所不同。

以上我们只是一般地从意识和物质的关系来研究意识对物质起反作用的问题，并且只是从单个的人的意识对自然界的物质所起的反作用来进行考察，在这里我们是把社会的条件完全撇开不管的。如果我们把社会的条件和意识对社会存在的反作用也考虑在内，那么问题就复杂得多了。

在这里我们不准备详细地讨论这个问题，我们只想说说当把社会因素考虑进去之后要补充说明的四点意思。

第一，我们应该从整个社会的观点而不是只从单个人的观点来考虑意识对物质的反作用。这就是说：①虽然人脑总是长在一个一个的人的身上的，意识总是一个一个的人的意识，但是这里我们要考虑的，就不再只是单个人的意识，不再只是单个人的情感与意志对物质的反作用，而要去考察所有的人和整个社会的人的社会意识，考察它们对物质所发生的反作用的总和。②由于人们生活在社会当中，彼此相互接触，所以一个人的意识不仅可单个地对物质起反作用，而且还可以用影响别人的办法（通过语言与其他方式表示），经过别人的意识对物质起反作用。进一步说，我们可以利用组织的办法来巩固这种思想上的影响，组织统一的行动。③由于许多人之间存在着矛盾甚至冲突，许多个人的意识对物质的反作用中有一部分可以相互抵消。

第二，人们对自然和社会的认识是随着社会的发展而发展的。这就是说，意识本身究竟符合自然与社会的客观现实到什么程度，是由社会历史条件决定的。人类对自然与社会的认识越深刻，意识对物质的反作用所受的限制就越小，所起的反作用就越大。

第三，在意识所借以对物质起反作用的物质力量中，除天然的自然界的物质和自然界的力量外，还有一部分是人有目的有意识地生产出来的（如各种生产工具），这一部分可以说是最主要的。这一部分物质力量，是社会的历史的产物。它既包括过去遗留下来的，而现在仍旧在起作用的那些物质力量，也包括当代人们生产出来的那些物质力量。这一部分是当代社会的物质生产条件，特别是社会的生产力的标志。人借以对物质起反作用的这一部分物质力量越进步，意识对物质所起的反作用就越大。

第四，还有一个社会意识的反作用的问题。社会意识是社会存在的反映，又反作用于社会存在。社会意识有各种形态，它们有各自对社会存在发生作用的方式。在考察整个社会的意识对物质的反作用时，就要把社会意识的作用计算在内，这是一个很广阔的领域，包括许多复杂问题。

从上面这几条中，我们还可以看到，社会越进步，意识对物质所起的反作用就越大。从原始社会到奴隶社会、封建社会和资本主义社会，人类社会的联系是不断扩大的，社会组织程度是不断提高的，人类对自然和社会的认识是不断增进的，而人类用来改造自然和社会的工具是越来越进步的，因此，意识对物质的反作用也越来越大。但是在资本主义社会（在封建社会和奴隶社会也是一样），剥削阶级和被剥削阶级间存在着敌对的关系，同时，剥削阶级内部也存在着各种矛盾和冲突。有的意识对物质所起的反作用是积极的，有的意识对物质所起的反作用是消极的，当然这样说的“积极的”和“消极的”是相对而言的。我这么说，主要是想讲在阶级社会中这两种作用往往互相抵触。可是到了社会主义社会，阶级消灭了，马克思列宁主义、毛泽东思想指导了广大群众，人们之间当然还存在着各种矛盾，但是相互冲突的情形一般是不存在了，并且社会的组织性也进一步提高了，人们所凭借的改造自然、改造社会的工具也有了进一步的改进。于是在社会主义社会，意识对物质所起的反作用比过去任何一个社会制度都要更加大些，以致恩格斯可以用由必然的王国到自由的王国的飞跃的说法来形容由阶级社会到社会主义社会的转变。

但是我们一定要认识到，尽管在社会主义制度下意识对物质所起的任何作用较之过去任何一个社会制度都更为大些，但意识对物质所起的反作用始终是极其有限的。因为在社会主义制度下，不但仍然只有遵循物质世界的客观规律的意识才能发生一定的作用（这和在资本主义制度、封建制度和古代别的社会制度下一样），而且社会组织的程度、人们的意识符合于客观现实的程度，也始终是有一定限度的。同时在社会主义制度下，人们所借以改造物质世界的物质力量也是有限的。当然，在社会主义制度下，我们应该承认意识对物质世界起着较大的反作用，对在共产主义制度下的这种作用还应该更进一步加以估计。但在任何社会制度下，我们都不能把意识的能动作用夸大到唯心主义的程度，如果忘掉了这篇文章开头提到的那些唯物主义的原理，就会陷入到唯心主义的泥坑中去，这一点在考察意识对物质的反作用时是应该特别注意的。

人的意识通过各种社会意识形式起作用的问题，是一个需要进行大量专门研究的问题。在这儿我们只能扼要地从意识对物质的反作用的角度提出有关社会意识的几个问题。意识是存在的反映，但是当人的意识只是简单地反映客观世界的对象而不反映社会物质生活条件时，这种意识还不是社会意识。所有的人，不论他们属于什么时代，属于哪一个阶级，当他们面对着一朵红花的时候，都同样会感觉到同样的红花，知觉到同样的红花，并且即使面对某种社会现象，如看到有人正在摘那一朵红花，甚至看到一场战斗，就看到的景象来说，属于不同阶级不同社会集团的人也都是一样的。而社会意识是由社会存在、社会物质生活条件决定的那些意识。例如，资产阶级残酷地剥削工人阶级这样一个事实，在资本主义社会中两个对立阶级的社会意识就不一样，在资本家看来这是合理的、永恒的现象，是合乎道德的，是美的行为；在工人阶级看来就是不合理的，是会改变的现象，是不合乎道德的，是丑的行为。为什么呢？这是因为这两个阶级在社会生活中所处的地位不一样。资本家剥削工人是合理的还是不合理的，是永恒的还是不永恒的，是道德的还是不道德的，是美的还是丑的，这种意识就是由资本家和工人的物质生活条件的不同决定的。又如从古代一直到资本主义社会，相信宗教的人总是很多，而在社会主义革命取得胜利之后，相信宗教的人就大大减少，这种有关人们社会意识的现象就是由不同的生产力水平、不同社会制度下不同的社会物质生活条件决定的。只有这种由社会物质生活条件决定的意识，我们才称之为社会意识。

社会意识是有各种形态的。人们的社会意识在反映社会存在时，可以采取道德、艺术、宗教或无神论、哲学等形态。是否还可以采取其他什么形态，是一个需要研究的问题。而且各种社会意识形态有各自的起源和发展的情况，有的产生之后长期发展，有的会逐渐消亡。宗教起源最早，现在明显地已在逐渐消亡的过程中。它的产生和消亡仍要以社会物质生产的一定发展为条件，即只有发展出为形成宗教所必需的人的比较丰富的——虽然是歪曲现实的——想象能力，宗教才能产生。宗教虽然是人类愚昧的产物，但也是人类智慧达到一定水平的结果，也只有生产高度发展，宗教才会消亡。宗教在意识对物质的反作用中所起的作用如何是要研究的问题。艺术在原始社会的一定阶段产生，但那时艺术水平是很低下的，只可以说是处于萌芽状态。艺术是不会消亡的，它在意识对物质所起的反作用中虽然不能说起到很大作用，但也是能起到一定的作用的。道德的起源、发展和对物质所起的反作用如何？它的前途又如何？哲学作为一种社会意识形态有与科学不同的特点，它的发展变化的趋势如何？除了恩格斯在《路德维希·费尔巴哈和德国古典哲学的终结》中举出的宗教、道德、艺术、哲学这四个方面的社会意识形态之外，是否还有恩格斯没有提到的社会意识形态？在恩格斯写这本书之后的近百年中是否有不属于这四个方面的社会意识形态？今后还有什么新的社会意识形态会发展起来？诸如此类的问题都是要解决的。各种不同的社会意识形态，究竟都通过什么途径对物质发生作用，也是一个值得研究的问题。

关于意识和社会意识问题的一次谈话*

上星期天，有一位在大学哲学系学了快一年的青年朋友到我家来，要我谈谈关于意识和社会意识的问题。我一边谈，他一边做笔记。谈完之后，他觉得很有意思，建议我写篇文章。我猜想，对这个问题有疑问的，恐怕还有别的青年朋友，而哲学界一定有许多人对这个问题有研究，写篇文章出来，跟同志们讨论讨论，彼此启发一下，也是一件美事，因而就很高兴地接受了他的建议。但是要从头开始，另写一篇论文，我没有这个能力，于是我就把他的笔记要了来，整理成这个谈话记录。

* * *

他：在学习辩证唯物主义这门课程的时候，我看了一本亚历山大罗夫主编的《辩证唯物主义》。前些日子，学到这本书的第九章“物质第一性和意识第二性”。书里讲，把物质第一性和意识第二性的原理应用于社会，得出了“社会存在不依赖于社会意识，它是第一性的；而社会意识是第二性的，它依赖于社会的物质生活，社会存在决定社会意识”的结论。书里面讲“论证了历史唯物主义的这个基本原理”，可是我读了两遍，并没有看到这本书是怎么“论证”的。学了之后，对意识和社会意识问题仍旧很糊涂。您能不能给我讲讲这个问题？我觉得弄清楚这个问题对我的哲学学习很重要。不知

* 本文写于1955年，原载《哲学论文、演讲和笔记》，人民出版社，1982年，第71～80页。

道您今天有没有时间?

我：我对你说的那本书不很熟悉，我们就不专门去讲那本书了。苏联不少教科书，往往说理不够，论证很差，对这一点，我也有同感。这种书结论、断语多，道理讲得少，常常不讲个“为什么”，或者讲得非常简单，不能很好地启发人们思考，对此，我是不喜欢的。对于你提的问题我并没有作过专门研究，但这的确是一个很重要的问题，是一个很有趣味的问题。今天是星期天，没有什么工作，我们就来讨论讨论这个问题吧。我觉得这个问题还得从意识、社会意识这两个概念的区别来进行讨论……

他：是啊，我们那本书就没有意识、社会意识的定义。我查了一下罗森塔尔和尤金编的《简明哲学辞典》，倒是有“意识”和“社会意识”这两条，可是都只是从它们和物质存在或社会存在的关系上下定义，没有讲意识本身到底是怎么回事。比如，这个辞典上讲，意识是“人所特有的反映客观实在的最高级的形式”，又引了列宁的话说，意识是人脑的机能，可是没有讲究竟是怎样一种机能。可见，光从和物质的关系上是不能把意识讲清楚的。我认为，那部辞典对什么是意识这样下定义是不行的。我觉得精神和物质的关系是一个哲学范畴，不应该只从这种关系上给意识下定义。

我：给意识和社会意识下定义，本来不是那么容易的事情。意识本来是一个心理学上的名词，在心理学中，把一切精神现象，如人的感觉、知觉、表象、记忆、思维等都看做意识。有的心理学书里给心理学下定义时就说，“心理学是意识的科学”。但是这些都不是给意识下的哲学的定义。关于意识的哲学定义，在哲学史上哲学家们作过很多探讨，见解各有不同，那是因为他们在哲学上坚持的观点不同。有的哲学家把意识讲得很神秘。黑格尔有一本书是专门讲精神现象的，对“意识”讲了很多很多，现在这本书还没有中译本。我认为从心理学常识来说，意识这个名词大家都很明白，用不着下什么定义，而从哲学上来说，我觉得从它和物质、存在的关系上下定义是正确的。在现在出的辩证唯物主义教科书上都有一段是讲物质定义的，在讲“物质”定义的时候区分物理学上的物质概念和哲学上的物质概念，这是按列宁的《唯物主义和经验批判主义》这本书的意见写的。我觉得对意识下定义恐怕也可以区分一下心理学上的意识概念和哲学上的意识概念，虽然这两种概念不是彼此没有关系的。我不是说我对《简明哲学辞典》这本书很满意，但是我也不同意你方才那样去评价它对意识下的定义。我认为，辩证唯物主义者把上面列举的大家都可以理解的许多精神现象——人的感觉、知觉、表象、情感、思维……我还想补充说，还有人的意志——概括为人体（而且是人体中的脑、感觉器官、整个高级神经系统）的一种机能，概括为客观实在在人脑中的反映，从而形成哲学上的概念是很正确的。我们眼前有一朵花，它是客观实在，由于它的花瓣的分子构造，在受到阳光照射时，它把阳光中其他波长的光线都吸收了，唯独把相当于“红色”的那一段波长的光线反射出来，这样光线射到我们的眼球上，视神经把这种作用传到我们的大脑，于是在我们的视觉中就出现“红”的感觉，这个“红”的感觉就是花瓣中某一方面的物质结构在我们头脑中的反映。这是物理学、化学、生理学和心理学的实验证明了的。对这样的事实作哲学上的研究，可以得出“意识是物质的反映”这个判断，这个判断采取了定义的形式，这样的定义就是从意识和物质之间的关系上对“意识”下的哲学定义。意识是“叫做人脑的这样一块特别复杂的物质”的机能，也是从意识和物质的关系方面下的哲学定义。下这样的哲学定义，就等于下“意识是存在的反映”这样一个唯物主义的断语。但是我们不是从这个定义中得出这个断语，也不是从这个断语中作出这个定义，两者本来是同一个意思的两种表达方式，没有从一个当中推出另一个的问题。要给意识下哲学的定义（把意识当做一个哲学的范畴下定义），对一个彻底的唯物主义者来说，也只有这样的下法。方才我说要回答你提出的问题，还得从什么是意识、什么是社会意识谈起，我的意思倒并不是想给你讲上面的这一番话，我的意思是要和你讨论意识和社会意识这两个概念相同的地方与相区别的地方。

他：这个区别我是知道的。社会意识不就是“社会思想、理论、观点的总和”吗？罗森塔尔、尤金的《简明哲学辞典》里给社会意识下的定义是“反映物质生活条件、物质资料生产方式的社会思想、理论和观点的总和”。

我：是的，这样说基本上是对的，不过我想应该把这点讲得更清楚一些，讲得更具体些、更细致些。我想从方才讲的那朵花的红色说起。我面对着那朵花，在我的“眼球-脑”这个系统中出现了“红”的感觉，知觉到这是朵红花，并在红花不在面前时脑中仍然保存有这朵红花的表象……这是这朵作为客观存在的红花的反映，是人的意识，但它反映的是“这样一朵花”

的存在，而不是反映你读过的那些哲学教科书里讲的“社会物质生活条件”。因此它们只是“意识”，而不是“社会意识”。所有的人，不论他们属于什么时代，属于哪一个阶级，只要不是色盲，当他们面对着一朵红花的时候，都会产生红的感觉，知觉到它是红花，脑子里都会有这朵红花的表象。

现在我们再对这个问题作进一步的思考。假定我们现在面对的不是一朵红花，而是某个资本主义国家的街头，街上的群众正在为要求就业而示威。这时候群众手里拿着牌子，口里喊着口号，情绪激动地列队前进，这样的现象在原始社会、奴隶社会、甚至在封建社会都是看不到的。这个客观现实，在观看示威的人的脑子里当然也会引起反映，因为他们看到和听到了这些景象，属于不同阶级的人看到的、听到的都是同一种景象。在这种情况下，他们看到的、听到的虽然是一种“社会的”景象，但是所产生的“意识”也不好说就是反映社会生活条件的“社会意识”。

因此我觉得社会意识和意识不同，它们虽然都是客观现实的反映，但这里说的“反映”并不完全是一个意思。如果说那朵红花及街头示威的场面使面对它们的人产生和形成感觉、知觉、表象等意识，这种意识可以从物理的、化学的、生理学的、心理学的理论中得到说明的话，那么，社会意识的产生和形成的过程与此就有很大的不同，这是另一种反映过程。这个问题我考虑过，但没有考虑清楚。你在学习辩证唯物主义时想过这个问题没有?

他：没有。我只是注意到一些书里对社会意识的一些说法，在书中还讲到社会意识是哲学的、政治的、宗教的观点等。

我：说到社会意识形式的问题，那就更复杂了，现在我们先不谈，等到后面再来讨论。我接着上面的话来讲。我在上面讲的红花和街上的游行示威在人头脑里产生意识这个例子，只讲到感觉、知觉、表象，没有讲到情绪、思维、意志这样一些心理现象。说到这里问题当然就复杂了，当人们面对着一朵红花，感觉到红，知觉到红花等的时候，他们所产生的这些意识现象都是相同的。但是由于看花的人不同，在他身上产生的情感、思想、意志就不一样了。这是因为任何人的脑子并不是一张白纸，在面对红花之前，在他脑子里已经有各式各样的记忆，各式各样的观点等存在（我们在这里先不去讨论这些观点是怎么形成的），这些东西就会同新从“红花”中取得的感觉、知识、表象等发生相互作用。比方说，我们都是哲学的爱好者，喜欢作哲学的思考，我们就可能在这朵红花面前讨论哲学问题；而如果我们是诗人，我们在这朵红花面前，想的、说的就会是别样的内容了。我们在心情好的时候（这当然是有其他原因的），或者在心情不好的时候，在这朵红花面前，情感上、思想上所产生的东西，当然也是不一样的。对红花这样一个简单的自然界的现象是这样，对社会现象当然更是这样了。上面说的那次游行示威发生时，站在街上的，有的是工人，有的是小资产者，有的是资本家，他们看到的景象虽然都是一样的，但是在他们身上产生的情感、思想和意志等当然会有很大的甚至根本的区别。有人说，这是意识的主观性的特征，不同的人对同一事物会有不同的反映，就是由意识的这种特点产生的，对这种说法我认为应该进行分析。意识总是由某个人的头脑产生的，当然同这个人的状况有关。比方说，一个色盲的人面对着这朵红花，他说看不出它是红的，就是有“红”这种感觉。不过这个道理也是可以客观地得到说明的。不同的人站在红花面前会引起不同的感情、不同的思想、不同的意志，也应该可以客观地得到说明。这同意识的特征当然有关系，但是简单地说这样一句话，并没有把事情讲清楚，我总想把过程弄得更清楚些、更具体些，这样再说这种情况和意识的特征有关，给人们的理解，就不是一句抽象的话了。

他：你是不是说社会意识的产生是一种理性的过程？或者说，你是不是认为感觉、知觉、表象等都属于一般意识，而感情、思想、意志等就是社会意识？

我：我还不是这个意思。我的意思也许可以这样来表达，方才我说的不同的人（他们在社会性质上是有所不同的，在社会经历上更是每个人有每个人的个性），面对着这朵红花和街上的这次游行示威，会有不同的情感、思想、意志。这种意识同普通马克思主义哲学教科书所说的社会意识是有密切关系的，但是它们的意思还是不一样的，这样的意识即使也被称为社会意识，也同这些书里说的不一样。或者也可以这样说，普通马克思主义哲学教科书里的社会意识这个概念常常过于笼统，没有注意到这个概念所包含的不同质的内容，实际上是把不同的概念混在一起了。我建议用两个术语来表示两个不同的概念，一种是上面我们说的那种感情、思想、意志等，我想称之为“社会性的意识”。引进这个术语，有助于揭示“意识”这个概念的复杂性，有助于区分不同质的意识现象。另一种是，“意识”这个概念有两个基本的定义：一个是“意识是人脑的产物”或“人脑的机能”，说的是意识的本质；一个是“意识是客观现实在人脑中的反映”，说的就不只是意识的本质，也包含意识的内容。这里说的意识都是在一个人的头脑和感官中形成的意识，都是在个别认识主体身上产生的意识，都是具体的意识。这种意义下的意识，又可以分做带社会性的和不带社会性的两类。“红”这种感觉、“红花”这种知觉等是不带社会性质的。当然产生这种意识的前提，也是以健全的人为认识主体。人是有社会性的，但是这样的意识本身并不带社会性，只带人的性质。这里说的人的性质，是区别于动物的心理活动的。动物也有心理现象，有一门学问是专门研究动物心理的，叫做动物心理学。动物也有感觉，狗的嗅觉比人还灵敏。我们不是狗，也不是马，狗和马的感受我们人是永远不知道的，我们只能从狗和马的客观表现上了解到，狗和马是有感觉的。动物也会有知觉，有表象，否则何以解释警犬的功用和“老马识途”？但我们不把这种动物心理现象叫做意识，我们把意识这个名词专门留给人来用，它是专门属于人的。人的感觉、知觉、表象是和动物不同的，费尔巴哈曾经说过，动物的感觉是动物的，人的感觉是人的，这在心理学上是可以区别说明的。笛卡儿说意识是精神清醒的状态，也许在理解人的意识上对我们有所帮助。我们是人，我们有自我意识，就是说，我们对于自己的精神状态可以不经过客观的途径而通过我们自己的感受，体验到“红”是怎样一种感觉，“红花”是怎样一种知觉。同时，还可以体验到在产生这种感觉、知觉的时候，我们的感情、思想、意志等是怎样的。我认为这种感觉、知觉和感情、思想、意志等，都是个人这个认识主体的机能。所不同的，只是前者只反映客观世界的现象而不反映人的社会存在，因此它不带社会性，而后者带有某种社会性。

这种和面前的事物相联系而在个人头脑中直接产生的意识，同作为社会经济基础的上层建筑的社会意识是不一样的。后者不是某一个人面对着某个客观现实在头脑中产生的意识，而是许许多多的人的带社会性质的意识汇合起来，经过另外一个过程形成起来的。每个人头脑中产生的带社会性质的意识，同每一个人在社会生活中的地位、利益及他本人的经历有关，而作为社会上层建筑的社会意识，反映的是整个社会物质生活条件、整个社会生产方式。我觉得在同社会意识有关的问题上作这样一种区分，也许可以把问题讲得更清楚一些。

他：你是不是认为不论“社会意识”还是你所说的“带社会性的意识”，社会存在决定社会意识这个道理都适用？

我：是的。一个是整个社会物质生活条件所决定的社会意识，一个是每个人的社会生活条件所决定的他在认识某一对象时所产生的带社会性质的意识。

他：你的这些说法我倒是第一次听到。

我：我有这个想法，可是许多问题还没有想清楚，所以一直没有对别人长篇大论地讲过。是你今天和我谈起这个问题，我才把这个想法说出来，不见得对。我想也许有别的人讲过这方面的问题。我读的书很少，我想也许别人已经把这些问题都讲清楚了，我只要好好地读这些书就可以了，何必自己去想。可是我直到现在还没有去搜集资料，真是心有余而力不足。

他：你已经讲了不少了，干脆把你对社会意识形式的看法也讲一讲吧。

我：你既然问我，我就把自己在这方面的看法也说一说吧！

社会意识形式这个名词通常指的是建立在一定社会生产方式基础上的哲学、宗教、艺术、道德等，社会意识形式这六个字，可以说成社会（的）意识形式，也可以说成社会意识（的）形式。按照第一种说法，先要说明“意识形式”，按照第二种说法，先要说明“社会意识”。现在我把这两种说法讲一讲。我觉得这两种说法都有优点，把这两种说法集合在一起，可以帮助我们理解“社会意识形式”这个概念。

先讲第一种说法。我们知道，人的意识、人的心理活动本来就是很复杂的，就是有许多方面的，我们知道，在人的心理活动中不但有认识过程，而且还有和认识过程相伴随的情感和意志过程。并且即使在认识过程中，也不但有运用概念来进行的“逻辑思维”，还有“形象思维”（不知道还有什么其他思维方式）。同时在认识过程中，不但可以正确地反映客观现实，而且可以歪曲地反映客观现实，甚至可以去作虚伪的想象和盲目的信仰。哲学、宗教、艺术、道德等社会意识形式都有它们不同的心理基础。哲学是与认识这种意识形式相联系的，不论这种认识是科学的还是不科学的，作为意识的形式，哲学总是运用概念来进行逻辑思维的。艺术这种社会意识形式同“形象”思维有关，同时，人类所固有的，并在社会生活中不断发展起来的，由美好事物引起的愉快的情感，和由丑恶的事物引起的不快的情感这些心理，也是艺术这种社会意识形式的基础。宗教这种社会意识形式是同另外一种心理状况、意识的形式相联系的，在社会发展的一定阶段，人们可以由于愚昧而根据在自然界和社会生活中的经验去想象统治自然和社会的某个或某些超自然的实体（神、鬼等），也可以由于对自己所不能理解的自然和社会的破坏力量发生的恐怖情感和祈求幸运时的虔诚情感，而使宗教的产生获得其心理基础。道德这种社会意识形式也是有它的心理基础的，这就是对自己的行为可能产生的社会后果的内在的责任感。意识有不同的形式，于是就有不同的社会的意识形式的存在。

再讲第二种说法，“社会意识”的形式。这就是说这些社会意识形式虽然都属于我们所说的社会意识，但是形式是不同的。社会意识有各种形式的原因之一就是有各种社会关系。一些社会意识形式和另外一些社会意识形式的差别，是在它们与不同社会现象的关系上体现的。例如，政治和法的观点就是在政治和法的关系上产生的。当社会上由于阶级的存在而产生了阶级斗争，人们就会在对待阶级斗争、革命、民族关系、国家制度、法律、战争与和平这样一些问题时有不同的社会意识。又如统治阶级为了巩固自己的社会秩序，除了运用国家和法的工具外，还必须运用舆论的力量来促使人们的行为有利于这些秩序的巩固，履行对巩固这样的社会秩序有利的义务，这样就产生了道德这种社会意识形式。宗教这种社会意识形式在原始社会的最早阶段是没有的，那时候人们还没有获得形成宗教所必需的那种比较丰富的——当然是歪曲现实的——想象能力。宗教虽然是人类愚昧的标志，但它的产生却也是生产水平逐渐提高、人类智慧水平逐渐提高的结果。宗教的产生，一是由于当时人在自然界面前是那么软弱无力，感到自然力量的恐怖，二是感谢自然界的恩赐，它是反映一定的社会物质生活的一种社会现象。

* * *

谈到这里，时间已经不短了，大家都有些疲劳，就转换了话头，谈些别的闲话了。我觉得许多意思没有想好，也没有表达清楚。整理了记录之后，就作为一个思想记录保存了下来，待以后看些书再来做进一步研究吧。

外间世界、高级神经活动与心理现象*

一、问题的提出

在马克思列宁主义哲学的文献中，外间世界、人脑与意识间的关系问题早就得到了彻底的唯物主义的解决，归结起来就是：①外间世界是不依赖于意识而存在的；②意识不是独立的实体，它是特别复杂的物质——人脑——的产物，是外间世界作用于人脑（首先是作用于感觉器官）而引起的；③意识是外间世界的映象。

外界存在着一朵花，它不是什么“感觉的复合”，不是什么“意识的体现”，它的存在是不依赖于意识的。这朵花，通过它反射出来的光，通过从那里散发出来的气味等（它们都是运动着的物质）作用于我们的眼睛、鼻子等，于是就在我们的脑中产生了明暗、颜色、香味等感觉，产生了对这朵花的知觉。在我们脑中产生的，不是随便什么的感觉和知觉，而是特定的感觉

---

* 本文原载《哲学研究》，1956 年第 5 期。本文写于 1955 年 10 月间，本来是个没有写完的稿子，除了这三节以外，还想再展开来把各种不同意见讨论一下，还想详述原苏联学术界在讨论这个问题时的意见和专门谈一谈心理学的对象和方法的问题，可是因为各种原因一直没能继续写下去。现在决定就这样拿出来请同志们指正。在这三节中，第二节是孟庆哲同志帮助我整理的。写成后我曾请潘菽、曹日昌、丁瓒、唐钺、孙国华、吴江霖、朱希亮、刘范、徐联仓、李家治、荆其诚等许多位心理学家看过，他们提了许多宝贵意见，金岳霖同志和梅镇彤同志也提了一些意见。我根据他们的意见做了一些修改，但是恐怕还有许多不妥当的地方，这些应该由我来负责。

和知觉，它们是反映了这朵花的。没有被反映者“这朵花”，“这朵花”的反映——明暗、颜色、香味等感觉，对这朵花的知觉，这朵花的表象等——就不能存在。可是没有反映者“人脑”，“这朵花”却是存在着的。被反映者是不依赖于反映者而存在的。当然，没有反映者“人脑”这种高度发展的物质，即使有这朵花，仍旧不会产生任何感觉和知觉。意识是人脑的机能，是人脑反映外间世界的机能。

上述这些原理，是概括了长期生产斗争、阶级斗争的实践和全部科学的成就得出来的。对马克思主义者来说，这些原理的正确性是没有任何疑问、也不可能产生任何疑问的。马克思主义的哲学家和科学家们在研究物质与意识的问题时，没有不以这些原理为出发点的。然而近几年来，哲学家、心理学家、生物学家们对高级神经活动与心理现象的关系的问题，仍然展开了热烈的讨论。这一讨论的目的当然不是去“解决”那些已经解决的问题，而是去解决在科学生活中，科学发展提出的新问题。

什么是科学发展提出的新问题呢?

从哲学方面来看，巴甫洛夫和他的追随者在高级神经活动研究中所获得的成果，对进一步研究外间世界、人脑与意识的关系也是有重大意义的。如果说以前我们只是笼统地知道，当运动着的物质作用于感官时，就会在脑中产生某种物质运动，就会在脑中产生意识的话，那么现在依据巴甫洛夫和他的追随者长期努力所获得的成就，我们就可以比较确切地知道，由于受到这种刺激，和由于人脑在这以前因受种种刺激而形成的神经联系，在人脑中会发生怎样的高级神经活动；就可以比较确切地知道，意识是怎样产生出来的①。充分地利用巴甫洛夫学说来把关于外间世界、人脑与意识的问题说得更加精确、更加全面、更加深刻，是这一讨论所要达到的第一个目的。

从心理学方面来看，巴甫洛夫的学说为心理学奠定了一个坚固的自然科学的基础，然而如何研究心理学的问题却始终没有得到满意的解决。虽然不少心理学家认为，心理学的对象和方法问题基本上已经解决了，但是至今还

① 这里我们强调的是“比较确切地知道……”中“比较”这两个字，因为一直到现在，我们对意识是怎样产生出来的知道得还是很少很少。如果我们已经确切地知道了意识产生的物质过程，那么关于这个问题的讨论就会有另外一种面貌了。

有人在问，心理学有没有自己的对象，有没有自己的科学规律，有没有自己的研究方法，如果有，那又是什么？心理学和高级神经活动生理学的区别究竟何在，这些问题的解决对心理学的发展是有决定意义的。而要解决这些问题，就必须进一步研究外间世界、人脑与意识的问题，特别是高级神经活动与心理现象的关系问题。彻底解决心理学的对象和方法问题是这一讨论所要达到的第二个目的。

二、苏联科学界对这个问题的讨论

在十月革命以后，苏联学术界进行了在辩证唯物主义的基础上改造心理学的工作，展开了对心理学中资产阶级唯心主义的批判，取得了很好的成绩。但是，遵循辩证唯物主义，依据巴甫洛夫关于高级神经活动的学说，来确定心理学研究的对象，明确心理学与高级神经活动生理学的关系，揭示心理活动的基本规律的任务，并没有完成。1950 年在苏联科学院和苏联医学科学院联合举行的关于巴甫洛夫学说的讨论的会议上，提出了在巴甫洛夫学说的基础上进一步改造心理学的问题。在这个会议以前，有些苏联心理学家认为，巴甫洛夫学说只能用于动物身上，不能用来解释人类的心理现象。为了在巴甫洛夫学说的基础上进行心理学改造工作，苏联教育科学院主席团先后在 1952 年、1953 年和 1955 年召开了三次心理学会议。在这三次会议上，关于外间世界、高级神经活动与心理现象的关系问题，是作为一个主要问题提出的，但是也还没有得到很好的解决。同时，《苏联教育学》和《哲学问题》两杂志分别展开了关于心理学问题的讨论。在讨论中，外间世界、高级神经活动与心理现象的关系问题也是作为主要争论问题之一提出的，《哲学问题》杂志还在 1954 年作出了讨论总结。同年，《苏联教育学》杂志对心理学的讨论也作了《来稿简评》。1955 年《苏联教育学》杂志又作了心理科学和任务的讨论总结。在两个杂志编辑部所组织的讨论中，有些学者把高级神经活动和心理现象混为一谈，认为科学的心理学可以与高级神经活动生理学合二为一，心理学已经失去了自己的研究对象，因而心理学作为一种科学而单独存在是没有意义的。而在另一个极端，又有一些学者根本否认巴甫洛夫学说对于理解心理现象的意义。他们认为，心理现象是不能与高级神经活动相比拟的，认为巴甫洛夫学说对于理解心理现象是没有任何意义的；他们把心理现象说成是根本与神经过程相对立的一种特殊现象。这些看法都遭受到了批评。这些批评无疑是正确的，但是，关于外间世界、高级神经活动和心理现象间关系的问题，并没有取得一致的意见。这个问题之所以难以解决，当然是同高级神经活动与心理现象高度的复杂性，同高级神经活动生理学特别是心理学至今还处在比较幼稚的阶段这个事实密切联系着的。

从这几年发表的关于这一方面的文章来看，除上面所提到的两种极端的看法外，主要有下列一些存在分歧的意见。

关于心理的东西和生理的东西是不是同一的问题，主要有三种不同的意见。

第一种意见认为，生理的东西和心理的东西是同一高级神经活动现象的不同的两个方面。坚持这种意见的有 Г. А. 科齐娃、Ф. Н. 果诺波林、А. В. 彼得罗夫斯基等。Г. А. 科齐娃、Ф. Н. 果诺波林认为，人的高级神经活动生理学的任务，是研究外部刺激究竟如何转变为神经过程，神经过程在大脑皮质中及在整个神经系统中如何进行，以及从体外和体内来的刺激怎样引起了生物体的反应和引起了什么样的反应。而心理学的任务，却是从另一方面研究人的高级神经活动的内容，也就是研究那种与高级神经活动生理机构相联系着的人的生活和活动的心理内容。А. В. 彼得罗夫斯基则认为，对于高级神经活动的研究，一方面，可以从它的机构方面来研究，即从中枢神经系统活动过程、大脑皮质活动过程方面来研究，这一方面的研究便是高级神经活动生理学的任务；另一方面，可以从大脑皮质活动的结果方面来研究，这一方面的研究便是唯物主义心理学的任务。因而这两个独立科学研究的对象，是同一高级神经活动现象的不同的两个方面。

这种意见遭受到 А. Н. 列昂节夫等的批评，他们认为，这种看法虽然在表面上是从心理是脑的机能，是客观现实的反映等无可争辩的原理出发的，但在事实上并没有贯彻这些原理。因为按照这种看法，心理内容本身是没有被包括在脑的反射活动之内的，它被认为只是脑的反射活动的结果，这样巴甫洛夫的反射理论就没有扩展到心理过程“方面”来，因而这种意见不过是以新的形式复制了心物平行论者的论证罢了。

第二种意见认为，心理活动就是高级神经活动，同时也不否认心理活动的特殊性。坚持这种意见的有 A. Ч. 弗亮喀里、C. Л. 鲁宾斯坦等，《哲学问题》1954 年的总结也有同样意见，他们认为，作为高级神经活动的心理活动的特殊性在于，心理活动不是一般的高级神经活动，而是人的高级神经活动，不是一般的脑的活动，而是人的大脑的活动。掌握人的高级神经活动的特点并且应用到心理活动的历程上，以确定其发生与发展的规律，乃是心理学的主要任务。

在已看到的材料中，还没有看到对这种意见的批评。

第三种意见认为，高级神经活动生理学和心理学所研究的完全不是同一现象。坚持这种意见的有 Б. В. 别良耶夫等。他们认为，心理的东西有与生理的东西不同的本质的特征，这种特征在于心理的东西是客观世界的主观映象，而客观世界的主观反映并不是以特殊方式组成的物质，而只是以特殊方式组成的物质的一种特性。他们认为，高级神经活动生理学的对象是高级神经活动，是基础，而心理学的对象则是心理现象，是高级神经活动的上层建筑。生理学和心理学的对象，并不是对待同一客体的不同观点，而是不同的客体。

这种看法遭受到 A. A. 斯米尔诺夫、H. Я. 加里培林、K. M. 杰多夫、H. 米哈依洛夫等，以及《苏联教育学》杂志 1955 年第九期发表的《讨论总结》的批评，他们认为，这种论点是从不能把心理学还原为高级神经活动生理学这一正确的提法出发的，但错误地夸大了心理的东西的特性，断然地把生理现象和心理现象分割开来，这种脱离物质过程来理解心理反映的方式，乃是心理学中的唯心主义的复活。

关于心理现象是否是物质的问题，主要也有三种不同的意见。

第一种意见认为，心理现象就其本质来说，不是物质的。坚持这种意见的有 H. П. 安屯诺夫、Б. В. 别良耶夫、H. A. 赫罗莫夫等。他们认为，高级神经活动是物质的运动，而心理的东西并不是物质的运动，心理的东西只是运动着的物质的特性之一。他们认为，心理过程是在人脑中表现为感觉、知觉、思维和意识形态的主观反映客观世界的观念过程，不能把心理的东西看做物质运动的特别高级的、极端复杂的形式。他们还认为，物质可以产生感觉、思想和意识，但是物质却不能转变为感觉、思想和意识，因而，感觉、思想和意识是脑的非物质产物，只是存在的反映。

这种看法遭受到 Г. С. 科斯鸠克等的批评。他们认为，这种说法忘掉了物理的与心理的、物质的与观念的、主观的与客观的对立，只有在承认什么是第一性的和什么是第二性的这个基本的认识论问题的界限之内才有绝对的意义。现在讨论的问题，无疑是在这些界限之外了。在这个界限以外，强调心理与生理的对立，便会堕入唯心主义。

第二种意见认为，心理现象是物质的运动形式。坚持这种意见的心理学家有 Н. И. 陈千科、Т. 巴甫洛夫，他们认为，生理现象和心理现象是物质运动的两种不同形式，心理现象是物质运动特别高级的、复杂的形式。

这种看法遭受到 Н. А. 赫罗莫夫、П. 诺温斯基等的批评。他们认为，如果承认心理的东西是物质运动的一种形式，那么无论如何就必须把意识物质化，或把心理的东西还原为物理的东西，这便取消了物质的与观念的在认识论上的对立，而模糊了唯心论与唯物论的界限。

第三种意见认为，心理是物质的，又是非物质的。坚持这种意见的心理学家有 Г. С. 科斯鸠克、А. И. 罗卓夫等。他们认为，把心理过程只看做观念的，是由于把心理的东西只看做物体的映象。其实，任何一种映象总有它形成的过程（脑的反映活动），这是一种物质的过程。因此，认为心理的东西就其产生方式来看，也是一种非物质的观念过程，而不是物质运动的高级形式是错误的。同时，心理的东西，就其内容来说，乃是这一过程的结果，它只是这些对象与现象的映象，只是它们存在的观念形式，应该承认其是非物质的。他们认为，把心理理解为物质的特性与把心理理解为物质运动的特殊形式是没有矛盾的，因为只有在运动中才能显露对象的特性。

从现有材料中，还没有看到对这一意见的批评。

关于“心理”是主观的还是客观的的问题，也有不一致的意见。

有一种意见认为，心理是“主观”这一概念的同义语。坚持这种意见的心理学家有 Е. И. 薄一科、С. А. 彼得鲁舍夫斯基、А. И. 罗卓夫等。他们认为，心理学是认识人的内心世界或人的主观情态的科学，心理学首先是一种关于心理过程与人的个性的心理特性或品质的科学。

另一种意见认为，心理是主观和客观的统一。坚持这种意见的生理学家及心理学家有伊万诺夫-斯莫林斯基、Г. С. 科斯鸠克等。他们认为，心理活动永远从属于一个主体，因此它是主观的；同时，心理的东西是脑的反射活动的产物，多多少少是完全地、深刻地、适当地反映了客观的东西，所以说心理现象又是客观的。他们认为，假如心理只是主观的话，它便只能借助于自我观察与内省方法才能研究，就不能为客观的研究方法所了解，而事实上不是这样的。

三、作者自己的看法

从上述苏联学术界讨论的情况看来，求得问题的解决不是一件容易的事情。在进行分析和论证的过程中有不少困难需要克服。讨论中提出的一些问题，如心理学的对象和方法的问题，还要依靠心理学家更多、更有成效的科学实践才能最后获得解决。在这里作者打算就上面提到的几个问题，说一说自己的看法。

（一）心理现象有什么特点

心理、精神或意识，作为一种现象，是每一个人所熟知的①。人们可以感觉到明暗与颜色、声音、香臭、甜酸苦咸、软硬、冷热、痛痒等；可以知觉到某个和我们感官接触到的对象；可以回忆、想象、思考；可以体验到喜怒哀乐等情感；可以体验到各种意志过程；可以有不同的气质与性格。现在的问题是，总的来说，这些现象的特点究竟是什么？这些现象与自然界其他现象究竟有什么区别？

为了回答这个问题，我们要把心理现象和自然界其他现象作一个比较。

仍旧举前面那个例子。在我们面前有一朵花，这朵花反射出来的光线、散发出来的气味等作用于我们的感觉器官之后，在我们的脑子里产生了明

---

① 在哲学和心理学文献中，“心理”、“精神”、“意识”这些名词是有不同用法的。人们有时用它们来表明高等动物与人共有的现象；有时用它们专指人专有的现象；也有人作这样的区分：用“心理”、“精神”泛指高等动物与人共有的现象，用“意识”专指人的精神现象。作者在这篇文章中采纳最后一种意见。因为高等动物的心理现象与人的心理现象当然是有本质区别的，而心理现象要在动物发展为人之后方才成熟，因此在术语上应该有所区别。但如果根本否认高等动物有心理现象，如某些学者所主张的那样，那就容易产生一种误解，仿佛从动物向人的进化过程中不存在心理现象发展的历史，这是不很妥当的。不过在本文中，除了论述心理现象的起源的那一段外，为了简单起见，所说的心理现象一般指的都是人的心理现象。

暗、颜色、香味等感觉，产生了对这朵花的知觉。这朵花反射光线、散发气味是物理现象和化学现象，由于接触到这朵花反射出来的光线和散发出来的气味而产生关于这朵花的明暗、颜色、香味等感觉和对这朵花的知觉是心理现象。要认识这朵花是否正在发生反射光线、散发气味等物理现象和化学现象，首先一定要有人的感觉器官去接触这朵花反射出来的光线、散发出来的气味。这就是说要认识物理现象、化学现象等，首先要在人脑中把它们“转化”为心理现象。但是在一个人的脑中究竟是否产生了感觉和知觉等心理现象，他是直接可以感受到的。因此，虽然一切自然现象，包括在人脑中产生的心理现象在内，都是客观世界物质的运动，但是人脑中产生的心理现象和别的自然现象不同，它同时又直接地是人们主观上所感受到的东西。

当然，对心理现象进行认识也可以间接地听取别人的报告（如果发生在别人身上），但别人所报告的内容也是他所主观感受的东西。除此以外，我们还可以用心理学所说的客观的方法来研究心理现象。例如，我们可以直接观察在发生心理现象时高级神经活动的力学的、物理的、化学的和生命的运动（对这一点现在我们所能做到的还很少），我们也可以间接观察在发生心理现象时人的行为或机体的变化（这是巴甫洛夫和他的追随者在研究生理和心理现象时比较普遍使用的方法）。这些客观的方法在科学研究中是极其重要的，采用这些方法可以得到许多精确的知识。但是我们必须承认，即使我们能够直接地观察在发生心理现象时高级神经活动的状况，我们仍然不知道当高级神经发生这些力学的、物理学的、化学的和生命的运动时，人们在主观上究竟是怎样感觉的、怎样知觉的等。而经过观察人的行为和机体的变化来认识心理现象，更不过是观察心理现象所表现的高级神经活动的作用和影响罢了（虽然通过这些作用和影响我们可以认识，并且可以相当精确地认识高级神经活动和心理现象）。心理现象直接是主观上所感受到的东西，这是心理现象和自然界其他一切现象相区别的一个特点。

也许有人提出问题，既然在发生心理现象时，在我们人脑中同时也就产生了力学的、物理的、化学的和生命的现象，我们能不能说这些现象也直接地是我们的主观上所感受到的东西呢？我认为这样说是不妥当的。我们只能直接地察知心理现象，而不能直接地察知在发生心理现象时人脑中发生了什么力学的、物理的、化学的、生命的现象。认识发生在人脑中的力学的、物理的、化学的、生命的现象的情形，和认识发生在别的对象（如我们面前那朵花）身上的力学的、物理的、化学的、生命的现象的情形仍是一样的。

（二）心理现象是高级神经活动的表现

在这里我们必须指出，心理现象虽然直接地是主观上所感受到的东西，但绝不是脱离客观物质世界独立存在的东西，也绝不是和客观物质世界平行的东西。如果有人那样理解，那便大错特错了。心理现象本身就是某种物质运动形式的表现①。在这一点上，心理现象和其他现象是没有任何区别的。不承认这点，在哲学上便是唯心主义者。

我们知道，自然界的物质运动有各种不同的形式：有最简单的位置移动，它是自然界普遍存在的一种物质运动形式②。有声、热、电磁和光等物理运动，它们或者是分子、原子的运动，或者是电子、光子或其他基本粒子

---

① 我们说“心理现象是某种物质运动形式的表现”。这里的“表现”究竟是什么意思，是应该交代清楚的。举例来说，我们面前有一盏灯在发光。这是由于电流通过时，引起灯丝内电子从较高的能层到较低的能层不断跳跃，不断发射出光子。电子从一个能层到另一个能层的跳跃，不断发射光子这样一种物质的运动形态，是电灯发光这种现象的本质，电灯发光是这种物质运动形态的表现，两者的关系是本质和现象的关系。因为电灯发光，这是每一个视觉器官没有受到破坏的人都可以认识到的，而要认识到灯丝内电子的运动与光子的发射，那就一定要通过物理学的研究，才能得到这个认识。人们看见发光现象之后不知几十万年，才懂得发光现象的本质，人们懂得电灯发光这一现象的本质，也比看到电灯发光晚许多年。人类的认识从现象到本质的过程有时很长。在这里我们不应该有一种误解，仿佛现象和本质这一对范畴只是在人们的认识过程中先后出现的东西，这个看法是错误的。现象和本质的区别，应该从客观世界当中去找。某种物质运动形式有一些侧面是可以直接和感觉器官相接触的，另外一些侧面是感觉器官不能达到的。电灯发光这种现象，当然不是和灯丝内的电子、光子运动不同的另外一种东西，也不是由灯丝内的电子、光子运动产生出来的另外一种东西，这就是说电灯发光这种现象不是脱离灯丝内的电子、光子运动独立存在的东西，也不是和灯丝内的电子、光子运动相平行的东西，它是由于灯丝内的电子、光子运动有能够直接作用于人的感觉器官的一个侧面，因而“表现”在外面的东西。高级神经活动当然没有和感觉器官接触的问题，但心理现象是可以直接察知的，而探讨心理现象背后的本质却是艰苦的科学研究工作。因此心理现象和高级神经活动两者的关系，可以说是现象和本质的关系。

② 我们不能说位置移动只是物体的运动形式，也不能说只是分子、原子或某种基本粒子的运动形式，更不能说只是生物的运动形式。位置移动和物理运动、化学运动、生命运动有一个不同的特点，那就是它和物质的这些具体形态无关。但是我们必须指出，位置移动虽然不能看做只是天体或物体（指与人体接近的实物）的运动，但天体或物体作为整体的运动却只是位置移动。

的运动。有化学运动，它是分子内原子结合状况的变化①。有生命运动，它是蛋白体的运动，是各种形态的生物的运动。物理运动较之位置移动无疑是比较复杂的。化学运动较物理运动又更复杂。而生命运动较之位置移动、物理运动和化学运动无疑是一种更为复杂的运动形式。但是必须指出，自然界物质运动的形式不止上面所说的几大类，而生命运动也不是自然界物质运动的最高形式。上面所说的心理现象不但不能包括在物理现象、化学现象的范畴之内，而且也不能完全包括在生命现象的范畴之内。它是一种比生命现象更为复杂、更为高级的现象，而心理现象所表现的物质运动，也就不能不是比生命运动更高级的物质运动。

现在我们所要讨论的问题是，心理现象所表现的物质运动到底是怎样形式的物质运动呢?

对这个问题一般的回答是，心理现象是高级神经活动的表现（在上面的叙述中我们也已采取了这样的观点)。这是因为，虽然心理现象最初的萌芽、感觉最初的萌芽，根据动物学家的意见，在还不具备神经系统的下等动物那里就已经出现了。并且以后，随着神经系统和脑部神经中枢的产生，这个萌芽就逐渐发展起来。但是只有当大脑皮质发展出来了，也就是有了高级神经活动之后，心理现象才比较明显、比较复杂（更加多方面）和比较完善（更加灵活和更加精确等)。只有最后动物发展成了人，心理现象方才取得明晰的“意识”的形式②。心理现象不能简单地说是动物机体的运动的表现，而应该说是高级神经活动（尤其是具有第二信号系统的人的高级神经活动）的表现。在大脑皮质产生

---

① 由于近代物理学和化学的迅速发展，物理运动与化学运动的概念也应有所发展。但对这一问题至今还缺乏明确的看法。例如，各种基本粒子的相互转化，一般是看做物理运动的，但各种原子的相互转化则有时看做物理运动，有时看做化学运动。至于分子积聚状态的变化，则一般看做物理运动与化学运动边缘的一种运动形式，属于某一专门的自然科学部门“物理化学”研究的对象。在这里，我们不可能也不必要详细论述这些问题，因而在叙述上采取了上述比较“古典”的方式。

② 这就是说，不但在复杂的认识问题上，动物与人有很明显的区别，就是从某种刺激物的属性的反映来说，人和动物也是不同的。比方说，一个人看到一盏灯发出光亮时，也会明晰地意识到“我看见了光亮”。而一只狗看到灯发出光亮，虽然会有所反应，但绝不会有人那样明晰的意识。过去有一些生物学家或心理学家在研究动物的时候往往借用人的心理来说明动物的行为，如说，“这只狗‘忍耐’不住了”，“这只猴子看见了树上的果子，他就‘想法子’爬到树上去”。这些说法严格地讲是不科学的，因为明晰的意识是要依靠语言才能形成的，而动物没有语言，没有第二信号系统的活动。

前的那些心理现象终究只是萌芽状态的东西，而真正成熟的心理现象只是人的现象①。

（三）表现为心理现象的高级神经活动是什么性质的物质运动

即使大家同意了心理现象是高级神经活动的表现这个看法，问题还不能算得到了解决。必须弄明白高级神经活动究竟是什么性质的物质运动，才能够把道理讲清楚。

对这个问题，笔者的看法是，表现为心理现象的高级神经活动首先当然是一种生命运动，因为人的高级神经不仅本身就是人的机体的一个部分，并且这种高级神经活动一般来说又是高级运动为了维持自己生存所必需的。但是表现为心理现象的高级神经活动又不能简单地看做生命运动。

为什么呢?

我们知道，生命运动较之位置移动、物理运动、化学运动等来说，虽是高级的、复杂的运动形式，但是生命运动本身也是有高级与低级之分的。原始的蛋白体的活动是生命的最低级形式，以后又有其他各种前细胞的生物，它们比起原始的蛋白体来说是较高级的。单细胞阶段生物的产生，又使生命运动向前发展了一步。接着就有了植物与动物的分支，较之植物，动物的生命运动从一定的意义上说是比较高级的（否则就不能从动物中发展出人，发展出人脑）。在动物的进化中，以后就发展出神经系统，更进一步形成以脑为中心的神经中枢，最后形成大脑皮质，产生出种类繁多的具有高级神经活动的高级动物。动物的以高级神经活动为中枢的生命运动（包括高级的动物——人的生命运动在内）是生命运动的高级形态。在这里，高级神经活动的作用是使动物能够以自己的行动来适应复杂多变的外界环境，和使动物的

---

① 心理现象和生命现象还有一个不同的地方，即生命现象是动物整体和动物有机体各个部分运动的表现，而心理现象只是动物机体中组织得最完善的那一部分的运动的表现。在神经系统出现前，如变形虫感受外界刺激最灵敏的部分是它的前段（也就是它机体中新陈代谢最高的部分）。在神经系统发展出来之后，如水螅，它对外界世界的感觉是靠它机体的最完善的部分——神经节。在神经中枢形成之后，根据原苏联学者对蜜蜂、虾、鱼类等的实验，动物的感觉、某些条件反射的形成，是依靠神经中的最完善的部分，即它的高级部位。而在大脑皮质形成之后，动物心理现象所表现的就是动物这一部分最完善的机体的运动。

内脏和各个重要器官受到适当的调节，使动物得以生存和繁殖。一旦高级神经活动的机能受到破坏，高等动物不久就会死亡（在人有意识地照顾下能够勉强生存下去，只好说是一种例外）。表现为心理现象的人的高级神经活动往往也起这样的作用。作为整个有机体生命活动的一个不可分离的部分，高级神经活动和动物其他器官的活动是没有本质的区别的，仍应属于生命运动的范畴。

但是心理现象终究不能简单地看做生命现象。它较之生命现象终究是更复杂、更高级的现象，因为只有最高等的动物才有心理现象，并且心理现象有它自己的特点。进一步说，我们还可以看到某些心理现象并不是人得以生存的必要条件。例如，我们现在正在进行关于外间世界、高级神经活动和心理现象问题的哲学思考。这时，在我们脑中呈现着某种心理现象。这种心理现象是我们的高级神经正进行着某种运动的表现，但是我们能不能说这时我们正在进行着的高级神经活动是我们得以维持自己的生命的必要条件，因而是生命现象不可分的一个部分呢？不能这样说。因为尽管我们可以说，一个人如果根本不能思考，就无法适应周围的环境因而不能维持生命，但是人的思考的无穷复杂性，是远不能用维持生命这样一种生物学上的理由解释的。我们可以完全用不着去对外间世界、高级神经活动和心理现象的问题进行哲学的思考而很健康地生活下去。

从这个角度来看，表现为心理现象的高级神经活动不能只是属于生命运动范围的东西，它同时又是一种比生命运动更高级的物质运动。

反过来我们还应该指明，不是一切高级神经活动都引起心理现象。例如，人的某些高级神经活动是和内脏联结，起调节内脏机能作用的，而在内脏活动正常时，并不引起人的任何感觉。又如在人熟睡和完全失去知觉时，人的高级神经活动也仍然继续活动。

由此可见，笼统地把高级神经活动看做简单的生命运动是不正确的，因为表现为心理现象的高级神经活动是比生命现象更高级的物质运动形式。同时，笼统地把高级神经活动看做比生命运动更高级的物质运动形式也是不正确的，因为不表现为心理现象的高级神经活动是简单的生命运动。

表现为心理现象而又为维持人的生存所必需的高级神经运动，是具有两重性的物质运动形式——它一方面表现为生命现象，另一方面又表现为心理现象。

我们下面所讨论的就是表现为心理现象的高级神经活动。为了方便起见我们不再附加说明。

（四）高级神经活动与心理现象的关系怎样

高级神经活动是自然界物质运动的一种形式；心理现象就是高级神经活动的表现——这种情形，和“分子运动是自然界物质运动的一种形式，热、声等物理现象是分子运动的表现”，或者和“蛋白体的运动是自然界物质运动的一种形式，生命现象就是蛋白体运动的表现”等是没有区别的。在科学史或哲学史上从来都没有争论过热、声等物理现象和分子运动是不是同一的，或者生命现象和蛋白体的运动是不是同一的这样一类问题。但是现在学术界却提出了心理的东西（按指心理现象）和生物的东西（按指高级神经活动这种物质的运动）是不是同一的问题，并且进行了热烈讨论。

为什么会发生这样看来好像有些奇怪的争论呢?

原因是，有些人觉得很难理解客观的物质的运动为什么会直接地作为主观上所感受到的东西表现出来。他们觉得，客观的物质运动直接作为客观的东西表现出来，这是可以理解的，但直接作为主观的东西表现出来，那便是不可理解的事情了。

其实，科学所依据的是事实，我们应该研究事实，从事实中作出哲学结论，而不应该固执于某种框子，给解出问题造成困难。

现在我们再来分析一下高级神经活动、心理现象与自然界其他物质运动形式、自然界其他现象的一些区别。认识这些区别，对理解高级神经活动与心理现象的关系问题是有帮助的。

让我们举摩擦两块木头和摩擦双手为例。摩擦两块木头时，木头内的分子运动的状况起了变化。木头没有脑子，因此木头内的分子运动的变化就不能引起高级神经活动，不能转化为心理现象。可是在摩擦双手时，因摩擦双手而引起的分子运动的变化，就刺激手上的温觉神经末梢，然后传达到大脑皮层，引起高级神经的活动，引起某种主观感受。

从这个例子我们可以清楚地看到，客观的物质过程会表现为主观感受，是有下面原因的：

1）因摩擦双手引起的高级神经活动，不是发生在没有能力认识在它们外面或在它们里面发生着的那些过程的木头身上（整个无机界、植物界也都没有这种能力，整个下等动物界大体上也这样，人以外的高级动物界虽有这种能力，但它们的这种能力和人有本质上的不同，受到很大的限制），而是发生在有能力从里面来认识这个运动的人的身上。

2）因摩擦双手而引起的高级神经活动，不是发生在认识者外面的某个物质上面（也不是发生在别人身上，发生在别人身上的运动也不能直接表现为主观感受），而是发生在认识者本人身上。

3）因摩擦双手而引起的高级神经活动，不是发生在人的其他器官，而是发生在人的认识器官——大脑皮质——上面。

高级神经活动的这种特点，就决定了高级神经活动的这种物质运动形式直接地作为主观上所感受到的东西表现出来，决定了客观的高级神经活动和它在人的脑里面采取意识的形式的主观表现是相伴而行的。高级神经活动是客观的东西，是某种物质的过程；可是对高级神经在其中活动的那个人来说却同时又表现为主观的东西、心理的东西。生理的东西和心理的东西的这种同一性是不难理解的。

（五）外间世界与心理现象的关系怎样

心理现象是外间世界的反映，这一点是用不着再去论述的。但是外间世界是怎样反映为心理现象的呢？现在我们就来研究一下这个过程。

外间世界在和人接触时，通过某种运动着的物质，发出了刺激人的感觉器官的神经末梢的一个信号。[①] 例如，灯通过光刺激了网膜上的视神经末梢，给了它一个信号。感觉器官的神经末梢接纳了这个信号之后，本身就发生化学的变化和物理的变化等，并且在由神经末梢通往大脑的神经当中，发生了一种新的物质运动。在我们的例子里，姑且简单地说在视神经末梢通往大脑的神经中发生了电脉冲。感觉神经末梢和通往大脑的神经，在这里起了把作

---

① 在巴甫洛夫学说的文献中是把整个分析器作为接纳信号的生理机构的。但在这里我们把外围感官和皮质分开，以便更具体一些地说明在外界给予刺激时的物质运动过程。

为信号来接纳的一种物质运动形式改造成为另一种物质运动形式的作用，在我们的例子里，它们起了把光改造成为电脉冲的作用。在感觉器官的神经末梢通往大脑的神经中发生的这个新的物质运动——电脉冲——传达到大脑之后，又作为新的信号，给皮质以新的刺激，引起皮质中新的物质运动。从感觉器官的神经末梢和通往大脑的神经，一方面接纳外间世界给予的信号，另一方面又自动地向他物发出信号这点来说，它又起了一般的自动调节器的作用，虽然这种自动调节器是由有生命的有机体来构成的，它的维持依赖于生命运动，在它发生作用时不仅发生物理的变化而且发生化学的甚至生命的变化。大脑皮质中神经的运动是极其复杂的，直接观察这种运动是非常困难的。但是在外间世界所给予的刺激和皮质中神经的运动之间是存在着严格的“前者决定后者”的关系的。这就是说，当外间世界给予感觉器官神经末梢以一定的刺激时，就会在大脑皮质中引起一定的运动。我们也可以用别的方式来描述这个过程，感觉器官的神经末梢、通往大脑的神经，以及大脑皮质——用一句话说“分析器”——把外间世界用来刺激感官的一定的物质运动改造成为一定的然而极其复杂的在大脑皮质中的物质运动，这种物质运动就在人的脑中直接地表现为心理现象。从这个意义上我们可以说，心理现象是改造了的外间世界的物质运动。以上就是对外间世界的物质运动如何引起心理现象、如何反映在人脑当中的一个简略的说明。

当然，尽管高级神经活动极其复杂，它仍是严格地遵守着一定的客观规律的运动。高级神经活动的这种规律性可以分下面两个方面来说。

1）所有的人的高级神经活动都是遵守共同的规律的。巴甫洛夫及其继承者对高级神经活动曾经作了深刻的研究，发现兴奋和抑制、扩散和集中、分析和综合等一般规律性，发现人的大脑皮质同时有着接纳第一信号的系统和接纳第二信号的系统，并且这两种信号系统是互相联系着的等。这种对所有的人来说共同的规律性说明了为什么当外间世界的某一朵花通过种种物质运动作用于我们的感官的时候，在所有的人的头脑中，都出现这朵花的感觉和知觉，而不是出现别的感觉和知觉。

2）每个人的高级神经活动又有它的特殊性，因为每个人的感觉器官、每个人的大脑皮质总是或多或少有一些区别的。这种区别的形成有些是先天的原因，由于遗传，但更重要的是后天的原因。就大脑皮质来说，根据巴甫洛夫条件反射的学说，因为一个人所经历的种种刺激会或深或浅地影响大脑皮质，因而每个人不同的经历会使每个人的大脑皮质上形成的神经联系有所不同，形成不同的动型，形成不同的气质与性格等。这样，当外间世界给不同的人的感觉器官以相同的信号时，一方面会在所有的大脑中引起相同的运动（在前面所举的例子里，所有的人都引起相同的关于这朵花的感觉和知觉），但另一方面又会在不同的人的大脑中引起不同的运动（在前面所举的例子里，不同的人在见到这朵花时会有不同的联想、不同的情感、不同的行为）。这就是说，在心理现象中反映了外间世界，在人脑中产生了外间世界的映像，但这个映像本身又会因反映者的不同有若干不同。这种情形正好像物体在镜内照出的形象虽是这个物体的反映，但这个形象还会因照相机的好坏、胶卷的感光灵敏程度，有若干不同。[①]

在这里我们必须指出：每个人的大脑皮质有所不同，归根到底还是由外间世界决定的。不但后天形成的神经联系是这个人所受的种种刺激的结晶，就是先天的东西也是历代祖先大脑皮质的发展的一个结晶。[②]

（六）有没有独立的心理活动，怎样解释能动的心理过程

心理现象的产生是从外间世界给予感觉器官以刺激到大脑中发生高级神经活动的一个物质过程。有人怀疑在主观感受和大脑高级神经活动之间还有一个时间的间隔，因而说心理现象和高级神经活动是两回事情。这个说法是不能成立的。当然也有人可能认为高级神经活动不能直接表现为心理现象，而另有直接表现为心理现象的物质运动，即另有一个中心在感知，但是这种物质运动完全是臆想的，如果坚持这种观点就会走入神秘主义。

---

① 这个比喻只是用来说明映象因反映者不同而有所不同，绝不是把人脑反映外间世界的机制与照相机和胶卷的机制看做性质相同的东西，也不是用这个比喻来抹杀人的主观能动性等。这一点是要说明的。

② 在这一节里我们没有着重去讲每个人由于其所处的社会历史条件的不同，由于其阶级地位的不同而对外间事物有不同的看法的问题。这是因为，在这里我们讲的是有关心理现象和外间世界的关系的一些根本问题，可以而且必须把关于社会生活的许多复杂问题暂时撇开不管，虽然社会生活对从动物进化到人，对人的大脑发展是起决定作用的。

心理现象产生的过程，是认识者本人所不能直接察知的，认识者所直接察知的只是经过这个过程最后产生的高级神经活动引起的主观感受。认识这个过程的规律性要依靠生理学家、心理学家的艰苦努力。

但是，随着高级神经活动的不断变化和发展（这种变化和发展的原因或者是受到新的刺激，或者是另外的原因——究竟是什么原因我们在后面进行分析），我们所体验到的心理现象是不断变化发展的，我们所体验到的这种变化发展的过程就是平常所说的心理过程。心理过程就是变化发展着的高级神经活动的直接表现，然而人们往往看不到它所表现的物质运动，看不到心理过程所表现的与高级神经活动的联系，而只看到心理现象之间的联系，从而把心理过程看做某种和物质运动平行的或独立的过程。对一般人来说，这是一种很容易犯的错误。但有些哲学家或心理学家，忽视科学的成就，坚持这种错误看法，并为这种错误看法提供理论的解释，这便走到了唯心主义阵营中。在哲学和心理学文献中为这种观点起了适当的名称，叫心物平行论或心物二元论。

有人也许会说，说心理过程完全与它所表现的物质运动的变化相独立或平行虽然是不对的，但是我们总不应该否认心理过程有相对的独立性吧？为了答复这个问题，有必要从物质运动的观点来分析一下心理现象和心理过程。

1）由外间世界通过运动着的物质刺激感官神经末梢而引起的高级神经活动不是转瞬即逝的东西。第一，它会在皮质中或强或弱地打下自己的烙印。这就是说，它对改造皮质原有的神经联系起了长时间的作用。在它已经作为历史的东西结晶在大脑皮质中的限度内，它不是个积极的能动的东西，但在一定条件下，有可能把它激发起来重新成为积极的能动的东西。关于这一点我们在下面来论述。第二，因外间世界所给予的刺激而引起的运动会延续一定的时间。在这段时间内，高级神经活动会从一种状态转变为另一种状态，并且不断地转变下去。这种转变当然也是由刺激本身和由大脑皮质内的神经联系和其动型来决定的。这种情形和一台电子计算机在各种条件设定了之后，接纳外间信号的情形是非常类似的。运动之所以能够这样延续一定的时间，原因之一是，大脑和电子计算机一样，在它当中为延续一个运动所需的能量，并不是由刺激的能量所供给的，而是有另外的能的来源。更具体地说，人的高级神经活动的能源是由人的营养供给的。胃供给了大脑，不是射到网膜上的光供给了大脑（任何刺激总有一定的能量，否则就不能成其为刺激）。由于有了另外的能源，一个很弱的信号，就可以在大脑或电子计算机内被改造成为一系列或强或弱的信号。正如信号和电子计算机的作用决定了信号连续活动转变的过程，人脑所接受的刺激和人脑中原先形成的各种联系，就决定了人的心理过程，当然，人脑与电子计算机有本质的区别，这是大家都了解的，这一点在这里我们用不着详细地说。这两点可以用来解释为什么当我们看了一朵花之后，在对花的感觉和知觉消失后，在我们头脑中会有这朵花的表象；为什么会在当人重新提起这朵花时，这朵花的表象会重新活跃起来；为什么当我们看了这朵花之后会有种种联想，会有种种行为。

2）在观察心理现象时，我们看到一种能动的过程。人们可以能动地去想象，能动地去思考，并且人们还有产生意志的过程。什么是这些现象所表现的物质过程，是一个非常有趣的问题。可惜在这方面的科学研究还很少，还没有得到确定可靠的结论，但是无论如何应该肯定，人们在发挥其能动性时一定有某种物质过程，应该是有规律可循的，否则必然会被引导到唯心主义。至于这个物质过程究竟是怎样的，则应由观察和实验来解决。

现在来分析一个最简单的例子。当一个人若干小时没有吃食物时，由于胃壁的运动给予其刺激，在他大脑中就会引起一定的高级神经活动，使他感觉到饥饿。这时人会产生一种意志“想吃”。“想吃”这种欲望是一种心理现象，它是表现一定的高级神经活动的。表现为饥饿的高级神经活动和表现为“想吃”的高级神经活动是有联系的。这种联系的建立是长期生活的结果。我们观察到的联系是：①饥饿然后想吃；②越是饥饿就越是想吃。同时，表现为“想吃”的高级神经活动又可以看做与表现为饥饿的高级神经活动相对立的一种运动，它们的方向是正相反的，后者是被前者所激发起来的，表现为饥饿的高级神经活动对表现为“想吃”的高级神经活动是起着主导作用的。表现为饥饿的高级神经活动到表现为“想吃”这种欲望的高级神经活动的发展是一种物质的过程，这个过程的发出应该是完全可以用物理的、化学的和生命的原因去解释的。

“想吃”这种高级神经活动可以继续对大脑皮质发出信号，这就是进一步把“想吃”这个欲望具体化，在大脑中产生种种达到吃到某种食物的目的的思想。“想吃”这种高级神经活动也可以对运动神经发出信号，这样就产生了种种行为。

大脑皮质的高级神经活动对运动神经发出信号，引起运动器官运动，是极其重要的一个现象。这个现象说明了心理现象怎样转变为新的物质力量，这在说明意识对外间世界的能动作用时是一个必要环节。当然，高级神经活动中并不为四肢运动提供什么能量，这个能量仍旧是营养供给的，高级神经活动在这里仍然起着发出信号的作用。

（七）心理现象是物质的还是观念的，是客观的还是主观的

根据上面所讲的道理，现在我们可以来回答讨论中提出的这两个问题。

心理现象是物质的还是观念的，这是哲学上的一个老问题。列宁在《唯物主义与经验批判主义》一书中对这个问题所发表的见解，是大家所熟知的。列宁在批判狄慈根“精神之不同于桌子、光亮、声音，正如这些东西之彼此不同一样”的主张时说：“不论思想还是物质，都是‘现实的’，即存在着的，这是正确的；但是把思想叫做物质，这就向混淆唯物论与唯心论方面走了错误的一步。”① 他又说：“物质的概念必须包括思想，如狄慈根在《漫游》里所重述的，乃是一种混乱，因为如果这样包括起来，那么精神与物质、唯物论与唯心论在认识论上的对立，即狄慈根自己所坚持的对立，就会失去意义了。至于这个对立不应当是‘过度的’、夸大的、形而上学的，这是无可争辩的（而强调这点乃是辩证唯物论者狄慈根的伟大功绩）。这个相对的、对立的绝对必然性与绝对真理性之界限，正是确定认识论的研究方向的界限。如果超过这些界限，把物质与精神、物理的东西与心理的东西的对立认为是绝对的对立，那就是极大的错误。”② 但是讨论中对列宁这些话的理解却并不完全一致。不一致的地方不是有人否认或怀疑在认识论上精神与物质的对立（至今每一个人都这样声称），而是对“确定认识论研究方向的界限”有不同的解释。笔者的看法是，当我们来研究心理现象如何表现大脑中的高级神经活动，即通过怎样的物质运动来反映外间世界，并从这里出发来

① 列宁：《唯物主义与经验批判主义》，人民出版社，1953年，第274页。
② 列宁：《唯物主义与经验批判主义》，人民出版社，1953年，第276页。

研究心理现象、高级神经活动与外间世界的联系和统一性的时候，已超出了认识论研究方向的界限，因而在这个研究中，我们是不能把心理的东西和生理的东西看做绝对对立的东西的。心理现象是主观上所感受到的东西，当然不能和客观世界的物质运动混为一谈，这就是说，它是非物质的，然而它却是客观世界物质运动的直接表现。这样看来是“矛盾”的，但这个“矛盾”反映了心理现象和高级神经活动不同于自然界其他一切物质运动形式、自然界其他一切现象的一个基本特性。

对心理现象是客观的还是主观的这个问题，也可以这样解决，那就是，心理现象既然直接就是主观所感受到的东西，它当然可以说是主观的东西。同时，心理现象既然是直接表现客观的高级神经的物质运动的，而这个高级神经的物质又是由外间世界的物质运动的刺激而引起的，这个主观的东西便绝不是脱离客观的东西而存在的。另外，心理现象永远是从属于某一个体的，没有不属于任何个体的感觉、知觉或其他心理过程，因此它是主观的东西。但是心理现象又是完全遵循着客观的规律发生和发展的，一切人的心理现象都有共同的客观规律性，个体心理现象的特点也是完全有原因可寻的，主观的东西和客观的东西不能看做绝对对立的东西。

关于规律的两个问题*

一、什么是规律

斯大林同志在他的《苏联社会主义经济问题》中，给科学规律下了一个简明扼要的定义——不以人们意志为转移的客观过程的规律性在人们头脑中的反映。

什么是客观过程的规律性呢?

客观世界的现象是无穷无尽的，它们的多样性是无限的，但这并不是说，各现象间只有差别性（把各现象彼此区别开来的个别的、特殊的东西）而没有同一性（各现象间同一的或普遍的东西)。恰恰相反，客观世界的现象的一定部分或客观世界的全体，都有某种共同的东西。

举地球上物体位置的变化为例，它虽只是客观世界现象中的一个部分，但是，它们的多样性也已经是无限的，如枯叶的下落、河水的流动、鸟类的飞翔、炮弹的发射……然而力学研究的结果证明，这些现象之间存在着同一的、普遍的东西。例如，在所有这些物体的位置移动中，地球（它是地面及地心一切物质的总体）对物体的吸引都是一直起着作用的。地球对物体吸引的这种作用，不仅表现在某些现象上，如枯叶的下落、河水从高处向低处的

* 本文写于1953年，原载《学习》，1953年9月号。

流动，即不仅表现在顺着引力的方向的位置变化之中，而且也表现在其他的一些现象上，如鸟类在空中的飞行、炮弹在发射后的向前移动等背离着引力方向的位置变化之中，因为只要加以考察，就可以看到，物体之所以发生背离引力方向的位置变化，都是借助于其他动力的作用，而当其他动力的作用消失时，物体仍旧不得不顺着引力的方向降落到地面上来。受地球的吸引是所有地球上的物体在位置变化中存在着的同一的、普遍的东西之一，而这种同一性和普遍性，也就是地球上物体位置变化的一种客观规律性。

恩格斯曾经举另外一个例子和用另外一种方式说明过这个问题。他说："我们知道，氯与氢在一定的温度与压力之下受光的作用就会爆炸而化合成气体氯化氢；只要我们知道了这一点，我们也就知道，只要有了上述的条件，随时随地都可以发生这件事情……自然界中一般的形式便是规律。"①

列宁也说："规律是诸现象中同一的东西。"②

客观世界的现象，不但是形形色色、无穷无尽的，而且是处在不断的变化和发展当中的。但这并不是说，客观世界的各现象就只有变化和发展，没有相对巩固和持久的东西；恰恰相反，这种相对巩固和持久的东西是存在着的。

鸟类忽而在天空中飞翔，忽而栖息在树枝上面，忽而在地面上步行，忽而钻到水中啄食……其移动的状态或形式是处在不断变化当中的。但是不论鸟类移动的状态或形式怎样变化，鸟类在它移动中受地球吸引这一点却是始终不变的，即不论何时，除非顺着引力的方向降落，否则鸟类都必须借助于其他动力来和地球吸引力做斗争，才能发生背离引力方向的位置变化。这就是说，在鸟类移动的不断变化中，存在着相对巩固和持久的东西。别的东西改变了，这种相对巩固和持久的东西却残留着，这也就是我们平常所说的"万变"中的"不变"。这种相对巩固和持久的东西，也就是客观世界现象发展变化过程中的规律性。在这个例子里，受地球的吸引，就是物体位置移动在它们发展变化的一切阶段中的规律性。

关于这一点，列宁在《哲学笔记》中曾经写道："规律是现象中巩固的

---

① 恩格斯：《辩证法与自然科学》，人民出版社，1951 年，第 84 页。

② 列宁：《黑格尔〈逻辑学〉一书摘要》，解放社，1949 年，第 109 页。

东西（残留的东西）"；"规律＝诸现象的静止的反映"；"规律抓取着静止的东西"[①]。

"现象中同一的东西"与"现象中巩固的东西"实质上是相同的。因为各现象在其发展和变化过程中有相对巩固的东西，也就是连续发生的各个现象间存在着同一的东西。

各现象之间存在着同一的、普遍的东西，各现象在其运动发展变化中存在着相对巩固和持久的东西这一事实，是和客观世界的各个对象、各个现象互相有机地联系，互相依赖，互相制约分不开的。因为各现象中存在同一的东西，变化中存在巩固的东西，就是客观世界各个对象、各个现象间的一种联系。各现象存在同一的东西，表明客观世界是一个秩序井然地联系着的、统一的整体，而每一现象是统一的世界的一个部分。变化中存在巩固的东西，表明历史的发展是有连续性的，而每一现象是整个自然界历史的一个环节。因此"规律就是关系"（列宁）。

当然不是任何联系都是规律。规律只是各现象间本质的联系，因为形形色色的客观世界现象中之所以存在同一的、普遍的东西，在自然界现象的运动发展和变化中之所以存在相对巩固和持久的东西，就是因为在各种不同的现象背后存在着相同的本质。枯叶、河水、飞鸟、炮弹等都有相同的本质——它们都是物体。今天的美国、英国、法国……都有相同的本质——它们都是帝国主义。现象有多种属性，本质的属性和非本质的属性。受地球吸引，是同物体的本质属性——具有一定的质量——相联系的一种现象。用剥削本国大多数居民等办法保证资本家最大限度的利润，是同现代资本主义本质属性——垄断的资本主义——相联系的现象。许多现象间的同一性、现象发展中的巩固性就是和这些现象共同的本质是同一级的东西。列宁说："规律是本质的现象"，"规律是宇宙运动中本质的东西的反映"，"规律是关系……本质的关系或本质间的关系"，又说"规律与本质乃是同一性质的（同一次序的），或者说得确切些，是同一程度的概念"[②]。列宁这些话，就是从这一方面来为客观规律性及反映这一规律性的科学规律作了极其透彻的说明。

---

① 列宁：《黑格尔〈逻辑学〉一书摘要》，解放社，1949年，第108、109页。

② 列宁：《黑格尔〈逻辑学〉一书摘要》，解放社，1949年，第109～112页。

规律既然是现象中同一的、普遍的东西，它也就是必然的东西。必然性是把世界上各种现象相互联系起来的包罗万象的、最广泛的关系之一（这就是说，我们到处都可以看到现象之间存在着的必然的联系）。当然客观世界有一些联系是偶然的，但一切本质的联系——规律性的联系也就一定是必然的联系。因此某一现象特定的必然性，也就是这一现象的规律性。例如，资本主义社会崩溃的必然性，就是资本主义社会发展的规律性。

把上面所说的总括起来，即客观过程中的规律性，就是客观世界现象中的共同的、普遍的和相对巩固和持久的东西，是客观世界现象间本质的联系，是它们运动发展变化的必然性。而科学规律就是上面所说的客观过程规律性在人头脑中的反映。而所谓反映，就是客观过程的规律性，经过人的复杂的认识运动（由孤立地认识个别的现象到从联系上来认识现象的同一性与普遍性，由对现象表面的认识到逐渐深入地认识现象背后的本质），为人的头脑所发现，并使这种认识日臻完善。人最初只看到枯叶的下落、河水的流动、鸟类的飞翔……并没有认识到在这许多现象中存在地球上的一切物体都受地球的吸引这一规律性。这一规律性是在人类产生以前就已经存在的，但人类经过长期的实践和思索，才终于认识了这一规律（在古代，人们对此已经有相当的认识），并且在后来更加明确地认识这一规律和使这一规律有更明确和更完善的表现形式（牛顿的功绩就在于此）。关于这个问题，在列宁的《哲学笔记》里也有明确的启示。他说："规律的概念是人对于世界过程的统一与联系、相互依存性与全体性的认识的阶段之一，这些概念表现着人对现象、世界等的认识之深化。"①

二、为什么可以利用规律和要怎样才能利用规律

斯大林同志在《苏联社会主义经济问题》中曾经反复地说明，事物发展过程的规律及反映这一规律性的科学规律是不以人们意志为转移的，是具有客观性质的，人们不能改变或废除这些规律，尤其不能制定或创造新的规律。

客观规律性和物质是不可分离的，任何客观规律性都是一定的物质运

---

① 列宁：《黑格尔〈逻辑学〉一书摘要》，解放社，1949年，第108、110页。

动形式发展的规律性。有怎么样的物质运动形式，就会有怎么样的客观规律性。物质既然是客观的存在，客观规律性及反映它们的科学规律也就具备客观的性质。当一定的物质运动形式存在的时候，和它相联结的规律性就要发生作用。只有当这种物质运动形式消失的时候，和它相联系的规律的作用才会中止。而在此时，由于物质不灭、运动不灭，又必然有新的物质、新的运动形式产生出来，因此就会有新的客观规律来代替原有的规律。马克思在他写给友人的信中就曾指出，自然规律是根本不能被消灭的，可能依存于不同的历史条件而改变的只是规律所借以表现的形式。

同时，斯大林同志在他的《苏联社会主义经济问题》中也反复地说明，人们在规律面前不是无能为力的，说明我们绝不能把规律偶像化，让自己去做规律的奴隶。人们是可以发现这些规律，认识它们，研究它们，在自己的行动中估计到它们，并且学会以完备的知识来利用它们，应用它们为社会谋福利的。

这里出现了一个问题，既然规律具有客观的性质，那么为什么我们又可以利用它呢?

我们知道，规律性不等于现象。客观规律性只是客观世界现象间同一的、普遍的东西，是运动发展变化中相对巩固和持久的东西，是本质的东西、必然的东西。而客观世界的现象的全体还包括形形色色个别的与特殊的、变动不居的、非本质的、偶然的东西。现象比规律是要丰富得多的。河水从高处向低处流动，是不以人们意志为转移的客观的规律性，但是河水如何流法却可以有种种不同的情形。江河泛滥、洪水及由此引起的房屋和庄稼的毁灭，这是水从高处向低处流动的一种现象。在适当的地方修筑了堤坝、水电站和水渠，河流的水被利用来取得动力，灌溉田地，这是水从高处向低处流动的另外一种现象。价值规律是商品生产中的客观规律，但价值规律所产生的现象却可以是多种多样的。在我国，同一的价值规律发生的作用所产生的现象可以是对计划经济的破坏，也可以是促进国家经济有计划地发展。“现象、全体性、统一性；规律＝部分”①。规律性只是“本质的现象”②，它

---

① 列宁：《黑格尔〈逻辑学〉一书摘要》，解放社，1949年，第110页。

② 列宁：《黑格尔〈逻辑学〉一书摘要》，解放社，1949年，第109页。

和非本质的现象合在一起才是现象界的全体。

现象比规律性丰富这一点，从实践的观点上来看，是特别值得我们注意的。因为同一的客观规律性所发生的现象既然多种多样，我们就可能有所选择，就有可能去避免不利于社会的那些现象和促使有利于社会的那些现象的发生。

现在，我们进一步问：这诸种不同的现象是怎样产生出来的呢?

回答是，是由于这一客观规律性发生作用时条件的不同。水从高处向低处流动是水流动的客观规律性之一。但是水究竟是否流动，沿着什么道路流动，怎样流动，在流动中起些什么效果，那就不只是水从高处向低处流动这一客观规律性起作用的结果，而且也是其他各种条件起作用的结果。例如，如果山林破坏、水利失修，在融雪或多雨的季节，河水就会暴涨，泛滥成灾。可是当我们修筑了堤坝、水电站之后，虽然水仍旧是水，水从高处向低处流动的客观规律性仍然起着作用，但是堤坝可以把较多的河水蓄积起来，使水顺着一定的水渠流动，并使大量流转速度很高的水从水电站的涡轮中流过，带动发电机发出大量的电流。

当然，这些条件也是依据着客观的规律性而起作用的。例如，在上面的例子里，堤坝就是因为它是有严密结构的东西，可以阻挡水的流动，同时又是具有坚固结构的东西，可以经受很高的水压，可以经受水流的冲击。所有这些作用，都是根据一定的客观规律起作用的。同时，水力发电则又是根据在一定条件下机械能可以转化为电能的客观规律，利用水的冲击力量带动发电机而产生的。同一客观规律因它发生作用时条件的不同而产生不同的效果，就是因为各种不同的客观规律共同作用的原因。

认识了这一点，我们就可以通过控制这些条件的办法来利用规律，使其为我们服务。人和自然的关系从认识上来说绝不是消极地反映自然，从实践上来说也绝不是消极地服从自然支配，人是能够制造工具、使用工具的有意识的动物，人可以发挥自己的主观能动性，进行有目的、有意识的劳动，来创造利用科学规律的各种条件。

在客观世界的发展过程中有人们无能为力的方面，这就是客观过程的规律性，它是不以人们的意志为转移的。例如，不管我们进行什么努力，只要水仍旧是水，那就一定具有从高处向低处流动的规律性。这是事物发展的客观的或自发的方面。同时我们也要看到，在客观世界的发展中也有人们完全有能力的方面，这就是人们可以依据他们对客观世界发展过程中规律性的认识，依靠着它们，创设各种条件，把客观规律性可能发生的破坏作用引导到有利于社会的方面，限制它们发生作用的范围。

对于实践，重要的不仅是要认识到某一物质运动的客观规律性，而且要认识到在何种条件下这种客观规律性会发生何种作用。因此，我们的科学也就绝不应孤立地研究各个现象的客观规律性，而要从实践的观点，把各现象的规律性和它们赖以发生作用的条件联结起来进行研究。只有根据这种研究，正确地掌握这种客观规律性在不同条件下发生作用的情况，才能正确地创设条件，争取达到预期的结果。为了利用水力发电和灌溉田地，我们就要有关于水力学丰富的知识（水力学的知识不仅包括关于水的一般运动的规律，而且包括水在不同条件下运动的规律）、工程学的知识（其中包括修筑堤坝、沟渠的原理与技术等）、关于水力发电的各种知识（其中包括电学的基本知识，包括关于电机、电力网等的种种知识）等。所谓学会以完备的知识来应用规律，主要就是指学会客观规律性在各种不同条件下如何发生作用，以及如何创设条件使客观规律性按照我们预期的目的发生作用的各种知识。

上面所说的那些道理是泛指一切规律来说的。这些道理既适合于利用自然规律，也适合于利用经济规律。当然，人们利用自然规律和利用经济规律是存在着区别的。这种区别就是斯大林同志在《苏联社会主义经济问题》这一著作中所指出的："在阶级社会里利用经济法则无论何时何地都有阶级背景，而且利用经济法则为社会谋福利的旗手无论何时何地都是先进阶级，而衰朽的阶级则反抗这件事情。""在自然科学中，发现和应用新的法则是或多或少顺利地进行的；与此相反，在经济学领域中，发现和应用那些触犯社会衰朽力量的利益的新法则，却要遭到这些力量极强烈的反抗。"[①]

为什么利用自然规律和利用经济规律会有这种区别呢？理由是，经济规律不是别的，而是关于人自己的经济生活的规律。经济规律产生的结果同各个社会集团的利益有切身的关系。例如，先进的阶级，根据生产关系必须适

① 斯大林：《苏联社会主义经济问题》，人民出版社，1952年，第44、45页。

合生产力这一经济规律，是发展着的、一定会得到胜利的阶级，因此就愿意利用这个规律来为自己谋福利，而腐朽的阶级，根据生产关系必须适合生产力发展这一经济规律是正在走向死亡的、一定会被消灭的阶级，但它自己绝不甘心顺从这个规律，因此它就只有违背这一规律，违背历史发展必然的趋势，作注定要失败的挣扎。经济规律虽然和自然规律一样，本身没有什么阶级性，没有什么目的性，但经济规律作用的结果，却总是和这个阶级或那个阶级的利益相一致或相违背，因此各阶级也就不能同样地利用它们了。

我们为什么要学逻辑*

我们生活在一个极其伟大的时代。

在我们这个时代，劳动人民自觉地改造着世界，创造着人类的历史。

我们想要自觉地改造世界，创造历史，这就需要对世界发展的规律有一个正确的认识。

中国古代有一个寓言说，周朝的宋国有一个农人为使农作物迅速生长，就把苗拔高了一些，结果这些苗都枯死了。这个农人的失败，就是他不依照植物成长的规律进行农业生产的结果。

我们说事物依照“规律”来发展，是指事物的运动变化和发展不是偶然的，不是杂乱的，而是按照一定的方向和达到一定的结果的。比如，一粒麦种，种到地里，在适宜的气候、土壤等条件下，就一定会发芽和生长起来，并且最后拔出麦穗，结出许多麦子；而在不适宜的气候、土壤等条件下，就一定会有相反的结果。这就是说，麦子的发生、生长和成熟是依照一定“规律”进行的。事实证明：任何事物的运动变化和发展确实都是这样依照一定的规律进行的。

我们学习自然科学和社会科学，目的就是掌握自然和社会发展运动的规律，来自觉地参加生产斗争和阶级斗争。

---

* 本文写于1951年，原载《学习》初级版第1卷，1951年第6、7期合刊。

我们要怎样才能掌握自然和社会发展运动的规律呢?

很明显，第一，我们必须仔细观察这些现象，取得确实的感性的知识。比如，要研究社会科学，我们就要观察在我们周围发生的社会现象，进行周密的系统的社会调查。没有这种感性知识，我们就不能对社会有些什么了解。第二，我们必须研究这些现象，在这些现象背后，认识它们的本质并且从对这些现象的研究中进一步认识它们运动发展的规律。

观察，这就要用眼去看，用耳去听等；研究，这就要用脑去想。

这种想的功夫，哲学上就叫做思维。

任何一个人，只要不是婴儿或白痴，都是会思维的。假如你向某人提出一个他过去未曾考虑过的问题时，他会回答你说，“让我想一想”。这时候，他就在脑子里运用想的功夫，就在思维。这种会思维的本领，对人来说，跟会消化食物的本领一样，乃是一种本能。当然这种本能是我们的祖先几十万年用劳动来改造自身的结果。思维，对人类最早的祖先来说，曾经是一个极其艰苦的劳动——学习过程，但对今天的人类来说，却是不必花力气学习、天生就会的东西。

我们说人人都会思维，这并不是说每一个人的思维能力都是相等的；也不是说每一个人都能正确地思维。恰恰相反，可以从我们所接触到的人那里知道，有的人思维能力强，有的人思维能力弱；对同一件事情，有的人在思维后所得到的认识是正确的，有的人在思维后所得到的认识是错误的。

这种现象的存在说明，虽然人人都会思维（婴儿与白痴除外），但这种思维能力却是不相同的。日常的经验和科学的研究都告诉我们：思维能力的不同，或者是由于先天的遗传，或者是由于后天的学习，而其中，后天的学习更是各人思维能力不同的最根本的原因。从这里我们可以得出结论，思维能力是可以通过学习来提高的，正确地思维的方法，是可以通过学习来获得的。

提高思维能力使自己能够正确地思维的方法，就是积极参加社会实践，在实践中开动我们思维的机器——“脑子”——多想。社会实践供给了丰富的素材，于是我们的脑子就可以用思维去把它们改造成理性的认识，然后再在实践当中检验这种认识，发展这种认识。这样，不断认真地实践、认真地思维，就会使脑子得到锻炼，使思维能力逐渐提高，正好像一个人想学会游泳，就一定要到水里去练习游泳。他练习游泳时越用心、游泳的时间越长，他游泳的本领也就越高。

但是，光强调参加实践和开动机器——脑子去多思维还是不够的。为了提高思维能力，使自己能正确地思维，我们还一定要努力学习各种科学，接受科学理论的指导。比如说，假如我们在土地改革的工作中，想在脑中进行关于划分某一农户阶级成分的思维，那么我们一定要首先懂得划分阶级成分的原则和标准，否则思维就不能进行或者不能正确地进行。

学习任何一门科学都能起提高自己思维能力和获得正确思维方法的作用。但是在各种科学中，有这样一门科学，它对提高人们的思维能力，使人们能够正确地思维，起着与其他一切科学不同的作用。这门科学的名称，就是逻辑。

逻辑是研究关于正确思维的规律的科学。它和别的科学一样，有它自己特殊的研究对象——思维。逻辑在提高人们的思维能力和使人们能正确地思维中起着特殊的作用，是因为它以思维本身为研究对象。

在这里我们应该说明，逻辑是以思维为研究对象的科学，但是以思维为研究对象的科学却不一定是逻辑。这是因为除逻辑以外，还有心理学、语言学等也是以思维作为研究对象的。为什么同是以思维为研究对象，会有几门不同的科学呢？理由就是思维是可以从不同方面去研究的。我们可以把思维当做人类精神活动或心理活动的自然过程来研究，也可以只研究思维的形式，研究思维本身的规律。从第一个方面去研究思维那便是心理学的任务（当然，除了思维以外，心理学还研究感觉、情绪、意志等人的其他精神活动），只有后一种研究才是逻辑学的任务。例如，如果我们研究人们在思维时，脑子这个思维器官在生理上究竟有些怎样的变化和运动，或者研究在什么情况下一个人的思维容易发生错误，在什么情况下一个人的思维不容易发生错误，那便是心理学的任务。但如果我们研究怎样分析问题的方法是正确的，怎样分析问题的方法是错误的，那就不是心理学所能解答的问题了。解答这类问题便是逻辑学的任务。

那么到底逻辑对于提高人们的思维能力，使人能够正确地思维，能起怎样的作用呢？

这个问题的回答是，学习逻辑学可以帮助我们自觉地去掌握思维的规律。

一个没有学过逻辑学并且对别的科学也没有什么研究的人，往往也能正确地、合乎逻辑地思维。这是因为，人的认识本来是反映客观世界的运动规律的。所以一个人，如果他头脑健全，又不受什么阶级的或个人的偏见所蒙蔽，那么他对比较明显的不太复杂的事物的反映常常是合乎逻辑的。好像一个没有学过语法的人也往往能够用语言和文字正确地表达自己的思想和情感，但是这种人并没有自觉地掌握正确思维的规律，正好像一个没有学过语法的人，不能自觉地掌握如何正确地表达思想和情感。我们知道，一个人懂得文法或不懂得文法，对他说话写文章是有很大影响的，那么我们也就更可以明白一个人自觉地掌握思维的规律，或没有自觉地掌握这些规律会有很大的区别。一个人如果对怎样才能正确地来思维这一点不了解，那么他就不能在每一个问题上正确地思维，即有时他在看某个问题时所运用的方法虽然正确，但他难免在别的问题上犯错误。而事实上也正是如此，一个既没有学过逻辑又没有受过其他科学训练的人，一接触到比较复杂一些的问题，就会感到束手无策。这时候他的思路往往是紊乱的，不知道如何想，这就是大家常说的“不会用脑”、“不会想”的情形。而一个人如果学懂了逻辑，那就可以克服这种弱点，使自己的思想比较细密有条理，使自己更加聪明起来。

因为一个人不论做什么事，都要用脑想一想，所以学习逻辑对于任何一个人的实践都是十分重要的。一个人如果思想细密有条理，那么，做起事来也就细密和有条理。而一个政治工作者尤其应该学习逻辑，因为政治斗争本来就是一件极其复杂的学问。要懂得政治斗争的道理，不是一件简单的事情，要通过思维，对社会和社会发展的规律有一个正确的理解。这对一个“不会用脑”的人来说，当然是办不到的。同时，在实践中，政治斗争也是一件十分复杂的事，一个革命者，做任何一件事情都应该冷静地、周密地思考。因此一个革命者应该学习逻辑，使自己有一个细密的、准确的头脑。

对别的科学有较深的研究，受其他科学工作的训练，也可以提高自己思维的能力。这是因为只要是正确的科学，都是用正确的逻辑来思维的。所以如果一个人对某一门或某若干门科学有较高的造诣，他便能从他所熟悉的科学中，间接地学到许多关于思维的规律、逻辑的规律。例如，学过欧几里得几何学的人，就懂得关于怎样来推理、怎样来证明的许多逻辑方法，而学过马克思列宁主义社会科学的人，则更可以熟悉形式逻辑的和辩证法的各种思维方法。像这样的人，即使没有读过专门的逻辑教科书，对逻辑也并不是完全陌生的。

但是，只以其他科学间接地学习逻辑，终究不是一个很好的办法。因为各门科学所运用的方法往往是不完全的，并且往往各有所侧重。数学一般侧重演绎，普通的动植物学一般侧重归纳。逻辑的任务正是把各个专门科学中所运用的方法，集中地加以研究，使它们系统化，因而便把关于正确思维的研究提到更高的水平。因此，学习逻辑对于革命的实践，对于研究任何一门科学都有重大的意义。

同时，我们还应该理解，逻辑和其他科学一样，也是以实践和经验为基础的，它是人类长期生产斗争、阶级斗争、科学研究在思想方法上的总结。我们要知道，人们从事生产、阶级斗争和科学研究不但可以积累各种具体的科学知识，并且还可以在这些活动中领会如何正确思维的道理。人类各种具体的科学知识越多，人类的历史越向前发展，人们就可以更进一步地洞察自然和社会运动、变化和发展的规律，人们的思维水平也就越高，逻辑学也就越向前发展。逻辑学家的任务便是把关于思维方法的研究提到最高的水平，因此逻辑对各部门科学起着指导作用。

这样我们可以看到，学习逻辑还可以使我们的思维水平提高到最高的、最近代的水平。

谈谈关于“错误”的一些问题*

一个人或是一个集体的行动，是受这个人或是这个集体的认识支配的。因此，一个革命者或是由革命者所组成的集体，总是力求自己的认识正确，使得自己的行动有利于革命的事业、有利于社会的进步。但是在实际生活中，革命者或是由革命者组成的集体，却又往往由于认识上的错误，作出了错误的行动，给革命的事业、给社会进步的事业造成了程度不同的损失。这样又产生了如何正确地认识错误和对待错误的问题。如何正确地认识错误和对待错误的问题是历史上许许多多对人生抱严肃态度的人所关心和探讨过的。对我们共产主义者来说，由于认识到自己对社会所负责任的重大，我们就应该更加认真地对待这个问题。在革命者的生活当中，检查自己认识中的错误并且修正自己的错误就像空气、水和食物一样是必不可少的东西。在长时期的共产主义运动中，关于怎样正确地认识错误和对待错误的问题上积累起来的经验是非常丰富的。根据这一方面的经验来研究有关“错误”的各种哲学上的问题，将是很有意义的一件事情。现在我们只能粗浅地谈谈这一方面的几个问题。

我们想讨论的第一个问题是，什么是“错误”。对这个问题，大家都会回答说，错误就是人们主观的认识同客观的实际不一致。这个说法应该承认

---

* 本文写于1957年，原载《学习》，1957年第7期。

是正确的，它是唯物主义者对“什么是错误”唯一可能的答复。但是在这样答复问题的时候，也不是不产生任何困难的。有人会认为这个说法不太确切，因为即使是正确的认识，同客观的实际之间也不可能形成完全的一致，在主客观之间总会有若干距离，如果把主客观不一致看做错误，就会扩大“错误”的范围，会造成“错误”满天飞的结果。这个困难是可以克服的，辩证唯物主义关于真理的理论替我们解决了这个问题。辩证唯物主义认为，人类的认识是可以给我们以真理的，并且在有些场合，人的认识可以做到完全地反映客观实际。例如，在我们面前有一朵玫瑰花，它的颜色是红色的。我们就会说，“这朵玫瑰花是红的”。这就表明我们的感觉器官给我们的认识具有客观真理的意义。又如我们说“拿破仑死于 1821 年 5 月 5 日”，“北京在中国”，这当然也是完全正确的。这两个例子表明，我们对历史上的或当前社会上的某些事实的认识，可以达到同客观实际完全一致。我们还可以得出像“2 乘 2 等于 4”这样简单的数学问题的答案，不仅如此，即使复杂得多的数学问题，如“2 的 400 次方”，我们也可以求出完全无误的值。进一步说，今天我们对自然界的许多规律性的知识，也应该承认是绝对可靠的，如“万物是运动着的”这样的命题，就是完全正确的。所以，不能认为一切认识都不能和客观实际达到完满的一致。但是，在整个考察人类对客观世界的认识时，或在考察人类对复杂的科学问题，特别是对复杂的社会和政治的科学问题的认识时，人类认识同客观实际完满一致是不可能的。在对复杂问题的认识中，真理和错误往往是交叉在一起的。这就是说，很少有 100% 的正确，不包含一点错误；也很少有 100% 的错误，不包含一点真理。时常见到的是，在基本上正确的认识中包含着若干错误的因素；或是在基本上错误的认识中包含有若干真理的成分。正如恩格斯在《反杜林论》中“道德和法、永恒真理”这一章里讲的那样，真理和错误像所有相互对立的逻辑范畴那样，它们的对立只在一个狭隘的范围内才具有绝对的意义。如果把这个对立看得太绝对了，那么我们的思想就会发生混乱。恩格斯在这一章里举了在中学物理学课程中也会讲到的“波义耳定律”作为例子。波义耳定律认为：如果温度不变，气体体积的变化同加在气体上的压力成反比例。这个定律之后被发现只在一定范围内（在一定的压力、一定的温度下和对一定的气体）才适用，超出了这个范围就不适用。这时就产生了一个问题，我们应该不应该承认波义耳定律是正确的呢？恩格斯认为，如果有人因为波义耳定律只在一定范围内适用，就根本否认波义耳定律是一个“真正的真理”，那么这个人“所犯的错误就要比波义耳定律所包含的错误要大得多”。从恩格斯举的这个例子中我们可以看出，在对复杂问题的认识上，一定要具体分析认识中包含着怎样的真理的因素和怎样的错误的因素，不应该把问题看得那么绝对。根据这种看法，我们可以明确地说，在人们的认识中同客观实际相一致的地方，那就是真理；在人们的认识中同客观实际不一致的地方，那就是错误。

进一步讲，真理和错误在一定条件下是会相互转化的。在客观实际发生变化时，原先正确地反映客观实际的真理，可以转化成同客观实际不一致的错误，反过来错误也可以转化为真理。这种转化在研究社会、政治问题的时候表现得更为明显。例如，单独一国进行社会主义革命能否取得胜利的问题，在马克思的时代，即垄断前资本主义时代，认为必须由几个主要资本主义国家的无产阶级联合起来一致行动，才能取得社会主义革命的胜利。这个看法在当时是正确的。在当时的条件下，认为一个国家进行社会主义革命能够取得胜利的看法，则是错误的。而到了列宁的时代，即到了帝国主义时代，一个国家进行社会主义革命可以取得胜利的看法就变成正确的了，而一个国家进行社会主义革命不能取得胜利的看法，便转变成为错误的。

说到这里，学过哲学的同志一定会问，是不是一切相对真理都包含有错误？对这个问题是应该进行分析的。大家知道，我们只能相对地认识客观世界或者它的某个局部（上面我们举过的“这朵玫瑰花是红的”等例子终究是一些很简单的判断，从人类对客观世界的整个认识问题来看可以略去不谈）。我们对客观世界或它的某个局部的认识，就它正确反映客观实际这点来说，具有绝对真理的性质。我们之所以又称其为相对真理，是因为我们的认识并不是最后的、终极的、完全的。这里有两种情况：第一，客观事物的许多方面，许多更深刻、更本质的联系我们还没有认识到，在我们的认识中根本没有把它反映出来；第二，有时在我们的认识中，把并非客观事物所固有的东西加在客观事物上面。第一种情况可以说一切相对真理都具备，第二种情况并不是一切相对真理都具备的。举例来说，我们可以确认我们日常见到的形形色色的物体是由原子构成的，但是我们可以对原子能不能分割这点说“我不知道”，或者表示怀疑，“原子或者可以分割或者不可以分割”。在这种情形下，我们对物质构造虽然有一定的知识，知道日常见到的形形色色的物体是由原子构成的，然而这种知识是很不完全、很不深刻的，因而是相对真理，但是我们并没有断言原子不可分割，没有把非客观事物所固有的东西——原子的“不可分割性”——硬加在客观事物上面。对这样的认识来说，我们不好说它包含错误，只能说它有不足之处。因此，不能简单地说“相对真理就是相对错误”，不能简单地说“一切相对真理都包含有错误”。

错误是同真理相对立的东西。包含错误的认识当然是一种有缺点的认识。但是在人类认识的前进过程中，如果因为要避免犯错误，而对一切没有被证明为真理的东西一律不作判断，那么人的认识就会停滞不前。直到现在，我们还是不能确切知道太阳系究竟是怎样形成的，但是科学家对太阳系的形成已经进行了许许多多的研究，作出了多种假设。笛卡儿、毕封、拉卜拉斯、康德、慕尔敦、张伯林、秦斯等，他们的假设一个一个地被推翻了，因为他们的假设中都包含有错误，但是如果他们对这个问题简单地用“不知道”三个字来答复，那么今天我们对太阳系形成的知识，就仍旧只有一张白纸，而有了他们的研究，我们对太阳系形成的知识才前进了许多。恩格斯在《反杜林论》上面提到的那一章里也讲过，对绝对真理的认识是实现在一连串的相对错误之中的，他认为，我们现在差不多还处在人类历史的起端，将来纠正我们错误的后代，比我们现在纠正其错误的前代要多得多。并且根据以往人们的经验，在我们的认识中所包含的需要改善的因素，没有例外地要比不需要改善的因素多。所以，我们要承认从“不知道”到某种有科学根据然而包含有错误的认识是向真理前进了一步，而不是后退了一步，它包含更多的真理，而不是包含更少的真理。

虽然正确的认识当中往往包含错误的因素，在错误的认识当中往往包含真理的因素，但是我们绝不能不分主次地看待一个认识中错误的因素和真理的因素，仿佛世界上无所谓真理、无所谓错误似的。如果我们这样看，那并不是真正的辩证法，而是诡辩论或是折中主义了。列宁在《唯物主义与经验批判主义》一书中讲过，唯物辩证法无条件地包含着相对主义，可是并不归结为相对主义。辩证法和相对主义不同的地方是，前者认为我们的知识在接近客观的限度上是有相对性的，而后者是否定有客观真理。因此当某种认识基本上是正确的，它同客观实际不一致的地方只占极其次要的地位时，我们就可以把这种认识看做真理，用不着强调它还包含什么错误的成分。反过来说，当人们的某个认识基本上同客观实际不一致，而其中包含真理的成分微不足道时，我们也可以把这种认识叫做错误。真正的辩证法要求具体地分析主观认识同客观实际一致和背离的状况，确定到底是真理还是错误。如果犯了错误，还要确定错误的程度、错误的性质。在讨论错误的问题时，重要的不仅是确定到底是否错误，而且要确定错误的程度和性质。

当然人的认识是受历史条件限制的。在不同的历史条件下，对某种认识的估计是不一样的。例如，古代学者用阴阳五行来说明宇宙间的许多现象，在当时是一种进步思想，因为它比用神鬼等说明宇宙间的各种现象要好得多，在这种认识中含有唯物主义和辩证法的若干因素。但是在今天自然科学和社会科学这样发达的情况下，如果还用阴阳五行来解释宇宙间的现象，那就完全要不得了。有人认为，凡是因为人的认识受了历史条件限制因而不可能达到主客观一致的，可以不算做错误。这种看法是不能成立的，因为这样一来，错误和真理的客观标准就被否认了。不论在古代还是现代，用阴阳五行来解释宇宙间的现象，总是错误的，只是从人类的认识史上来说，它们的意义不相同罢了。同样，不论在托勒密的时代，还是在哥白尼的时代，地球总是绕着太阳转，而不是太阳绕着地球转的。不论托勒密的时代在天文学、数学等方面比起哥白尼的时代要落后多少，托勒密的学说总是一种错误的学说。某些错误可以说是不可避免的，但是不可避免的错误仍然是错误。

人为什么会犯错误*

真理是对客观实际的正确的反映，错误是对客观实际的歪曲，这种歪曲一般不发生在感性认识的阶段。感性认识是对现实直接的认识，因此虽然在感性认识阶段也会有错误（如发生错觉），但是，不会对客观实际有重大的歪曲。错误的认识主要发生在理性认识的阶段，也就是发生在“将综合感觉的材料加以整理和改造，属于概念、判断和推理的阶段”（《实践论》）。从感性认识到理性认识的飞跃，以及以后在进一步的判断和推理中，人的认识一方面同客观实际是更加接近了，因为这时候人的认识不但掌握到感觉器官直接触及的事物的那些侧面，而且还掌握到事物更深刻的本质。从这些方面来说，理性认识可能比感性认识包含更多的真理。另一方面从感性认识到理性认识的飞跃，以及以后在进一步的判断和推理中，人的认识离开作为认识源泉的感性知识也就越远。从这方面来说，人犯错误的可能性也就增加。在理性认识阶段，人的主观能动作用比感性认识阶段大得多，人的主观作用越大，犯错误的可能性也就增加。在从感性认识到理性认识的飞跃中，在判断和推理的每个环节上，人都有发生错误的可能。我们常常看到，一个人在掌握了大量感性材料之后，往往并不能形成一个正确的概念。例如，自从社会上有了商品交换之后，不知道经过了几千年，一直到政治经济学的研究发展

* 本文写于 1957 年，原载《学习》，1957 年第 8 期。

起来，价值这个科学概念方才逐渐形成。起先人们总以为价值是由商品的生产费用和商品的社会效用来确定的，后来才发现价值同商品的生产费用或社会效用都没有任何关系，价值在于某种产品社会必要劳动量的结晶。至于人们在判断和推理过程中犯错误，那就更是我们时常见到的事情，可以用不着再举例子。

进一步分析在理性认识的阶段人们会犯错误的原因。

第一，综合感觉到的材料，正确地对感觉材料加以整理和改造、制作是需要训练的，既需要掌握形式逻辑的规律，又要掌握辩证法的规律。一个缺乏形式逻辑和辩证法训练的人，难免不在运用概念以作判断和推理的工作中发生错误。要在形式逻辑运用上达到熟练的程度不是很容易的事情，而要正确地运用辩证法，就更加不容易。一个人可以在思想方法上没有什么主观主义的毛病，很虚心、很客观地来认识问题，努力地去领会和运用辩证法，但是由于水平不够，仍旧不免犯错误。

第二，是由于偶然地犯了主观性、片面性的错误。在上一节里我们已经讲过，真理同错误的界限并不是绝对的。列宁也说过："只要向前再多走一小步——看来仿佛依然是向同一方向前进的一小步——真理便会变成错误。"① 因此，即使是思想方法正确的人，有时也难免因为偶然地"向前再多走一小步"而犯了错误。

第三，是由于思想方法上有主观主义的毛病。费尔巴哈早就讲过，人具有歪曲事实的能力，具有使抽象概念成为独立的东西的能力。这就是说，唯心主义是有认识论的根源的。列宁在《哲学笔记》里对这问题讲得十分深刻。他说："人的认识不是直线（也不是沿着直线进行的），而是无限地近似于一串圆圈，近似于螺旋的曲线。这一曲线的任何一个片断、碎片、小段都能被变成（被片面地变成）独立的完整的直线，而这条直线能把人们（如果只见树木不见森林的话）引到泥坑里去，引到僧侣主义那里去（在那里统治阶级的阶级利益就会把它巩固起来）。直线性和片面性、死板和僵化、主观主义和主观盲目性就是唯心主义的认识论根源。"②

---

① 参见《列宁文选》两卷集第2卷，人民出版社，1954年，第766页。

② 列宁：《哲学笔记》，人民出版社，1956年，第365页。

在这三个原因中，最后一个原因是特别重要的。思想方法上有了主观主义的毛病，虽然不是犯错误的唯一原因，但是，一个人在思想方法上有了主观主义的毛病，就一定会经常犯错误。我们知道，正确的认识应该是“事情是怎样，我们就把它看成是怎样”。如果能够遵循这个原则，即遵循从实际出发的原则，一个人就能冷静、客观地去认识客观事物。反过来，如果不从实际出发，凭着自己主观的愿望，凭着主观的想象来看问题，就一定会把事物的真相加以夸大或缩小。同时，事物的发展本来是辩证的，如果一个人的思想方法不能适合客观事物的这种辩证的性质，在看问题的时候就会歪曲客观实际。例如，事物内部本来是有矛盾的，因而正确的思想方法应该看正反两个方面，但是有人却偏偏只看一面，丢掉另外一面；事物的发展本来是曲折前进的，但是有人却偏偏直线地看问题，把本来是生动活泼的事物，看成僵化的事物，等等。在思想方法上有毛病的人，不是偶然地犯这样主观性、片面性的错误的，而是在自己头脑中形成了固定的一套看问题的方法，即使不是看一切问题都用这套方法，至少也在许许多多问题上用的是这套方法。因此，这种错误的思想方法就会在各个方面表现出来，形成这个人的一套作风。有这种主观主义思想方法毛病的人，尽管并不一定主张唯心主义的哲学理论，即在发言、写文章的时候可以说一套拥护唯物主义、反对唯心主义的话，但在实际生活中，他却常常违反唯物主义原理的要求，表现出思想的主观性、片面性和思想的僵化。因此，我们可以说主观主义就是表现在日常工作和生活当中的唯心主义。一个人头脑中的这种思想方法如果不加以改造，他就常常会失去正确地反映客观世界辩证发展的过程的能力，因而会经常地犯错误，而且不容易纠正。一个革命者思想方法有毛病对革命工作的危害性也就在这里。

在对待理论同实际相结合这个马克思主义的基本原理的态度上，主观主义有两种表现形式：教条主义和经验主义。教条主义的特点是只承认事物的共性，不承认除了共性以外事物还有个性，也就是只承认一般，不承认特殊和个别。犯有教条主义毛病的人以为认识到了普遍规律就够了，用不着对具体事物进行具体的分析，用不着把普遍规律同具体实际正确地结合起来。经验主义的特点是实际上否认普遍规律，把局部的只在狭隘范围内适用的经验奉为神圣，看不见在地点、时间、条件改变了之后，这些局部的经验不再适用。经验主义把个性错误地当做了共性，把特殊和个别错误地当做了一般。教条主义以为有了理论就能解决一切问题，可以不要经验；经验主义以为有了自己的一点经验就能解决一切问题，可以不要理论。不论表现为教条主义的主观主义，还是表现为经验主义的主观主义，都阻碍人们正确地认识客观实际，使人们的认识发生错误。

在这里我们还要提一下关于“考虑不周”和“疏忽大意”的问题。考虑不周、疏忽大意，如果成为习惯，那是思想方法上的毛病。在必须仔细调查研究、慎重处理的重大问题上，如果也发生考虑不周或疏忽大意，也应看做思想方法上的毛病，因为这个事实就表明了一个人在对待认识问题上马马虎虎、粗枝大叶达到了怎样严重的程度，表明了问题的重大不足以引起他严谨地来考虑问题。但是如果把一切考虑不周和疏忽大意都看成思想方法有了毛病，那也是不对的。我们也常常看到，即使平时思想周密、做事谨慎的人，也很难完全避免偶然发生考虑不周、疏忽大意的事情。因此，我们也要把并不属于思想方法的毛病的疏忽大意，同真正属于思想方法有毛病的区别开来。

上面我们还只是抽象地从认识上来谈论犯错误的问题，因此，我们就可以单纯地从主观认识方面来分析人犯错误的原因。在生活中、在行动中，人犯错误的问题比这要复杂得多。错误的行动固然是由错误的认识而来，但在行动中人犯错误，除了有主观原因之外，往往还有许多客观的原因。

我们知道，为了在实践中不犯错误，就要对行动时的环境、条件作出正确的判断，而为了作出一个正确的判断，就需要掌握各种有关的情况，懂得各种有关的知识。但是，革命者不是脱离实际的书呆子，革命的利益往往要求我们不能等到掌握到充足的知识才去行动。一定要掌握了充分的知识才去行动，这在事实上是做不到的，同时，许许多多知识也只有在行动中才能得到。举例来说，在革命的发展提出需要进行武装斗争的时候，我们就要及时地拿起武器来，尽管当时我们关于打仗的知识可能是非常不足的。当然，缺乏军事知识我们就会犯错误，而且在武装斗争中犯了错误，还要牺牲许多同志。但又有什么办法呢？研究前人军事斗争的经验可以增进我们的知识，但是，只有在实践中，只有在犯错误中，我们才能学会为了取得武装斗争的胜利所需要的充足的知识。单单是知识的不足，就会使人犯错误。当人们去做自己从来没有学过和做过的事情的时候，不管自己怎样谨慎虚心，往往仍然不免犯错误，很多场合就是由于知识的不足。

也许有人会说，在我们获得充足的知识以前，如果不采取行动，岂不是就可以避免犯错误了吗？从表面上来看，仿佛是如此，但是如果不能及时地采取行动，我们恰恰要犯更大的错误。例如，在战争中，敌情的变化是非常迅速的；为了应付紧急的局面，有时就等不到完全摸清情况，就要下决心行动。这时候可能对情况判断错误，受到很大的损失，但是迟疑不决，丧失时机，受到的损失会更大一些。等有了充足的知识才去行动的书呆子思想，是一种片面看问题的方法，不了解事物发展的客观规律，不了解认识和实践的关系。

在了解情况方面，还有一种情形，那就是往往有另外一种社会力量来阻碍我们很好地去掌握真实情况。作战仍是最好的例子，在作战中，双方都竭力想掌握对方的情况，同时又竭力使自己的情况不被敌人知道，并且还竭力造成对方的错觉，故意造成对方的错误。当然这样的困难并不是完全不能克服的，即使在作战中也还可以用侦察兵深入敌人设防地区去了解情况，可以用飞机或别的现代科学技术成就来进行侦察工作，但是无论如何，有人有意阻碍我们了解情况，总会造成更多的困难。

根据上面的这些分析，人犯错误的原因是很复杂的，必须进行具体的分析。这里我们最值得注意的是由于主观主义思想方法的毛病而发生的错误，这种主观主义的思想方法不仅有认识论的根源，而且有社会的根源。

我们知道，思想方法是属于社会意识范畴的东西，而社会意识是反映社会存在的。社会意识反映社会存在这一原理当中所说的“反映”，不单单是作为认识对象的客观事物，反映到我们认识中去的意思。我面前有一支笔，在我的认识中就有对这支笔的感觉和知觉。当我们不再观察这支笔的时候，在我们的头脑中还有这支笔的表象。更进一步，对笔的感觉、知觉、表象又上升为笔的概念。对笔的感觉、知觉、表象、概念等都是笔这个客观事物、这个认识对象在人们头脑中的反映。随便什么人，只要以笔作为他认识的对象，他的头脑中都会有关于笔的感觉、知觉、表象和概念等，这同认识者属于什么阶级，是中国人还是外国人等是没有关系的。但是社会意识反映社会存在就不这样简单。社会意识对社会存在的“反映”，一方面固然也包括社会存在作为认识的对象反映到人的社会意识当中去的意思（如在政治观点这样一种社会意识当中，就反映了历史上已经发生过的和当代正在发生的种种阶级斗争的事实）；另一方面社会意识对社会存在的“反映”还表现在认识主体在社会中的地位（站在社会矛盾的哪个方面），如何影响它从社会现象中形成概念，作出判断，进行推理。

最后这一句话，恐怕不太好明白，现在我再打个比方来说明一下。假定现在有属于敌对双方的两个军事家写关于同一个战争的著作，他们认识的对象是相同的，在他们的著作里描述的事实假定也是相同的。但是他们对这个战争所作的分析以及从对这个战争的研究中得出的结论却一定是不一样的、甚至是相反的。为什么会发生这种现象呢？大家知道这是因为他们有着不同的利益，是站在不同的立场上。这种不同的利益、不同的立场，在他们所写的关于战争的著作中可以不是研究的对象、认识的对象，但是它们仍旧会浸透在这两个军事家所写的整个著作里，成为他们整个著作分析问题的出发点。在我们日常生活中也经常发生类似的现象，两个人对事实本身了解得没有什么出入，但是对事实所作的解释却不相同甚至相反，其原因往往就是他们的利益不同、立场不同。不同的利益、不同的立场常常不是作为认识的对象反映在人们的意识当中，而是在人们分析问题，在判断、推理的过程中影响人的认识。

在存在着阶级的社会里，阶级利益、阶级立场对社会意识的影响是最根本的。各种非无产阶级的立场，或是各种非无产阶级思想，把在人的认识过程中具有根源的唯心主义的思想方法，在某些人的头脑中变成固定的东西。例如，没落阶级的思想方法，从根本上说是倾向唯心主义的。他们不愿看到自己没落的命运，因而用唯心主义的思想方法去歪曲现实，这对他们来说是一种安慰，是对他们向进步势力做斗争的一个鼓励。当然不论属于什么阶级的人，如果对外间世界的认识完全不正确，那是不可能在社会里生存的。因此在对自己有利的限度内，没落阶级也要求自己有比较正确的思想方法。例如，在没落阶级同革命阶级做斗争时，它要求自己能够比较正确地了解这个时期革命阶级在思想觉悟方面和组织方面有哪些弱点，了解革命阶级有些什么困难，以便利用这些弱点和困难向革命阶级进攻。因此没落阶级对思想方法的态度是有矛盾的。但是受本阶级根本利益所支配，没落阶级基本上采取支持错误思想方法的立场。进步阶级的情形就同它相反，因为正确的思想方法可以帮助革命阶级更加清楚地认识本阶级的光明前景，鼓励其为这个光明前景来奋斗，可以指导革命阶级更有效地进行斗争，所以革命阶级从根本上说是支持正确的思想方法的。

在这里我们要指出，并不是任何革命阶级都能做到站在彻底的唯物主义，即辩证唯物主义的立场上。在一定的历史条件下，奴隶主、封建主、资产阶级和小资产阶级都是革命的阶级，但是当时并没有彻底的唯物主义。彻底的唯物主义——辩证唯物主义是一定历史条件下的产物。如果社会没有发展到资本主义的阶段；如果资本主义社会的内部矛盾，以及反映这个矛盾的无产阶级和资产阶级斗争没有展开；如果没有高度发展的科学和文化，辩证唯物主义是不可能产生出来的。无产阶级是历史上最彻底革命的阶级（它的历史使命是不仅消灭资产阶级，不仅消灭一切剥削阶级，而且消灭包括自己在内的一切阶级），是历史上组织得最好、最能发挥集体智慧的阶级。它能够坚决站在辩证唯物主义的立场上，它不仅要求首先在它的代表者、它的先锋队中间坚决反对主观主义，而且要求用彻底唯物主义的精神教育整个阶级和全体劳动人民。

当然阶级立场对思想方法的影响往往并不是那么直接的。历史总比贯穿在历史发展中的规律要丰富、复杂得多。生产发展的历史是如此，人类认识的历史、哲学的历史也是如此，因此不能用简单的公式来解释一切问题。在这里姑且不去讲哲学史上的许多复杂情况，就是在今天我们研究阶级立场如何影响到一个人的思想方法时，也要进行具体的分析。比方说，一个从小资产阶级家庭出身，带有浓厚的小资产阶级思想情绪并且在参加革命队伍后并未得到彻底改造的人，他的思想方法往往有主观主义的毛病，但并不能说这个人在思想方法上有毛病都是由于坚持小资产阶级的阶级利益、抗拒对小资产阶级的社会主义改造而产生的。事实上很多有这样毛病的人是拥护社会主义改造的，他们之所以有这样的毛病，是由于他们思想方法形成时的生活环境。大家知道，小资产阶级的生产和生活是分散的，他们看不见集体的利益，只看见个人的利益；他们不相信集体的力量，只相信个人的力量。这样就阻碍了他们正确地认识现实。只有对错误的思想方法进行恰如其分的分析，才能很好地去掉人们头脑中的思想方法上主观主义的毛病。

对错误作具体的分析[*1]

没有抽象的真理，真理是具体的。真理的对立物——错误也是这样。为了避免犯错误，为了改正错误，仅仅一般谈论什么是错误，一般地谈论人为什么会犯错误等是不够的，而一定要对特定的人在特定的时间、地点和条件之下所犯的特定的错误作具体的分析。

对错误采取客观的态度，既不故意夸大错误，也不故意缩小错误，是正确地认识错误的前提。这道理说起来很简单，然而实践起来却并不很容易。在进行批评和自我批评时对待错误不客观的表现，是常常可以见到的。特别是犯错误者本人，更加不容易做到客观地对待自己所犯的错误。

犯错误者本人不能客观地对待错误，这种现象的发生是可以理解的。因为，除明知故犯外，当错误被揭露出来之前，在大多数的场合，犯错误者并不知道自己犯了错误，而认为那样想和那样做是正确的，认为自己那样想和那样做是有理由的。① 因此当错误被指出之后，即使感到有不对的地方，他往往不能完全摆脱过去的错误思想，按照原来的路子来想问题，不容易很快

---

* 本文写于 1957 年，原载《学习》，1957 年第 10 期。

① 当然也有明知故犯的情形，但明知故犯，归根到底仍旧是对自己的想法和做法的错误认识不足。例如，一个人知道不爱护公共财产是错误的，但是仍旧犯了不爱护公共财产的错误。这种情形的发生，不能仅用意志力薄弱来解释，因为意志不是凭空产生的，从根本上说，犯错误的原因仍旧是人生观没有很好地确立，对为什么要爱护公共财产这点认识不深刻。

地改变自己的认识，不容易深刻地理解自己的错误，不容易对自己的错误作出恰当的估计。犯了错误的人，在错误被指出之后，时常产生两种情形：一是强调自己过去认识和行动中正确的因素，看不见错误的因素，即使别人对他的批评完全正确，他仍旧不接受别人的意见，总觉得别人不完全了解情况，不完全了解他，委屈了他。二是承认错误总不是一件愉快的事情，一个革命者总愿意自己的思想和行动对革命事业有利，而犯错误总是违反自己意愿的事。犯了错误总是痛苦的，承认错误就是承认痛苦的真理。要在这痛苦中感到认识到真理的愉快，并不是一件很容易的事情。至于对一个个人主义思想比较浓厚的人来说，他还会错误地认为承认犯错误将损害到他的某些个人利益，因而不肯好好地承认错误，或者即使不得不承认自己犯了错误，也希望把自己所犯的错误说得尽可能小。

犯错误者一般容易缩小错误，但故意夸大错误的情形有时也会发生。不仅在批评别人所犯错误的时候，就是自己有时也会这样。因为一个人在受到批评之后，他认识到自己过去的想法和做法是错了，但是正确的看法并没有随之建立起来，他的思想很混乱，没有能力去对错误作具体分析。在这种思想混乱的情形下，有时也会夸大自己的错误。同时，比较脆弱的犯错误的人也有可能产生一种悲观情绪，觉得自己一无是处，把自己的错误夸大。

不论缩小还是夸大自己的错误都没有好处。一个人要很好地认识自己的错误，应该把发生在自己身上的错误，看做同发生在别人身上的一样，冷静地研究和分析，尽量使自己的情绪不影响分析问题时的科学态度。要很好地做到这一点，虽然有些困难，但是只要对错误有正确的看法，懂得犯错误尽管不能完全避免，但要力求少犯或不犯错误，而在犯错误之后，又能够不向后看而向前看，就是说，能够正视错误、改正错误，一个人就可以客观地对待自己所犯的错误。

是不是只有犯错误者本人才会缩小或者夸大错误呢？不是的。批评者也会发生这种情形。批评者由于自己思想上有毛病，就会把别人的错误夸大或缩小。在批评和自我批评中，常常有一种不正常的情形，就是不欢迎被批评者为自己辩护，好像被批评者一为自己辩护，就是自我批评的态度不好。事实上有两种辩护：一种是为错误作辩护。这当然是不好的，但在认清错误之前也是不可免的。应该允许犯错误者作这样的辩护，然后用说理的方式来改变他的认识。还有一种是为正确的东西，即为真理辩护。这是完全正确的，应该得到保护。如果不让犯错误者为自己辩护，就很容易把错误夸大。还有一种不正常的情形，那就是在对错误进行批评的时候，缺乏一种讨论的空气，仿佛所有的批评者的意见都必须是一致的，因而批评者的意见中有不正确的地方，也没有人去纠正。这种情形也常常使错误被夸大或者缩小。把任何事情看得太绝对了，就会发生不好的结果。上面我们说犯错误者最容易对自己的错误不客观、不冷静，这是对的，但是有时犯错误者本人比别人看得更全面些、更正确些，也是可能的。如果事先有一个框框，认为犯错误者总会缩小自己的错误，总觉得犯错误者检讨不深刻，对具体分析错误就会产生不利的影响。

在对错误作具体分析时，一定要弄清楚究竟是在什么问题上犯了错误，弄清楚所犯错误的性质。我们知道，一般所说的“犯错误”，是属于人民内部的事情。如果有组织、有计划地进行反对人民、反对革命、反对社会主义的活动，那就超出犯错误的范围，成为反革命的问题了。但是错误还是多种多样的，有的是在敌我问题上犯了丧失立场、界限不清的错误；有的是在革命和建设的路线问题上、在对时局的或是在党和国家的重大政策问题上犯了根本性的错误。在这些问题上所犯的错误，我们称之为政治性质的错误。犯这种错误是比较少的。通常人们犯的是日常工作问题或是个人生活问题上的错误。在这些问题上犯错误，从性质上说就没有政治性的错误那么严重，但也会因情节的不同而有不同的严重程度。还有一种是在组织问题上犯的错误，那就是违反党和别的革命组织的纪律、违反国家的法律，等等。在组织问题上犯的错误，有些是带有政治性的，如在党内进行反党小集团的活动，但也有很多不能算是政治性质的。区别错误的性质是非常必要的。

在确定所犯错误性质的同时，还要确定所犯错误对革命事业造成损失的严重程度。错误的后果同错误的性质是相联系的。政治性质的错误是严重的错误，原因就是在这些问题上犯了错误，给革命造成的损失就比在日常工作和日常生活问题上犯的错误要大些。但是我们不能把错误的性质同错误的后果完全看成等同的东西。错误的后果不仅同错误的性质有联系，还同错误影响范围大小、同错误起作用时间长短等有关系。我们知道，有的错误只在一个比较狭小的范围内发生影响，有的错误就在一个单位、一个部门、一个地区，甚至在全国发生影响。有的错误只在一个很短时期内发生作用，不久错误的影响就不存在了；有的错误在几个月内，甚至几年内发生作用，它的影响在很长的时间之后人们还可以感觉到。影响范围大、时间长的错误，后果当然要比影响范围小、时间短的错误严重些。

错误影响范围的大小同犯错误的人的身份、犯错误的时间和地点有很大的关系。内容差不多相同的一套错误意见，如果出自一个负责人口中，它的影响就会比出自一个普通人的口中大得多。因为负责人说了这套意见，就会有许多人相信，会有许多人按照他所说的话去做，甚至因为职权的关系，他的意见别人不得不遵照执行。因此，我们不能把这两个人所犯的错误等量齐观。同时，内容差不多相同的一套错误意见，如果发表在不同的时机，所起的影响也会很不相同。

错误所产生的结果是判断错误的客观标准，但是分析犯错误者在犯错误时的思想状况，也是很重要的。因为这样的分析可以帮助我们进一步了解犯错误者到底是个怎样的人，了解他犯错误的思想根源，以便更有效地帮助他改正错误，同时这样的分析也有助于我们大家从他的错误中更好地汲取教训。

举例来说，有意做坏事情，同自己不知其为错误而犯了错误结果把事情做坏，是不同的两件事情。如果把这样两件事情混为一谈，就会把好人看成坏人或把坏人看成好人。假定有一个人，他在肃清反革命的工作中，把同志错当成敌人来斗，这当然是犯了一个相当大的错误。但如果他在这样做的时候，以为他斗争的那个人确实是个敌人，以为自己这样做是保卫革命利益所必需，那么，我们应该承认，他是一个对革命忠实，但是犯了严重错误的同志。相反地，如果另外一个人在把同志当做敌人来斗的时候，早就知道对方是个好同志，而是为了某种原因故意把他当做敌人来斗，那就不是错斗好人的问题，而是故意陷害同志。这个人所犯的错误那就极其严重，是国法党纪所不能容许的，这个人的品质也是极其恶劣的。

我们是效果和动机统一论者。当一个人的行动给革命造成损失的时候，我们就可以根据他的行动所产生的客观效果来确定这个人在认识上发生了错误，可以确定他的主观认识和客观实际不一致。不能认为由于他的动机是好的就不去肯定他的认识是错误的。同时，我们也应该根据错误所产生的不良效果来判断错误的严重性。当然，犯错误的人原先的动机可能是好的。对动机好然而犯了错误的人，我们应该说，既然你的动机是好的，那么你就一定要从这次错误中深刻学习，避免重犯同样的错误。如果人们提醒了他之后，他仍旧不肯从错误中学习，坚持自己的错误，那就不能再说他的动机是好的了。当然，并不是说，我们只能从一个人在犯错误后的态度来判断他的动机。具体地分析所犯错误的客观效果，具体分析犯错误者的思想状况，再具体研究这个人一贯的作风和历史上一贯对待错误的态度，我们也可以判断这个人的动机究竟是怎样的。对犯错误者的动机作出错误的判断是很有害的，应该竭力避免。在对一个犯错误的人的思想状况分析不清楚的时候，宁肯将其犯错误时的主观动机保留下来当做一个问题继续研究，也不要随便下结论，说人家的动机如何不好。

具体分析错误的性质、错误的客观效果和犯错误时人们的思想状况，同分析人们犯错误时的客观环境是分不开的。任何错误都是在一定的条件下犯的，只有弄清楚了犯错误的客观环境，才能更加清楚地了解错误的性质、错误的客观效果和犯错误者的思想状况。分析犯错误时的客观环境，当然并不是为了证明这个错误是不可避免的，为错误作辩护。研究了犯错误的具体环境，固然有时可以作出判断说，这一错误是很难避免的，因而是可以原谅的；但有时恰好相反，可以作出判断说，在那样的客观条件下，这一类错误是完全可以避免的，因而是不能原谅的。而且问题并不在于可以原谅或是不可以原谅，我们之所以必须具体分析犯错误的客观环境，主要的目的是作了这样的具体研究和分析之后，就可以从错误中更加深刻地汲取经验和教训。

具体分析犯错误的客观环境之所以必要，还有一个十分重要的原因，那就是我们不能把犯错误看成一个孤立的现象，而应该把它看成一个社会的现象。我们不应该过分地去追究犯错误者个人的责任，而应该把我们注意的重点放到思想教育工作上去，放到改造人和改造整个环境上去。如果我们能够这样做，就能真正防止错误的重复发生。主张用惩办主义来对付犯错误者的人，就是不懂得要去具体分析犯错误的客观环境，不懂得要去具体分析犯错误的社会根源，其结果是伤害了许多好同志，而错误仍旧得不到彻底的纠正。

在对错误作具体分析的时候，我们一定要对犯错误的人有一个全面的了解，这就是要看这个人的优点和缺点各个方面，不能因为一个人犯了某个错误，就否定这个人的优点，否定这个人的整个历史。我们一定要区别一个人是偶然地犯这种错误，还是一贯地犯这样一类错误。

关于对错误必须作具体分析的道理是很简单的，可是在实践中往往采取简单化的方法来对待在别人身上和自己身上的各种错误。研究自己和别人身上的错误，是一件切实而细致的工作。不做这番工作，对错误的认识就不会具体、不会深刻，错误就得不到改正。在这里我们可以顺便提一下 1942 年中国共产党整风运动的经验，在这次整风运动中，对错误的分析是很细致的、具体的，因而经过整风运动的人对自己的错误就有比较深刻的认识，使其在整风前后发生显著的改变。

《再论无产阶级专政的历史经验》一文对斯大林所犯错误的分析，是对错误进行具体分析的一个很好的榜样。这篇文章明白地说出了斯大林所犯错误的具体内容，分析了斯大林所犯错误的性质和严重程度，指出他“曾经在一定程度上损害了苏联党的生活中和国家制度中的民主集中原则，破坏了一部分社会主义法制”，指出斯大林的错误“特别明显地表现在肃清反革命的问题上和对某些外国的关系问题上”，指出斯大林后期的一些错误，“发展成为全国性的、长期性的、严重的错误，而不能得到及时的纠正”。这篇文章分析了斯大林犯这样的错误的客观环境，指出“斯大林的错误并不是由社会主义制度而来”，指出“党和国家的民主集中制之所以会受到某种破坏，有一定的社会历史的条件。这就是，党在领导国家方面还缺乏经验；新的制度还没有巩固到足以抵抗一切旧时代影响的侵袭（新制度的巩固过程和旧影响的消失过程，都不是直线的，它们的某种波浪式的起伏现象，在历史的转变时期是屡见不鲜的）；国内外的紧张斗争对于某些民主发展所起的限制作用，等等”。这篇文章同时又指出：“仅仅这些客观条件并不足以使犯错误的可能性变为现实。在比斯大林所处的环境更加复杂得多和困难得多的条件下，列宁却没有犯斯大林那样的错误。”这篇文章指出斯大林在他的后期犯全国性的、长期性的严重的错误的主观方面的原因，是他“被一连串的胜利和歌颂冲昏了头脑，他的思想方法部分地但是严重地离开了辩证唯物主义，而陷入了主观主义”。文章对斯大林忠心为党这点是肯定的，指出斯大林在犯错误的时候，“他相信那是捍卫劳动者的利益不受敌人侵害所必需的”。在讨论斯大林所犯错误的时候，这篇文章对斯大林的功劳和错误也作了全面的估价，肯定他“对于苏联的发展和国际共产主义运动的发展是有伟大功绩的”，指出“斯大林尽管在后期犯了一些严重的错误，他的一生乃是伟大的马克思列宁主义革命家的一生”。像这样的对错误的具体分析，对帮助大家从这当中学到历史经验有很大的好处。相反地，如果对错误不作具体的分析，否定一切或肯定一切，就会使人们的思想发生混乱，对共产主义事业发生不利的影响。像这样的对错误作具体分析的方法，应该在我们的日常工作和生活中得到很好的运用。

怎样避免犯错误*

我们常常说一个人不可避免地要犯一些错误，不犯错误的人是没有的，除非这个人根本不做工作，而不做工作本身就是一个很大的错误。但是不能从这里就得出结论说，人在犯不犯错误的问题上无能为力。我们要承认有许许多多的错误，特别是严重的错误是可以避免的，是应该尽一切努力去避免的。大家知道，某个特定错误的产生，除了客观的原因之外，还有主观的原因。因此只要改变人的主观条件，有许多错误就可以不发生。事实上我们也常常看到，在同样的客观条件下，有的人犯了错误，有的人却并没有犯错误。由此可见，对犯错误这件事抱宿命论的观点是完全错误的。

关于怎样争取少犯错误和不犯严重错误的问题，我们可以从提高个人修养和改进集体工作的方法两方面来说。

我们知道，不论正确的认识还是错误的认识，首先是发生在一个一个的人的身上。作为认识的主体的人，虽然是社会的人，但是认识终究是在个人的身上进行的活动。感觉器官是长在个人的身上的，头脑也是长在个人的身上的，世界上不存在集体的感觉器官、集体的头脑。对客观世界的认识，不论是正确的还是错误的，只有在被个人获得之后，才能在人与人之间交流，才能被集中起来，而这种交流和集中的活动仍旧要通过个人去进行。因此，

* 本文写于1957年，原载《学习》，1957年第13期。

提高个人修养是获得正确认识、避免错误认识的基础。一个人知识不足，逻辑力量弱，思想方法上有毛病，有剥削阶级的偏见或别的偏见，这个人就会多犯错误，在一定条件下就会犯严重的错误。当他的知识水平提高了，逻辑力量增强了，思想方法上的毛病克服了，他就会少犯错误和不犯严重的错误。一个人犯错误既然有他个人的原因，也就可以用提高个人修养的办法来避免错误。

进一步讲，一个人犯错误，除了本人的原因之外，还要受周围的人的思想的影响。这里所说的受影响当然包括各种不同情况，但是一个人的思想总不能不受周围的人的思想所限制。恩格斯曾经指出费尔巴哈哲学思想后来之所以落后于时代的重要原因之一，便是他几乎过着隐居的生活，没有同才能相当的人密切往来。一般说来，当周围的人的思想有错误时，一个人的认识便很容易受这些错误思想的影响。甚至即使一个人周围的人并没有什么错误的思想，而只是知识水平低，分辨不清是非，对他犯错误也有很大的关系。因为在这种情形下，一个人如果犯了错误，就没有人能出来纠正，即使有这样的人，这种批评意见的声音也会很微弱，不足以引起他的特别重视，因此错误往往会继续下去，甚至会进一步发展——这些都是事实。但是，从这样的事实中我们可以得出怎样的推论来呢？能不能说因为一个人的思想常常受周围的人的思想影响，因而提高自己个人的修养就不重要或者不很重要呢？当然不能。正确的推论应该是，为了避免错误，不能只要求提高个人的修养，还要求很多很多的人都提高自己的修养。就一个革命政党来说，不能只要求提高个别领导者的修养，还必须普遍提高整个领导骨干队伍、广大干部以至广大群众的思想水平。在这里归根到底仍旧要求每一个人提高自己个人的修养。

提高个人修养的办法就是学习，学习马克思列宁主义，学习各种有用的知识。要从书本上学习，更要从实践中学习，因为只有在实践中才能真正掌握马克思列宁主义，才能真正学会正确运用马克思列宁主义。举眼前的事情为例。目前，全国各地反对官僚主义、宗派主义、主观主义的整风运动正在展开。积极参加这个运动，是学习马克思列宁主义、提高个人修养的非常好的机会。在运动中，要求我们革命者用马克思列宁主义的武器来观察国家生活中的各种现象，要求我们用马克思列宁主义的武器来分析在运动中提出的各种意见。这不是一件容易的事情，当两种相反的意见尖锐斗争时，努力正确地分析问题就是一种很好的学习。

为了争取少犯错误和不犯严重错误，除了提高个人修养外，改进集体工作的方法也是必要的。在这方面，我想讲建立系统的调查研究工作、运用群众路线的工作方法和展开不同意见的争论这样三个问题。

这里我们所说的建立系统的调查研究工作，是指在革命者组成的集体中，要大力提倡调查研究的风气，建立调查研究的制度，经常积累有关的材料，而在处理问题时更要努力去掌握充足的材料。

上面我们曾经讲到，有时因为时间所迫，不得不在情况不十分清楚，来不及很好地研究的条件下采取行动，但是这并不等于说可以不注意调查研究。相反地我们应该说，在任何条件下都必须进行调查研究，否则一定要失败。特别是在社会主义建设时期，环境比较安定，又有全国政权，进行全面的系统的调查研究有了更好的条件。我们应该在有计划地进行各项建设的同时，有计划地进行调查研究。当然，有时候材料积累得不够，只能在解决问题时现抓一把，这比平时不了解情况、解决问题时又不抓一把总算好一点。但是如果满足于这种工作方法，那就不好了。因为许多问题只有经过系统的调查研究，才能弄得清楚。我们可以看到，工作中有许多的错误都是由于我们对社会上各方面的情况的了解还不全面、还不确切，由于我们对各种问题还没有很好地进行科学研究产生的。因此，尽管有些调查研究不能立即对工作有很大的贡献，我们仍然要充分估计它在使我们能够避免犯错误当中的重要意义，而将它有系统地建立起来。

走群众路线为什么能少犯错误呢？上面我们讲过人是认识的主体。而这里所讲的人，不是孤立的个人，而是同整个社会广泛联系着的个人，有时是同整个社会广泛联系着的一个组织得很好的集体。除了感觉、知觉这样最简单的认识以外，人的认识总是不仅包括直接的认识，而且包括间接的认识。这就是说，在任何一个人的认识中都包含别人的认识。任何个人亲自得来的知识都是很贫乏的，但是许许多多人所得到的知识是极其丰富的。如果不善于依靠集体，不善于通过别人去获得知识，那么任何个人的知识范围就一定非常狭窄，根据这些狭窄范围内的知识来下判断、来处理问题，就一定会犯错误。对一个革命者的集体来说，如果不依靠更广大的群众，那么也就不会有它必须获得的知识。因为即使是某些非常专门的技术问题、科学问题，也要依靠一个集体才能研究得好，更不用说同广大群众直接发生关系的社会问题和政治问题了。在认识和解决社会问题、政治问题上负有特别责任的革命政党，其责任就是要把广大群众的智慧与广大群众的知识集中起来。我们一定要记得，群众的利益是一切革命工作的出发点和最后的目的，群众的生产和生活状况是我们研究社会政治问题的最基本的根据。很明显，只有密切联系群众，才能确切地了解群众利益的所在，才能得到关于群众生产状况和生活状况最确切的知识，使得我们在处理社会政治问题时不至于犯大的错误。领导者对长远利益与整体利益比较容易认识得深刻些，但是如果不能密切联系群众，就会产生片面性的毛病。我们一切工作的结果都会落到群众身上，因此从群众那里可以检查我们工作究竟是好是坏。进一步讲，直接进行建设工作的人是广大群众，他们对建设工作有许多直接的知识、许多直接的经验，包括技术上和组织上的经验，对国家的政策、措施也有许多意见。这些经验和意见应该得到充分的重视。劳动者在工作中的创造性和觉悟的群众对国家的许多政策、许多措施有很好的判断能力，这是不知道证明了多少次的。许多好的工作方法、斗争形式也往往是群众创造出来的。所以，要争取少犯错误，就一定要紧密地依靠群众，对群众的要求、群众的意见有充分的了解，在处理问题的时候要根据群众的意见，同群众很好地商量，而不应该采取相反的方法。为了避免犯错误，就一定要求每个革命组织从上而下走群众路线，形成一种习惯、一种制度，使得整个革命组织把集中群众经验、群众意见的工作做得非常有效、非常正确。

在这里我们还可以顺便讲一讲集体领导同群众路线的关系问题。群众路线是带根本性的认识路线和行动路线，谁能够正确地代表群众的利益，正确地集中群众的智慧，谁就可以很少犯错误。集体领导是从属于群众路线的，因为即使实行集体领导，如果整个集体不能很好地走群众路线，这个领导集团仍不免犯错误。群众路线是比较宽广的概念，它可以把集体领导包括在内。当然，集体领导这个制度对于避免犯错误还是具有重要意义的，因为尽管我们可以举出许多个关于历史上某个个人比某个集体的意见更正确的例子，但是集体的意见一般来说要比个人的意见更全面、更正确些，多一些头脑去考虑问题总比一个头脑考虑问题要更周到一些。同时，采用集体领导的方法，也可以保证团结，保证领导者行动的一致，并且可以使领导者集体在讨论中受到教育，轻视集体领导这个原则当然也是不正确的。

在强调群众智慧和走群众路线的时候，我们还要指出个人的作用。集体智慧是要建立在每个人的认识上面的，每个认真考虑问题的人都对整个人类认识有所贡献。特别是担任领导责任的人，他在认识中所起的作用是非常大的。因为把群众的智慧集中起来，并不是简单地把各种意见看法加在一起，而是要把这许许多多意见加以提炼，在这里需要很好的概括分析的能力，需要有比较高的马克思列宁主义的理论水平。同时，为了获得正确的认识，不仅需要集中群众的智慧，还要研究本国和别国的历史经验，如果轻视历史经验和国际经验，那也是会犯错误的。

为什么我们要把展开不同意见的争论当做避免犯错误的一个主要方法呢？因为有了不同的意见，有了辩论，事情就会看得比较清楚。假如一个人的意见是错误的，或者包括错误，有了反对意见，错误就会暴露出来，这样就有改正的机会。如果一个人的意见有缺点，有了不同的意见，就可以得到补充。这样，我们把不同的意见中的一切有用的东西都吸收过来，就可以使人们的认识得以提高。当然还有一种情形，即一个人的意见本来是完全正确的，而同他的意见不同和反对的意见是完全错误的。在这种情形下，允许别人发表错误的意见，也有很大的好处。因为让这些错误的意见发表，展开争论，就会使各种意见得到一番考验，一个意见如果不被别人驳倒而驳倒了别人，那么这个意见的正确性就更加可以肯定，人们就会对这个意见有更高的信心。从来真理总是在同错误的比较和斗争中发展起来的。错误的意见可以刺激人们去考虑问题，加强自己的论据，丰富自己的知识。这有很多好处，用不着有什么害怕。

允许人们说出同自己不同的意见，包括同自己相反的意见，不是一件容易的事情。人们常常喜欢听赞扬的话，不喜欢听批评的话。这是一个很大的毛病。一个领导人如果沾染上这个毛病，就会有一些人来讲一些假话，而不敢讲老实话。这样，自己的认识就会遭到蒙蔽，只能听到一面的道理，听不到另外一面的道理，久而久之就会失去全面认识现实的能力。这是很危险的事情，是一定要努力避免的。

上面这个道理不仅对个人来说适用，对革命者组织的集体来说也是适用的。大家知道，在 1956 年，中国共产党中央和毛泽东同志提出了百家争鸣的方针。今年，毛泽东同志在最高国务会议和中国共产党中央宣传部召开的宣传工作会议上又做了有关正确处理人民内部矛盾问题的报告。中国共产党和毛泽东同志提出的这个方针对发展马克思列宁主义和教育广大干部、广大知识分子及广大人民群众有极其重要的意义，贯彻这个方针可以使我们少犯许多错误。因为在我们掌握了国家政权，消灭了剥削阶级之后，就有必要实行这样的方针，使人们说出各式各样的思想，这样我们的头脑就不至于闭塞。当然，在许许多多的意见中一定有一部分意见是错误的，但是让社会上错误的思想得到表现的机会是完全必要的。如果堵塞了错误思想表现的机会，马克思列宁主义的真理的发展就会发生困难，马克思列宁主义的战斗性就不能充分地显露出来，马克思列宁主义就会因得不到锻炼的机会而缺乏生气。而错误的思想虽然得不到公开的充分的表现，但仍旧在暗中滋长蔓延。如果我们让这种状况长期继续下去，那我们就会犯大错误。相反地如果我们不怕让错误思想表现出来，然后采取说理的方法同它进行斗争，那么我们对错误的识别力就会增进，我们就能更好地批判错误思想，不受错误思想的影响。

上面我们讲了避免犯错误的一些方法。但我们必须再重复地讲，这里所说的避免犯错误是相对的，不是绝对的；也就是说，只是希望少犯错误，少犯完全可以不犯的错误，不犯大错误，而不是绝对避免犯错误。因为企图绝对不犯错误，本身就是一种错误。这种想法，第一，是完全不切合实际的，是根本做不到的；第二，如果真的力求做到这点，就会使人束手束脚，使思想停滞。这一点是我们一定要讲清楚的。

怎样改正错误*

在错误发生之前，我们要努力想办法避免犯错误。但是错误本来是不能绝对避免的，只要我们认真有效地改正错误，在工作中犯一些错误并不能阻止我们事业的发展和最后取得胜利。

列宁在《共产主义运动中的“左派”幼稚病》的一个注解里写道：“凡评论个人的话，加以相当修改，亦可适用于政治和政党。聪明人并不是不犯错误的人，不犯错误的人是没有而且也不能有的。聪明人是不犯重大错误，同时又是能迅速而容易地纠正这种错误的人。”① 在这篇文章的另一个地方，列宁又写道：“如果固执于错误，深刻地辩护错误，将错误‘贯彻到底’，那么，小错误总是可以弄成怪诞绝伦的大错误。”② 实际的经验证明，列宁这两段话讲得是十分正确的。对革命事业的发展最为重要的，并不在于是否曾经犯了错误，甚至并不在于是否曾经犯了重大的错误，而是能否改正错误，能否不再继续、不再重复或扩大已经犯过的错误。

用不着说明，错误是坏东西，是应该尽量防止它的。但是世界上一切事物都是辩证的，坏的东西同好的东西并不是截然分开的。在错误被揭发出来之后，如果能够彻底地改正错误，即在消极方面迅速阻止错误继续发生作

---

* 本文写于1957年，原载《学习》，1957年第14期。

① 《列宁文选》两卷集第2卷，人民出版社，1954年，第703页。

② 《列宁文选》两卷集第2卷，人民出版社，1954年，第710页。

用，防止错误的重复发生，想尽一切办法来弥补犯错误给革命事业带来的损失；并在积极方面从错误中取得深刻的教训，找出今后进行革命工作的正确方法，并利用已经犯的错误，在干部和群众中进行教育，那么坏的东西就会转化成为好的东西，消极的因素就会转化为积极的因素。

举肃反工作中的错误为例。熟悉中国共产党历史的人都知道，在第二次国内革命战争时期，党在肃反工作中犯过比较严重的错误。错误的性质是不依靠党和群众，单纯依靠专门机关去进行肃反的工作，其结果造成肃反扩大化，给革命事业带来了不小的损失，这当然是一件不好的事情。但是也正因为有了这次犯错误的经验，中国共产党就懂得了用那样的方法去进行肃反是很危险的，而必须依靠广大群众进行肃反工作，并且与专门机关的工作取得适当的结合。这样我们就逐渐发展出今天肃反工作的一套成功的经验，并在以后的工作中取得伟大的成绩。

要改正错误，首先就要公开承认错误。这就是要把犯错误的事实在众人面前揭发出来，当着众人面前检讨自己的错误，并且欢迎别人来揭发自己的错误和公开批评自己的错误。同错误做斗争，首先要有承认错误的勇气，不敢公开承认错误，企图秘密地改正错误之所以常常失败，其原因之一，就是一个没有勇气公开承认错误的人或者政党，也就不会有足够的勇气同错误做斗争。同时我们也要看到，为了在同错误做斗争中取得胜利，个人孤军奋斗的力量是不够的，而一定要大家都来批判这种错误思想，互相监督不犯这种错误。对于犯过这种错误的人来说，有了这种群众性的监督和帮助，也就更容易避免重犯错误。当然究竟在什么范围内公开揭露错误、承认错误，还要根据具体情况来考虑。但是，公开承认错误才有利于改正错误这个原则是必须肯定的。公开承认错误是一个革命者严肃对待他所担负的社会责任的表现，是他在真理面前大无畏、热爱真理的表现，对整个革命队伍来讲，是对革命前途的信心、对革命力量不可战胜的信心的表现。关于这个问题列宁讲得很好："不要害怕承认恶事，要甘愿把它暴露出来，加以揭破，使其遭人鄙弃，唤起同恶事做斗争的思想、意志、毅力和行动。"又说："应该大胆承认恶事，为的是要更坚决地同恶事做斗争，为的是要再次地从头开始。"① 我

① 《列宁文选》两卷集第2卷，人民出版社，1954年，第866、867页。

们一定要有公开承认错误的勇气，一个革命者为了革命的利益，什么都不怕，既然公开承认错误对革命有好处，有什么不敢承认错误的理由呢?

公开承认错误只是改正错误的第一步，并不等于改正了错误。我们时常见到有人在犯了某种错误之后，公开揭露了错误，也进行了检讨，但是过了一个时期，在另外一个问题上又犯别的错误，这个错误形式上虽然和以前的不同，但从它的思想实质来说，和以前所犯的那个错误几乎是相同的。我们也常常见到这样的事情，一个人在每一次作检讨或作鉴定的时候，关于错误和缺点方面几乎很少变化，时间过得很长，但是老毛病总是没有改掉。此外，我们还常见到这样一种现象，即有人犯了错误之后，经过批评教育，错误是纠正了，他努力提防重复犯过去的错误，但是后来又发生另外的错误，这个错误同以前犯的那个错误恰好是个颠倒，即从错误的一个极端走到另外一个极端。这些情形都说明了这个人并没有真正改正错误。

产生这样一些现象的一个直接原因，是这个人虽然揭露了错误，但是只检查出一些表面的东西，没能真正揭露出错误的本质，也就是对错误检讨得不深刻，没有从思想上解决问题。所以换了时间、地点、条件，他就不知道该怎样根据以前犯错误的教训去避免重复犯过去的错误。举例来说，有一个人思想方法有主观主义毛病，做工作时不懂得要进行仔细的调查研究、实事求是地处理问题，于是有一次犯了盲目冒进的错误，造成了工作上的损失。为此他作了检讨，承认那一回是冒进了，但是并没有把主观主义的根子挖出来，以后做事仍旧不知道调查研究、实事求是地处理问题。因此在另外一个场合，他又不知不觉地重新犯冒进的错误。当然，也可能发生另外一种情况，这个人在犯了第一次错误之后，接受了教训，知道冒进是不对的，但是没有从这里得出考虑问题、处理问题必须实事求是的结论，而得出以后办事越“谨慎”越好的结论，于是便从大手大脚变为小手小脚，变成一个保守主义者，这样问题仍旧没有解决，在以后又犯了另外的错误。上面举的只是一个浅显的例子，实际生活中这样的例子很多。总之，从这些事例中，我们可以看出，凡是对错误的本质没有真正揭露出来，而只是揭露一些非本质的东西，就绝不能真正改正错误。

现在我们要问，正确地认识了某一错误的本质，是否就有了不再重犯这一错误的保证呢? 也还不能这样说。原因是，大凡一个人犯某一错误（偶然地犯错误除外)，在这个人身上总有犯这一错误的思想根源。这种思想根源不是一两天内形成的，而是长时期受到各种思想影响的结果。这就是说，在一种错误思想的背后还有另外的错误思想，即有许多相互联系的错误思想。因此，当一种错误思想被揭露了之后，可能还有一些同这个错误思想相联系的其他错误还没有被揭露出来，还被这个人认为是合理的，因而继续在支配他的行动。在这样的条件下，被孤立地揭露出来的错误思想也不可能彻底克服。

让我们举个例子来说明这一点。假定现在有一个人，他犯了闹级别、争待遇的错误。实际上组织上决定给他的待遇基本上是合理的，但是他自己认为组织上对他很不公平，因而对组织很不满意，发表了一些包含错误的议论。这个错误现在被揭露了，并且被正确地指出这个错误的本质是他没有把个人利益和集体利益的关系摆好，对自己也缺乏自知之明，过高地估计了自己。但是这个人的思想问题并没有彻底解决，当时他虽然承认了自己的错误，但到另外的场合，他又表现出来，这是因为他的这个错误思想同他对衡量一个人的标准——德和才的错误看法，同他对干部政策的错误看法，同他对社会主义分配原则的错误看法等有关系，甚至同他的共产主义世界观没有很好地建立起来也有关系。这些看法如果没有被揭露，没有在这些问题上想通，他对级别、待遇问题的错误看法就不能被彻底纠正。

一个人对各种问题的看法的形成不是一朝一夕之功，那么改变对这些问题的看法也就不是一朝一夕之功。一定要在许多方面花上很大的工夫去深刻检查自己的观点，使得自己的观点正确，挖掉许多错误的根子，才能真正改正自己的错误。

上面我们只讲了一个人犯错误的思想根源，关于犯错误的社会根源问题，也是不应该忽视的。犯错误有社会根源这件事情，也使得错误不容易改正。举例来说，当社会上还存在资本主义和资产阶级的时候，资本主义思想就会侵袭到工人阶级的队伍中来（在这里我们暂且不讲某些在经济生活上同资本主义还有联系的人，也暂且不讲资本主义经济消灭之后，资本主义思想的影响还会残存很长一个时期这些情形)，因而即使在工人阶级队伍中经常反对资本主义思想，这种思想仍旧会在某一些人身上不断发生影响，因此在错误一度被克服之后，同样的错误又会重新发生。例如，个人主义的错误思想不断受到批判，可是又常常不断重犯，原因之一就是资产阶级思想影响不断侵蚀。当然一个人可以有抵抗社会上错误思想的影响的能力，甚至可以有自觉地利用这些错误思想来锻炼自己，使自己的思想更加坚强的能力，但是这种能力的获得是长期努力的结果，也不是一朝一夕之功。

进一步讲，为了改正错误，光是分析、检讨错误是不够的，一定要树立正确思想来代替原先的错误思想。常常有这样的事情，原先的看法被证明是错误的了，但是不再去研究到底怎样的看法才是正确的这个问题，结果错误检讨过了之后，仍旧茫然。不破不立，要树立正确的思想就一定要克服同正确的思想相对立的错误思想；同时，不立不破，要彻底克服一种错误思想，也一定要树立同这种错误思想相对立的正确思想。在正确的思想树立起来之前，错误的思想就不能说已经彻底克服。只有同错误的思想相对比，真理才更加显示其为真理。相反地也只有同真理相对比，错误才更加显示其为错误。当然，只知道自己的某些想法和做法是错了，但仍旧不知道怎样才是正确的，这种情形有时是很难完全避免的，因为正确的结论有时是需要经过比较长的时间的研究，甚至是要经过多次失败才能摸索出来的。但是经过一次失败，总应该从这当中多接受一些教训，总要进一步研究到底正确的想法和做法是怎样的，使问题接近解决。因此，为了改正错误，光进行思想批判是不够的，还要努力求得正确的思想方法和工作方法。

列宁在《共产主义运动中的“左派”幼稚病》中有一段话是常常被人引用的：“政党对于本身错误所持的态度，就是表明这个党是否郑重，是否在真正执行自己对本阶级和劳动群众所负义务最重要最可靠的尺度之一。公开承认错误，揭露错误的原因，分析产生错误的环境，仔细讨论改正错误的方法——这才是郑重的党的标志，这才是党执行自己的义务，这才是教育和训练阶级，以至于群众。”① 列宁在这一段话中不仅说明了革命政党以及革命者对待错误的根本态度，而且也说到了改正错误的方法和意义。

把上面讲的意思归结一下，我们可以说，为了改正错误，第一要想通；第二要下决心；第三要想办法。只有想通了才下得了决心，不想通当然就下不了决心；改正错误的决心是建立在对错误的认识、对革命事业的责任心上

---

① 《列宁文选》两卷集第2卷，人民出版社，1954年，第722、723页。

的。同时也只有有了办法，决心才有着落，否则这种决心还是空洞的。但是，尽管如此，决心总是十分重要的，一个缺乏勇气和毅力的人，他的缺点和错误是不可能彻底改正的。我们一定要有有错必改的决心，随便什么时候，一发现自己有错误的思想或行动，就要严肃认真地反省自己的错误，就要仔细想一想克服错误的办法，并下定决心去克服它。

批评和自我批评，正如毛泽东同志常常教导我们的，同扫地、洗脸一样，是要经常进行的事情。除了经常进行批评与自我批评外，为了改正错误，中国共产党还采取整风运动的方法。在整风运动中，广大的党员干部学习有关解决当前重要的思想问题、克服当前最重要的错误倾向的一些文件，然后运用这些理论武器来研究自己的工作、自己的思想，深入检查自己的缺点和错误，同时提倡在同志中间的相互批评和相互帮助，在一定条件下发动党外群众对党和党员的批评，以帮助党和党员整风。

采取整风运动这种方法的优点，是在一定时期中营造一种对进行思想改造更有利的环境，有强烈的批评和自我批评的空气，有强有力的领导，因而便于开展思想斗争，便于集中解决，使比较顽固的错误思想能够得到克服，使广大党员干部的思想觉悟可以在比较短的时期内显著地提高。

同改正错误问题直接联系着的是坚持真理的问题。这就是说，不论在经常的批评还是自我批评、整风运动中，每一个人都应该认真听取别人的批评意见，认真考虑这些批评意见是否正确。如果经过考虑之后，认为自己并没有批评者所说的那种错误，尽管有很多人说那是错误，也不能把本来不错的东西，承认是错误。一个人在真理面前应该是大无畏的，不敢坚持真理是软弱的表现，如果胡乱承认下来，恰恰是个错误。这样做虽然可以使自己摆脱一时的困难，但对工作是没有好处的。当然还有一种情形，即别人的批评可能是正确的，但自己还分辨不清楚。在这种思想上不通的时候，也不应该装通，这对改正错误没有好处，因为别人以为你已经认识到错误，也就不再继续批评你、帮助你，而实际上你的思想问题仍旧没有解决。因此，正确的态度应该是老老实实地说自己思想上没有弄通，以便继续求得正确的解决。对批评者来说，也要认识到使一个人真正认识自己的错误并不是一件容易的事情，不能希望任何人在任何时候，只要一经批评马上就会认识到错误，一定有人经过批评之后思想仍旧不通，因而遇到这种情况，就要让他保留自己的意见，这比勉强他接受要好。这就是在批评和自我批评中，我们不采取狂风暴雨的做法，而采取和风细雨的做法的原因之一。

下面我们特别讲一讲正确对待犯了错误的同志的问题。这个问题不论对一个革命政党还是对一个革命者来说都有非常重要的意义。

了解一个人要根据他的经历。是否犯过错误既然是一种经历，当然也是必须了解的根据之一。特别是犯过严重错误，在紧要关头没有经得起考验的人，当在实践中证明他已经改正了错误之前，常常记起他所犯的错误是很自然的事情。但是当一个人在犯错误之后，已经认识到自己的错误，并且着手改正错误时，我们就应该热诚地去帮助他，不应该另眼看待。犯错误者本人也不应有一种“抬不起头来”的情绪，以为笔下写的东西，用斧子砍也砍不掉，认为犯了错误是自己历史上永远的一个缺陷。对待犯过错误的同志的态度如果不正确，是会妨碍一个人改正自己的错误和缺点，妨碍他进步的。

我们应该看到，一个人的觉悟程度、认识水平和品质，并不是由犯过或没有犯过错误决定的。犯错误只是这个人觉悟程度、认识水平、品质的一个表现。一个人在犯错误以前，在他的身上已经存在犯错误的思想根源，犯错误这件事情，只是在一定的时间和条件下把这个错误思想根源暴露出来了。人还是那个人，并没有因为犯错误而发生变化，只是在犯错误前，对他缺少了解，甚至本人对自己也缺少了解，在犯错误之后，了解增加一些而已。但社会上确有这样一些人，他们对人有这样一种看法，在这个人没有犯过错误时，就以为其是十全十美的，当这个人一旦犯了错误，就把他看成是根本要不得的人。同时社会上也有这样一些人，本来缺少自知之明，一向对自己估计过高，对自己的许多想法不合实际，在犯错误以前没有觉察这一点，而在犯错误之后，自己对自己的幻想破灭了，因此就悲观起来。这些人在思想方法上都犯了不切实际的毛病。正确的做法是不论对人还是对己都要分析。犯错误当然不是一件好事情，但是不应因为一个人犯了错误，就否定了他的一切优点。我们不要以为犯过错误的人一定不如没有犯过错误的人，一个人犯了错误之后，如果能够深刻地认识错误，从错误中很好地学习，犯了一个错误就是受了一次教育，增进了一个经验，就比没有犯过错误的人多一个犯错误的经验。而没有犯过错误的人就缺少这种经验。在没有犯过错误的人中，当然有一些是思想上比较正确，政治上比较坚强的人，但也有一些人是工作环境比较单纯，工作经历比较少的人。这些人究竟是否经得起考验，还要等事实来证明。因此对犯过错误的人另眼看待是没有根据的。对自己发生悲观情绪的犯错误者，我们想向他们说，你们要懂得犯错误对于工作有损失，因而自己有些痛苦是应该的。但是，从工作来说，把一个人的坏的思想根源暴露出来这点却有一个好处，因为这样就可以使自己和别人对自己有更加全面的了解，自己的思想能够得到更好的使用和改造。要懂得犯错误虽然不是一件光彩的事情，但是犯了错误而又能够改正错误，在工作中、在生活中仍然保持积极进取精神，却是光彩的事情。应该破灭的不应该是自己的信心和勇气，只应该是不切实际的幻想，在这种不切实际的幻想破灭之后，就可以（并且也更应该）建立切合实际的奋斗目标。并且当错误已经纠正了之后，需要记住错误的教训，但没有必要光拿历史上犯过的错误来使自己苦恼。

在中国共产党的历史和在国际共产主义运动的历史中，有过对待犯错误的同志的两种不同的态度：一种是“残酷斗争，无情打击”、“一棍子打死”的态度；一种是“惩前毖后，治病救人”、“从团结的愿望出发，经过批评或者斗争，在新的基础上达到新的团结”的态度。前一种是惩办主义的做法，主张这种做法的人，以为只需要用组织手段，把犯错误的同志从负责岗位上撤换下来，就可以保证不再犯错误。其实，既然不犯错误的人是没有的，如果犯过错误的同志不再能担任领导工作，就很难挑选适当的负责干部，即使找到一些以前没有犯过错误的同志，但是我们到底有什么保证敢说他以后就不犯错误呢？后一种是用耐心的细致的思想工作的办法，来对待犯了错误的同志，善于等待他的觉悟，善于帮助他克服自己的缺点。这样，干部就可以得到提高，经验就可以积累起来，当然，对于少数犯有严重错误，像某些严重违法乱纪的人，必须给予组织上的处分，但即便是如此，也还是为了“惩前毖后，治病救人”。采取前一种态度，同志间的团结就会受到损害，采取后一种办法，同志间的团结就可以增进。错误本来首先就是思想认识上的问题，不用思想工作的办法来改正错误，本身就是错误的思想方法的一个表现。“残酷斗争，无情打击”、“一棍子打死”这种惩办主义的错误方法的根源之一，就是对错误抱着形而上学的看法，把错误看成绝对的坏事，同时又把犯错误的人同整个社会，同周围的人绝对地孤立起来。这些想法既然是不切实际的，是错误的，在这样错误的思想指导下采取的方法，当然也是错误的和有害的。

上面我们所讲的错误，如果没有特别说明，说的是革命队伍中的错误；所讲的犯错误的人，如果没有特别说明，说的也是革命队伍中的人。在这篇文章快结束的时候，我们还想谈谈革命队伍中的错误同反动阶级的错误本质不同的问题。反动势力在看到革命队伍中揭露出一些错误的时候，总是兴高采烈，自欺欺人地夸大这些错误，以为由于有了这些错误，革命队伍就快要垮台了。反动势力的这种希望没有一次不落空。历史的事实总是革命队伍从错误中学习，在改正了错误之后，革命事业有了新的发展，最后取得胜利。而反动势力无论怎样挣扎，总不免于最后灭亡，因为反动势力由于历史和他们作对，由于历史正在抛弃他们，总是事与愿违地犯各式各样的“错误”。这许许多多错误从根本上说是无法改正的。在纪念十月革命四周年的时候，列宁写道：“让垂死的资产阶级及依附着它的小资产阶级民主派的走狗和瘟猪们，用层出不穷的诅咒、谩骂、嘲笑来攻击我们，责难我们在建设我国苏维埃制度中的失利和错误吧。我们一分钟也没有忘记，我们工作中的失利与错误，无论过去还是现在确实是很多的。在这样的全世界历史上的新奇事业，即创立空前未见的新式国家制度中，难道能没有失利与错误吗？我们将百折不回地来为纠正我们的失利与错误而奋斗，力求改善我们在实际运用苏维埃原则这方面所远未完善的方法。”① 到纪念十月革命五周年的时候，列宁又说：“无疑地，我们过去做过极多的蠢事，将来也还会做出大量蠢事来的。对于这点，谁也不比我判断得更好，谁也不比我观察得更清楚。……但在这点上，我也应该说到我们的敌人方面。如果我们的敌人责难我们说，看，列宁自己也承认，布尔什维克做了大量的蠢事。那我就想这样来回答他们，对的，但你们是否知道，我们的蠢处，较之你们的说来，终归完全是另一种性质的。我们只是刚刚才开始学习，但我们已经学习得极有系统，竟使我们深信，我们一定能达到良好的成绩。可是，如果我们的敌人，即资本家与第二国际英雄们，强调我们所做过的蠢事，那我为了比喻起见，就来引证俄国一位著名作家的话，这句话我略

① 《列宁文选》两卷集第2卷，人民出版社，1954年，第905、906页。

加变更后，就成了这样，如果布尔什维克做出蠢事，那么布尔什维克也不过是说‘2 乘 2 等于 5’；至于我们的敌人，即资本家与第二国际英雄们做出蠢事来，那么，在这班人那里就得出‘2 乘 2 等于 10’。”① 30 多年前列宁说的话，像是针对今天的反动派来说的。

① 《列宁文选》两卷集第 2 卷，人民出版社，1954 年，第 991、992 页。

谈谈改造自然的问题*

最近各方面传来社会主义建设事业“大跃进”的消息，大家非常兴奋。工农业发展的速度出乎许多人意料。工业方面“今年前 5 个月工业总产量比去年同时期增长了 30%，其中 4 月份增长 42%，5 月份增长 46%，估计今后增长的速度还要更高。今年我国的钢铁产量，预计可以超过 1000 万吨，明年估计可能超过 2000 万吨”（《打破办工业的神秘观点》《红旗》第三期）；农业方面，今年夏粮比去年增产 413 亿斤，比 1957 年夏收粮食作物增产 69%，其中冬小麦增产 279 亿斤，比去年增产 68%，而且出现了许多 3000 多斤、4000 多斤、5000 多斤，一直到 7300 多斤的丰产纪录（见 7 月 23 日《人民日报》公布的中华人民共和国农业部公报）。人们把我国“大跃进”的成绩称作奇迹，这是完全恰当的。从以前从来没有出现过，甚至从来没有敢设想过这点来说，这确实是奇迹，确实是非常了不起的事情。但是，我们并不满足于已经获得的这些成绩。我们提倡破除迷信，就要树立一条信念，那

---

* 本文原载《哲学研究》，1958 年第 4 期。1958 年我写这篇文章时，受到了当时浮夸风的影响。文章中引用的数字后来证明是不确实的。文中对当时的形势和它的发展前景的估量也是不正确的。因此在哲学思想上也就有夸大主观能动作用，对客观可能性重视不足的错误倾向。在编这本集子时，我曾考虑过这篇文章应否收入的问题，考虑结果是不做任何修改，照原样收入。决定这样做的时候，我的想法是留下一个思想记录，让同志们看看一个研究马克思主义哲学的人，在一定的历史条件下，会头脑发热到一个怎样的程度，也让我自己不要忘记已经吸取了的教训。当然，文中正确的论点也不会因为有了问题而变成错误。什么是正确的，什么是错误的，读者会作出正确的评价。

就是已经达到的成就，总是可以超过的，而且应该努力超过。因为当研究今天已经达到的成就的时候，我们总可以发现许多有利的因素并没有得到充分发挥，许多不利的因素也没有完全避免。比如，在今年的夏粮丰收中，去冬今春大规模兴修的水利虽然起了一定的作用，但是很多在各地工作的同志指出，由于其他条件没有完全安排好，去冬今春建设起来的水利工程还只有一小部分发挥了作用，要等到明年，它才能充分地显示出它的作用。所以我们敢于断言，工农业生产的发展速度会一年比一年高。今年的奇迹，到明年就算不得什么奇迹了。

我们要向前看，大胆向前看。我们是现实主义者，但是有时也不妨浪漫一些。每年生产 1000 万吨钢没有什么了不起，我们应该在不太久的时间后每年生产 1 亿吨钢。在试验田上每亩地几千斤麦子没有什么了不起，我们应该争取做到在几十万亩、几百万亩的土地上平均亩产几千斤，而试验田上应该争取每亩几万斤。这些虽然还不是现实，可是严格说来也算不上什么“浪漫主义”了。因为要达到这些，已不用很久，并且是已经在具体安排的事情了。我们还可以想得更远一些，可以幻想一番。列宁在《做什么?》一书中曾经引了俄国民主主义者比沙略夫的一段话，这段话说：“我的幻想可能追过自然事变进程，也可能完全跑到任何自然事变进程始终达不到的地方。在前一种情形下，幻想是没有什么害处的；它甚至能帮助和加强劳动者的毅力……这种幻想中并没有什么可以败坏或麻痹劳动能力的东西，甚至完全相反。如果一个人完全没有这样来幻想的本事，如果他不能间或跑到前面去，用自己的想象力来完满周到地推想刚才开始在他手下形成的作品——那我就真是不能设想，究竟有何种刺激力量会驱使人们在艺术、科学和实际生活方面进行广大而劳苦的工作，并把它贯彻到底……只要幻想的人真正相信自己的幻想，仔细地考察生活，把自己的阅历与自己的空中楼阁相比较，且一般地诚恳努力地实现自己的幻想，那么幻想与现实之间的分歧就不会有什么害处。当幻想与生活多少有接触时，那么一切都会顺利了。”① 这段为列宁所引用的话，的确很好。因此，我们完全转引在这里。这段话的中心意思是说一个人应该要有幻想。这里所说的幻想与空想不同，它是可以实现的，不是像

① 《列宁文选》，人民出版社，1953 年，第 1 卷，第 327、328 页。

任何自然事变那样是达不到的。而且我们主张实干，有了幻想再加上实干，就不但没有坏处，反而有好处。几个月来我国社会主义建设事业的“大跃进”，使我国广大人民群众打开了脑筋，敢想、敢说、敢做，现在到处是新气象。过去人们听说一件新事物的时候，往往首先是怀疑；现在人们听见一件新事物的时候，就跃跃欲试。这种现象我们哲学工作者应该注意来研究。

现在我们是在改造世界的事业中“大跃进”，因此在这里我们想专门谈谈改造世界这个问题。马克思在费尔巴哈论纲里早就指出：“哲学家们只是用不同的方式解释过去的世界，但问题在于改变世界。”马克思这句话的意思当然不是说认识世界的问题不重要，而且着重指明认识世界的目的是改造世界，着重指出认识世界与改造世界的统一。可是我们在研究机关里的、大学里的、文教部门里的哲学工作者们，过去往往把认识世界同改造世界割裂开来，只谈认识世界方面的问题，对改造世界方面的问题很少涉及。这是同马克思主义哲学的根本思想相违背的，是同毛主席实践论中的思想相违背的。

什么叫做改造世界呢？改造世界的对象无非是自然和社会。先说改造自然吧。人的生产活动就是人同自然的斗争，是人改造自然的斗争。要改造自然，首先要自然界有可改造之处。为什么自然界可以改造呢？当然不是可以取消物质不灭定理，给自然增加点什么，或是减少点什么，这是无论如何做不到的。我们说自然界有可以改造之处，是说自然界物质存在的形态可以改变，使它经过改变之后，适合于人的需要。含有铁的成分的矿石，不能直接用来制造器械、机器，可是冶炼成钢铁之后，就可以铸造、压延，切削成我们所需要的器械、机器。在草上面或是木头上面，写字是很不方便的，可是把草木造成纸张之后，我们就可以长篇大论地写，可以印刷，并且还可以装订成书。

怎样来改造自然界呢？一句话说，就是要依靠自然界的能来改造自然界的物。改变物的形态一般来说是需要“能”的。当然有时改变自然界物的形态可以给出“能”来。但是即使在这种情形下，这种改变的激发最初仍旧离不开“能”的作用。因此，我们一定要把自然界的能（包括我们自己的体力）掌握起来，作用在物——我们劳动的对象——上面，把物的形态改造成适合于我们的需要的形态。这样改变了形态的物我们就可以享用。当然，有时我们人所要享用的就是自然界的能本身。比如，我们散了会要回家去，路程远一点的就得坐车。我们希望的是，有一种力量能把我们的身体从开会的场所移动到家里，并且希望这种移动第一能够快一些，第二能够使自己少花一些劳力，并且舒适一些。在这里我们享用的是自然界的能，但是任何能都是不能脱离物质的。汽车要移动就得消耗燃料，就得有内燃机和联动机，有车架和车轮，而且为了把人移走还要有车厢等。没有这些物，我们就不能享用能。这是一种情况。还有一种情况，就是人所享用的就是一定形态的物质。比如，我们写字需要纸，我们写字时需要用纸并不是由于纸内蕴藏有可以为我们发掘出来的能量，而是因为纸的物理和化学的属性适合于我们在它上面写字、印刷和适合于装订。

既然人同自然世界做斗争就是要利用自然界的能去改造自然界的物，因此在改造自然界当中，掌握更多的能，减少自然界能的浪费就是最重要的事情之一。我们知道，直到现在为止，自然界能和物的浪费是非常大的。例如，太阳能的绝大部分都是浪费掉的。比如，一阵台风，就包含有大的能量，据说相当于好几个氢弹爆炸。可是现在只能对生产起破坏作用，对人的生活也是一种威胁，不能加以利用。又比如，下雨时云间的雷电，直到现在，也完全没有能够加以利用，因此在天空中积聚起来的很高的能量就白白浪费了。又如流水的能量现在被利用的，还只占一个很小的百分比，有个材料说，就全世界范围讲，还不到千分之二。农业是利用太阳光最有效的方法之一。但是就是在农业上，太阳能的浪费也是十分惊人的。我们知道，在植物生长的时候需要能的供给，而现在这是由太阳来供给的。植物在叶绿素的帮助之下，利用照在叶子上的太阳能来把从空气、土壤中吸来的二氧化碳、水、氧、氮等物质合成我们需要的淀粉、纤维脂肪、蛋白质等。但是只有照到叶子上的太阳能才在农业中被利用，其余照到大地上面的，除了为改良土壤所必需的那些太阳能之外大都浪费了，特别在夏天更是没有什么好处。夏天为什么这样热呢？就是因为太阳照在地上，不断地反射阳光，不断地散热。夏天凉快点有什么不好？一年四季如春有什么不好？如果我们能普遍地在屋顶上、地面上，安置吸收太阳能的装置，烧水、煮饭、照明、开动电气冰箱，在夏天的日子里，人们就会过得舒适多了。为什么把本来可以利用的太阳能用来做不必要地提高气温的事情呢？现在我们利用太阳能的主要途径之一，就是正在推行的绿化、密植等措施，其好处就是增加地面上覆盖的比重，使太阳能浪费得少一些，让它更多地照到叶子上，被吸收到植物中去。当然，绿化、密植只能解决很少一部分太阳能浪费的问题。冬天树秃了、作物收割之后的问题，还没有解决。同时就是照在叶子上的太阳能，真正被吸收到植物里面的也只是很小的一部分。植物叶子表面反射掉的太阳光和透过叶子的太阳光，还占了很大的比重。用来蒸发叶子里水分的太阳能也是很多的。我们要想各种办法使植物吸收太阳能的效率更大一点，那就是改进栽培方法，寻找优良品种等。优良品种就是能够吸收太阳能比较多一些的品种。同样是太阳，照到碧码一号、南大 2419 等优良麦种的叶子上，就比照在别的品种差的麦种的叶子上能够使更多的太阳能转化为麦子里所蕴藏的能量，也就是多收获些麦子和麦秆。如何在农业中更有效地利用太阳能，问题很复杂。关于光合作用问题，直到现在还是科学工作者研究的问题。这个问题研究清楚了，就能使得在光合作用中吸收的太阳能不是现在那样的只有照在叶子上的太阳能的千分之几、百分之几（根据科学家们的试验，有的植物在光合作用中吸收的太阳能不到 1%，有的植物可以达到 4%、5%）而是 20%、30%，甚至 50%、60%。那时我们农作物的产量还可大大提高。

地球上可以利用的能除了太阳能之外，还有别的能源。那就是：①原子能，它是从原子核中解放出来的能。铀原子核比铀原子核分裂后的新的原子核有更高的能量，因此在分裂时就放出能量；同时，两个双重氢原子核比一个氦原子核蕴藏有较高的能量，因此在氢要变成氦时也可以放出能量。至于由改变原子的外围电子的状况（不是改变原子核的状况）解放出来的能，是不在这个概念之内的。来自外围电子的能，有的应该算做太阳能，假如它最初来自太阳，即由于吸收了太阳能而提高了能量；也有的不应该看做太阳能，假如它是在地球形成时就具有的能量。②潮汐能，潮汐是海水同地球的摩擦，摩擦的结果是地球自转速度的减低，因此潮汐能是由地球自转减速而转化的能。③地热能，那是蕴藏在地球深处的能。这种能不仅存在于热的形态中，而且更多地存在于别的形态中。所以严格说来，把地球深处的能称为地热能，是不完全恰当的。这种能可以说完全没有被我们利用，现在只在火山爆发、地震中表现出它的破坏力。自然界中我们可以掌握的能源是非常丰富的，可是我们实际掌握的还很少很少，因此，我们改造自然界物的形态的能力还很弱，在这方面我们真是大有可为。

自然界能的浪费非常大，自然界物的浪费也非常大。自然界所有的物，其实都有非常大的用处，问题是看我们能不能把它们改造成对我们最有用的形态。有的物质，目前似乎用处很少，其实那只能说明我们不善于利用它，是对它的一种浪费。举个例子来说，沙子大概要算是一种最没有什么用处的东西了吧。沙子在有些地方满地都是，沙子多的地方，农作物长不好，甚至长不起来。在沙漠地带，气候也很坏。沙漠这个词给人的印象是很坏的。其实沙子的用处很大，沙子是矽酸盐，除杂质外就是二氧化矽，它的一个最显著的用途就是制造玻璃，而玻璃是多么有用，是应该大力发展的东西。现在我们农村的房屋窗户开得还很少很小，因而屋内光线不明亮，这是因为玻璃生产得不多。我们应该生产更多的玻璃，改善农村的居住条件。进一步说，现在盖房子用的主要建筑材料是砖。大家知道，造砖的原料是土，要造砖就得挖土，挖掉土，就要破坏农田，破坏了的农田就不能种庄稼。现在每年因为制造砖而破坏的农田数量就相当可观，据说每年为烧砖而损失的粮食以每亩 500 斤计算，就够 3 万多人每年食用，因此用砖作为建筑材料不是长远之计。这种情形迫使我们思索：为什么不更多地用沙子来制造水泥、玻璃等建筑材料呢？又如在农业方面，由于冬天很冷，农作物不能生长，农业生产就受到了限制。假使我们多生产些玻璃，多盖些玻璃房子，岂不是可以打破冬天不能从事农业生产的限制吗？据说现在许多农村都在盖温室，盖温室已经成为玻璃的重要销路之一。当然现在的温室主要是用来培植蔬菜和幼苗。我们可以预计，以后它的用途一定还会扩大，使许多植物都长在玻璃房子里面，使农业逐渐工厂化。上面我们讲到直接利用太阳能来浇水、做饭等问题，这件事并不难，不需要太多的条件，只需要有更多的玻璃。玻璃上涂些墨色，让水循环，就可以把水烧开。把一块块玻璃拼成凹镜，再涂些反光材料就可以做成太阳炉。现在大家都知道玻璃还可以抽成玻璃丝，吹成玻璃棉，玻璃丝可以纺成线、织成布，玻璃棉可以代替棉花作为填充物，可以隔音、隔热。玻璃丝和塑料压在一起还可以做成玻璃钢，玻璃钢真是好东西，又轻又结实，价钱又便宜，可以代替钢，也可以代替木材的许多用途。最近上海已经用玻璃钢做成了玻璃船。当然现在做成的还只是可供四个人坐的游船；但是性能很好，一共只有 100 斤重，两个人就可以把它抬走；可是非常坚实，手枪打不进，既不生锈又不漏水。将来玻璃火车、玻璃飞机、玻璃机器，都会到处可以看到。进一步讲，沙子的成分同水晶的成分基本上是一样的，只是没有水晶纯。我们一定可以从沙子里提矽，而矽这东西如果提炼出来之后并且纯度很高，那就是最好的半导体材料，它可以用来代替真空管，还有别的许许多多重要的用途。现在看来沙子是最没用的一种东西，其实它是一种非常重要的原料。又如烟筒里的烟灰，过去谁也看不起的，但现在大家知道从烟灰中可提炼一种稀有元素锗，锗也是一种很好的非常贵重的半导体材料。我们应该有这样一种想法，自然界是遍地黄金，没有一种无用的东西，没有一种不是贵重的东西，问题是我们善不善于去改变它们的形态罢了。

自然界的能和物的潜力非常大，甚至可以说是无穷大，因此我们改造自然界的可能性也非常大，甚至可以说是无穷大，问题是看我们怎样去挖掘。几个月来大跃进的成果增强了我们前进的信心，别人可以做到的，别的地方可以做到的，为什么我们这里就做不到？而且我们还应该超过一切已经达到的成就。上面我们已经说过，任何先进地区，任何先进部门，你去看看，它总还有缺点，这就是说还可以更向前进。

现在我们再来研究一下人是怎样改造自然的。我们知道人是可以认识自然的，人的脑子有反映客观世界、反映自然界的能力。在我面前的外界有一物，这物就通过各种途径同人的感官接触，在人的头脑中形成感觉，再进一步就形成概念，形成规律性的认识。哲学中的反映论讲的就是这个过程，巴甫洛夫的生理学所研究的也是这种生理过程。当然认识世界还是人与自然相互关系的一半。马克思主义哲学指出还有一个实践的过程，即改造世界的过程。这个过程从生理学的观点来看也是一个值得研究的问题。脑子反映了客观世界之后，反过来可以指挥手，指挥躯体去改造世界。比如，我的手要弯曲就弯曲，要伸直就伸直。在这里就表现出人有能动作用。人要改造世界，就是经过脑来指挥手去进行的。而且一定要经过手，经过自己的体力，才能改造自然界。不经过手，人就不能对自然界起作用。任何机器，都要手去掌握。我们要掌握自然界物质的能，改变自然界物质的形态，总要经过物质的媒介，没有手，不经过体力，就没有这种物质的媒介。在一万年以后，不论自动化程度怎样提高，不动手，不花体力劳动，生产总是不能进行的。机器总是经过人手创造出来的，总是要经过人手来控制使用的。据说苏联有个研究所已经成功制造一种装置，把一种电子仪器同人的手臂联系起来，并把这种电子仪器同一只机械手联系起来，这个人一想握紧拳头，这只机械手的拳头就会握紧。这只机械手的气力大得很，握紧拳头可以把核桃捏碎。这只机械手还可以做细致的动作，当这个人想用手指拈起桌上的一根细管子的时候，这只机械手也可以完成这个动作。这个消息在北京的报纸上已经登过了。这种装置所依据的原理是，当我们想做某种动作的时候，有一种电流从脑子里的运动神经里发出来，现在我们就用这种电流来指挥这只机械手。不过，这只是为残疾人服务的一种装置，如果有人根据这点就设想将来可以不必动手，那就太荒唐了。而且这种电流的形成，也是长期用手劳动的结果，如果一个人从来没有抓紧过拳头，他就不能有想抓紧拳头的意志，就不可能形成与抓紧拳头这个意志相联系的生物电。改造世界无论如何离不开体力劳动，离不开手。人认识了世界，通过脑子再指挥手，使手作用于自然界，来改造自然界。

人除了手以外，还一定要利用工具。这一点从原始社会起就是这样。工具是人手的延长。人是制造工具的动物，人变成人，同学会制造工具是同一个过程。哪怕最简单的工具，在人改造世界的斗争中都是很重要的。前些日子郭沫若院长从张家口、宣化等地走马看花回来，在中国科学院哲学社会科学学部常委会上的一次讲话中，称赞了当地群众创作的一首诗歌。这首诗歌一共只有四句:“一条扁担七尺三，一对箩筐柳条编，你甭小看这玩意，昨夜担走两架山。”这首诗歌歌颂的是群众坚强的意志，冲天的干劲;可是也告诉我们不要看轻体力劳动，看轻扁担、箩筐这些个“小玩意儿”。去冬今春各地大兴水利时多少亿方的土都是这样担走的，人手加上工具就可以起改造自然的作用。工具是不断改进的，随着工具的改进，人就扩大征服自然的程度。我们进行技术革命，努力加速实现机械化、电气化就是为了掌握更好的工具。工具应该精益求精，有了先进的工具，人的能动作用就更大了。

人的脑子是了不起的东西。我们同敌人作战，就要摸到敌人的脾气，抓到敌人的弱点。同自然界作战也是一样，也要摸到自然界的脾气，找到自然界的弱点，然后扭住它就打。打硬仗，费力多而收获少，有时甚至还要吃败仗。因此我们就要靠人的头脑去认识自然界的规律，研究如何同自然界作战的战略战术。我们长着这样一个脑子，这是一件极不容易的事情。人脑的精致复杂，不是自然界别的东西所可比拟的。大家知道电子计算机是一种了不起的机器，它可以用来计算，还可以帮助我们记忆事情。电子计算机计算得很快，一秒钟几千次、几万次、几十万次。但是拿电子计算机同人脑一比，那就差得太远了，应该说不能相比。比方说，电子计算机能记忆，但它所能记忆的事情同人一比就很少很少。据《科学通报》一篇文章上引美国一个科学家的计算，人的记忆大约由 100 亿～150 亿个神经原构成。如果说要制造一台电子计算机，这台电子计算机，不但在计算上能跟脑子相比，而且在记忆上也能跟脑子相比，它的每个原件是用射线管来做的话，那么根据这个美国人的计算，这台电子计算机的面积就要有整个纽约州那样大，还不知道多么高。从地图上来看，纽约州比我们的一个专区好像要大一些，可见这部机器真不算小。当然，即使是这样大的一个人造脑，还不能作辩证的思维。辩证思维这个职能，是任何机器所不能代替的。人的脑子的确是了不起的东西。按照自然发展规律来说，人是经过了不知道几百万年、几千万年才由一个单细胞动物逐渐发展成为现在这个样子，做一个人是值得骄傲的，人就是住在地球这个星体上的神仙。人有这么好的脑子，这么聪明，我们应好好地用这个脑子想问题，找到自然界的规律，改造自然界。

有人怀疑，规律既然是不以人们的意志为转移的，认识自然界的规律，对改造自然又能发生什么作用呢？这种说法是站不住脚的。因为自然界的事物是相互作用的，因此，自然界往往不是一个规律在发生作用，而是同时几个规律在发生作用。我们知道，有怎样的物质，就有怎样的规律。当不同的物质在发生相互作用的时候，就有不同的规律共同在起着作用。比方说，这里有一只茶壶和一张桌子，茶壶在桌子上面。茶壶这个物体按万有引力的规律要往下掉，但是在这里桌子就起着另外的作用，它不让茶壶往地下掉。这是固体力学里所说的那些规律起作用的结果，桌子的四条腿抵抗桌面的重量支持了桌面，桌面又抵抗茶壶的重量支持了茶壶。这就是说，桌子腿和桌面有另外一种力量抵抗了吸引茶壶往下掉的万有引力。只要我们把茶壶放在桌子上，它就不会掉到地下去。从这个例子我们可以看到，我们能够改造自然的根据，是我们掌握了自然界的规律。掌握了一定的自然界的能，就可以把各种物质按一定的状态安排在一起，有意识地让各种不同的规律共同发生作用，达到我们预期的结果。我们不想让茶壶掉到地上去，就摆上一张桌子。

桌子是哪里来的？是我摆的，是通过人来安排的。通过人的能动作用把两种物体摆在一起，茶壶就不往下掉了。人的改造自然，无非通过人的手，把自然界的力量、自然界的物质，重新安排一番。安排得适当，使各种规律共同起作用，它就产生我们预期的结果。人的改造自然，就是利用自然界的规律，来为我们的目的服务。科学的发展、技术的发展，无非就是去寻找改造自然的门道，在这方面，人类已经达到很高的成就。科学技术方面，在第二次世界大战后的这些年份进步得特别快。现在人们已经找到像裂变原子能和聚变原子能（前者如铀的分裂，后者如氢聚合）这样强大的新的能源；已经找到以电子计算机为中心的自动化工具；已经找到综合利用物资，利用自然资源大规模改造自然条件的方法；已经找到各式各样新的生产方法等。但是总的说来，人类征服自然的能力还差得很远。我们现在还处在低级的阶段，我们知道的改造自然的门道还很窄，我们使用的工具还很原始，我们掌握的能量还很微小。我们今天还只能管地，基本上不能管天。现在我们还不能做到想要天下雨就下雨，想要天不下雨就不下雨，想刮风就刮风，想不刮风就不刮风。为什么现在我们还不能管天呢？到底我们能不能管天呢？当然可以管。只是我们的力量还不够，我们的知识还不够。不论力量还是知识都是能提高起来的。我们一定要用跃进的精神迅速壮大自己的力量，增进自己的知识。我们中国有六亿人口，除了小孩子和丧失劳动能力的人，还有四五亿人。四五亿人有四五亿个头脑，四五亿双手。大家更好地用脑用手，力量就可以迅速地增强。现在在“大跃进”中我们已经取得的这些成就，可以说非常了不起，也可以说没有什么了不起。可以说是非常了不起，是因为我们在这样短的时间内取得这么大的成就，是古今中外历史上从来没有过的事情，是惊人的奇迹。也可以说没有什么了不起，是因为更加巨大的成就，更加惊人的奇迹是在今后。我们一定要征服自然，要把天地都管起来。我们是取得了革命胜利的无产阶级，应当有这种英雄的气概。

上面谈的是改造自然，我们还要改造社会。改造社会同改造自然又是相互联系的，改造社会是有效地改造自然的一个根本条件。在这里我们要指出：改造自然的不是单个的人，而是人的社会。人在同自然界做斗争的过程中是结成一定的社会关系的，但是几千年来改造自然的斗争，总是受到落后的社会关系严重的限制，受到重重的阻碍。这些阻碍归结起来，一个叫反动的剥削阶级，一个叫反动的剥削思想。这里在剥削阶级和剥削思想上面加上个形容词“反动的”，为的是照顾到历史上某些剥削阶级曾经起过一定的进步作用。可是在现在我们这样的社会主义国家，任何剥削阶级，任何剥削阶级思想所起的作用只能是反动的，是严重阻碍生产力发展的了。在今天我们要征服自然，就必须消灭一切剥削阶级，消灭剥削阶级思想，彻底清除人们心理上的剥削阶级思想的残余。在党的八大二次会议文件里指出，现在我们国内还有两个剥削阶级，一个是帝国主义、封建主义和官僚资产阶级的残余，即地富反坏右派等这些东西，我们同他们之间的斗争属于敌我矛盾的范围；还有一个是民族资产阶级，包括资产阶级知识分子，他们也是剥削阶级，在我国今天的这种历史条件下，我们同他们的矛盾属于人民内部矛盾的范围，但这是阶级斗争。所有这些剥削阶级，如果不消灭或是改造掉，是会妨碍人同自然做斗争的。它们压抑人民的积极性，侵占人民的劳动成果。解放了的劳动人民，如果不同剥削阶级做坚决的斗争，创造性、积极性是不能充分发挥出来的。

当然除了消灭剥削阶级，消灭剥削阶级思想之外，还要正确处理劳动人民内部的矛盾。正确处理劳动人民内部的矛盾，就可以更好地团结和组织劳动人民的力量，进行阶级斗争和进行同自然界的斗争。

在这里我们要谈到社会科学，谈到哲学的作用。我们的社会科学是同剥削阶级斗争的社会科学，我们的哲学是同剥削阶级做斗争的哲学。当然今天起消极作用的除了这些剥削阶级和剥削阶级思想以外，还有落后思想的障碍。落后的思想影响着我们，妨碍我们同剥削阶级、同自然界进行斗争。社会总是有矛盾的，即使在阶级矛盾消除之后（这要在全世界帝国主义被消灭之后），先进和落后的矛盾也总是存在的。落后的事物反映到思想里去就成为落后的思想，先进的事物反映到思想里去就成为先进的思想。先进的思想鼓舞我们前进，而落后的思想就成为我们前进道路上的阻碍，一定要从落后的思想中解放出来，所以我们的社会科学又是从落后思想中求取解放的社会科学，我们的哲学又是从落后思想中求取解放的哲学。

我感到关于改造自然还有一个重要的问题，就是组织问题。人既然不是单个地同自然做斗争，而是用整个社会来同自然做斗争，那么在人同自然界的斗争中一定还要组织得很好。组织得好，就增强了人征服自然的力量。为了组织得好，就要有一套适当的组织形式与组织原则。在这方面，学问很大。在不同的部门、不同的情况下，要采取不同的组织形式。在这里我们不可能详细讨论这个问题。总之要团结一致，组织严密，动作灵活，便于多方面的积极性充分发挥。我们的社会应该组织得非常好，使人的力量不是互相抵消，而是抓成一个拳头。我们要把所有的手和脑，连成一只大手、一个大脑。当然我讲的是劳动阶级，至于剥削阶级，他们在被打倒之后，有的将来带着花岗岩的脑袋去见上帝，有的被改造了，化消极因素为积极因素。所有的积极因素都发动起来，组织起来，人的威力就可以充分地显示出来。说到这里，我们不能不指出毛主席正确处理人民内部矛盾的文章的伟大意义，不能不说到党中央提出的鼓足干劲、力争上游、多快好省地建设社会主义的总路线。正是党中央、毛主席的这些思想，给了我们团结自己、解放思想的武器，使蕴藏在我们身体内的无穷的力量充分发挥出来，保证我们在改造自然、改造社会的斗争中不断取得辉煌的胜利。

人在认识世界中的主观能动作用*

马克思主义和“以前的一切唯物主义”不同，它不仅明确地指明和有力地论证了“物质是不依赖于人的意识的客观实在”、“物质的运动、变化和发展具有不以人的意识为转移的客观规律性”等唯物主义的基本原理，而且把这些原理贯彻到社会生活和社会历史的观察中去。不仅如此，它还充分地肯定了人在认识世界、改造世界中的主观能动作用。它“对事物、现实、感性”不只是“从客体或者直观的形式去理解”，而且也是“把它们当做人的感性活动，当做实践”，“从主观方面去理解”。今天我想专门说说怎样从主观方面去理解人的认识活动，即人在认识客观世界中的主观能动作用问题，而对改造客观世界的主观能动作用问题，作为另一次谈话的题目以后再说。

首先举些例子。天空一声响雷，使得一个正专心从事工作的人吃了一惊。或者，一个人受到鞭打，使他疼痛难忍。在这样两个场合，说不上人在认识过程中有什么主观能动性的问题。客观上的物质的刺激，强迫一个人去注意这个刺激物的存在，强迫人在感觉器官上把这些刺激物反映出来。但是我们也不妨再讲一个故事，有人问苏东坡：“你睡觉时，胡子是放在被窝里呢？还是放在被窝外面？”据说，当时苏东坡回答不出来。当天晚上他睡在床上，觉得把胡子放在被窝里不舒服，放在被窝外也不舒服，一生气，把胡

* 本文写于1958年，原载《哲学论文、演讲和笔记》，人民出版社，1982年，第227～234页。

子剃掉了。这个不无趣味但毫无事实根据的故事说明了什么呢？说明了“注意”在认识中的意义。苏东坡之所以不知道自己在睡觉时胡子放在被窝里还是被窝外，是因为他没有“注意”。胡子放在什么地方这样的事当然是非常容易知道的，但是平时根本没有注意过，他就回答不出。“注意”当然是一种主观的随意的活动，是认识过程中主观能动性的一个表现。没有这点主观能动性，像胡子放在被窝内外这种没有特别刺激力的事情，虽然发生在自己鼻子底下，也可能长期不知道。10 多年前，我还有一个“新发现”，标点符号中的问号的样子像个“钩子”。我认为这象征着问题有钩取答案的功用。如果一个人脑子里存在着许多疑问，而且他对这些疑问是很认真的，他有强烈的得到这个疑问的答案的愿望，那么在各种场合——读书、和人谈话、遇到一件什么事的时候，他就可以搜集到与回答这个问题有关的许多材料，甚至干脆得到了这个问题的回答。在我发现了问号像“钩子”这个问题以后，有一天，我在一个刊物上真的看到一篇小文章，讲问号写成“?”这个样子的历史。原来，最初在写完问题之后要写一个拉丁文“Quaeitio”（问题），以后只用一个字母“Q”，最后“Q”简化成“?”。我之所以得到这个知识，也同我对这件事曾经给予过注意有关，所以看到这篇文章就把它看完，并且记得很牢。一个脑子里存放许多疑问的人，他的知识长进得会比脑子里没有存放许多疑问的人快些。这本来是一个常识，一个人的认识丰富不丰富，不仅要靠环境，更重要的是要靠他的努力，靠他的“主观能动作用”。人和人在知识上的差异，同这种主观能动作用发挥得好不好，特别是能不能够坚持努力发挥这种能动作用，关系是很大的。

在认识客观世界中，“注意”只是人的主观能动作用的一种形式。而且在感性活动中的“注意”（注意胡子是放在被窝内或被窝外）和理性活动中的“注意”（注意与自己的疑问有关的各种材料），实质上也并不是同样性质的活动。在认识中，人的主观活动有许多的形式。有感性的活动，有理性的活动；有低级的活动，有高级的活动；有比较轻松一些的活动，也有比较繁重的活动。研究这许多形式的活动是一件很复杂的事。比方说，我注意到“这个东西是红色的”，同我注意到“东西是红色的而不是黄色的”（或者注意到“这个东西的红色比较深，那个东西的红色比较浅”），这两者之间就有很大的差别。因为在后一种情况下就加上了“去辨别”这样一种活动。就结果来说，在前一种情况下，在活动中所获得的只是单纯的感觉；在后一种活动中所获得的就是具有某一特殊规定性的感觉。这种结果上的不同，同在认识中主观活动的不同是相对应的。研究在认识过程中人的主观能动作用的多种形式，是门内容很丰富的学问。对这门学问要研究的现象，许多从事教育工作的同志知道得是很多的，我们每个人也有很多这方面的体会。它们都是研究这门学问的材料。

要在认识过程中发挥主观能动作用，一个人是要在生理上支出他整个生命的一部分，支出他体内的能量的。换句话说，这是一种“劳动”。就以上面所说的“注意”这点来说，时间长了就会疲劳。而且照平时的语言来说，一个人的“注意力”是有限的，所以常常发生对本来可以认识的事物“注意不到”的情况。至于用脑去“想”，会使人疲劳，那也是用不着多讲的。因为这是一种很吃力的事，所以如果想对客观世界认识得更多一些，更好一些的话，就要对自己的体力（我们把脑力算做一种体力）进行一番动员，这就是现在我们讲的要鼓干劲，把干劲鼓得足一点。这就是说，要使自己的精神状态更加振作起来。

发挥主观能动作用，就有一个“意志”的问题。人的“意志”是怎么产生的，“意志”又怎么指挥人的器官，这是一个心理学、生理学、生物化学、生物物理的过程，是一个很有趣味的问题。我不清楚现代自然科学在这个问题上已经达到了怎样的高度，我听说过有一种和肌肉的随意志而运动的作用有关的化学物质，它同一个人的体力活动是有关的。我这里说的是与同一个人的脑力劳动有关的生理、生物化学、生物物理的过程。这个过程，现在我说不出什么来，但是我想总有这么一个过程：一个人先有一个意志（这个意志的产生，说到头总一定有它客观的原因），然后在认识活动中，这个意志发生作用。发生作用的过程就是由意志来动员起一个人感知和思考的器官，去接触要认识的客观世界。在这个过程中，当然会有物质的运动，而运动中当然要消耗一定的物质和能量。

要取得丰富的有用的知识，就要不吝惜这样的劳动支出，这就是现在我们常常说的苦干。其实，一个人即使什么事都不干，也要支出自己的生命的一部分，总是要消耗体内的物质和能量。一个革命者为人民的事业、为社会进步的事业去获得真理，学会本领而苦干就是自觉地不辞劳苦，在认识客观世界上努力发挥主观能动作用。当然劳苦不劳苦这一点也是相对的。一个人在认识世界上发挥主观能动作用的长期努力中，提高了自己的认识能力，本来比较吃力的事情就可以变得不那么吃力。而且在一个人对要去努力认识世界有高度自觉性的时候，他也会不感到“苦”而感到“乐”。但是，我想苦干的说法还是可以成立的，那就是我们的认识目标是无止境的，为了更深地认识世界，总是要做很艰苦的工作。人发挥主观能动性的生理基础还是有限的，不但精力是有限的，而且年龄也是有限的。问题是在生理所允许的限度内，本来能够做到的事，还有许多没有做到，这种潜力是可以用革命精神把它们动员出来的。当然，这个革命精神不是从天上掉下来的。在这里，社会存在决定社会意识的原理是起作用的，但是人在提高自己的觉悟这方面也不是完全无能为力的。一个人有了一定的觉悟之后，就要进一步提高这种觉悟，所以，即使对一个有革命干劲的人，干劲还是要不断地“鼓”。

接着我们讲一个“认识工具”的问题，我认为应该肯定“认识工具”的范畴。我在这里讲的“认识工具”，指的是“物质的认识工具”，关于精神上的认识工具问题，以后我们再来讲。我想把马克思对生产的分析的方法论移植到认识问题上。生产是劳动者（生产的主体）凭借劳动工具（生产工具）作用于劳动对象。劳动工具和劳动者结合在一起，使劳动者的力量大大扩大了。劳动工具是劳动者劳动器官的延长和身体所蕴藏的能力的扩大。现在我们专讲认识问题，那么也有认识的主体，他要和物质的认识工具结合起来去接触认识对象即认识的客体，从认识的客体那里获得认识。这种物质的认识工具，是人的认识器官的延长。和认识工具相结合，认识主体的力量就大大扩大了。我们可以以视觉器官的延长为例，这种认识工具最直接的就是各种眼镜、放大镜（显微镜）、望远镜……通过它们，我们就可以看到由于认识对象太小、太远，因而看不清楚甚至看不见的东西。我们还可以举 X－射线透视与照相设备这类东西，通过它们我们可以“看到”原先人的视觉本来根本看不见的东西。当然看到的仍不是 X－射线本身，但是可以看到 X－射线作用于其他物质所造成的在荧光屏上的影像或在胶片上的显示。这不是视觉器官的直接延长，而是从认识对象方面使看不见的东西变成看得见的东西的工具，它们也还是认识工具，而且也还是人的视觉器官的延长，只不过是间接的罢了。因为人的感官主要是看、听、嗅、触这些方面，而以视觉的辨别力最强，所以把不可见的东西转化成可见的东西的认识工具最多。仅就视觉器官延长来说，就有大量的认识工具，对它的分析就需要写很大的一部书。除了感觉器官可以延长之外，思维器官也可以延长。比方说，我们平常用的算盘，对于我们进行计算来说就是一个有力的工具。会计人员就离不开算盘。对计算器械，前人研究得很多，发明过不知多少种这类器械；现在除了算盘外，就有各种手摇或电动的计算机，使人进行计算的劳动大为节省。认识工具种类繁多，它的功用和原理也是各式各样的。如果我们把各种物质认识工具作一个总的研究，我们可以从这当中得到有趣的哲学结论。

在发挥人在认识世界中的主观能动作用时，还有一个“非物质的认识工具”问题。像哲学这样的学问，就可以看做这样的东西。当然，哲学不是“教人思维”的，对于这一点，黑格尔在他的《逻辑学》中已经批评过了(列宁在《哲学笔记》中也注意到了黑格尔的这个观点)，这是因为人的思维能力是一个人从小在一个社会生活成长的过程中形成的。但是哲学仍是一种认识工具，学习了哲学可以使我们在认识过程中掌握哲学这种认识工具。马克思主义者认为，人必须遵循客观规律来进行认识活动，才能很好地达到认识客观世界的目的，当然也必须投身到认识客观世界的实践活动中去，才能掌握所必须掌握的客观规律。但是许多经过前人研究的这样的规律，已经弄清楚了的或基本弄清楚了的，不必每个人从头摸起，而应该去努力掌握这种现成的认识工具。哲学这种认识工具就是如此。

人在认识过程中还有一个类似生产过程中的生产组织那样的范畴。认识器官是长在每个人身上的，一个一个的人的认识活动问题是需要我们去研究的。心理学家、哲学家在这方面作了大量的研究，这方面的书汗牛充栋，但是人在认识客观世界时，并不是各人孤立地进行的。人的认识本身是社会的认识，个人是社会的分子，社会是合个人而成的整体，这是从横的方面来看。从纵的方面来看，每个人的认识都建立在前人认识的基础之上，因此知识是一代一代相传的。人认识活动的组织，像生产组织一样，是客观存在的。而且随着人类历史的进步，就出现有组织的认识活动，而且这种组织规模越来越大，组织关系越来越紧密，组织水平越来越高，这样就形成集体认识者的概念。集体认识者并不是说有一个集体的感官和头脑，而是说每个人的感官和头脑在获得知识的过程中，可以事先有集体的计划；在取得认识之后，在集体内部进行有组织的交流；在思考过程中，在集体内部互相启发；而且可以进行讨论和争论。这一系列的有组织的活动，大大提高了人在认识客观世界中的主观能动作用。

无产阶级的政党是一个集体认识者。这个集体认识者，就是由一个一个的党员组成的，党通过党员和社会各个阶层相联系，同各个社会组织相联系，了解社会生活各个方面的情况，党员在接触社会生活中提出的问题，他们的见解，他们的思想情绪，在党内有一套组织来加以集中。同时，党和在党的领导下的政府、团体、学术机关，还有专门的进行调查研究的人员和机构，经常开各种会议等。这样，党作为集体认识者，在认识客观世界中的主观能动作用就可以得到更好的发挥。关于集体认识者认识客观世界的经验教训已经积累起很多，应该从哲学的角度加以研究。

在社会主义制度下，人在认识过程中的能动作用的问题，同在资本主义制度下或者别的剥削制度下有无区别？应该说是有区别的。这就是说，在资本主义制度下，社会分裂成对立的阶级，广大人民群众的智慧得不到充分的发挥，不但在物质生产方面力量在阶级斗争中抵消得很厉害，就是在精神生产方面，在认识方面也有这个问题。同时在社会主义制度下，认识主体和认识工具就可以更好地结合，这就加强了认识在工具方面的物质基础。

今天我们谈的是有关在认识中发挥主观能动作用这个问题。我们一定要重视这个问题，不能用无所作为的思想懒汉的观点来对待认识问题。要看到，只要我们努力，我们的认识就可以大大前进，并且随着我们对客观世界的认识的深入，我们在改造世界方面也就可以获得更大的成功。我们不应该夸大困难，而看不到我们自己的努力可以克服许许多多的困难。当然，我们也不应该缩小困难，缩小了，也不利于发挥我们的主观能动性。我们要有一股热情。当然，有时我们也可以看到有人走到了另一个极端，夸大人的主观能动作用，认为人的能动作用可以不受客观条件的制约，这是唯意志论的观点。因此，尽管关于客观规律性和主观能动作用的道理是马克思主义早已解决的问题，但是经常提醒人们注意这一点，提倡革命干劲和科学精神相结合仍是十分必要的。

人在变革自然界中的能动作用*

在这篇文章里，我们不打算讨论“物质是不依赖人的意识的客观实在”、“物质的运动、变化、发展的规律是不以人的意志为转移的”等无可争辩的唯物主义根本原理，而是要在这些原理的基础上说明，人在变革自然界中的能动作用何以能够产生，人何以能够有意识地改变周围的自然界；人的这种能动作用，在社会主义和共产主义制度下同在剥削阶级统治的社会制度下，有些什么样的区别，以及如何充分发挥人的这种能动作用。承认人的能动作用，是我们辩证唯物主义者同机械唯物主义者的一个重要区别。这个问题的探讨应该得到马克思列宁主义哲学工作者足够的重视。

一

物质和它的运动是不能创造也不能消灭的。因此，人在“创造”或“消灭”物质或是它的运动上，是丝毫不能发生作用的。但是，物质和它的运动的状况、形态的多样性是无限的，各种形态是可以相互转化的。物质运动的状况、物质与物质间相互联系的状况是可以变更的。在自然界物质间的相互

---

* 本文写于1958年，原载《一个哲学学派正在中国兴起》，江西科学技术出版社，1996年，第243～252页。

作用中，在它们间的对立斗争中，物质和它的运动状况、形态不断地变化着、发展着。例如，气候是不断变化的，时热时冷，时阴时晴，这是地球的公转、自转、洋流、气流等各种物质运动相互作用的结果，自然界的现象是无穷无尽的。“现象比规律丰富”，因为“现象、整体、总体、规律 = 部分”①。物质和它的运动状况、形态的多样性与它们间的相互转化，说明了客观世界是变化的。当然，自然界自发的变化不是我们所说的改变世界。所谓改变世界，指的是由人来引发、控制自然界各种物质运动的相互作用，使物质和它的运动按照人的目的来变化。但是，如果世界根本是不变的，那么这种有目的的改变世界就根本谈不到了。要改变世界的前提，首先是客观世界本身存在着被改变的可能性，然后的问题才是人到底是否具备改变他周围的客观世界的能力。

人是具备这种能力的，人不是什么普通的动物，而是最完善的动物。宇宙间有无数个星球，上面能够存在生物的星球只占极小的比例，地球是其中的一个。地球形成之后不知道要经过多少万年才有最初的生物，有了生物之后又不知道经过几百万年、几千万年，才出现高等动物，并且在高等动物中发展出能够制造工具，使用工具，能够进行思维的人类。人脑是高度完善的物质，世界上没有任何别的东西能够代替人脑来进行辩证的思维。

人改变世界的活动，原先就是用自己的躯体来改变周围的客观世界，有目的地引起客观世界的变化。例如，在我们面前有一棵树，树上长着树枝，结着果子。我们就可以用自己的躯体爬上树去，折断树枝，当做柴烧，摘下果子来吃。人本身就是自然界的物质的一部分，人的躯体的力量本身就是自然界力量的一部分。在这里人有目的地把人的躯体这一自然界的物质同周围的客观世界对立起来，作用于客观世界，引起客观世界的某些变化。原先树枝和果子是连在树上的。现在我们用人力克服了把果子连接在树枝上的分子能，使它们分开了，在这里丝毫没有创造或消灭物质的运动，但是物质运动和物质间相互联系的状况却发生了变化，而这种变化是在人的引发、控制下进行的。

现在我们来说说在变革世界中意识对物质的反作用问题。人改变世界是

---

① 列宁：《黑格尔〈逻辑学〉一书摘要》，人民出版社，1956 年，第 134 页。

有目的的，也就是有意识的。在我们爬到树上去折下树枝、摘下果子之前，我们先有了想去折枝、摘果子的目的、意识，我们的动作，如爬树、折枝、摘果等就是受这种目的、意识支配的。我们是唯物主义者，我们肯定“物质是第一性的，意识是第二性的”，“意识不是独立的客体，而是高度完善的物质的产物”，“意识是物质的反映”这些唯物主义的原理，我们探讨意识对物质的反作用时，就是以这些原理作为我们的出发点的。在唯物主义者看来，意识对物质的反作用，就是高度完善的物质（人脑）在反映了外界物质，形成了认识，产生了目的、意志之后，通过人脑运动器官的神经，指挥器官的运动，作用于客观世界，并没有什么神秘的东西。在这里不仅要记住意识本身是物质的产物，而且要记住，仅仅是意识，不经过物质的力量，是丝毫不能改变客观世界的。光是我们想把树枝从树上折下，想把果子摘下来，树枝、果子是不会从树上下来的。只有我们动手去摘时才能起改变世界的作用。物质的变化一定要由物质的力量去实现，并非物质的意识在这里之所以能对外部世界起反作用，就是因为人的躯体有随意运动的部分，人脑对这些部分可以直接发生作用。例如，我这只手臂，我要举起，它就举起，我要放下，它就放下。在这里有一定的物质过程，当我决定要举起或放下手臂的时候，在我的大脑中产生了某些物质运动，它发出某种信号。然后通过运动神经，引起手臂内肌肉的变化，把手举起或是放下。这中间的物质运动过程究竟怎样，这个信号究竟如何产生，那是生理学、心理学所要研究的问题，而且现在已经在科学上获得了许多成就。生理学和心理学的研究表明，当我们想举起一只手臂的时候，在脑中和在从脑到我们这只手臂的神经中，就发出一种电流。一种电流当然是弱的，但它是一个信号，一种物质的力量，可以刺激手臂中的肌肉，使手臂举起来。当然今天科学的发展还没有把有关意志、目的的——它们又是同反映外部世界的认识活动统一在一起的——所有的问题弄清楚，还没有成熟的结论。但是作为一个唯物主义者必须肯定那是一种物质的过程，这个过程在人的主观世界中自觉表现为某种意识活动。

在改变世界中人必须运用躯体这个自然力量，同时又借助于工具。人是制造和使用工具的动物。人之所以为人，就是由于逐渐学会制造和使用工具，当然是最原始的工具。而等人掌握了工具，特别是在掌握了比较先进的工具之后，人的能动作用就大大增加。因为使用了工具，在人与所要改变的客观对象之间有了工具作为媒介，不但可以提高人的躯体自然力的效用，而且可以控制和利用另外的自然力，来改变周围的世界。例如，当人发明蒸汽机后，人就能够把热能有效地转化为机械能，并利用这种机械能在更大规模上改变客观世界。工具越先进，人越能有力地引发、控制自然界物质相互作用，来改变周围的客观世界。

当然，工具仍是要人去使用的。不论怎样进步的工具，都是人手的产物，都是人有目的有意识地动手制造出来的。越是自动化的工具，在制造它的时候需要的人的劳动就越复杂。同时不论怎样进步的工具，总要人来操纵。改变世界的一般过程是：脑—手—工具—对象，在这过程中起主导作用的是脑和手，工具是人扩展自己能动作用的手段。

改变客观世界不仅依靠人躯体的力量，而且依靠人对客观规律的认识。一定的物质运动有它自己的一定的客观规律性，只要是水，它就有从高处向低处流的客观规律性。不论人认识到这种规律性也好，没有认识到这种规律性也好，只要是水，总是有从高处向低处流的这种规律性。人不能丝毫改变这种客观规律性，或者说，在改变客观规律性的问题上面，人是丝毫作用都不能发生的，但是这绝不是说，人对客观规律性的正确认识对改变世界不能产生巨大的作用。我们同宿命论者不同，宿命论者说，既然物质的发展都是有规律的，那么世界的一切变化都是预定的或命定的，人就无能为力。我们说，物质运动是有规律的，但是我们可以掌握客观规律性来改变世界。这种改变之所以能发生，关键仍在人能够引发、控制自然界物质和它的运动的相互作用上面。我们知道一定的物质有一定的客观规律性，但是在物与物的相互作用中，各种客观规律性是同时在起作用的。自然界的各种现象都是各种客观规律共同起作用的结果。例如，水从高处向低处流是水的客观规律性，但是水究竟是否流动，怎样流动，朝什么方向、以什么速度、经过什么地方流动，在流动中起些什么效果，那就不只是水从高处向低处流动这一客观规律性作用的结果，而是这个规律同其他各种规律——这些规律是同其他物质联系在一起的——共同起作用的结果。例如，当我们筑了水堤和水库后，在闸门关闭的时候，水虽然仍旧是水，仍旧有从高处向低处流的客观规律性，但它就不再流动，原因就是水坝这个物质也按照它的规律在起作用。水坝是具有坚固结构的东西，水不能穿过它继续流动，它可以经受很高的水压。因此，水能蓄在水库里面，是水和水坝两种物质相互作用，是水和水坝两种物质的客观规律性共同作用的结果。再进一步说，当我们在坝下修筑渠道，让水经过水涡轮发电机时，又可以发电。水力发电这个现象之所以发生，又是水、水坝加上水力发电设备等物质的客观规律共同作用的结果。由于客观规律，水坝能起把水拦住，使坝前坝后的落差稳定而且比较高的作用；又由于水有从高处向低处流的客观规律，在落差稳定和提高的情形下，水又以比较稳定而又快的速度流动；再由于水力发电设备的客观规律性，在水流减速的过程中，水流的能量就可以转化为电能。这样我们看到，只要我们能够用人的力量把各种物质按照我们的目的重新安排，就可以使各种规律共同起作用所产生的结果合乎我们的需要，从而增强我们改变世界的能力。

很显然地，我们越是能够正确地、深刻地掌握客观规律，就越能安排适当的物质条件，使各种客观的规律共同发生的作用适合于人的需要。今天在我们周围的自然界早就不完全是本来面目的自然界，到处都可以看到被我们改造了的自然界，看到无数自然界自发地不会产生的物质的新形态（自然界是不能自发地产生出一把石斧、一把镢头、一部机械的，也不能自发地产生一张纸、一支笔。所有这些东西都是人的活动的产物，在这些东西上面都打有人的意志的烙印）。自然界的物质被我们重新安排，这样人的主动性就一天比一天扩大。

二

在这里我们所说的人，不是个人而是社会。人是社会的动物。猿在进化到人之前，已经群居了，而人的发展的历史便是社会联系不断扩大、不断紧密的历史。任何个人的作用都是同社会分不开的。改变自然界的活动，虽然是每个个人运用他的脑力和体力的总和，但是个人的思想和运用自己躯体的技巧都是社会的产物。同时，改变自然的活动根本不是某个个人的力量所能进行的，需要整个社会的协作和分工。人类的历史告诉我们，人改变自然的规模的扩大同人类社会的进步是相伴而行的。社会的进步固然表现在社会的组织上面，表现在社会联系的广度和组织的紧密程度上面，在阶级没有消灭的制度下，更表现为阶级关系的变化。因为在阶级社会里，阶级关系是社会上一切人类关系的基础。在剥削阶级统治的社会里，由于剥削阶级按照狭隘的利益而不可能按照社会利益来办事，剥削阶级的意志同广大人民的意志是相敌对的，因此，整个社会就不可能有统一的意志，团结一致地来运用强大的社会力量，运用人已经掌握的对自然界客观规律性的认识，更有效地改变自然界使其为人类谋福利。

人类社会是在进步中的。原始社会虽然没有剥削，但那时生产力水平十分低下，社会联系极其狭窄，在人与人的关系上也是十分野蛮的。后来从奴隶社会到封建社会，从封建社会到资本主义社会，从社会关系发展的观点来看都是不断地进步。随着人类社会关系的进步，人改变周围自然界的能力也在不断进步。到了资本主义社会，进步到出现以消灭阶级为使命的无产阶级。在资本主义社会，在阶级矛盾展开和自然科学突飞猛进的基础上，出现了马克思主义，出现了科学的哲学和真正的社会科学。无产阶级掌握了马克思主义这个武器，胜利地同资产阶级进行了斗争，以十月革命为起点，在一个一个国家里取得了社会主义的胜利，在不久的将来，必然在世界范围内取得胜利。这样人类的历史就到了全新的阶段。

在社会主义革命取得了胜利的国家里，人的能动作用同在剥削阶级统治的社会里的情形相比，不知道扩大多少。如果说资本主义制度下，生产力的发展已是前资本主义制度下所不能设想的话，那么到了社会主义制度下——在未来的共产主义高级阶段更是如此——生产的增长、科学技术的发展，更是资本主义制度所梦想不到的。这不是推测而已经是事实。原苏联 40 年的经验、各社会主义国家的经验已经证明了这一点。我国的经验，特别是“大跃进”以来的经验更证明了这一点。在这里列举事实和数字是不必要的，因为这是众所周知的。

为什么在社会主义和共产主义制度下，人的能动作用会有如此程度的扩大呢?

第一，在剥削制度下，变革自然界的主体——劳动人民——处在被剥削被压迫的地位。因此，虽然担负着生产的任务，担负着推动社会进步的任务的是他们，但是他们的积极性是受压抑的，而且受到肉体上的和精神上的摧残。在社会主义制度下情形就恰恰相反。劳动人民成为社会的主人，他们的劳动和创造的成果归全体劳动人民所享受。广大劳动人民的积极性、创造性充分发挥，就会产生无穷的力量。

第二，在剥削阶级统治的社会里，社会上存在着很大的一个消极因素——寄生的剥削者，以及受到剥削阶级思想侵蚀而沦落的懒虫、流氓等各色各样的坏分子。在社会主义制度下，我们根据不劳动者不得食的原则，强迫他们劳动，在劳动中改造他们，化消极因素为积极因素。

第三，在剥削阶级统治的社会里，人的力量是在不可调和的矛盾中相互抵消的，有时不能避免生产的大破坏，如战争，即对生产的最严重的破坏。在社会主义制度下，虽然不得不用一部分力量来同阶级敌人做斗争，但是随着社会主义制度的巩固，在这上面所要花的力量就越来越少。在国内社会主义制度完全建成之后，就一国范围内来说，花在不生产的事情上的这部分劳动就可以减少到最低限度，而当社会主义在全世界取得胜利之后，由社会原因而引起的生产的严重破坏就可以完全避免。当然在社会主义建成，剥削阶级最后消灭之后，国内敌我矛盾的残余还会存在一个相当长的时期，人民内部矛盾更是长期存在。但是我们可以根据社会矛盾发展的规律，正确地处理这些矛盾，克服敌我矛盾，消灭这种矛盾，同时正确处理人民内部矛盾，不使这些矛盾向不利于生产发展的方向转化，相反地，运用正确处理矛盾的方法来推动社会不断向前进步。

第四，在剥削阶级统治的社会里，由于社会根本上存在不可克服的对抗性的矛盾，由于统治这个社会的剥削阶级，不是整个社会的代表者，而只是社会上一小撮人的代表者，因此，在剥削阶级统治的社会里，就不可能有意识地根据社会的需要，根据社会发展的规律，有计划地组织和动员整个社会的力量来同自然界做斗争。在剥削阶级统治的社会里，生产的发展、社会的发展，基本是盲目的。因此恩格斯把这种情况称为必然的王国。在社会主义和共产主义制度下就是另外一个样子。在社会主义制度下，规律当然仍是不以人们的意志为转移的，但是人们不但可以深刻地认识到它，而且可以顺利地运用它来为社会谋福利。在剥削阶级统治的社会里，反动的剥削阶级受到剥削阶级偏见的限制，不可能认识客观的社会规律。人类社会自己的规律是由马克思首先发现的。可是在剥削阶级社会里，马克思主义只是进行社会革命、推翻反动剥削阶级统治的武器。到了社会主义革命胜利、无产阶级成为社会的主人之后，人们才能运用马克思主义来进行建设，发展生产力，按照恩格斯的说法，这就飞跃到了自由的王国。

在社会主义和共产主义制度下，人在变革自然界中的能动作用，同在以前剥削阶级统治的社会里可以说是有根本性的不同。社会主义革命的胜利，使人在变革世界中的能动作用进到了全新的时代。

当然，这不是说在社会主义制度下我们用不着什么努力就可以充分发挥人的这种能动作用。恰恰相反，在社会主义社会还没有完全建成，资本主义与社会主义两条道路的斗争还是社会内部主要矛盾的时候，要充分发挥人在变革自然界中的能动作用，首先就要坚决进行兴无灭资的斗争（在社会主义社会建成后，反对资本主义思想影响的残余还是一件重要的工作）。这就是要彻底清除剥削制度的残余，清除剥削阶级思想的影响，从剥削阶级思想的影响中解放出来，贯彻鼓足干劲、力争上游、多快好省地建设社会主义总路线的前提。同样在社会主义制度条件下，生产的发展可以有不同的速度。当然解放思想不只是同资产阶级思想做斗争的问题，也还包括同那些并非资产阶级思想的陈腐观念做斗争。但是在社会主义革命胜利的时间还比较短，世界上还存在资本主义国家的时候，同资产阶级思想或是它的残余做斗争还是根本的问题。在思想获得解放之后，正确掌握社会发展的规律，正确处理人民内部的矛盾，人在变革世界中的能动作用就可以充分发挥出来。

工业的发展和人对自然界的改造*

在《自然界的辩证发展》这个大部头的著作中，还包括《工业史》这一卷①。这是因为我们理解的自然不只是天然的自然，也包括人改造过的自然。人对地球以外的自然并没有起到什么改造的作用。地球之外的自然界，应该承认完全是天然的自然界。我们这个地球，也有许多方面至今是完全不受人的意志的影响的，如地表若干公里以下，至今还是任何人力所不及的地方；地表的大气、海洋的运动、地壳的变动，对它们，人至今也无能为力。但是由于人所拥有的工具和能量的进步，人对地球本来面目的改变越来越大，使得我们在讲自然界的辩证发展时，不能忽略人的这种作用。恩格斯在《自然辩证法》一书中写了一段关于对人和动物在改造自然中的作用进行比较的论述。他说由于人以外的一切动物都只能靠自己的躯体来改造自然，而一个动物躯体的力量是很有限的，因此，任何运动都不能使地理的面目有什么改

---

* 本文写于1966年，原载《一个哲学学派正在中国兴起》，江西科学技术出版社，1996年，第260～267页。

① 在中国科学院哲学研究所十年（1963～1972年）规划中，规定要写一部大部头的《自然界的辩证发展》，包括天体史、地球史、生物史、人类史、工业史、农业史、医药卫生史七大部分。经过一番准备，1956年8月4日到8月20日，在大连召开会议讨论该书编写工作。但是在那次会上只讨论了六个部分，工业史部分的会议到1966年2月才在沈阳单独举行。这篇文章是2月7日讲话的一个部分。这部著作的编写，经过长期的组织工作，已经做了相当的准备。许多同志已开始收集资料动手写作。由于不久后爆发了“文化大革命”，这部书的写作完全中止了，没有能够写成出版。

变，而人却在地球的各个角落，在许多方面，改变了地球的面目。从飞机上看下去，城市、耕地、道路等，到处都能看到人改造自然的结果。所以，人对自然的改造，也是一种自然发展过程。因此，对人、对自然改造过程的描绘中应该包括这一部分，我们这部《自然界的辩证发展》中也应该有这样一卷，而且是很重要的一卷。

当然这样的过程，不只是表现在工业中，也表现在农业、医药卫生等方面。所以在我们这部书的写作计划中，除《工业史》之外，还包括《农业史》、《医药卫生史》等。不过应该承认，在人改造自然的历史中，《工业史》是最基本的。因为人之所以为人，是人制造了工具。而像制造石斧这样的工具的行为，本质上就是工业，而不是农业，即不是依靠生物的生长来获得像石斧这样的生产工具，而农业生产之所以能够进行，既然也是由于人使用工具（如挖地翻地的镢头、犁杖等，切断草根的锄头等），因此农业的形成要以工具的制造为前提。当然，由于在人类生产比较低下的情况下，制造工具的活动在人类整个生产活动中占有的劳动时间比较少，因而工业作为一个独立的部门在社会发展史中形成得比较晚，但是这并不能改变工业活动是人改造自然的基本活动的这个说法，并且工业的发展又是人类改造自然程度的标志，所以在我们这本书里，《工业史》在这几卷中更加重要。

我看了会上发的《工业史》这本书的编写提纲和说明。我觉得大家是花了心思的。现在我把看了这两个材料之后的想法讲出来和同志们商量商量。

人对自然的改造过程与天然的自然过程相区别的地方，一是人改造自然的过程是由人的有意识的活动引起的、控制的，而在天然的自然过程中或者根本没有人的参与（如天体的运行），或者虽然参与了这个过程但在这个过程中人的有意识的活动并不发生作用（如一个人得了还没有办法可以治的重病而死亡）。二是在这过程中一般的有经过人加过工的物质的参与（如总要有各式各样的工具），同时人对自然的改造过程，仍旧是一种自然过程。这是因为，第一，在这个过程中一切物质，包括人本身在内，都是天然的物质。在这个过程中一切物质，包括人本身，都是由分子、原子等基本粒子构成的。人体虽然每天新陈代谢，同时把自己的作用施加在劳动对象上，可以生产出各种物质产品，但是人不能使天然的自然界增加或减少一丝一毫的物质。第二，这个过程中一切物质运动变化发展都遵循与天然的自然界相同的客观规律。世界上没有只适用于天然的物质的物理学、化学、生物学，或者只适用于经过人加工过的物质的物理学、化学、生物学。世界上只有一种物理学、化学、生物学。客观规律只有一个。第三，人改造自然的过程，必然要和天然的自然打交道，以天然的自然做它的大环境。

这次我们讨论的是《自然界的辩证发展》这本书中《工业史》这一卷，我们就再从工业中找一个例子，如电解化学工业，讲讲人改造客观世界的过程同天然的自然过程相同和不同的地方。

很明显，如果没有人为各电解化工厂进行设计，把工厂盖起来，在工厂盖起来之后，如果没有人把原料买回来，没有人在车间里做工，没有人进行管理等，当然就不会有电解工业。这就是说电解工业必然是一种有人参与的自然过程。同时在电解工业中，还一定要有像电解槽等这样的生产设备。在电解工业中必不可少的电解槽，只能由人来制造。天然的自然界无论如何发展，无论等多少万年，也不会从别的东西中自己进化出一座电解槽出来。而且除了电解槽之外，还要有厂房，否则刮风下雨就把电解槽弄脏了，人也不好去操作，同时厂房里又不能没有照明通风等设备。这些在经济学里被称为劳动条件的东西，也是一定要经过人的活动才能加工制造而成的。并且，为了进行电解，当然还要有各种原料，它们也都是加工而成的。当然我们还是要强调电解是一种“有人参加的自然过程”这句话中“自然过程”这四个字。这是因为电解工业中所有的物质归根到底都是从天然的自然界取得的。而电解工业中所凭借的是电化学，电化学的客观规律同天然自然进程中的电化学的客观规律是同一的客观规律。

这次会议的《工业史》提纲中有“自然资源和自然条件”、“材料和原料”、“机器”、“动力”、“工艺”、“通信”、“控制”、“检测”及“产品”等专章。我认为这些题目都是很好的，因为作为自然史的一部分的工业史，一方面是工业靠天然的自然作为资源和条件而发展的历史，也是由工业的发展而引起的天然的自然变化的历史。同时工业本身的发展，就是材料、原料、机器、动力、工艺、通信、控制、检测及产品发展的历史。

现在我想就这几个方面讲一点意见。

先讲工业的自然资源和自然条件问题。自然资源和自然条件这两个概念并不是并列的。自然条件的概念，比自然资源的概念更广泛。自然资源可以包括在自然条件这个概念之中。在自然条件的概念中既包括有利的条件，也包括不利的条件，不利的条件就不好叫做资源，因为在资源的概念中，只包括有利的因素，有利的自然条件可以叫做自然资源。

在工业中，天然的自然作为资源，也可以分为两类，有的是作为劳动对象发生作用，有的是作为生产“帮手”发生作用，即马克思讲的自然界的协力。这就是上面说的进行生产必要的或有利的条件。例如，作为造砖的土，当然就要从占用地球上的一定的面积的土地上取得。在这块土地上进行劳动时，土地在这个情况下就是劳动对象。同样是土地，用做建筑物的场地，就是劳动条件，不是劳动对象。不过严格说来，并不是所有用于建筑的土地都不是劳动对象，因为在建筑劳动过程中，为了取得建筑物坚实的地基，我们一方面要把许多物质产品，如钢筋、水泥等，拿来作为建造物质基础的材料，但是也要就地取材，把本来在土地里的土打坚实。建筑物的基础是建筑物的一部分，是同建筑物的其他部分，如可供使用的厂房等连成一体的。就这一点来说，作为建造建筑物的基础，土地也就成为劳动对象。但是一切建筑物都要在地球上占有一个面积，在它的底下都要有地壳的一部分来支持建筑物，从这点来说，它们就不是劳动对象而是劳动条件。

为工业生产提供物质资料是天然自然界为工业的发展提供的一个重要方面。而所提供的物质资料，又可以分做物料与能料。物料中有一部分也是能料，如煤炭、石油、电。许多物料可以释放出能量来，但它们作为能源的价值不同，其中包括可释放能量的多少，能够释放出能量的条件方便不方便。当然也有许多物料不能成为能量资源，反过来也有一部分能料不属于物料。水力，如潮汐能的利用中，潮汐就不是什么物料。

在人利用有利的自然条件发展工业的同时，天然的自然就改变了。上面已经讲过，在《自然界辩证发展》这本书中要有《工业史》这一卷就是由于这一点。在书中对这种改变的积极方面，应该有科学的描绘和分析。离开了这种积极成果，今天的人类就不能生存。现在围绕人类的自然界已经不再是原来的天然的自然界。我们今天不是生活在原始森林中或荒野上，而是生活在城市和农村居民点。现在我们不是露宿，而是住在房屋里，这种房屋可以使人们不蒙受不利气候的威胁。在室内有与天然自然界不同的小气候，不同的温度、气流和不受雨雪之害。这些都同工业的发展分不开。同时，我们也应该看到，在工业利用有利的自然条件来取得积极结果的同时，也常常产生某些消极的结果。比如说，破坏了森林，会常常引起许多不良后果，如水土流失、气候恶化等。恩格斯在《自然辩证法》这部书中曾经着重地讲了这方面的问题。我们写书当然应该看到工业发展的积极成果，这是主要的，但在这个问题上不应该有片面性，即也应该看到有消极后果这个方面。

人在改变自然中的作用的大小，同工业的发展程度是密切相关的。所以，在这本书中应该描绘工业发展历史本身。这就是要从材料的原料、工具、动力、工艺、通信、控制、检测及产品等各个方面去描绘工业的发展。在工业的发展中，生产工具当然是最主要的。对这一点马克思讲得很清楚。材料的发展作为人所使用的工具的材质曾是划分人类社会发展的标志。古代有石器时代、青铜器时代、铁器时代，在这之后用一种材料划分时代的时代过去了。今天不能再说是某一种材料的时代，但这并不是说材料上的进步就没有重大意义。在今天，许许多多过去不受重视的金属材料都受到了重视，把它应用在最合适的地方。许多过去不知道什么用途的金属现在了解了它们的用途。非金属材料也被广泛使用，如各种塑料、玻璃钢、碳素纤维等。现在是极其广泛的各种材料构成体系的时代。

燃料和动力自从蒸汽机使用后也成为工业发展历史的标志之一。燃料动力工业扩大了人所拥有的改造自然的能量，现在一个人拥有的能量与他体内所拥有的能量相差总有几百倍、上千倍，将来还会更多。而且燃料动力工业的发展还会使人能够获得电这种最好的形式。它有传递迅速、随用随行、可以或强或弱、几乎无限分割等优点。所以电气时代的说法已经存在很久。在燃料动力上变化是很多的。近代历史上燃料的变化，如不烧煤改烧石油就是进步的一个趋势，它带来了近些年来资本主义国家生产的发展。原子燃料的使用，最早是用于爆炸，现在已经成功地用于发电，将来原子燃料的地位会越来越高。许多人认为，以原子燃料为主的时代迟早是要到来的。原子燃料的使用，突破了过去人所使用的能源，最后差不多都来源于太阳能的局面(煤、石油等矿物燃料，水能、风能、潮汐能、生物能都是由太阳能转化而来的)。原子能是取之不尽、用之不竭的燃料的源泉，在将来它也是时代发展的一个标志，原子能时代的说法已经存在很久了。

不作为材料的原料，如各种化工原料，在工业生产中也是极其重要的，但是因为它们不被直接用来制造生产工具，它的进步虽然没有被看做具有划时代的意义，但也绝不能忽视。

关于生产工具本身，18 世纪工业革命突出了机器的作用。而之后，机器的进步是最快的。马克思在《资本论》第一卷中对机器专门作了分析。而为了写这一部分，马克思对工业史进行了大量的研究。现代各种机器和机器系统已经远非马克思写《资本论》时的机器可以比拟的，对它进行的分析也远比马克思所作过的要复杂。在工艺方面，所使用的原理也极为多样。自然科学的研究成果在机器制造上、材料原料和使用、扩大人所拥有的动力上，都得到广泛的应用。不仅如此，自然科学也在加工工艺、对自然界改造上多方面的发挥它的作用，如爆炸现在也成为一种工艺，如爆炸成形、定向爆炸等。

通信、控制及测试手段、测试方法的改进，似乎并不能直接改造自然，但实际上发生的作用是不可以低估的。

总而言之，工业的发展带来了人类改造自然能力的发展，天然自然界的面目的改变现在是越来越快，不论积极的结果还是消极的结果都比以前快得多，也大得多。当然，我们还想重复说一个，这种作用与天然的自然相比是微乎其微的。从人来看，作用是极大的，从整个宇宙来看是微不足道的。但是现在是我们人在写《自然界辩证发展》这本书，书是写给人来看的，我们就要看到写它的重大意义。

开展自然辩证法的研究工作*

一

前年制订哲学社会科学12年远景规划的时候，在北京的哲学工作者提出在哲学领域内需要对一些同自然科学密切相关的问题进行研究，认为哲学领域内这个重要方面也应该积极发展并对这个方面的研究确定了一个名称——自然辩证法，但在讨论这个名称的时候，就有不同的意见，有的同志主张叫自然科学中的哲学问题。讨论没有得到一致的结论。所以，在规划草案中把这两个名称都保存了下来：既肯定了“自然辩证法”这个名称，同时又在后面加上个括弧，里面写“自然科学中的哲学问题”。但是严格讲起来，这两个名称都不能概括哲学社会科学远景规划里所涉及的这方面问题的全部内容。实际上规划里所涉及的问题内容首先有以下这几个方面。

第一个方面是根据自然科学的成就研究唯物辩证法。大家知道辩证法是自然界、社会和思维的一般规律，也就是从对自然、社会和思维的研究里面概括出来的一般原则。恩格斯讲得非常清楚：辩证法不是从外面加到自然、社会或者思维里面的东西，而是从它们里面抽出来的东西。当然现在辩证法

* 本文写于1958年，原载《一个哲学学派正在中国兴起》，江西科学技术出版社，1996年，第185～203页，为在中国科学院上海办事处召开的自然辩证法座谈会上的讲话。

早就从自然科学、历史科学、思维科学的研究中概括出来了。那是马克思、恩格斯的功劳。但是科学是在不断发展的，辩证法需要从社会科学，也需要从现代自然科学的发展当中不断加强它的论据，这是非常必要的。哲学有这么一个同别的具体科学不一样的特殊情况：它不但要根据新的科学成就提出新发现的原理来丰富自己，就是老的原理，即使已经被证明了 100 次，但还需要努力作 101 次的证明。为什么呢？因为哲学原理的概括性非常高。如果没有大量的论证，如果不去不断地从各个方面去加强其论证，就不能说服更多的人。这就是为什么讲唯物辩证法的基本规律（如讲对立的统一）时，一定要举几百个例子，要反复讲，不能只举一两个例子的缘故。唯物辩证法的规律是最一般、最普遍的规律，是放之四海而皆准的，没有也不可能有“例外”，但是“例外论”是经常会发生的。例如，有些人对资本主义社会内部有矛盾这点没有怀疑，但是在社会主义社会内部有没有矛盾的问题上却又否认对立统一这个基本规律了。在社会科学方面如此，在自然科学方面也如此。所以不仅要在社会科学方面而且还要在自然科学方面不断加强唯物辩证法的论证。作为马克思列宁主义者，作为确信唯物辩证法是真理的人，不断地加强唯物辩证法的论据，使得这个东西成为大家能够接受，使得更加多的人来接受，使得原来不接受的人也能够由于有坚强的论据而转变过来，这是我们应尽的一项责任。当然，在今天，我国也有一些不愿意学习唯物辩证法的人，他们没有追求真理的愿望，而是根本反对这个东西，甚至想尽办法来污蔑、歪曲这个东西。这是立场问题，这种人如果不改变立场，要他接受唯物辩证法当然是不可能的。

在哲学和自然科学关系方面还有一个情况：如果自然科学发展不足，如某门科学很薄弱，唯心论就要利用这个薄弱的地方来向唯物辩证法进攻。例如，心理学在现在的自然科学中还是一个比较薄弱的部分，唯心论就利用心理学发展薄弱的情况来向唯物论进攻。科学越发展，唯心论就越没有立足的余地了。但是也应当看到这么一种情况：当科学发展起来，在科学上有新的发现，如果辩证唯物论还没有来得及对这些发现作科学解释，唯心论也会利用这种情况来向辩证唯物论进攻，对这些发现作唯心论的“解释”，“根据”这种解释，宣布唯物论是失败了，不中用了，唯心论胜利了。20 世纪初唯心论者根据当时物理学的新成就，宣布“物质消灭了”等，是大家都知道的例子。这真是件“麻烦”的事：自然科学发展得太慢了，唯心论要利用；发展得很快，唯心论也要利用。因此，作为一个马克思列宁主义者，作为一个唯物论者，不能怕“麻烦”，一定要根据科学的发展，加强和充实这个论据，来和唯心论做斗争。

上面说的是不断加强辩证唯物论的论据问题。当然问题不是简单论证。随着生产斗争实践、社会斗争实践和科学的发展，辩证法是不断发展的。辩证唯物论不但要不断地改变叙述它的基本原理时所采取的形态，而且要不断地补充新的原理，不断地充实自己。辩证唯物主义的原理是颠扑不破的。我们要同那种背弃辩证唯物主义的倾向做斗争。同时我们从来都说辩证唯物主义永远不是什么终极的东西，它是向前发展的，根据生产斗争的实践、社会斗争的实践，根据科学的发展，在同唯心论的斗争中，唯物辩证法会不断地获得强大的发展。

教条主义是不能有力地同资产阶级思想或者用马克思主义词句装潢起来的资产阶级思想——修正主义做斗争，并取得胜利的。在政治科学上如此，在哲学上也是如此。当新的事物出现以后，如果不对这些新事物去作研究，来发展唯物辩证法，唯心论就要来占领这个阵地。如果简单地用一些旧的论证，是不能彻底地摧毁新的形态的唯心论的。恩格斯写《反杜林论》时就研究了自然科学和社会科学方面许多新的问题。杜林是个很浅薄的人，如果简单地指明他的错误，那是比较容易的事，但是恩格斯没有那样做。为了真正地、彻底地摧毁它，发展马克思主义，恩格斯在这方面花了很多的力量，他不但阐发了许多社会科学方面的原理，而且研究了自然科学的许多领域，最后写出了《反杜林论》这部巨著。所以，我们在自然科学方面来研究，来加强唯物辩证法的论据，不断地研究新的问题，是十分必要的。这个研究就是唯物辩证法的研究，不过是从自然科学的角度去研究罢了，用不着给它起别的名称。

第二个方面是应用唯物辩证法来研究自然界的一般规律。哲学的这个领域用“自然辩证法”这个名称，我认为比较合适。我们知道，应用唯物辩证法来研究社会发展的一般规律，形成了一门科学，这就是历史唯物论。辩证唯物论是自然、社会和思维的一般规律，是自然、社会和思维的共同的规律，而历史唯物论只是社会发展的一般规律。因为社会对包括自然、社会两者在内的整个客观世界来说也是一个“特殊”因此，也就有自己的“特殊”的规律。当然，这个“特殊”对各个体的社会科学来说，又是“一般”。自然界对包括自然、社会在内的整个客观世界来说也是一个“特殊”（就“自然”这个词的狭义而言），也就有专门适用于自然界的一般规律。因而也就有以此为对象的科学。我们认为把这门科学叫做“自然辩证法”是比较合适的。当然，历史唯物论和自然辩证法不同于社会科学的具体部门，它们还是属于哲学领域内的学科，而且没有这些学科，辩证唯物论就不能够真正建立起来。认为哲学中有“自然辩证法”这样一门专科这个意见，我国的学术界不一定都同意，可以进一步讨论。不过我们认为适用于自然、社会的共同规律之外还有专门适用于自然或社会的一般规律，是符合实际的，因为适用于自然界的规律不一定适用于社会。适用于社会的一般规律，不一定适用于自然界。例如，运动守恒的原理就不能适用于社会，而生产力与生产关系的矛盾的原理，就不适合于自然界。关于自然界的一般规律的研究，对于自然科学的发展，显然会有更为直接的指导意义。

第三个方面是自然科学各门学科中的科学方法论的问题。唯物辩证法是宇宙观，也是方法论。它是适用于一切科学部门的方法论。但是唯物辩证法的一般规律应用到自然科学中，作为自然科学研究的方法，还有一个具体化的过程。自然科学中的实验方法、假设方法等，都应当从唯物辩证法的观点加以研究。同时每一门自然科学同每一门社会科学有它自己特殊的方法论。马克思早就讲过：搞生物学可以用显微镜，而搞经济学就不行了，要用抽象的方法。自然科学各个部门也有这个问题，生物学家用的方法也跟物理学家不同，化学家用的方法同地理学家也不相同，甚至同属于一个大学科的几个小的学科都有自己比较特殊一点的方法论。研究各门科学时应该采用的方法论，当然必然符合于唯物辩证法，但是我们不能把所有的科学方法论问题简单地归结为唯物辩证法，在各门科学的方法中除了包括唯物辩证法的原则外，各自还有更加具体一些的问题、更加特殊的一些问题。在科学研究工作上有经验的同志，都会懂得科学方法论问题的重要。一门科学能不能建立，能不能发展，常常取决于是否找到了正确的方法。大家知道巴甫洛夫所创造的那套研究条件反射的实验方法，对研究高级神经活动开辟了一个重要的途径。各门学科的科学方法论是唯物辩证法同各门科学特点的结合，找到这种方法，不但要靠在科学研究实践中取得的经验，而且还要从哲学的角度去进行分析研究，使得它们在我们头脑中更加明确，更加完善。

第四个方面是用历史唯物论的观点研究科学，研究自然科学。科学是一种社会现象，是历史现象。我们知道，原始社会时不但没有社会科学，而且没有自然科学。社会发展到了一定阶段，才有科学这种现象出现。科学跟其他社会现象一样，有它发生和发展的规律性。而当科学这种社会现象发生之后，它的发展又受到社会上各种条件的制约。科学是社会意识形态的一种，它是由社会物质条件、由基础决定的。科学同生产，同生产力和生产关系，同阶级斗争，同别的上层建筑都有关系。在这些问题上面，马克思主义已经有了不少研究，但是还需要做进一步的研究，特别是要根据新的历史事实来做进一步的研究。这种研究对于我国当前社会主义建设来说是很有意义的。对这一点我在下面还要说到。科学，作为一种社会现象，它的发生发展规律，可以成为一门学科研究的对象。以社会现象作为研究对象而建立起来的学科，同上面我们所说的以自然界的一般规律为对象的学科，当然是性质根本不同的两门学科。如果我们称后者为“自然辩证法”，那么就不能把前者称为“自然辩证法”，称为“历史唯物主义论科学”或许是合适的。

除了上面说的四个方面之外，在规划里还说到自然科学思想的发展、自然界运动形态和科学分类问题，以及各门自然科学理论中的一些专门哲学问题等。包括在哲学社会科学规划里这个方面的问题，如上面所说，是很复杂的，把它们称为“自然辩证法”固然不那么准确，把它们叫做“自然科学中的哲学问题”也同样不准确，但是，现在我们仍旧用“自然辩证法”来概括上面说的几方面的问题，为的是取其简明罢了。

二

现在想谈谈为什么要研究自然辩证法的问题。

我们要积极发展自然辩证法这门科学，是不是“为科学而科学”？不是的。自然辩证法的研究，同任何哲学、社会科学的研究一样，都是为了社会主义建设工作。在 1956 年制订规划时大家也是这样提的，不过经过“反右”、“整风”，现在的看法比搞规划时更加明确，更加清楚了。

谈到自然辩证法这门科学的意义时，我想先讲一讲“科学工作改革”这个概念，大家都知道“教学改革”（或者教学工作改革）这个概念，从新中国成立以后，特别是 1952 年思想改造运动以后就提出来了。但是同教学改革并列的还有科学工作的改革，不过这个名称并不像教学改革那样流行，因为前几年科学研究工作规模没有教学工作那么大。虽然事实上也存在科学工作上的改革这件事，口号却不那么响亮。但是今天科学事业一天天发展起来了，科学事业对社会主义建设事业的重要性，一天天地被人们所理解，资本主义思想和保守思想对科学事业的阻碍日益明显，变为不可容忍的东西，因此，科学工作改革的概念就逐渐明确起来了。“整风”和“反右”斗争证明科学工作当中确实是存在两条道路的问题，也存在两种方法的问题，应该对科学工作来一个改革，使得我们的科学工作明确地走社会主义道路，并且还要进一步做到多、快、好、省。科学界的整风运动就是要为这个改革打下思想基础。在整风运动中，科学工作开始有了改革。但是要改得彻底，还有很多工作要做，不是一下子改得好的。要彻底解决科学工作中两条道路的问题，还要经过一个相当长的时期，至于多快好省与少慢差费两种方法的斗争那更是长远的事情。明确科学工作改革这个概念对推进科学事业是必要的。科学工作改革是包含两个方面的：一个属于方针政策和组织工作的范围，一个属于学术思想的范围。同方针、政策、组织工作相适应，有一套理论原则问题，其中有些问题就可以归到我们刚才讲的“历史唯物主义论科学”范围之内的。

正确地理解科学与生产、理论与实际的问题，对今天我国的科学工作者来说特别重要。最近几个月来上海的科学工作者在这方面展开了热烈的辩论，收到了很大的成果。因此我也想在这方面发表一些意见。

科学与生产的辩证关系，是生产决定科学的发展，科学又反过来推动生产的发展。什么叫生产决定科学的发展呢？我们知道，科学是反映生产的，社会科学如此，自然科学也如此。社会科学反映社会生产关系，反映生产力同生产关系的矛盾等，自然科学反映一个社会生产水平。无法设想在原始社会、奴隶社会，甚至封建社会中会有今天这样发达的科学。生产不发达，科学必然发达不起来。当然在今天世界上已经有了生产比较先进的国家，而在那些国家自然科学已经发展起来的条件下，在生产比较落后的国家中，自然科学也可以有所发展。新中国成立前我们中国的情况就是如此。但在这种条件下，科学是无根之木，它只能是社会上的点缀品，不能有什么巨大的发展，也不能对社会的发展起什么重大的作用。只有在我国革命胜利、生产获得了大解放，生产力迅速发展的情况下，科学才蓬勃地发展起来，科学事业发展的辉煌远景才显示出来，科学才能在我们国家里扎下根来。发展生产的要求是科学发展的根本动力。离开了生产，科学是不可能真正有所发展的。许多科学工作者之所以犯错误，就是他们对历史唯物主义这个真理缺乏认识，把科学看成可以脱离生产的东西，把科学看得特别高尚，好像为科学而科学是最高尚不过的事，而服务于生产似乎辱没了科学。其实这是自欺欺人的思想，它在资本主义社会里是资产阶级学者掩饰其为资本家服务的遮羞布，在今天我们的社会里是用来掩盖资产阶级个人主义的，因此我们认为这种思想还是过去殖民地半殖民地时代的一个特点。

当然，我们说生产决定科学的发展，意思绝不是说科学可以落在生产后面，或者说，因为生产还不够发达，就可以不迅速地发展科学，而在发展我国科学事业的问题上作出保守主义的结论。恰恰相反，当生产已经向科学提出要求的时候，科学可以而且应该来个“大跃进”，走在生产前面，为生产开辟新的途径。

从对科学和生产之间关系的正确理解，得出的结论是科学必须为生产服务。这一原则今天口头上反对的人是很少的，但实际上有些人是想不通的，他们口头上拥护这个“原则”，但灵魂深处、思想深处，还是为个人服务，为科学而科学。我们现在对这种资产阶级个人主义思想展开批判，目的就是要解决这个问题。希望经过这次运动，绝大多数科学工作者真正做到搞通思想，不是在表面上接受这个原则，而且心里也这样想。这样，工作一定可以做得更好，一定可以为社会主义作出贡献。

但是，我们应该看到，即使为社会主义建设、为生产服务这个问题解决了，的确是诚心诚意为社会主义建设服务了，问题还不能说得到了最后解决。还有一个如何服务得好的问题。这就是说在这里还有两种方法的问题：是多快好省呢，还是相反。在确立了为社会主义建设服务的目标后，这个问题是不能不想一想的。这个问题比较复杂。最近上海科学工作者在科学和生产、理论和实际的讨论中的问题，大多数是这个问题，但其中也有属于这两种方法性质的问题。问题复杂的地方是科学应该为今天的生产服务，也应该看得远些，为明天的生产服务，可以直接地为生产服务，也可以间接地为生产服务。而且各门科学有各门科学的特点，每个从事科学工作的人，又各有各的条件、专长，理想、志趣等。因此，在具体研究某个题目该不该做时，就不容易一下子作出结论。但是尽管这个问题比较复杂一些，我们还是可以有明确的答案的。原则上是多、快、好、省四个字，具体的结论要根据这个原则来研究。在这个问题上我们是可以找出标准来的。在研究这样问题的时候，要有理论的指导，要澄清各种糊涂思想，取得一些比较高明地看问题的看法。例如，在自然科学中，什么叫理论的问题，听说在上海的科学工作者当中就有不同的看法。有人认为只有用力学的或是物理学的原理来说明自然现象才能叫做理论，而另外有人主张，只要研究出一点前人未知的东西，就叫理论。这样的问题，就值得我们结合具体工作进行研究，得出正确的结论。

我们国家现在已经有了鼓足干劲，力争上游，多快好省地建设社会主义的总路线。这条总路线是照耀我们当前各项工作的灯塔，是照耀科学工作的灯塔。在这条总路线的灯塔的照耀下，我们应当在党的领导下调动一切积极因素，采取最有效的最迅速的方法来发展科学事业，我们的科学工作要有为社会主义建设服务的明确的目的性，不要为科学而科学、为个人服务的科学；我们要充分发动群众，坚决走群众路线，不是只依靠少数专家（当然我们还是要重视专家的作用，但必须改造专家的思想，要求专家同群众结合）；我们主张科学工作必须有组织有计划地进行，正确地使用人力和物力，不是采取自由散漫的资本主义的方法听任科学力量浪费。要对科学工作给予极大的支持，为科学工作创造良好的条件。同时，我们主张勤俭办科学，而不是浪费办科学，我们不是要慢慢地跟上去，而是要迎头赶上。在这些问题上研究科学在不同社会制度下发展的规律，对更加清楚地认识这些问题是有好处的。1957 年年末，我参加中国科学院代表团到苏联访问，见到苏联党中央的科学与高等学校工作部部长吉里宁同志。他的谈话使我对苏联发展科学事业的方法有了比较深切的了解。他告诉我：苏联准备在 3 年多的时间里，在新西伯利亚城附近盖起一个科学城，一下子要建立 12 个研究所（那是当时已经确定了的，他说还有一些研究所没有最后确定）。这样苏联就在东方建立起一个强大的科学中心。他告诉我，这个科学中心建立的经过是这样：在苏共开第20次代表大会的时候，党中央指出在苏联科学力量的分布方面有一个重要的弱点，苏联的科学力量差不多全部集中在列宁格勒、莫斯科、基辅等几个大城市中，而辽阔的东方科学基础很薄弱，提出要改变这种情况。会后，苏联有些著名的科学家，其中包括一些院士和通信院士，主动地提出愿意到东方去，用自己的行动响应党中央的号召。苏共中央支持科学家的意见，提出于3年时间内在新西伯利亚建立一个强大的科学中心的计划。这样的事情在资本主义国家是不可想象的，苏联为什么能作出这个事情呢？首先就是因为苏联是一个社会主义国家。只有社会主义国家，才能这样集中、坚决、有计划地来办这样大的事情，只有在社会主义国家，才有这样自愿放弃原来舒适的生活环境、放弃长期经营起来的实验室、跑到比较偏僻的地方去开辟科学基地的科学家。吉里宁同志告诉我，在1957年夏天，那个地方还是一片森林。3年之内要盖起以10多个研究所为中心的一个科学城。在这个城内除了科学研究所以外，还准备建立一所大学，发掘那里的科学家在教学方面的潜在力量，并且使当地科学家的子女有机会不必到远处就可以入学。除了这个大学以外，还打算建立两所十年制的中学、许多小学、电影院、食堂、城市交通工具等，所有的建设要在两年多的时间内完成。

在如何发展我国科学事业的问题上，是有很多学问的，不好好研究就不会理解得深透。对这些问题理解得深透与否，对一个自然科学工作者来说也很重要。对这些问题认识得清楚，对实现科学工作改革是很重要的。因为要实现这种改革，必须依靠大多数人的自觉。大多数人自觉了，少数人就跟着走了。无论做什么事，有了多数人的自觉，事情就一定可以办好。

在我们中国，8年来科学发展的速度也是很快的，而今后，在党中央提出的多快好省，鼓足干劲，力争上游的总路线的指导下，科学事业的发展同以前几年的发展又不能相比，我们国家的科学事业发展的速度将是历史上空前的。现在，各方面的积极力量都开始调动起来，不仅中国科学院、各高等学校、各政府部门的科学研究工作都在迅速发展，而且全国各地方的科学研究工作也以前所未有的速度创立和开展起来。据最近报道：陕西、云南、江西等许多省都成立了科学院分院，建立了一系列的研究所，更多的省成立了科学工作委员会，而且不仅各省办科学，连县办科学的先进事例也已出现了。据《人民日报》上的消息，湖南省的湘潭县就已成立了农业科学研究所，这个研究所分五个部分：第一部分展览馆，里面收集了大量的野生饲料、经济作物和特产、各种肥料、矿产和新式农具；第二部分是畜牧场；第三部分是气象台；第四部分是旱土作物试验田；第五部分是水田作物试验田。这样的县现在已经不止一个。昨天我去嘉定县一个合作社，叫建新一社，那里的同志在科学工作方面的干劲也很大。听说山东省掖县有个合作社，科学研究就办得很不错。现在全党办科学、全民学科学的局面正在形成，这是件了不起的事情，上上下下大家一起动手，那事情就好办了。这种现象在资本主义制度下是想象不到的。在群众当中蕴藏有无穷无尽的智慧，他们的积极性、创造性发动了起来，开动脑筋研究科学技术，就可以在各方面推动科学技术的发展，可以解决许多同生产直接有关的科学问题，可以迅速提供许多供进一步整理研究的科学资料，可以提出许多重要科学问题，推动进一步的研究工作，可以为科学研究的发展创设各种有利的条件。在最近的生产大跃进的高潮当中，已经出现了一大批从群众中来的科学技术创造者，一大批工农的科学技术专家给了我们很大的信心。上海的双比展览会给予我们很大的教育。我们一定要相信群众，打破迷信，打破人们在头脑中的民族自卑感和劳动者的自卑感。我们不要妄自菲薄，我们有群众性的技术革命运动，又有苏联和人民民主国家的援助与合作，我国科学事业发展的速度，会超过任何资本主义国家，我国的科学事业在党的领导下面，将一日千里的发展，10 年内接近或赶上世界先进科学水平的任务是一定能够实现的。

三

科学工作改革还有另外一个方面，就是研究学问，不论社会科学还是自然科学，都应该接受马克思列宁主义的指导，接受辩证唯物主义哲学的指导。

在自然科学工作者当中，有的人主要搞实验，他们对哲学的看法是，哲学同我的关系不大，重要的是熟悉有关的文献，掌握实验技术。最多再加上对有关科学理论问题有比较好的了解就差不多了。学习哲学同自己似乎没有什么关系，一般对哲学没有多大兴趣。当人们告诉他们辩证唯物主义对他们的工作有指导意义的时候，他们口头上也许表示赞成，但很多人在内心是不以为然的。

在自然科学工作者中，还有另外一些人，他们主要从事数学计算。他们的工作是通过数学的计算，证实自己的某个设想，解释某个实验现象。有一种观点在这些人中是比较流行的，即他们只注意计算，很少作理论的思考。试试碰碰是他们比较习惯的方法。

资本主义社会里的自然科学工作者，如恩格斯所指出的，有一个比较普遍的缺点，那就是不善于作理论的思考，眼光比较狭窄，方法比较死板。但是做科学工作没有理论思考是不可能的。要研究就要有方向，而选择方向一定要有理论指导，否则就根本没有方向，盲目地干。许多科学工作者，吃方向不明的亏是很大的。几年来东抓西抓，一事无成，或事倍功半的情形是很多的。同时要研究科学总要有概念。科学理论的发展往往是废除或修正旧的科学概念，建立新的科学概念。不只是形成概念，而且要经过分析、综合、推理，从经验事实中，找出规律来。而正是在形成概念、进行推理和判断中，科学家吃了不能自觉掌握唯物辩证法的思想方法的亏，不善于从大量的实验材料中，很好地抓住问题的关键，找到事物最本质的东西，然后进行研究，解决问题，把我们对自然界的研究推进一步。这样就出现今天自然科学理论思考落后于实验的状况。但是不进行理论思考又不行，而正如恩格斯所指出的那样，自然科学家要从事理论思考，就必须运用哲学观点，科学家如果不能自觉地掌握正确的哲学——辩证唯物论，就一定会被流行的、最蹩脚的唯心论哲学所俘虏。例如，实证主义的哲学，对物理学的发展所起的妨碍作用是显著的。在资本主义社会，自然科学家的这种思想方法的弱点，对我国大多数科学家来说也是存在的。我国科学工作者应该努力改变这种状况，不仅要培养理论兴趣，而且要在从事理论思考时，掌握唯物辩证法。

资本主义社会的自然科学工作者，特别是研究同生产联系更直接的科学问题的自然科学工作者还有一个显著的弱点，那就是不能根据复杂的、不断变化的条件来研究科学问题，而只懂得采用把许多复杂因素去掉，孤立地在“纯粹”的条件下进行研究的方法（这种方法当然是可以采用的），不懂得更应该在复杂的条件下进行研究，对事实进行分析综合的办法（这种方法在农业中无疑是比较重要的）。因为农业的因素非常复杂多变，找到纯粹的因素几乎是不可能的。这种情况十分妨碍这些科学工作者在生产中发挥作用。他们有时提出的建议，对生产不但没有帮助，而且还有妨碍。最近许多科学工作者下厂下矿后得到的一个体会，就是接触到许多在实验室里接触不到的问题，学会了许多在实验室想不到的方法，这就说明了这一点。在这里存在着形而上学的方法与唯物辩证法方法的对立。

自然科学家轻视哲学是会受到惩罚的。既然搞科学研究工作要用脑子的，如果受了唯心论的影响，脑子就会用得不对头，如果有了马克思列宁主义的哲学头脑，用起来就可能对头一些，脑子是个加工厂，如果用得得当，劳动生产率就高，产品就多、就好，用得不得当，劳动生产率就低，产品就少、就差。

但是，在这方面，不少自然科学工作者不服气。有的人说：历史上有很多大科学家，他们就没有学过马克思列宁主义，但也取得了伟大的科学成就，成为大科学家。可见学习不学习马克思列宁主义，对科学研究来说没有多大关系。他们说：马克思列宁主义，对于研究社会现象是很重要的，世界上许多国家革命的胜利、我们国家革命和建设的胜利确实证明了马克思列宁主义在领导社会斗争上的伟大成功；但是对马克思主义在自然科学研究中的指导作用却表示怀疑。对这样的人，我们想告诉他们说：历史上和现在的资本主义国家中，的确有一些卓越的自然科学家，他们没有学过马克思主义哲学，可是在自然科学上有很大的成就。但是，对所有这些科学家的世界观加以分析，就可以看出，这些人之所以能在自然科学上有成就，是与他们至少在自然科学研究的领域中接受了唯物主义世界观分不开的，现代的许多自然科学家的世界观，还可以看到明显的自发辩证法的因素。自然科学家的这种自发的唯物论和辩证法的立场，是很容易理解的，因为自然科学本身不断在产生唯物论和辩证法。但是从对所有这些人的世界观的分析中，又可以看到，正是由于这些人还没有自觉地掌握辩证唯物论，因此常常不能抵挡唯心论和形而上学的侵蚀，接受唯心论和形而上学的影响，并且可以清楚地看到，这些唯心论和形而上学影响限制了他们的自然科学的成就，并且往往把他们的思想引入迷途。这就表明，自然科学家如果自觉地掌握辩证唯物论，将使他们在自然科学上获得更大的成就。我们相信，随着辩证唯物主义在全世界的日益胜利，随着自然科学日益接受辩证唯物主义和抛弃唯心主义的影响，自然科学将越来越顺利的发展，马克思主义哲学对自然科学的指导意义，将同它对社会斗争的指导意义一样，得到光辉的证实。

当然，明显的由于自觉地掌握了辩证唯物论，因而在自然科学的研究方面取得突出的成就的实例，在今天我们中国还不多，还很少有人能说出这方面的亲身体会。但是我们却坚信这是真理，坚信掌握了辩证唯物主义，在科学研究上就可以取得更大的成就。我们为什么这样坚信不疑呢？这种坚信是否“科学”？我认为是完全“科学”的。哲学既然是从社会科学和自然科学中抽取出来的，就应该对两者都适用。哲学用于社会科学上灵，用于自然科学上就不灵是不能想象的，也是在理论上说不通的。真理是可以通过理论思考来获得的。检验真理的标准是实践，但是并不是一定要实践过的才是真理。例如，在马克思、恩格斯写《共产党宣言》的时候，他们就宣告无产阶级一定要胜利。当时相信这种看法的人很少，但是马克思、恩格斯确信无产阶级一定胜利是真理。这个真理在十月革命胜利后证实了，但是还是有不少人至今不相信，他们要有更多的事实才会改变看法。又如，当我们中国共产党成立时，我们没有一支枪，没有一个乡政权，也没有一家工厂，但是我们却说，无产阶级革命一定要胜利，帝国主义、封建主义这两座大山一定要推翻。今天这已经成为事实，可是当时相信的人也是少数。这就是说任何真理，有人认识得早，觉悟得早，对这样的人用不着等到看到结果就坚信不疑，但是会有一些人觉悟低，要到后来事情十分明显的时候才相信。我们搞科学工作的人，应该是懂推理的人，应该相信辩证唯物主义哲学对自然科学的研究工作有很大的作用。

当然，对一些怀疑辩证唯物论对自然科学研究工作会起十分重要的作用的人来说，最好能更多、更具体地举一些正面的实例来说明。我想最好的办法是开一些座谈会，请一些辩证唯物主义学得好，而在自然科学研究工作上又取得重大成就的人来谈谈自己的体会。我想这样做是有好处的。我们不是爬行的经验主义者，非要亲眼看到才相信，那么，我们应该承认这一点。对一些爬行的经验主义者，非要看到了才相信，甚至看到了还不相信的人来说，我们只好等待他们的觉悟。这些人只能发现一些早已被人证明了的真理，这也没有办法要他马上改变自己的看问题的老习惯。

我们现在主张搞自然科学的人要管哲学问题，自然科学家应以科学家的身份进行哲学问题的研究。当然哲学家也要以哲学家的身份来研究与自然科学有关的哲学问题。开展这样的研究很有好处。有争论不应该回避。例如，遗传学中的哲学问题是有争论的。1956 年青岛开了遗传学会议，我刚好在青岛，他们叫我讲话，我也讲了一点。讲话中我曾主张，摩尔根学说究竟是不是唯心主义或者这个学说中哪些地方是唯心主义的问题，是个生物学中的哲学问题，应该展开讨论，有不同意见就应该“百家争鸣”。遗传学中有单纯生物学的问题，如实验做得对不对头、实验结果是否可靠、对实验结果应作如何解释等，但其中还包括哲学问题，这就是这个学说中有没有违背唯物论和辩证法的地方，科学问题上应该争论，哲学问题上也应该争论。你说摩尔根是唯心主义，我说它不是唯心主义，是唯物主义，可以争论一番。会后到现在已经快有两年了，对生物学中的哲学问题，谈得很少，大家好像有些回避这个问题，我们觉得这样不是很好。回避争论不好，这对科学的发展没有好处，还是根据科学事实展开争论要好得多。在各方面讨论活跃一些对生物学的发展是有帮助的。

最后我想在这个会上，对上海的哲学和自然科学工作者表示几点希望：希望大家“共襄义举”，把自然辩证法的研究工作推动起来。这门学科在我们国家里是非常薄弱的，也可以说是个空白学科。中国科学院哲学研究所这个组的专职研究人员，只有几位青年同志，只办了一个刊物，《自然辩证法研究通讯》季刊总共已经出了 6 期，过去没有公开发行，打算尽快公开发行，其他事情几乎没有做。但是，我们从社会主义建设的需要来说，一定要把这门学科建立起来，不管建立工作有多么大困难，只要干总是可以搞起来的。这个责任给了我们大家。这是个总的希望。

具体来说，怎么个搞法呢？我觉得第一步，还是结合整风议论议论有关科学和阶级斗争、科学和生产等问题。当然，形式可以是各种各样的，不一定都要开像今天这样的会来议论。只要大家在工作中注意这方面的问题，来学习这方面的问题就行了。其次希望考虑，注意对有关马克思主义哲学对自然科学的指导作用问题上的错误思想展开批判。

此外，还有一个情报和翻译工作，希望大家来做。现在有关原苏联自然科学方面的哲学文章相当多，直到现在我们也没有能够经常及时而大量地把苏联的文章翻译过来，我们希望多翻译，凡有关科学家要看的都应该介绍。

这个翻译工作比较困难，不是这方面的工作者不容易翻译出来。另外，我们还想翻译资本主义国家的古典自然哲学的书，这方面的书不少。许多外国科学家到了年老的时候就写上一本或几本哲学性质的书，这种书很有影响，因为这样的人在自然科学方面有成就，写出来有很多人相信，这些东西我们想翻出来，其中错误的东西应当批判。最近资本主义国家还出许多这方面的书，这样的书不一定都要翻出来，但是需要找一些人把它的内容介绍一下，这也是科学情报工作的一个部分。翻译出来的书上面都要有一篇序，特别是唯心主义的书，没有一篇序，读者缺乏指导，那是不好的。当然我们在这方面可以做的工作不止这些，我们先从比较容易做的事情做起，我想，要不了很久，在哲学的这个领域，一定会有一个显著的发展。现在各方面的工作都在跃进，这个与自然科学工作思想有关的、与自然科学研究工作有关的学科，也应该来个跃进。

在 1956 年青岛遗传学会上的两次讲话*

一、8 月 10 日

这个会虽然是个座谈会，人不多，但很重要。“百家争鸣”的方针提出后，报纸杂志对什么是“百家争鸣”讨论得很多，但真正的“争鸣”却很少。这次已经“鸣”了，可以算是党提出“百家争鸣”后第一次重要的会议。同时看到这样的情况，过去的遗传研究工作比较薄弱，科学院只有研究室，没有研究所；学校里只有专门化，没有专业。但这门学科又很重要，是生物学的基础，牵涉到很多其他学科。遗传变异的问题、种的问题都是生物学上的基本问题、基本概念，在理论上对生物学是很重要的，而在实践上对农业、畜牧业也都很重要。这次会议是“百家争鸣”的开始，应该对这次会议的重要性有比较高的认识。

现在，遗传学的研究是有困难的，很多重要问题没有得出结论。生物学虽然是一门相当古老的科学，但有些基本问题还不像物理学那样已经得到解决。生物学的一些基本问题到现在仍然是全世界争论的问题。当李森科辞职后，中宣部约苏联专家齐津院士座谈，问苏共中央和苏联科学院有什么决议没有，他说，还没有。看来确实是没有，还是个有争议的问题。

---

* 本文原载《自然辩证法研究通讯》，1980 年第 5 期。

“百家争鸣”的方针陆定一同志已解释得很明确了。其中最尖锐的一个问题是“开放唯心论”的问题，也就是唯心论也有学术言论的自由，因为学术和政治问题不同。政治上的反革命是没有自由的，而在学术上则应该容许有发表唯心论的自由。有人认为马克思主义不赞成唯心论，把它放出来会产生坏的影响，说：“把唯心主义的老虎放出笼来，会咬人。”但实际上，假如没有老虎，就不会有武松，这是个政策界限。唯心主义本来就存在，不让它宣传是不行的，只有通过争论，才能明确真理。实际上，这样做还保证了唯物论有很好的发展。如果不让唯心论有“争鸣”的自由，那么 100 家中有 50 家搞唯心论的就去掉了，而剩下的 50 家搞唯物论的当中，也会有 25 家不能痛痛快快地发表意见，这样就很容易产生教条主义。陆定一同志做了那个关于百家争鸣的演讲，反响是很强烈的，但目前还没有发现承认自己是唯心论者的人起来争鸣，有的还都是站在马克思主义旗帜下来争鸣的。争论得越多，我们就越高兴。我们认为，即使有些东西说错了，从哲学说是属于唯心论的，也没有什么可怕，没有什么不好。不过事实上，现在许多人发表的意见主要还是唯物论的东西，唯心论的东西还是很少的。

有位先生说，党这回提出“百家争鸣”，我们新中国成立几年中学唯物论不是白学了吗？北大的贺麟先生给他作一些解释说：“不见得这样。过去我们多年学唯心论的人也并没有因为党提出‘开放唯心论’就站在唯心论的立场上弹冠相庆。党提出这样的方针使我感到更有学术自由，感到共产党气魄大。正如毛主席所说：‘不入虎穴，焉得虎子’。唯物论会得到更大的胜利。”贺麟先生的这种体会相当有代表性，“开放唯心论”的主要作用是使得大家敢于独立思考，有创造性，这样做，对反对教条主义，发展唯物论是很有利的。

我要声明一点，我在这里讲开放唯心论，并不是因为我认为现在遗传学的两派当中有一派是唯心论，还可以让这一派唯心论开放出来。不是的，我没有这个意思。我并不简单地认为摩尔根派就是唯心论，米丘林派就是唯物论。我的看法不是这样。我不理解为什么承认有遗传物质的就成了唯心论，我认为遗传有一种特殊的物质，即使有什么错（我认为这并不错），也不能说是唯心论嘛！以前基因完全是一种假说，有相信的，有反对的。相信基因的人拿不出什么有力的证据，就不那么理直气壮。最近听说现在外国已经找到了几种什么物质，叫做 DNA 和 RNA 的，同遗传有直接的关系。因此，承认基因的人又多起来了。如果摩尔根派有值得商榷的地方，我看获得性不能遗传、环境对生物的进化只起选择的作用，也许可以算是一个问题。环境和有机体的统一，我觉得似乎有道理。外在东西向内在东西转化，应该是有道理的。但这是一个科学的问题，一个可以研究的问题，究竟怎么样，要根据事实来决定，要由科学研究来解决，所以我只能说“似乎”怎样怎样，不作数的。不过在作出结论前，我认为我这么想一想还是可以的，我不赞成把摩尔根派的观点说成是唯心论的，李森科的书就是这么写的，我看这不好。我们要贯彻“百家争鸣”的方针，不采取他们这样的办法。有人说李森科写文章写书有哲学顾问，我看李森科的这位哲学顾问辩证唯物论的水平不高明。比方说，在李森科的书里，有一个论点，叫做“偶然性是科学的敌人”。他就根据这个论点指责别派在遗传理论上重视偶然的变异是反科学的。其实，懂得唯物辩证法的人都知道，偶然性和必然性是辩证法中的一对范畴，它们是互相结合在一起的。恩格斯说过，必然的东西是通过无数偶然的东西来开辟自己道路的。马克思和恩格斯都是很重视达尔文的功劳的，恩格斯就说达尔文的理论在实际上证明了黑格尔的关于必然性和偶然性的内在联系的见解。怎么能说“偶然性是科学的敌人”呢？最多只能批评人只讲偶然性不讲必然性，或者崇拜偶然性轻视必然性。可是在李森科的书里，明明白白地写着“偶然性是科学的敌人”这样的话。

我在这里讲“开放唯心论”的思想，讲的是党的一般方针，它说明我们学术自由的尺度是连唯心论的学术论点都可以讲，别的学术观点那就更不用说了。

这里有一个问题，究竟应该怎样看待“学术与政治”的关系问题？是否仅学术上有自由，政治上没有自由？前些日子，中宣部科学处开了一个哲学社会科学学术刊物编辑会议，会上有人提出争鸣到政治问题上怎么办？周扬同志在会上做了发言，说这用不着怕。我也认为不要害怕，学术上有自由，政治上也是有自由的，谈学术问题不联系到政治是不可能的。学术上与政治上的问题有些不同，政治上争鸣是政治上的批评，学术上争鸣是学术上的批评。“百家争鸣”是扩大自由，这和国家的社会主义建设事业的胜利有关系。过去所谓国家社会主义建设越胜利，阶级斗争越尖锐的提法是错误的。剥削阶级快消灭了，就只剩下剥削阶级的残余，剩下少数反革命分子。这使得我们有可能扩大自由的范围。“百家争鸣”不是新政策，但是在这个时候强调提出来，是有时代背景的。

有“争鸣”的自由，人家也有辩论的自由，“百家争鸣”与“百花齐放”不同。我们不能对京剧和越剧作个比较，说京剧好，越剧不好，或者说越剧好，京剧不好，一定要争个是非曲直。“百花齐放”嘛！在京剧、越剧问题上并没有是非曲直问题。但是学术观点是有争鸣的，特别是涉及唯物唯心的方面，就会有谁对谁错的问题。当然也有实际上观点是一致的，只是各自强调一个方面，不同的意见并不存在谁是谁非，而是互相补充的意见。我们就把这叫做“百家争鸣”。

还有人说，现在提出“百家争鸣”了，批评家应该休假 2 年。这并不对，批评家也是要争鸣的。“百家争鸣”的百家中应该包括这批评家这一家。

争鸣的方法很重要。假如大家听到某一个人发表一种不能接受的意见，该怎么办？是否照孔夫子说的那样去做，“小子群起而攻之”？我们开展学术争论不应该这样做。比如，这次我们开遗传学座谈会来开展百家争鸣，在讨论学术问题时，要坦率、尖锐，只有这样才有利于提高科学水平，解决科学问题。这点竺可桢副院长、童弟周主任刚才都谈过了。同时，我们主张讨论问题要有学者风度，我要特别强调一下这个。为了追求真理，应该要客观，说话要有事实根据，说理应该冷静。鲁迅翻译日本的一本杂文，里面有一个小故事，说有两个人看到地上有一个黑的东西。一个人说是虫子，另一个人说是豆子，双方争执不下，结果这个黑的东西动起来了，认为是虫子的人说，这个黑的东西爬起来了，一定是虫子，但认为是豆子的人还坚持说会爬会动的还是豆子。其实，不用等虫子爬起来，只要蹲下来仔细地看一看，早就可以明白究竟是虫子还是豆子了。应该蹲下去仔细看一看，不要高高在上。保持学者风度，这在科学界是有着好的传统的，但不是任何时候都能保持住。根据不充分就更要特别冷静，应该保证“争得好”。对过去的一些批评，有人觉得可怕，觉得往往不那么讲理。其实批评并不可怕，问题是一定要讲道理，不要随便给别人扣唯心主义的帽子，更不允许随便给别人扣政治帽子。当然不一定能保证所有的人都能做到这样，我们大家也要注意假如有人讲得不都恰当，或者没有做到很冷静，也不要介意，说点错话也没有什么了不得的，发言要坦率、尖锐，同时要有学者风度，这两点并不是对发言者实行限制，而是我们向参加讨论者提出的要求。打球要有球规，百家争鸣也应该有争鸣的规则。我们没有这种规则，因此过去个别同志、个别单位曾经有做得不够恰当的地方，以后我们应该注意克服这些缺点，并且不断总结经验，使得我们的争鸣越来越好。

为了贯彻“百家争鸣”，党决定，对学术问题党不作决议，让科学家自己讨论。科学机构如果要作结论，也要很慎重，何况党呢？党要领导学术，保证学术发展，但对学术问题最好不要去做结论。原苏联李森科问题，从党的工作方法的角度来看，是个教训，党管得太多，科学家就会不高兴。德国共产党要德国斯徒柏教授拥护李森科，他不拥护，让他到原苏联去参观，想通过参观使人改变观点，结果，参观之后他还是不拥护李森科的观点，这位教授在政治上是很进步的。德共中央宣传鼓动部部长跟他是好朋友，结果因为这个事彼此见面都很难为情。我们不采取他们的做法。我们的方针是贯彻“百家争鸣”的方针，支持科学事业的发展，给科学家造成工作上的便利，替科学家服务。

具体领域中怎么“争鸣”，研究工作、教学工作上怎样做，现在还没有经验，希望能从这次会上创造点经验。

谈谈“学派”的问题。什么叫“学派”？“学派”与“宗派”有什么不同？学派是按照科学的观点、方法、风格的不同形成的学者们的结合。学派要讲科学态度。搞得不好，不讲科学态度，有成见，就会变成“宗派”。我国在遗传学的领域是存在不同学派的。目前由我们中国人自己建立的遗传学派还没有，我国的不同学派是由于外国存在不同的学派而形成的。赞成不同的外国学派，在我国新形成不同的学派。有的教授还主张建立中国独创的学派。在这个问题上不能过分强调爱国主义。我们应该从科学道理上讲，而不能强调爱国不爱国的问题。我们想提这样一个问题：我们对学派究竟抱什么态度？我觉得建立学派这样的事，不要勉强。我认为学派是自然形成的，在形成前，勉强扶植是扶植不起来的。也许学派在形成前可能就存在有若干不同的学术倾向，这种情况应该允许。在不同的倾向的基础上，可能进一步形成不同的学派。但也有这样的可能，即在科学研究过程中，学术讨论过程中，不同倾向慢慢地接近起来，会殊途同归。即使不同的学派，甚至在一个时期内两个学派对立得很厉害，这种情况，是不会一直这样下去的，两个学派的对立总是一种暂时现象，科学的目的是求得真理，提倡不同意见的争论，但目的是要求取得一致。允许不一致，力求经过争论、讨论和科学实践取得一致。但在一些方面上取得一致后，又一定会在另外一些方面出现新的不一致，经过讨论、争论、研究，然后再取得一致。如此下去，这是辩证法。既互相对立，但不成为壁垒，又互相渗透，因此，各个学派的目的是要解决问题，而不是成立学派，学派在争论中会自然形成，可以起积极作用。

依我看，遗传学的两个学派应该互相学习，互相补充。从哲学的观点看，我对这两派有这样的看法。米丘林派应接受有遗传物质的看法，承认有遗传物质不是什么唯心论，不是什么形而上学。特别是最近有了 DNA、RNA 等发现之后，更要这样，不要不顾科学的发现，坚持原来对摩尔根的那种批评。摩尔根派似乎也应该考虑环境和有机体统一这个观点，应该研究这种统一除了通过选择达到之外，还有没有别的途径。在我们国家里，米丘林派的遗传学者做了一些实验，对实验的结果，我们总是应该给予尊重的。

研究工作如何做，研究机构如何设立，都需要根据“百家争鸣”的精神加以研究解决。可能在一个研究机构里，对遗传学的指导思想有不同倾向，在这样的研究机构里属于不同学派的学者，可以经常在一起工作，一起争论，这样也有好处，思想不会凝固。有的研究机构的学术领导在思想上只有一个倾向，清一色地属于某一个学派，那也不要紧，我认为这样的研究机构也要支持。也可能有这样一种情况：原来这儿研究机构的业务指导思想是某一学派的观点，以后底下有人的想法变了，从一个学派的观点转变到另一个学派的观点，这也是允许的。不应该把他排挤出去。这是学术思想上的转变，不是政治上的“叛变”。

这里有两个问题：一个是政策界限的问题，那就是要保证学术研究的自由。比如说，有一个研究人员，他想研究某一个题目，别人认为这个题目没有什么意思，不会研究出什么好的结果来。听到这样的意见，这个人当然应该认真考虑别人的这些意见，但是考虑的结果是，自己仍旧认为应该坚持，只要国家财力物力上许可，那还是应该允许他那样做。这是研究探索，谁敢绝对判定他想做的一定失败呢？不过我们应该把题目选得好一些。光有“百家争鸣”不行，还要有计划、有组织、有更好的方向，做出更好的成绩出来，达到国际水平。不少科学家中有一个抗潮流的问题，只有一个人坚持的意见，有时也可能是对的，所以应该注意保护少数人的意见。

为了保证学术上的“百家争鸣”，在科学工作中，有些制度要严格些，如原始的实验材料的保存工作，一定要做好。这本来是科学工作中的好传统，我们应该坚持。有时争论方对你的试验有怀疑，可以让他检查自己的原始材料。有些争论就因为缺乏原始材料，争论时候拿不出确凿的事实，因而争不出结果。对于有些试验结果，在进行中可以欢迎别人去参观、考察，特别是欢迎反对派去参观、考察。这样做我想是会有好处的。例如，有人说春化是可逆的，有人却反对，那就让反对的人去参观，考察自己的春化试验，当场能解决问题。如果能做到这样，那就很有好处，不然植物遗传实验是很花时间的，农作物的实验往往一耽搁就是几年，不采取些办法很难迅速得出结论。我们是唯物论者，判断一个观点正确与否，最后的标准还是事实，还是实验数据。

任何能够站得住脚的科学结论，有两个特点：一个是事实可靠，一个是合乎逻辑。这就是说，我们一定要避免事实的错误，同时还一定要注意推论或者作结论不要违反逻辑。在这里，辩证唯物主义的哲学，可以给自然科学工作一点帮助。

教学方面有一点是和研究不同的：那就是教学应该全面向学生传授有关这门学科可靠的知识，介绍这门科学最高最新的研究成果。而研究工作是探索未知，在研究过程中，不可避免地总会发生一些错误。但是教学和研究有一点是相同的，那就是都应该提倡创造性。大学教授不应该是“教书匠”，教书不是放“录音器”。

关于教学计划、教学大纲问题，这次会上可以交换意见。什么学校教遗传学用的钟点可以多些，什么学校少些，多的怎么讲，少的怎么讲，大家交换意见后，由高教部作出决定。遗传学既然有两个学派，在教学大纲中应该规定客观地介绍两派的工作和观点，当然，属于某一派的遗传学家讲课时总是带自己的倾向性。应该允许，事实上也不可避免。

我想多参加几天会，听听各位同志、各位先生的意见，并且希望有机会再专门谈些遗传方面的哲学问题，让大家批判批判。

上面所说的都没有和其他人商量过，仅是我个人的意见，只供大家参考。

二、8月20日

原来打算对生物学中的哲学问题讲一些意见，可是觉得在遗传学问题上发表某些肯定的意见难度不小，因为这要求掌握这门科学的基本事实，而且要求不带片面性。我认为自己现在做不到这一点。我不想像原苏联马克西莫夫那样写关于相对论的哲学文章对爱因斯坦进行批评，这种批评我看对物理学没有帮助，只会造成思想混乱，妨碍自然科学的发展。我们宁肯要一个爱因斯坦，而不要100个这样的哲学家。哲学对科学会起指导作用，因此负有很大的责任，绝不允许随便对科学家进行批评。

马克思主义的灵魂是对具体问题进行具体分析，不仅从事科学研究的人要遵守这一条，从事哲学研究的人也要遵守这一条。自然科学问题的解决有时需要对实验结果、理论分析的结论进行讨论，甚至进行争论，这种讨论应该由科学家自己来进行，我们党不准备做什么决议。我们党不想像原苏联的党那样去干涉遗传学的争论，作什么关于遗传学的决议。原苏联在遗传学问题上党支持李森科一个学派，就特别被动。科学问题还是科学家最了解，就是在科学家中间，也不是多数人的意见就一定对，因此，一定要允许少数人坚持自己的意见。科学问题不能采取表决的方式来解决。

许多科学问题与唯心唯物的争论无关。自然科学与哲学的关系有三种情况。

1）纯粹的自然科学问题，如春小麦变冬小麦就是一个纯粹的自然科学问题。解决这样的问题靠我们去做生物学的实验。当然做这样的实验时，哲学的思想可能对生物学家有点帮助。但是不好谈春小麦能否变冬小麦是一个哲学问题。

2）与哲学关系比较密切的自然科学问题。在遗传学中，像遗传和变异的关系问题、获得性能否遗传的问题、有机体和环境的统一问题，是否存在遗传物质的问题等，我把它们归入这一类。这些是生物学中的基本问题，是自然科学问题，这些问题的解决也只有靠自然科学的研究本身的成果。但是在研究这些问题时，比较多地涉及哲学问题。哲学家对这些问题兴趣也比较大，讨论得也比较多，自然科学家在对这些问题发表意见的时候，自己的哲学观点发生的作用也大，这些问题及哲学问题的讨论与对自然科学的研究的关系就比较大。由于哲学范畴、哲学规律本来是从科学中抽取出来的，所以研究哲学问题不能离开自然科学。对生物学中的这些问题，哲学家也应该特别关心，从哲学的角度对这些问题作深入的研究。这样做对于提高哲学的认识是有帮助的。

3）与科学有关的哲学问题。例如，偶然性是不是科学的敌人，这样的哲学问题应当研究得更深入一些。这次会上我一开始就提出这个问题，似乎没有人反对我的看法。我觉得研究这样的哲学问题，对我们研究自然科学问题有很大的好处。弄清楚这样的问题，至少可以不受李森科这本书中“偶然性是科学的敌人”这样错误的哲学观点的影响。当然我们要研究的与遗传有关的哲学问题不止“偶然性是不是科学的敌人”这么一个，这一个问题其实在唯物辩证法中是早就解决了的问题，但是既然李森科书上的这个说法流传了这么久，我们在必然性和偶然性的问题上还要多做点研究，讲得更透彻一些，在这方面我们还要提出更主要的问题来研究。

处理这三类问题应该有不同的态度。第一、第二类问题是科学问题，应该由科学家自己来解决，第三类问题的解决应该是哲学家的责任。哲学家应该把哲学的命题讲清楚，不应该用如“偶然性是科学的敌人”这样错误的命题去给科学帮倒忙。会上有人提出哲学对科学的发展起帮助还是阻碍作用。这个问题，我的回答是“要看是什么哲学”。真正的辩证唯物论是会起帮助作用的，蹩脚的自称为辩证唯物论的哲学就会起阻碍的作用。科学家要取得哲学的帮助，不能像李森科那样请来一个或者几个哲学顾问，而是靠自己去学，自己去研究。自然科学家应该相信马克思主义的哲学，相信哲学家，和哲学家建立联盟。但是要学会鉴别好的哲学家和并不高明的哲学家，不能盲目相信有的哲学家。只有自己学了，才可以知道是否得到了哲学的帮助。到底是否得到帮助，要自己去体会，“如人饮水，冷暖自知”。作为一个辩证唯物主义者，我当然深信辩证唯物主义一定可以给自然科学的研究以很大的帮助，但是我不想强调唯物辩证法的哲学已经给自然科学的研究以很大的帮助。相反地我想客观地承认，大多数的科学家对哲学并没有认真学习过，甚至对哲学很厌恶，而这样的自然科学甚至也可以取得很好的科研成果，这样的例子谁都可以举出许多来，但是我相信科学家如果学到一些好的哲学，得到哲学的帮助，他的研究工作还可以取得更大的成就。恩格斯讲过，不管科学家喜欢不喜欢哲学，他总是受到一定的哲学观点的支配，不学好的哲学，往往就受蹩脚的哲学以至唯心主义的形而上学的哲学思想支配。好的哲学可以使我们少走弯路，少发生钻牛角尖、钻死胡同这样的事。

我们常说自然科学家在科学研究工作中作出成就总是不自觉运用了唯物辩证法的结果。这是不是一种“成绩归于我，缺点归于别人”的说法呢？不是的，这是事实。自然科学的唯物论中就包括辩证唯物论的成分。自然科学家没有学习辩证唯物论的，如果不受唯心论的影响，就往往是用这种自然科学的唯物论来从事自己的研究工作。不过这样的运用辩证唯物论是不自觉的，因此是不彻底的，运用哲学的水平要低些，如果做到自觉的应用，那么哲学对科学研究的指导作用就更明显了，就更大了。

一个科学家不学哲学，有时也会相信一些可笑的事情。我有一位小时候的朋友，将近 30 年没有见面了，在新中国成立前夕重新遇见他，这时候他已经成为一位有相当高造诣的技术专家。见面时，他送给我一篇“论文”，讲所谓假心理学的。全文是一个“实验”报告。这篇论文的作者把 26 张扑克牌弄乱，扣起来，然后让许多处在不同心理状况的人猜，最后统一这些人的当时心理状况和猜对的百分率之间的函数关系。其中有一个例子是，这篇论文的作者向一个准备来猜的小孩子许诺，如果他猜对了，就给他一笔很大的奖。这个小孩子急了，就跪在地下祷告，然后去猜，一猜，26 张扑克牌都猜对了。文章作者以此证明，一个人的心理可以达到这样意想不到的效果。我这位朋友在技术科学上是有相当高成就的，可是却相信这个。

列宁在学习黑格尔《逻辑学》时所写的《哲学笔记》开始就写道：“黑格尔关于逻辑学说得很妙：这是一种偏见，似乎它是教人思维的（犹如生理学是教人消化的）。”的确，哲学不是教人思维的。说哲学是教人思维的，会给人一个印象，似乎不学哲学，一个人就不会想问题，这是完全不符合事实的。一个人生下来之后，只要生活在社会里，长到一定年龄，他就会想问题，就像一个人不懂得生理学，他的胃也会消化一样。我们现在开的是遗传学会议。大家知道，一个人绝不是学会了遗传学才会生孩子。生理学、遗传学研究的都是生物学方面的客观规律，哲学也是研究思维的客观规律的，哲学不是教人思维的。不过，这么说是不是学生理学对消化没有用处了呢？不是的，学了生理学就会知道消化是一个怎样的过程，就会知道什么东西吃下去，会对胃发生怎么样的作用。由此懂得不同的人应该吃些什么，怎么吃法对消化有利，对人卫生。研究生理学、学习生理学，对于人的消化是有好处的。同样，学哲学也可以使人知道怎么样去思考问题，对正确认识问题有利，对人的思想“卫生”。不学好的哲学，不学辩证唯物论，或者虽然努力去学，却理解不正确，是把经学歪了，那么对人的思想来说，就容易出错，人的思想就不“卫生”。

我们提倡辩证唯物论，但是不赞成给某一科学学派，某一科学观点随便扣上一个唯心论或者形而上学的帽子。我认为随便给人扣帽子的人就不是什么好的哲学家。我主张以前给摩尔根派戴的那顶唯心论的帽子，从这个会起，从今天起，应该摘掉。我认为只有这样，才符合党的“百家争鸣”的方针。原来给摩尔根戴的帽子还不只是“唯心论”，而且是“反动的唯心论”。这“反动的”三个字更不只是哲学帽子而是政治帽子了。“反动的”这三个字当然更应该首先摘掉。不过我主张这里不只摘“反动的”三个字，而且连“唯心论”的帽子也一起摘掉，因为唯心论的帽子戴不到摩尔根派人头上。请注意我讲的是摩尔根派，不是讲这个派里的某个人的某种思想。我们知道自然科学家里，相信宗教的人很多，牛顿就信教，摩尔根派的祖宗门德尔干脆就是一个法国和尚，就相信宗教这点来说，这些人不能说没有唯心论，可是我们不能因为牛顿信奉上帝就说牛顿力学是唯心论，我们也不能因为门德尔是一个外国和尚，就说门德尔的豌豆实验是唯心论的。要给摩尔根派戴唯心论帽子就要有根据地指出摩尔根派的遗传学唯心在什么地方，应该对他们的哪些观点是唯心或者唯物的，哪些观点是形而上学的或者辩证的作出科学的分析。我不敢说摩尔根派的观点从哲学上说就一点唯心的问题、形而上学的问题也没有。我承认对这派的遗传学研究得不够。不过，我敢说，笼统地把摩尔根派说成是唯心的、形而上学的，是站不住脚的。我对米丘林是崇敬的，他写的东西我学过几本，有许多看法我很赞成。不过，米丘林派难道就一点缺点也没有？我看也难说。至于李森科的问题比较明显，“偶然性是科学的敌人”的说法，我一看就认为根本不行。不过据说那是他哲学顾问写的，或者也可以说是从外面加在李森科的科学工作之上的东西。李森科的许多科学工作，其实同这个哲学观点未见有什么关系。我主张哲学家对科学问题可以发表意见，应该发表意见。任何一个有意见当然可以发表，也应该发表。不过不应该随便给别人扣唯心主义的帽子。因为那样一扣，就是不许人讲话，持不同意见的自然科学家就不能进行研究工作了。

我还有一个看法，唯心唯物是哲学的根本问题。在研究自然科学中的哲学问题的时候，是要注意研究这个问题的。但是在研究自然科学中的哲学问题的时候，需要研究的问题很多，其中大多不涉及这个哲学的根本问题，而是在唯物辩证法的基础上提出的更深刻一些、更具体一些的哲学问题。哲学问题不限于唯心唯物这个根本问题。所以我们哲学家应该把自己的任务确定得宽一些。例如，对研究自然科学哲学问题的人来说，应该多研究一些辩证法的规律、范畴如何应用于自然科学的问题，研究各门自然科学的方法论问题。哲学要发展，研究自然科学的哲学问题是很重要的一条。我作为一个哲学研究工作者，了解到生物学、遗传学两个学派的争论，了解到苏联 1948 年会议和他们在这个问题上的那些做法，又在这 10 天中听了大家的许多议论，我认为应该给摩尔根派摘掉唯心论的帽子，这是符合客观实际的，因此是正确的，是必要的。听了这 10 天的讨论，我对上次讲的不应该给摩尔根派戴唯心论帽子的想法更加坚定了。

我还想说一说“偶然性是科学的敌人”这件事。这个会开幕那天，我说从这句话看李森科这个哲学顾问的辩证唯物论水平并不高明。那次我说，我们不能批评人家重视偶然性，最多只能批评别人只讲偶然性，不讲必然性，或者崇拜偶然性，轻视必然性。今天我还想补充一句，不光是崇拜偶然性、轻视必然性不对，崇拜必然性、轻视偶然性也不对。马克思就说：“假如偶然性什么作用也没有的话，世界史的性质就非常神秘了。”恩格斯在《自然辩证法》中就讽刺地说：如果认为昨天晚上 4 点被跳蚤咬了一口，不在 3 点也不在 5 点，恰好在 4 点，而且咬的是右肩而不是左腿都是必然性，就是把必然性降低到了偶然性。从恩格斯这句话的意思，可以看出崇拜必然性就是崇拜偶然性，因此也是站不住脚的。

“偶然性是科学的敌人”这句话，讲得本来不科学，可是被推广开来了。李森科对很多问题讲得很肯定，“任何”、“绝对”这些词说得很多。比如，“任何变化都永远受到环境影响”就说得太绝对了。原苏联的文章里，经常看到“由此可见……”，但常常是“由此”看不见，实在太武断了一些。说句公平话，我看摩尔根派说话也有太绝对的情况。

关于“遗传物质”问题，开幕那天我也说到了。我想遗传总要有个物质基础吧。至于“遗传物质”是个什么东西，过去人们不知道，只好假设一番。摩尔根派在这方面话说得对并且创造了“基因”这个名词。我看这种假设没有什么不对。当然不是说关于基因摩尔根派没有说过一看来是不那么妥当的话。不过这些算不了什么大事。经过这么多年的努力现在遗传学上、生物学上有了重大的突破，找到了DNA、RNA。因此现在就可以进一步研究遗传物质如何起作用的问题。当然，对遗传物质的自然科学的研究现在刚刚开个头，课题越搞越细，有许多关于遗传现象的问题，我们现在答不出。例如，有人会问到底为什么有的人的头发是黄的，有的人头发是黑的。他们的DNA、RNA都有怎样的区别？现在答不出，也许有人抓住这样的事实说，遗传物质不能成立。我不同意这种看法。其实正是有了遗传物质的思想，才有利于找到DNA、RNA这样的东西。我相信以后会从遗传物质上把黄头发、黑头发的道理讲清楚。现在说不清楚，是我们生物水平就只有这么高。我认为我们应该说现在的生物学不但没有把为什么有的人头发是黄的，有的人是黑的弄清楚，就是对为什么人生下来就有头发也没有弄清楚。要弄清楚任何这样一个问题，都要许多生物学知识，花很长很长的时间，做很多很多的工作才行。解决这些问题不是哲学家的任务。科学的结果要通过科学的完成去得到。用哲学推论的办法是不能解决科学问题的。哲学是研究思维规律的，不是研究自然和社会发展的规律。我劝大家有病去找医生，不要去找哲学家。即使高明的哲学家也未必能看好你的病。哲学不是万能的，它能够在思想方法上给哲学家一点帮助，那就起了它应起的作用了。

我们这次在青岛开会，哲学谈的不少，在哲学学习上我们大家都是有收获的，不过目的是推动科学工作。我们这次谈哲学，目的是让我们在精神上解放解放。解放了干什么呢？还不是开展遗传学的研究？解决遗传学问题不是靠讨论哲学问题，甚至也不是靠“百家争鸣”，而是靠切实的研究工作。我们搞遗传学所属的学派可以不同，但在工作中一定要团结。如果搞不团结，那就不只是学派问题，而是走上宗派的道路了。我们两派遗传学家都是科学工作者。是科学工作者，就都要为了科学发展的利益，都要讲科学态度。在科学态度上应该是一致的。为了把我们国家的遗传学工作做好，我们一定要用很大的力量去培养干部。我还希望会后尽快把中国科学院遗传研究所建立起来。我们人少，更要组织得好，更要靠组织力量去发展科学，取得成果，赶上国际水平。

接到几个条子，是关于哲学和科学关系的。再说几句，一个条子上问：李森科是否不只有一个不好的哲学顾问的问题，他本人恐怕也有一个不太懂辩证唯物论的问题。是的，哲学有高明不高明的问题。但就是高明的哲学也还有能否正确运用的问题。运用得不好，就成了教条主义，本来生动的东西，变成了僵死的东西。

还有一个条子，问哲学是不是科学的科学。我们认为有必要特别强调一下，马克思主义哲学不是站在科学之上的东西，不是“科学的科学”。我们不赞成“科学的科学”这个公式。马克思主义的哲学认为，哲学是从自然科学和社会科学中概括出来的。辩证唯物论其实很简单，世界是怎么样我们就把它认识成怎么样，不加一点，也不减一点。因为自然界和人类社会一切事物都是对立的统一，所以在我们的哲学中有对立统一这一规律。如果自然界和人类社会不是对立统一的，那我们就不承认对立统一的规律，如果自然界、人类社会有这个东西，我们就不能把它去掉。没有这个东西我们就不能把它加上。因此，哲学应该更多地向自然科学学习，不应该站在自然科学之上向自然科学发号施令。哲学家一定要向自然科学家学习。哲学只有向科学学习才能指导科学，如果把哲学和科学或把科学与哲学分割开来，则科学不能很好地发展，哲学也不能很好地发展。学了哲学不能去套用，初学免不了要去套一套，这是幼稚的现象，不能给他送一顶教条主义的帽子，否则，他就不敢、不愿意学了。有教条主义倾向的人，也要允许他争鸣，这也有好处。我们要让人家对教条主义的言论评论一番，否则他们也不会心服。

上面讲的只是我个人的意见，还是那句开幕时讲过的话，以上意见只供到会的同志参考。这个会虽然是中宣部提出要开的，在我离开北京到这儿来之前，向陆定一部长请示，这个会怎么开法。他说：你去宣传一下“百家争鸣”，这是党提出“百家争鸣”后的第一个科学会议，希望这个会能开成一个开展“百家争鸣”的典型。我看我们这个会做到了“百家争鸣”这一条，大家开会时畅所欲言，讨论得很热烈，上午开会，下午一起喝茶，在“休息”时间继续自由讨论。我也参加了这种自由的无拘束的讨论，有的科学家在和我讲话时说得很尖锐，甚至对我们党进行指责，我也不介意。不过我把我的意见、我们党的观点不客气地对他讲了，不能同意他们的观点我就说不能同意。我还觉得会上有些同志发言中互相学习、取长补短的提法很好，它预示我们遗传学的研究会有一个好的发展，我预祝这门科学兴旺发达。

读马克思《资本论》第一卷的哲学笔记*

从方法论角度研究马克思《资本论》的学者很多，这样的工作的确是很值得做的。列宁说过这样意思的话：马克思虽然没有给我们留下唯物辩证法的教科书，可是给我们留下了《资本论》。《资本论》是运用唯物辩证法的典范。的确，我们学习唯物辩证法就是学习马克思主义哲学，真正从专门的哲学教科书里学到运用这种科学方法的本领的不多。这些教科书使我们知道一些关于唯物辩证法的知识，至于如何去运用它们，那只是讲了一些抽象的道理。关于如何去学习运用唯物辩证法的本领，那主要是靠看别人是怎么在他的理论工作和实际工作中运用的。所以读《资本论》这样的著作，对于学习如何运用唯物辩证法的意义是很大的。

但是，怎么从《资本论》里学习唯物辩证法呢？弄懂《资本论》讲的那些政治经济学的道理，弄懂这些政治经济学原理是运用一种怎样的方法来获得的，这是第一条。抱了专门研究唯物辩证法的目的研究《资本论》也是一条，有了这样一种目的，在学习唯物辩证法时就会更自觉些，许多研究《资本论》方法论的人是这样做的。他们说过的，我不想再说什么了。除了这些主要的问题之外，《资本论》中还有许多可以学的方法论上的道理。这方面

---

* 本文写于1957年，原载《哲学论文、演讲和笔记》，人民出版社，1982年，第290～302页。笔记的后半部分，在“文化大革命”期间丢失了。

工作，以前我也做过一点，那就是边读边想，有些体会，但是没有留下一本笔记。现在我想从头到尾再读一遍《资本论》，抱着专门研究唯物辩证法的目的来读它。不过，看来最近还安排不出时间来。因此，从今天起想做的只是这样一件事，先写一本这样的笔记，从《资本论》第一卷（这一卷是马克思在世时写成出版的）的注解中，看马克思是如何引用别的著作家的哲学思想的。我这样做是出于这样的考虑，我们现在是从马克思的著作中学习哲学，也就不妨看看马克思在写《资本论》时是如何从别人的著作中学习哲学的。我想，这样做该是一件有意义的事吧！

我写这本笔记的办法是先抄下马克思《资本论》中的话和他所作的注释，随后写下读后的感想。

一

1）“商品首先是一个外界的对象，一个物，它由它的属性，依某种方法，满足人的需要。这种需要的性质如何，比方说，是从胃脏起，还是从幻想生，是与问题无关的。”①

［注］“‘愿望包含有需要；那是心的食欲，和饥饿之于身体一样是自然的。……大多数（物）有价值，是因为它们满足了心的需要。’［尼古拉·巴贲（Nigolas Barbon）：《新币轻铸论，对于洛克先生的答复》，伦敦，1696年，第2、3页］。”②

2）“物的效用，使它成为一个使用价值。”③

［注］“‘任何物的自然价值’（nature worth），都是由它的适宜性构成的，即适宜于满足必要的需要，或适宜于供给人生的便利。”

① 马克思：《资本论》第1卷，人民出版社，1958年，第5页。

② 马克思：《资本论》第1卷，人民出版社，1958年，第5、6页，注2。

③ 马克思：《资本论》第1卷，人民出版社，1958年，第6页。

（约翰·洛克：《论减低利息的结果》，1691 年。见 1777 年伦敦全集版第 2 卷第 28 页）。“在 17 世纪，我们屡屡看见英国著述家用‘worth’表示使用价值，用‘value’表示交换价值。这种用法，和那种喜欢用条顿系字表示直接事物，罗马系字表示事物反映的语言精神，是完全吻合的。”①

3）“或如老巴贲（Barbon）说，‘如果交换价值相等，一种商品和别种商品是一样好的。在交换价值相等的东西中间，是没有差别或不能区别的’。当做使用价值，各种商品首先是异质的；但当做交换价值，它们只能是异量的，不包含任何使用价值原子。”②

［注］“巴贲前书 53 页及 7 页，说，‘如果价值相等，一种商品和别种商品是一样好的。在价值相等的东西中间，是没有差别或不能区别的。值 100 镑的铅或铁，和值 100 镑的金或银，有同样大的价值’。”③

我把这三个注释抄在一起，因为这些都是讲抽象法的。马克思在《资本论》第一章“商品”的第一节“商品的二因素：使用价值与价值”里就非常突出地把他研究政治经济学方法论的这个特色——“抽象法”表现出来。很多研究《资本论》的方法论的人，都是从“资本主义生产方式支配着的社会的财富，表现为一个惊人庞大的商品堆积”这句话开始研究的，这当然是对的。不过因为这句话是马克思自己引用他自己写的 1859 年出版的《政治经济学批判》，我的笔记就不去摘引这句话了。在这样复杂的资本主义经济中，马克思从看出它是一个商品经济最发达的社会经济形态，从而从商品这个细胞形态出发来分析资本主义生产，固然是马克思运用他的抽象法的极大成功。我在这里特别注意的是，他的这种方法在《资本论》的第一章中的某些

① 马克思：《资本论》第 1 卷，人民出版社，1958 年，第 6 页，注 4。

② 马克思：《资本论》第 1 卷，人民出版社，1958 年，第 9 页。

③ 马克思：《资本论》第 1 卷，人民出版社，1958 年，第 9 页，注 8。

具体运用。

从我摘录的三段话中，我有这么几点感想。

1）马克思一开始就处理心物之间的关系。“商品首先是外界的一个对象，一个物”，这是鲜明的唯物主义者对世界的表述方法。但是马克思接着就指出这个物的具体的规定性。这个物“由它的属性，依某种方法，满足人的需要”。这就是说，这个物不是一个天然的自然物，而是一种“社会的天然物”。一个物品有它的天然物的“属性”。中译本上的“属性”这个词，马克思写的德国字是 eigensehaften（从这个字的组成来说，就是自身固有的东西）。马克思在这里虽然没有明确地写是作为自然物的属性，但是从《资本论》这一节的整篇文字来看，这个意思是非常清楚的。例如，马克思接着就摘引了巴贲的磁石吸铁，磁石成为使用价值的话。但是使一物成为商品的，不是别的，是这个物“由它的属性，依某种方法，满足人的需要”。这就是说它的规定性是从它对人的关系中获得的。因为它的社会规定性就是它能满足社会的需要，所以商品的抽象概念要求有需要的抽象概念与之适应。这种抽象的需要是同这种需要是“从胃脏起”还是“从幻想生”这样一个与“需要的性质”无关的概念（这里中译本的“性质”，马克思用的德国字是 natur。从这个字的直接组成来说就是本性）。于是马克思就引了巴贲关于“心的食欲”这句把胃脏和幻想结合在一起的机智的语言。

2）马克思关于两个英国字 worth 与 value 的议论，中译本不那么好懂。把“事物反映”直译为“被反射出来的事物”就好懂多了（马克思在这一节里还在注解中特别标明巴贲讲的实际上是使用价值的“价值”，巴贲用的字是 vertue，马克思把它译成德国字 vorzug，而在自己讲内在的固有的价值时，未注明出处地用了个法国字 valeur intrinsèque）。从“直接事物”与“被反射出来的事物”的区别中，我得到一些启发，即抽象的概念与直接的事物是不相同的东西。价值是看不见摸不到，甚至也是算不出的东西。照马克思在这一节里所讲，“交换价值”这个东西表现为“一种使用价值与别种使用价值相交换的量的关系或比例”①。这是看得见的“直接事物”，而“交换价值好像是偶然的，是纯粹相对的。商品之内在的固有的交换价值，似乎是矛

① 马克思：《资本论》第1卷，人民出版社，1958年，第7页。

盾的”。连巴贲这位马克思认为有抽象能力的经济学家，也说了“任何物都不能有内在的交换价值”① 这样的话。这个抽象的范畴只有用科学的抽象法才能得出，也只有用科学的抽象能力才能理解。

3）抽象法的一个要点就是把与事物的本性没有关系的东西舍弃掉。如作为商品，是同满足何种性质的需要的“问题无关的”；商品作为使用价值，是同“它的效用性质的占有，要费人多少劳动这件事无关”的；“商品的交换关系，正好是把它的使用价值抽去”……只有舍弃掉无关的东西，才能使事物的本性在我们的头脑中明晰起来。在《资本论》中，马克思采用的这种抽象的方法，在研究政治经济学资本主义部分中已经得到这样的成功，在我们研究政治经济学社会主义部分时也是应该采取的。政治经济学社会主义部分的范畴也必须是经过抽象的方法加以纯化的，而在日常生活中接触到的“直接事物”不可能是纯的。纯的东西在现实中并不直接表现出来，但它的确是现实的，不过只有通过抽象法才能把握罢了。如果直接的现实是价值100镑的铅、铁、金、银，我们就通过抽象法把握到这里共同的相当于100镑的价值。这种抽象法并不是政治经济学特有的，在一切科学中都用这种方法。但是《资本论》还是为一门最重要的社会科学创造了使用这种方法的典范。

二

“以价值关系wertverhältniss为媒介，商品B的自然形态，成了商品A的价值形态，或者说，商品B的物体，成了商品A的价值镜wertspiegel。”②

[注]“在某种意义上，人和商品一样。人到世间来，没有携带镜子，也不像菲希特（Fichte）派的哲学家一样，说：‘我是我。’人最先是以另外一个人反映他自己。名叫彼得的人会当做人来和他自己发生关系，是因为他已经把名叫保罗的人，看做和他自己相

① 马克思：《资本论》第1卷，人民出版社，1958年，第7页，注7。

② 马克思：《资本论》第1卷，人民出版社，1958年，第28、29页。

同。这样，有皮肤毛发的保罗，就用他这个保罗的肉身，对于彼得，就成为人这个物种的现象形态了。”①

马克思是在“价值镜”这个词之后写这条注的。“人最先是以另外一个人反映他自己”，德文原句“反映”用的字是“bespiegelt”，就是从镜子“spiegel”一字演变过来的动词。

“人最先是以另外一个人反映自己”这句话的中译文有一点不那么准确。原文中没有“以”(也就是没有“用”这个意思)，直译起来“人最先是在另外一个人里面反映自己”，即在另一个人的“镜子”里照出自己。整条注解没有离开“镜子”。

“镜子”在马克思主义认识论中是很有地位的一件东西。马克思主义的认识论在讨论认识主体和认识客体之间关系的时候，常常把认识主体和“镜子”来比。说认识是认识客体在认识主体里面的反映，即认识客体在认识主体里照了出来。不过镜子是没有自我意识的，而且镜子是没有能动作用的，所以说认识主体像镜子又不同于镜子。由于马克思主义的认识论有这样的基本观点，后来的人就说它的基础是“反映论”或者说“能动的反映论”。

马克思在《资本论》这个地方也讲镜子。这也同认识论是有关系的，但说的是另外一个方面的问题，说的是一个对象如何在另一个对象里面“获得表示”的问题。

这里要说到“表现”这个词。这个词，在我方才抄录的那一段话中没有出现。但是在抄录的马克思《资本论》正文和那一句话之后紧接着的那一句话里就有。那句话是：“商品A，在与被当做价值体，当做人类劳动体化物的商品B发生关系时，是把使用价值B当做它自己的价值表现的材料。这样表现在商品B使用价值上的商品A的价值，便有相对价值的形态。”② 这里接连用了两个“表现”这个词。“表现”这个词是从德文ausdruck译出的，是由“印刷”和“出来”两个词组成的，意思是“表示”、“表述”或“表达”，译成“表现”是一种意译。我想把马克思的这句话直译成“当商品A作为价

① 马克思：《资本论》第1卷，人民出版社，1958年，第29页，注18。

② 马克思：《资本论》第1卷，人民出版社，1958年，第29页。

值体同商品 B 发生关系时，作为人类劳动的体化物，它把使用价值 B 变成它自己的价值表示的材料。这样表示的在商品 B 的使用价值中的商品 A 的价值，就具有相对价值的形态”。

这样就有一个这里所说的“表示”（ausdrucken）同“显现”（erscheinen）［它是“现象”（erscheinungen）一词的字源］是怎样一种关系的问题。现象是同本质相对的概念，现象与本质是辩证法的一对范畴。本质是存在于内部的东西。当我们不想让我们自己的认识停留在直接的事物上面，而想去认识存在于直接的事物背后的某种不同于这种直接的存在的东西，某种更“扎实”更“稳固”的东西时，我们的认识就是从现象到本质，而当我们想去认识本质如何显示出来，认识那些由本质显现出来的东西，我们的认识就是从本质到现象。马克思在这里讲的一个对象在别个对象里获得表示的事情，同本质到现象虽然不是一回事情，但看来是有关系的。这从马克思自己讲的话里也可以看得出来。就在我们摘引的那段注解中，就可以读到“有皮肤毛发的保罗，就用他的肉身，对于彼得成为人这个物种的现象形态了”。这就是马克思说，商品 B，就用它的使用价值，对于商品 A 成为价值的现象形态。这就是商品 A 的价值本来是一种内在的东西，现在从对商品 B 的使用价值的关系表现了出来，获得了表示自己的一种材料。用另一物表示一物的本质，大概是反映一种社会关系的事物带普遍性的情况，因为这种关系的本质是要在关系中才能表示出来的。就在讨论“相对价值”形态时，马克思说了“像上衣这样的商品，天然具有表示价值的价值形态”这个话之后，就说“反对关系是很特别的。例如，这个人是国王，只因为别的人当做臣属和他发生关系。反之，那些人相信他们是臣属，也就因为他是国王”。

马克思这一条注解，是讲一个商品的这种社会关系的本质如何表示出来，也就是表现出来的问题（这里把“表示”译成“表现”从意思上说是对的），同时也就“镜子”这个例子，讲了一句有趣的话，“人到世间来，没有携带镜子”，从一个人个体发展的历史和从人类的历史来说都是这样。从人类历史来说，金属的镜子早于在玻璃上镀汞的镜子，但金属镜的制作也需要一个相当高的冶炼和磨平，抛光等工艺的水平。在平静的水面上可以看见自己形象的映像，这应该是更早一点的事情，但是他怎么会知道这是自己的映像而不是别的东西呢？最早的猿人是否懂得这一点呢？一个小孩子长到多大才会懂得镜子里的形象是自己的形象呢？这要求有一个多高的抽象水平？现在小孩子知道镜中的是自己的形象，都是大人把他教会的。如果没有人教他，又要多大岁数才会领悟到这一点呢？“我是我”要求一个人的自我意识的觉醒，不是天生的。类的概念、人类的概念也是如此。

三

“每一个循环（为要卖而买的过程，就在其内完成）的终末，都成为一个新循环的开端。简单的商品流通（为要买而卖），是为一个存在流通之后的最后目的，即使用价值的取得和需要的满足，而当做手段。反之，当做资本的货币的流通，则以自身为目的，因为价值的增值是发生在这种不绝更新的运动内的。所以，资本的运动，是无限界。”①

［注］“亚里士多德以 oekonomik（家计）和 chrematistik（货殖）相对照。他是由家计出发。在它是一种谋生术的限度内，这种术不过要获取生活上必需的物品，或获取于家或于国有用的东西。他说：‘真的财富，是由这样的使用价值构成的。因为，那些能够使生活优裕的东西的量，并不是无限的。但还有第二种谋生术，可以适宜地、适当地称为货殖。在这个范围内，财富与所有物的限制，似乎是不存在的。商业（依照字面，是指零卖商业，亚里士多德用这个形式，因为在零售商业上，是使用价值占主要地位），不是在本质上就属于货殖的范围，因为在这种场合，交换是以他们（买者和卖者）自己必要的物品为限。’所以，他又说，商业原来的形态，是物物交换，不过在它扩大时，必致有货币发生。货币发明之后，物物交换就必然发展为商业了。这种商业会与它原来的倾向相反，以至于变成货殖，变成赚钱术。货殖与家计的区别是在这里：‘就货殖说，流通便是富的源泉。货殖似乎是以货币为中心而旋转的；货币成了这种交换的开始和结束。因此，货殖所求的富，乃是无限

① 马克思：《资本论》第1卷，人民出版社，1958年，第156、157页。

的。我们知道，一种技术，如果不是当做达到目的的手段，却把本身当做最后目的，它的努力便是无限的，因为它总是不断地想要和目的更为接近；反之，如果它只是达到目的的手段，那就不是无限的。因为目的本身就会成为它的界限。所以货殖是目的上毫无限制的，并且它的目的就是绝对的富。家计有界限，货殖是没有的。……家计所要的，是和货币不同的东西。货殖所要的，就是货币的增加。……这两种形式本来是互相交错的。二者的混淆，使若干人以为，无限地保存货币，增加货币，便是家计的最后目的。’（亚里士多德：《共和国》，白克尔版第一篇第8章、第9章及以下）”①

关于这个手段与目的、无限与有限的议论是很有趣的，“目的”这个词在英文中就是 end，就是末尾、界限。目的是事先设定的，不是事先设定的就不是目的。事先设定的目的就是努力的结尾，是有限的。至于目的本身发生了改变，那是另外一回事。如果把手段当做目的，也就是没有了目的，因此就是无限的了。

举个例子来说，资本主义的生产是货币增殖的生产，因此就是为生产而生产，照马克思所说就是没有界限的。对资本主义生产来说，货币的增殖就是绝对的目的。社会主义生产的目的是满足社会的日益增长的需要。这里有一个日益增长的问题，从这里来说也是无限的，这个无限性就是由于上面说的事实上目的是在不断改变，即达到了一个目的之后，即达到了对社会需要一定程度的满足之后，又出现一个新的目的，即满足更高程度的社会需要。而社会主义目的是满足社会日益增长的物质和文化生活需要这样的话，其实说的不是严格意义上的目的，而是说的是一种有关目的的方向，有关目的的原则。而对资本主义生产来说，资本主义生产的目的就是增殖资本，是用不着一个目的又一个目的地改变，而是绝对的目的，或者说是无目的。因为手段不是目的，也就不可能有一个结尾。

① 马克思：《资本论》第1卷，人民出版社，1958年，第157页，注6。

四

“劳动手段是一物或诸物的复合体，劳动者把它用在他自身和劳动对象之间，把它当做传导他的活动到对象去的传导物。他利用物之机械的、物理的和化学的属性，把它当做手段，加力于他物之上，使物适合于他自己的目的。”①

［注］“‘理性不仅有力，且也有智。理性的智，一般是由间接的活动表示出来。理性，依各物的性质，使各物互相作用，互相影响，不待它直接干涉，就可以成就它的目的’（黑格尔：《百科全书》，第1部《逻辑》，柏林，1840年，第382页）。”②

我想把贺麟译的《黑格尔的小逻辑》的这一段文字也摘录在这里。那是这本书第三篇“概念论”（Die Lehre von Begriff，Begriff 通常译做“概念”）（B）章“客体”（Die Objekt）的（C）部分“目的论”（Die Teleologie）第209节的附释。

“理性是有机巧的，同时也是有力量的，理性的技巧一般讲来表现在一种利用工具的活动里。这种理性的活动，一方面让事物依照它们自己的性格，彼此互相影响，彼此互相抵消，而它自身并不直接参与其间，但同时却正好实现了它自己的目的。”黑格尔的德文原文是：“Die Vernunft is tebenso Listig als mähtig. Die List besteht Überhaupt in der vermittelden Tätigkeik，welche，indem sie die Objekte ihrer eigenen Natur gemäβ aufeinander einwirken und sich aneinauder abarbeiten Läβt，ohnesich unmitterbar in diesen Prozeβ einzumishen，gleichwohl nur ihren Zweck zur Ausführung bringt。”

我想把这一段直译成“理性是多么强有力又是多么狡猾。这种狡猾一般地存在于这样的间接的活动之中，那是这样的一种活动，通过它，理性让客

---

① 马克思：《资本论》第1卷，人民出版社，1958年，第193页。

② 马克思：《资本论》第1卷，人民出版社，1958年，第193页，注2。

体们按照它们自己的本性彼此发生作用和彼此困扰（abarbeifen sich 的原意是“以工作来清偿，使过度劳累”，）而自己不直接参加到这个过程中去，只是仍然去实现它的目的”。

我主张对马克思的著作的翻译书可以出两种（对恩格斯、列宁等的著作也一样），一种是硬译直译，如果要咬文嚼字就咬嚼这样的文字。在出这种译本时，如在翻译上有困难，可以把这种困难向读者交代清楚。这种译本可以帮助不懂外文的同志研究原著。当然这种译文普通读者是不方便的，那就另出一种“普及本”，要使读者好懂，允许在个别地方搞些意译，如上面把 ausdruck 译成“表现”。这种普及本，也允许多出一两种，允许有不同的翻译家按照他的理解来翻译。

马克思是怎么借用黑格尔说的那个理性来讲自己的观点的？他讲人在运用劳动手段时改造劳动对象。劳动手段有它机械的、物理的和化学的（可能还有生物学的）属性，劳动对象也有它的机械的、物理的和化学的（可能还有生物学的）属性。当人运用劳动手段与劳动对象接触时，人的意识（在这里可以相当于黑格尔讲的理性）可以让劳动手段和劳动对象（它们都是客体）按照它们自己的本性（按照它们机械的、物理的、化学的、生物学的性质）来彼此发生作用，彼此困扰。用劳动手段去作用于劳动对象（有时候是相互作用）时，从自然科学的过程来看，是找不到人的意志的一个原子的。无论用什么机械的、物理的、化学的仪器、仪表都检查不出有这种人的意识的物质成分。这就是说，就事物的自然过程来说，人的意识丝毫没有起作用，即没有参加到这个自然过程中去，但是人的目的还是达到了。我要生产出什么东西来，这个东西就生产出来了。如果说人在这个自然过程中起了什么作用的话，即人也有它的物质的活动，比如说，他用了力，至少按了电钮，把他的活动通过劳动手段传导到劳动对象那里去。人作为自然物所起的作用，是属于自然过程的范畴之内的，而人的理性的作用是在自然过程外对自然过程产生影响的东西。

人的意识在生产过程中虽然不直接参与生产过程，但是在整个生产过程中，它是真正的主宰，人的有力和狡猾也就在这个地方。

在这里我们可以看到，过程是纯客观的，又是合乎目的性的。

编后记

97 岁高龄的于光远先生是我国著名的马克思主义理论家，著名的哲学家和经济学家。主要研究领域是哲学、经济学，也涉猎教育学、社会学、政治学等诸多学科。被誉为“百科全书式的学者”。

于光远先生与中国科学院大学及其前身有着较深的历史渊源。1978 年，他在中国科学院大学的前身中国科学技术大学研究生院（北京）招收并指导了自然辩证法学科的研究生。1979 年他在中国科学院创办了《自然辩证法通讯》杂志并担任第一任主编，现任该杂志的名誉主编。可以说中国科学院大学人文学院是在他的关怀和指导下逐步成长起来的。

于光远先生自 1936 年参加“一二·九”学生爱国运动起，就把献身于中国的革命事业和科学事业紧密的结合在一起。革命精神、科学精神和现代人文理念在其学术思想中融为一体。广泛的学术兴趣和丰富的人生经历，使得他的学术思想内容十分丰富。因此，要了解他的学术思想和所提出的理论，有必要同时了解产生这些思想和理论的社会经济、政治、意识形态背景乃至个人的经历。

自然辩证法是他学术研究的重要领域。他认为自然辩证法是马克思主义哲学的重要组成部分，对马克思主义哲学的发展，对一个革命者的正确世界观和方法论的形成具有重要意义。从1940年开始，他在延安就积极开展自然辩证法的研究工作。为了学习和宣传需要，他从德文翻译了恩格斯的《自然辩证法》一书的大部分文章，并将一些文章在延安报刊上发表。1944年，他在延安大学讲授自然发展史课程。新中国成立后，于光远曾任中宣部科学处处长和国家科学技术委员会副主任。他积极倡导科技人员学习研究自然辩证法，促进自然科学与哲学社会科学的结合。他1956年和1977年两次发起并主持自然辩证法规划，制定了自然辩证法学科发展规划。他倡导并矢志于创立当代科学技术哲学的中国自然辩证法学派。20世纪80年代，由他与周培源发起，在中国科学技术协会建立了促进自然科学与社会科学联盟委员会。于光远学识渊博、阅历丰富，不仅是自然科学与人文社会科学结合的典范，而且是其同时代的一批杰出科学家和人文学者的挚友。

于光远先生还是一位兼有着深切的社会关怀和深切的学术关怀的经济学家，在他的学术活动中，总是试图寻找二者间的支点，来确定自己的学术研究方向。于光远1975年曾任国务院政治研究室负责人之一，后曾任中国社会科学院副院长、国家计委经济研究所第一任所长。曾任第十二届、十三届中共中央顾问委员会委员。他是我国改革开放重大历史决策的重要亲历者、参与者和见证人。我国经济建设和改革开放中的许多重大理论问题都是他率先或较早提出的，他是较早提出社会主义初级阶段问题的学者之一。他也是较早主张在中国实行社会主义市场经济体制的学者之一。他亲自参与了邓小平同志在十一届三中全会上的讲话《解放思想，实事求是，团结一致向前看》的文件起草，并撰写了具有较大影响的《我亲历的那次历史转折》一书。2008年在纪念中国改革开放30周年之际，他被评选为“中国改革开放30年30名杰出人物”之一、“中国改革开放30年30名经济人物”之一（中国经济体制改革研究会主办）和“改革开放30周年风云人物30年30人”之一（南方报业集团、南方都市报主办网上评选）。

此外，他还对我国诸多交叉学科的建立和发展作出重要贡献，如国土经济学、生产力经济学、技术经济与数量经济学、科学学、未来学、休闲学等。

于光远先生卷叠浩繁的著作是一个蕴藏着多学科研究成果的丰富的思想宝库，人们可以从中汲取智慧。于光远先生的宽阔视野、深邃的洞察力、深切的现实关怀、学术志趣、创新能力和理论贡献将启发和引领我们深入关切中国改革开放中出现的重大理论难题和实践困境，并激励我们为解决这些难题和走出困境能力探索并做出应有的学术贡献。

本书侧重于选取于光远先生哲学方面的著作，编辑为两个部分：即经济学若干基本概念的哲学探析；1950～1966 年部分哲学论文、演讲和笔记。由于能力和时间所限，难免会有重要的遗漏和选取不当之处，敬请批评指正。

本书是中国科学院大学人文学院更名十周年的院庆文集，得到了中国科学院大学的大力支持。本书的编纂得到了于光远先生的许可和支持，他的秘书胡冀燕女士提供了很多帮助。人文学院的李斌博士和科学出版社的石卉女士为本书的编辑出版做出了很大贡献，谨致谢忱。

李惠国

2012 年 9 月